全国注册测绘师资格考试专用辅导丛书

测绘管理与法律法规

——考点剖析与试题解析

第二版

何宗宜　欧阳烨　李保平　祁向前　谭玲　崔伟　编著

WUHAN UNIVERSITY PRESS
武汉大学出版社

图书在版编目(CIP)数据

测绘管理与法律法规:考点剖析与试题解析(第二版)/何宗宜等编著.
—武汉:武汉大学出版社,2018.5(2018.6 重印)
全国注册测绘师资格考试专用辅导丛书
ISBN 978-7-307-20168-2

Ⅰ.测…　Ⅱ.何…　Ⅲ.①测绘—行政管理—中国—资格考试—自学参考资料　②测绘法令—中国—资格考试—自学参考资料　Ⅳ.①P205　②D922.17

中国版本图书馆 CIP 数据核字(2018)第 086917 号

责任编辑:鲍　玲　胡　艳　　责任校对:汪欣怡　　版式设计:韩闻锦

出版发行:**武汉大学出版社**　(430072　武昌　珞珈山)
(电子邮件:cbs22@ whu. edu. cn　网址:www. wdp. com. cn)
印刷:湖北民政印刷厂
开本:787×1092　1/16　印张:28.75　字数:627 千字　插页:1
版次:2018 年 5 月第 1 版　2018 年 6 月第 2 次印刷
ISBN 978-7-307-20168-2　定价:69.00 元

前　言

自从2011年开始，注册测绘师资格考试举行了7次。为了提高从事测绘地理信息人员的资格考试应试水平，特编写了这本辅导教材。

本教材依据2017年修订的《中华人民共和国测绘法》编写而成。本教材编著者有丰富的资格考试试题命题和考试辅导经验，对测绘管理与法律法规的考试知识点分析得透彻、全面。考生遇到书中类似考题时，运用知识点，结合题目的具体要求和条件，就能作出准确的选择。

本教材每一章均配备一定数量考点试题，这些试题数量是按照考试真题知识点分布比例配备的，以便考生学习完该章知识点后进行知识巩固练习。书中对历年的考试真题进行了准确解答，其中，有些试题解析写得比较详细，这主要是帮助考生更加全面地掌握测绘管理与法律法规知识。

本教材应试针对性强，所列知识点都是可能要考试的内容，可以帮助广大考生节约大量的复习时间。

书中引用了许多参考资料，在参考文献中未能一一列出，在此一并致谢。

由于作者水平所限，书中疏漏之处敬请读者批评指正。

编著者

2018年3月，于珞珈山

前　言

[illegible]

目　录

第一部分　考点剖析

第二部分 试 题 解 析

第一部分　考点剖析

第一章　测绘资质资格管理

为了加强测绘管理，促进测绘事业发展，保障测绘事业为国家经济建设、国防建设和社会发展服务，规范测绘资质行政许可行为，维护测绘市场秩序，促进测绘地理信息产业发展，制定了相关测绘资质管理制度。

第一节　测绘资质管理

一、测绘资质等级和专业划分

（1）测绘资质证书等级分为：甲、乙、丙、丁。

（2）测绘资质专业分为：大地测量、测绘航空摄影、摄影测量与遥感、地理信息系统工程、工程测量、不动产测绘、海洋测绘、地图编制、导航电子地图制作、互联网地图服务。

二、测绘资质管理机构

1. 国务院测绘地理信息主管部门

（1）制定测绘资质管理的具体办法；
（2）负责甲级测绘资质申请并作出行政许可决定；
（3）规定测绘单位的测绘资质证书式样；
（4）指导全国测绘资质巡查工作，对省级测绘资质巡查工作进行抽查；
（5）对全国测绘单位的测绘资质年度报告公示内容进行抽查；
（6）负责对全国测绘资质的统一监督管理。

2. 省级测绘地理信息主管部门

（1）根据本地实际调整各专业标准中乙、丙、丁级的人员规模及仪器设备数量；
（2）负责受理甲级测绘资质申请，并提出初步审查意见；
（3）负责审查乙、丙、丁级测绘资质申请并作出行政许可决定；

（4）负责制定本行政区内测绘单位的测绘资质巡查工作计划并组织实施；
（5）对本行政区域内测绘单位的测绘资质年度报告公示内容进行抽查；
（6）负责本行政区内测绘资质的统一监督管理。

3. 市、县级测绘地理信息主管部门

（1）负责本行政区内测绘资质的日常监督管理；
（2）根据地方性测绘法规授权和省级测绘地理信息行政主管部门委托，受理本行政区域内乙、丙、丁级测绘资质申请，并提出初步审查意见；
（3）根据测绘资质巡查计划，组织开展本行政区测绘资质巡查工作；
（4）负责本行政区测绘单位的测绘资质年度报告公示内容抽查；
（5）军队测绘部门负责军事测绘单位的测绘资质审查。

三、测绘资质申请与审批

1. 申请测绘资质的条件

（1）具有企业或者事业单位法人资格；
（2）具有符合要求的专业技术人员、仪器设备和办公场所；
（3）具有健全的技术、质量保证体系，测绘成果档案管理制度及保密管理制度和条件；
（4）具有与申请从事测绘活动相匹配的测绘业绩和能力（初次申请除外）。

2. 生产、加工、利用国家秘密测绘成果的单位保密管理工作应当符合的条件

（1）依法成立3年以上的法人；
（2）建立健全保密管理制度；
（3）设立保密机构，配备保密管理人员；
（4）确定本单位保密要害部门，设置保密防护措施；
（5）与涉密人员签署保密责任书，测绘成果核心涉密人员应持有省级以上测绘地理信息主管部门颁发涉密人员岗位培训证书。

3. 初次申请测绘资质

2015年10月，根据国务院统一部署要求，根据《关于做好国务院取消测绘资质审批中介服务事项后续工作的通知》，不再将ISO 9000质量管理体系认证、测绘工程项目质量检验合格证明、测绘计量器具检定这3项中介服务事项作为各等级测绘资质审批的受理条件。调整后，甲级测绘资质单位的质量管理应当通过省级测绘地理信息主管部门考核。

符合要求的仪器设备所有权证明及省级以上测绘地理信息主管部门认可的测绘仪

器检定单位出具的检定证书。

4. 申请测绘资质变更

测绘资质单位的名称、注册地址、法定代表人发生变更的，应当在有关部门核准完成变更后30日内，向测绘资质审批机关提出变更申请，并提交下列材料的原件扫描件：①变更申请文件；②有关部门核准变更证明；③测绘资质证书正、副本。

5. 测绘资质审批程序

（1）审查和决定。

审批机关应自收到申请材料之日起5个工作日内作出受理决定。应当自受理申请之日起20个工作日内作出行政许可决定。不能作出决定的，可延长10个工作日，并告知申请单位理由。

申请单位符合法定条件的，测绘资质审批机关作出拟准予行政许可的决定，通过本机关网站向社会公示5个工作日。公示期间有异议的，测绘资质审批机关应当组织调查核实。经核实有问题的，应当依法作出处理。

申请单位符合法定条件的，测绘资质审批机关应在作出正式批准决定之日起10日内向申请单位颁发测绘资质证书。

（2）颁发资质证书。

①测绘资质证书分为正本和副本，具有同等法律效力。编号形式为：等级+测资字+省级行政区编号+顺序号+校验位。

②初次申请测绘资质不得超过乙级。测绘资质单位申请晋升甲级测绘资质的，应当取得乙级测绘资质满2年。导航电子地图制作专业只设甲级，因此不受前款规定限制。

③测绘资质证书有效期不超过5年。有效期满需要延续的，测绘资质单位应当在有效期满60日前，向测绘资质审批机关申请办理延续手续。

④测绘资质单位的名称、注册地址、法人变更的，应当在有关部门核准完成变更后30日内，向测绘资质审批机关提出变更申请。

四、测绘资质监督管理

目前，我国测绘资质监督管理的主要方式包括测绘资质年度报告公示和测绘资质巡查，并通过建立测绘地理信息市场信用管理制度，强化对测绘资质的日常监督管理。年度报告公示主要内容有：

（1）测绘资质单位应当于每年2月底前，通过测绘资质管理信息系统，按照规定格式向测绘地理信息主管部门报送本单位上一年度测绘资质年度报告，并向社会公示，任何单位和个人均可查询。

（2）测绘单位应当对测绘资质年度报告的真实性、合法性负责。

（3）对未按规定期限报送测绘资质年度报告的单位，测绘地理信息主管部门应当提醒其履行测绘资质年度报告公示义务。

(4) 测绘资质巡查：各级测绘地理信息主管部门应当有计划地对测绘资质单位执行资质管理规定和资质分级标准的情况进行巡查。每年巡查比例不少于本行政区域内各等级（包含甲、乙、丙、丁）测绘资质单位总数的 5%。

五、测绘违法的法律责任

(1) 处罚约定报酬 1 倍以上、2 倍以下罚款：①未取得测绘资质证书擅自从事测绘活动的；②以欺骗手段取得测绘资质证书从事测绘活动的并吊销证书。

(2) 处罚约定报酬 1 倍以上、2 倍以下罚款，并责令停业整顿或降低资质等级；情节严重的，吊销测绘资质证书：①超越资质等级许可的范围从事测绘活动的；②以其他测绘资质单位的名义从事测绘活动的；③允许其他单位以本单位的名义从事测绘活动的；④将承揽的测绘项目转包的。

(3) 处罚约定报酬 2 倍以下罚款：①测绘项目的招标单位让不具有相应资质等级的测绘单位中标；②或者让测绘单位低于测绘成本中标的。

(4) 处罚违法所得 2 倍以下罚款：未取得职业资格，擅自从事测绘活动的。

(5) 测绘成果逾期不汇交的，对测绘项目出资人处以重测所需费用 1 倍以上 2 倍以下的罚款。

(6) 通报批评：①在测绘资质申请和日常监督管理中隐瞒情况、提供虚假材料的；②2 年未履行测绘资质年度报告公示义务的；③测绘地理信息市场信用等级评定为不合格的。

(7) 注销测绘资质证书：①测绘资质证书有效期满未延续的；②测绘资质单位法人资格终止的；③测绘资质行政许可决定依法被撤销、撤回的；④测绘资质证书依法被吊销的；⑤测绘资质证书所载各专业范围均不再符合法定条件的；⑥测绘资质单位申请注销的。⑦因泄露国家秘密被国家安全机关查处的，测绘资质审批机关应注销其测绘资质证书。

(8) 吊销测绘资质证书：①有停业整顿或降低资质等级项目之一且情节严重的；②以欺骗手段取得测绘资质证书从事测绘活动的；③承担国家投资的测绘项目，且经暂扣测绘资质证书 6 个月仍不汇交测绘成果资料的。

第二节 测绘资质分级标准

一、专业技术人员

专业技术人员包括测绘专业技术人员和测绘相关专业技术人员。

（1）测绘专业技术人员：测绘工程、地理信息、地图制图、摄影测量、遥感、大地测量、工程测量、地籍测绘、土地管理、矿山测量、导航工程、地理国情监测等专业的技术人员。

（2）测绘相关专业技术人员：地理、地质、工程勘察、资源勘查、土木、建筑、规划、市政、水利、电力、道桥、海洋、计算机、软件、电子、信息、通信、物联网、统计、生态、印刷等专业的技术人员。

（3）高级专业技术人员：取得测绘及相关专业高级专业技术任职资格；获得测绘及相关专业博士学位，并在测绘及相关专业技术岗位工作 3 年以上；获得测绘及相关专业硕士学位，并在测绘及相关专业技术岗位工作 8 年以上；测绘及相关专业大学本科毕业，并在测绘及相关专业技术岗位工作 10 年以上。

（4）中级专业技术人员：取得测绘及相关专业中级专业技术任职资格；获得测绘及相关专业博士学位，并在测绘及相关专业技术岗位工作 1 年以上；获得测绘及相关专业硕士学位，并在测绘及相关专业技术岗位工作 3 年以上；测绘及相关专业大学本科毕业，并在测绘及相关专业技术岗位工作 5 年以上；测绘及相关专业大学专科毕业，并在测绘及相关专业技术岗位工作 7 年以上；获得测绘地理信息行业技师职业资格（但不得超过 2 人）。

（5）初级专业技术人员：取得测绘及相关专业初级专业技术任职资格；测绘及相关专业大学本科毕业；测绘及相关专业大学专科毕业，并在测绘及相关专业技术岗位工作 2 年以上；测绘及相关专业中专毕业，并在测绘及相关专业技术岗位工作 4 年以上。

（6）注册测绘师：经过考核认定和注册测绘师资格考试取得《中华人民共和国注册测绘师资格证书》，并依法进行注册的人员。注册测绘师可以计入中级专业技术人员数量。

同一单位申请 2 个以上专业范围的，对人员数量的要求不累加计算；年龄超过 65 周岁的人员和兼职人员，不得计入专业技术人员数量；未取得专业技术职务任职资格的其他测绘从业人员，应当通过测绘地理信息行业职业技能鉴定获得国家职业资格证书。

二、仪器设备

按各专业标准核算仪器设备数量时，所有权非本单位的、报废的、检定有效期已过的仪器设备等，均不能计入。随着科学技术的发展，性能指标更优越的仪器设备可以替代某一专业标准所规定的相应仪器设备。

三、办公场所

各等级测绘资质单位的办公场所：甲级不少于 $600m^2$，乙级不少于 $150m^2$，丙级不少于 $40m^2$，丁级不少于 $20m^2$。

四、档案和保密管理

测绘资质单位应当有健全的测绘成果及资料档案管理制度和保密制度；设立保密工作机构，配备保密管理人员；确定保密要害部门、部位，明确保密岗位责任，与涉密人员签订保密责任书；测绘成果核心涉密人员应当持有省级以上测绘地理信息主管部门颁发的涉密人员岗位培训证书；建立测绘成果核准、登记、注销、检查、延期使用等管理制度；生产、存储、处理涉密测绘成果档案的设备设施与条件，应当符合国家保密、消防及档案管理的有关规定和要求。

五、测绘业绩

（1）申请晋升甲级测绘资质的，应当符合以下条件：近 2 年内完成的测绘服务总值不少于 1600 万元，且有 3 个以上测绘工程项目取得省级以上测绘地理信息主管部门认可的质检机构出具的质量检验合格证明。

（2）申请晋升乙级测绘资质的，应当符合以下条件：近 2 年内完成的测绘服务总值不少于 400 万元，且有 2 个以上测绘工程项目取得设区的市级以上测绘地理信息主管部门认可的质检机构出具的质量检验合格证明。

（3）申请晋升丙级测绘资质的，应当符合以下条件：近 2 年内完成的测绘服务总值不少于 50 万元，且有 1 个以上测绘工程项目取得县级以上测绘地理信息主管部门认可的质检机构出具的质量检验合格证明。

（4）申请导航电子地图制作或者互联网地图服务专业范围的，不作测绘业绩考核要求。

六、测绘监理

从事测绘监理应当取得相应专业范围及专业子项的测绘资质。

（1）摄影测量与遥感、地理信息系统工程、工程测量、不动产测绘、海洋测绘等 5 个市场化程度较高的专业范围下设置相应的甲、乙级测绘监理专业子项。

（2）申请甲级测绘监理专业子项的，应当符合以下条件：取得相应专业范围的甲级测绘资质；近 2 年内，在每个相应专业范围内有 2 个以上测绘工程项目取得省级以上测绘地理信息主管部门认可的质检机构出具的质量检验合格证明。

（3）申请乙级测绘监理专业子项的，应当符合以下条件：取得相应专业范围的甲级或者乙级测绘资质；近 2 年内，在每个相应专业范围内有 1 个以上测绘工程项目取得省级以上测绘地理信息主管部门认可的质检机构出具的质量检验合格证明。

（4）测绘监理资质单位不得超出其测绘监理专业范围和作业限额从事测绘监理活动。

（5）乙级测绘监理资质单位不得监理甲级测绘资质单位施测的测绘工程项目。

各专业资质具体要求见表 1-1～表 1-11。

表 1-1　**大地测量专业标准**

<table>
<tr><th rowspan="2">专业子项</th><th rowspan="2">考核指标</th><th rowspan="2" colspan="2">考核内容</th><th colspan="2">考核标准</th></tr>
<tr><th>甲级</th><th>乙级</th></tr>
<tr><td rowspan="11">1. 卫星定位测量
2. 全球导航卫星系统连续运行基准站网位置数据服务
3. 水准测量
4. 三角测量
5. 天文测量
6. 重力测量
7. 基线测量
8. 大地测量数据处理</td><td>人员规模</td><td colspan="2">测绘及相关专业技术人员</td><td>60 人（含注册测绘师 5 人），其中高级 8 人、中级 17 人</td><td>25 人（含注册测绘师 2 人），其中高级 2 人、中级 8 人</td></tr>
<tr><td rowspan="9">仪器设备</td><td rowspan="2">1. 卫星定位测量</td><td>全球导航卫星系统接收机（$5mm+1\times10^{-6}D$ 精度以上）</td><td>10 台</td><td>6 台</td></tr>
<tr><td>扼流圈天线</td><td>10 台</td><td>—</td></tr>
<tr><td rowspan="2">2. 全球导航卫星系统连续运行基准站网位置数据服务</td><td>服务器</td><td>6 台</td><td>3 台</td></tr>
<tr><td>数据存储设备</td><td>50TB</td><td>10TB</td></tr>
<tr><td>3. 水准测量</td><td>水准仪（S1 级精度以上）</td><td>10 台</td><td>5 台</td></tr>
<tr><td>4. 三角测量</td><td>全站仪</td><td>10 台（2″级精度以上，其中 0.5″级精度以上 2 台）</td><td>5 台（2″级精度以上，其中 1″级精度以上 2 台）</td></tr>
<tr><td>5. 天文测量</td><td>天文测量设备</td><td>2 台</td><td>1 台</td></tr>
<tr><td>6. 重力测量</td><td>重力仪（0.02 mgal 精度以上）</td><td>4 台</td><td>2 台</td></tr>
<tr><td>7. 基线测量</td><td>基线测量设备（1×10^{-6} 精度以上）</td><td>1 套</td><td>—</td></tr>
<tr><td colspan="3">作业限额</td><td>无限额限制</td><td>1：C 级以下，不得承担全球导航卫星系统连续运行基准站建设；
2：设区的市级行政区域以下；不得提供国家和区域坐标参考框架服务；不得提供优于 0.1m 精度的位置数据服务；
3~5：三等以下；
6：专业重力测量；
7：不得承担；
8：相应于上述限额</td></tr>
</table>

表 1-2　　　　**测绘航空摄影专业标准**

<table>
<tr><th rowspan="2">专业子项</th><th rowspan="2">考核指标</th><th rowspan="2" colspan="2">考核内容</th><th colspan="2">考核标准</th></tr>
<tr><th>甲级</th><th>乙级</th></tr>
<tr><td rowspan="10">1. 一般航摄
2. 无人飞行器航摄
3. 倾斜航摄</td><td rowspan="2">人员规模</td><td colspan="2">测绘及相关专业技术人员</td><td>30 人（含注册测绘师 2 人），其中高级 4 人、中级 10 人</td><td>15 人（含注册测绘师 1 人），其中高级 2 人、中级 5 人</td></tr>
<tr><td>2. 无人飞行器航摄</td><td>设备供应商培训合格的飞行操控技术人员</td><td>6 人</td><td>2 人</td></tr>
<tr><td rowspan="4">仪器设备</td><td>1. 一般航摄</td><td>航摄仪及其他传感器</td><td>4 套（中 2 套有 IMU/DGPS 系统）</td><td>2 套（其中 1 套有 IMU/DGPS 系统）</td></tr>
<tr><td>2. 无人飞行器航摄</td><td>无人飞行器系统</td><td>3 套</td><td>1 套</td></tr>
<tr><td rowspan="2">3. 倾斜航摄</td><td>多镜头多角度倾斜摄影测量系统</td><td>1 套</td><td>—</td></tr>
<tr><td>多角度倾斜摄影真三维处理系统</td><td>1 套</td><td>—</td></tr>
<tr><td>技术能力</td><td colspan="2">3. 倾斜航摄</td><td>具备专业子项 1 满 2 年以上</td><td>—</td></tr>
<tr><td>保密管理</td><td colspan="2">3. 倾斜航摄</td><td>设有专门的数据处理区域，配备必要的保密设备与设施，采取保密技术防护措施，计算机和网络的使用符合国家保密要求</td><td>—</td></tr>
<tr><td colspan="3">作业限额</td><td>无限额限制</td><td>1：影像地面分辨率优于 0.2m，200km² 以下；0.2m，400km² 以下；0.2m ~ 1m，5 000km² 以下；
2：影像地面分辨率优于 0.2m，50km² 以下；0.2m，400km² 以下；0.2m ~ 1m，500km² 以下；
3：不得承担</td></tr>
</table>

表 1-3　　**摄影测量与遥感专业标准**

<table>
<tr><th rowspan="2">专业子项</th><th rowspan="2">考核指标</th><th rowspan="2" colspan="2">考核内容</th><th colspan="3">考核标准</th></tr>
<tr><th>甲级</th><th>乙级</th><th>丙级</th></tr>
<tr><td rowspan="6">1. 摄影测量与遥感外业
2. 摄影测量与遥感内业
3. 摄影测量与遥感监理</td><td>人员规模</td><td colspan="2">测绘及相关专业技术人员</td><td>60 人（含注册测绘师 2 人），其中高级 8 人、中级 17 人</td><td>25 人（含注册测绘师 1 人），其中高级 2 人、中级 8 人</td><td>8 人，其中中级 3 人</td></tr>
<tr><td rowspan="4">仪器设备</td><td rowspan="3">1. 摄影测量与遥感外业</td><td>全球导航卫星系统接收机（$5mm+1\times10^{-6}D$ 精度以上）</td><td>6 台</td><td>3 台</td><td>1 台</td></tr>
<tr><td>全站仪（2″级精度以上）</td><td>6 台</td><td>4 台</td><td>2 台</td></tr>
<tr><td>水准仪（S3 级精度以上）</td><td>6 台</td><td>3 台</td><td>2 台</td></tr>
<tr><td>2. 摄影测量与遥感内业</td><td>全数字摄影测量系统或者遥感图像处理系统</td><td>15 套</td><td>8 套</td><td>4 套</td></tr>
<tr><td colspan="3">作业限额</td><td>无限额限制</td><td>无限额限制</td><td>1～2：1∶500 比例尺，$20km^2$ 以下；1∶1 000 比例尺，$30km^2$ 以下；1∶2 000 比例尺，$50km^2$ 以下；1∶5 000 比例尺，$100km^2$ 以下；小于或者等于 1∶1 万比例尺的不得承担；
3：不得承担</td></tr>
</table>

表 1-4　　**地理信息系统工程专业标准**

<table>
<tr><th rowspan="2">专业子项</th><th rowspan="2">考核指标</th><th rowspan="2" colspan="2">考核内容</th><th colspan="3">考核标准</th></tr>
<tr><th>甲级</th><th>乙级</th><th>丙级</th></tr>
<tr><td rowspan="7">1. 地理信息数据采集
2. 地理信息数据处理
3. 地理信息系统及数据库建设
4. 地面移动测量
5. 地理信息软件开发
6. 地理信息系统工程监理</td><td>人员规模</td><td colspan="2">测绘及相关专业技术人员</td><td>60 人(含注册测绘师 2 人),其中高级 8 人、中级 17 人</td><td>25 人(含注册测绘师 1 人),其中高级 2 人、中级 8 人</td><td>8 人,其中中级 3 人</td></tr>
<tr><td rowspan="5">仪器设备</td><td>1. 地理信息数据采集</td><td>全球导航卫星系统接收机</td><td>6 台(其中 5mm+$1\times10^{-6}D$ 精度以上不少于 3 台)</td><td>3 台(其中 5mm+$1\times10^{-6}D$ 精度以上不少于 2 台)</td><td>2 台</td></tr>
<tr><td>2. 地理信息数据处理</td><td>地理信息处理软件</td><td>10 套</td><td>5 套</td><td>1 套</td></tr>
<tr><td>3. 地理信息系统及数据库建设</td><td>地理信息系统平台软件</td><td>10 套</td><td>5 套</td><td>1 套</td></tr>
<tr><td rowspan="2">4. 地面移动测量</td><td>地面移动测量系统</td><td>2 套 GNSS+INS+LiDAR 或者 6 套(GNSS+INS+影像获取设备),绝对精度优于 0.5m</td><td>1 套(GNSS+INS+LiDAR,绝对精度优于 0.5m)或者 3 套(GNSS+INS+影像获取设备,绝对精度优于 10m,其中至少 1 套绝对精度优于 0.5m)</td><td>1 套(GNSS+影像获取设备),绝对精度优于 20m</td></tr>
<tr><td>系统标定场</td><td>1 个</td><td>1 个</td><td>–</td></tr>
<tr><td colspan="3">作业限额</td><td>无限额限制</td><td>1~3:设区的市级行政区域以下
4~5:无限额限制
6:相应于上述限额</td><td>1~3:县级行政区域以下;
4:精度优于 1m,不得承担;1m(不含)至 10m,$100km^2$ 以下;劣于 10m,无限额限制。用于带状地形测量时:精度优于 1m,不得承担;1m(不含)至 10m,400km 以下;劣于 10m,无限额限制;
5:无限额限制;
6:不得承担</td></tr>
</table>

表 1-5 **地图编制专业标准**

专业子项	考核指标	考核内容	考核标准	
			甲级	乙级
1. 地形图 2. 教学地图 3. 世界政区地图 4. 全国及地方政区地图 5. 电子地图 6. 真三维地图 7. 其他专用地图	人员规模	测绘及相关专业技术人员	60 人（含注册测绘师 2 人），其中高级 8 人、中级 17 人	25 人（含注册测绘师 1 人），其中高级 2 人、中级 8 人
	仪器设备	高性能图形编辑计算机	50 台	20 台
		图形扫描仪（A0 幅面）	1 台	—
		高性能数据服务器	2 台	—
	技术能力	3. 世界政区地图	具有相对固定且权威的国际间资料交换机制，具有自主知识产权的全球地图数据库和独立完成分国、分洲、世界地图集（册）设计、编制的能力	—
		4. 全国及地方政区地图	具有独立完成相应区域范围的地图集（册）设计、编制能力；具有自主知识产权的相应区域范围的地图数据库	—
	生产业绩	2. 教学地图	具备专业子项 4，且近 2 年独立完成 80 种以上相应区域范围的教学地图集（册）	—
		3. 世界政区地图 4. 全国及地方政区地图	近 2 年完成 40 种以上县级以上行政区域范围内的地图集（册）编制项目	—
	作业限额		无限额限制	1~2，4~7：省级及以下行政区域范围内； 3：不得承担

表 1-6　　**工程测量专业标准**

<table>
<tr><th rowspan="2">专业子项</th><th rowspan="2">考核指标</th><th rowspan="2" colspan="2">考核内容</th><th colspan="4">考核标准</th></tr>
<tr><th>甲级</th><th>乙级</th><th>丙级</th><th>丁级</th></tr>
<tr><td rowspan="8">1. 控制测量
2. 地形测量
3. 规划测量
4. 建筑工程测量
5. 变形形变与精密测量
6. 市政工程测量
7. 水利工程测量
8. 线路与桥隧测量
9. 地下管线测量
10. 矿山测量
11. 工程测量监理</td><td>人员规模</td><td colspan="2">测绘及相关专业技术人员</td><td>60 人（含注册测绘师 5 人），其中高级 8 人、中级 17 人</td><td>25 人（含注册测绘师 2 人），其中高级 2 人、中级 8 人</td><td>8 人，其中中级 3 人</td><td>4 人，其中中级 1 人</td></tr>
<tr><td rowspan="7">仪器设备</td><td rowspan="3">专业子项 1～10</td><td>全球导航卫星系统接收机（$5mm+1\times10^{-6}D$ 精度以上）</td><td>6 台</td><td>4 台</td><td>2 台</td><td>—</td></tr>
<tr><td>全站仪</td><td>10 台（其中 2″级精度以上 5 台）</td><td>5 台（其中 2″级精度以上 3 台）</td><td>3 台（其中 2″级精度以上 1 台）</td><td>2 台（5″级精度以上）</td></tr>
<tr><td>水准仪（S3 级精度以上）</td><td>6 台</td><td>3 台</td><td>2 台</td><td>1 台</td></tr>
<tr><td rowspan="2">5. 变形形变与精密测量</td><td>全站仪（0.5″级精度以上）</td><td>2 台</td><td>1 台</td><td>—</td><td>—</td></tr>
<tr><td>水准仪（S05 级精度以上）</td><td>2 台</td><td>1 台</td><td>—</td><td>—</td></tr>
<tr><td>7. 水利工程测量</td><td>测深仪</td><td>3 台</td><td>2 台</td><td>1 台</td><td>1 台</td></tr>
<tr><td>9. 地下管线测量</td><td>地下管线探测仪</td><td>3 台</td><td>2 台</td><td>1 台</td><td>1 台</td></tr>
</table>

表 1-7　　**工程测量专业标准（作业限额）**

专业子项		考核标准			
		甲级	乙级	丙级	丁级
1. 控制测量 2. 地形测量 3. 规划测量 4. 建筑工程测量 5. 变形形变与精密测量 6. 市政工程测量 7. 水利工程测量 8. 线路与桥隧测量 9. 地下管线测量 10. 矿山测量 11. 工程测量监理	作业限额	无限额限制	1：三等以下； 2：1∶500 比例尺，$30km^2$ 以下；1∶1 000 比例尺，$50km^2$ 以下；1∶2 000 比例尺，$80km^2$ 以下；1∶5 000 比例尺，$100km^2$ 以下；1∶1 万比例尺，$200km^2$ 以下； 3：总建筑面积 $50\times10^4m^2$ 以下；国家重点建设工程不得承担； 4：建筑范围 $1km^2$ 以下，单个建筑物 $10\times10^4m^2$ 以下； 5：一般精密设备安装。建筑面积在 $10\times10^4m^2$ 以下且高度在 100m 以下的建筑； 6：特大城市一般道路、大中等城市主干道路、一般立交桥； 7：不得承担特大型水利水电工程； 8：300km 以下的线路，多孔跨径总长在 100m 以下的桥梁，4km 以下的隧道； 9：管线长度 300km 以下； 10：矿区控制面积 $200km^2$ 以下； 11：相应于上述限额	1：四等以下； 2：1∶500 比例尺，$15km^2$ 以下；1∶1 000 比例尺，$20km^2$ 以下；1∶2 000 比例尺，$30km^2$ 以下；小于 1∶5 000 比例尺，$60km^2$ 以下； 3：总建筑面积 $30\times10^4m^2$ 以下；国家重点建设工程不得承担； 4：30 层以下的住宅、高度 70m 以下的非住宅性质的民用建筑； 5：不得承担精密工程测量。建筑面积在 $2\times10^4m^2$ 以下且高度在 50m 以下的建筑。不得承担铁路、高速公路的桥隧及城市轨道交通项目； 6：大中等城市一般道路、小城市道路； 7：中型、小型水利水电工程； 8：200km 以下的线路，多孔跨径总长在 30m 以下的桥梁，3km 以下的隧道。不得承担铁路、高速公路的桥隧及城市轨道交通项目； 9：管线长度 200km 以下； 10：矿区控制面积 $100km^2$ 以下； 11：不得承担	1：等级以外； 2：1∶500 比例尺，$10km^2$ 以下；1∶1 000 比例尺，$15km^2$ 以下；1∶2 000 比例尺，$20km^2$ 以下； 3：总建筑面积 $20\times10^4m^2$ 以下；国家重点建设工程不得承担； 4：7 层以下的住宅、高度 24m 以下的非住宅性质的民用建筑； 5：不得承担； 6：局部市政工程； 7：小型水利水电工程； 8：100km 以下的线路。不得承担桥隧测量。不得承担城市轨道交通项目； 9：管线长度 100km 以下； 10：局部矿山测量、巷道测量； 11：不得承担

表 1-8　　**不动产测绘专业标准**

专业子项	考核指标	考核内容		考核标准			
				甲级	乙级	丙级	丁级
1. 地籍测绘 2. 房产测绘 3. 行政区域界线测绘 4. 不动产测绘监理	人员规模	测绘及相关专业技术人员		60 人（含注册测绘师 5 人），其中高级 8 人、中级 17 人	25 人（含注册测绘师 2 人），其中高级 2 人、中级 8 人	8 人，其中中级 3 人	4 人，其中中级 1 人
	仪器设备	专业子项 1~3	全球导航卫星系统接收机（$5mm+1\times10^{-6}$ D 精度以上）	6 台	3 台	2 台	—
			全站仪	5 台	3 台	2 台	1 台
		2. 房产测绘	手持测距仪	20 台	12 台	6 台	3 台
	作业限额			无限额限制。	1：日常地籍调查及设区的市级以下地籍总调查中的地籍测绘； 2：规划许可证载单栋建筑面积 $10\times10^4m^2$ 以下;单个合同标的不超过建筑面积 $200\times10^4m^2$； 3：无限额限制； 4：相应于上述限额	1：日常地籍调查及县级以下地籍总调查中的地籍测绘； 2：规划许可证载单栋建筑面积 $5\times10^4m^2$ 以下；单个合同标的不超过建筑面积 $100\times10^4m^2$； 3～4：不得承担	1：日常地籍调查及乡镇级以下地籍总调查中的地籍测绘； 2：规划许可证载单栋建筑面积 $2\times10^4m^2$ 以下；单个合同标的不超过建筑面积 $50\times10^4m^2$； 3～4：不得承担

表 1-9　　**海洋测绘专业标准**

<table>
<tr><th rowspan="2">专业子项</th><th rowspan="2">考核指标</th><th rowspan="2" colspan="2">考核内容</th><th colspan="4">考核标准</th></tr>
<tr><th>甲级</th><th>乙级</th><th>丙级</th><th>丁级</th></tr>
<tr><td rowspan="15">1. 海域权属测绘
2. 海岸地形测量
3. 水深测量
4. 水文观测
5. 海洋工程测量
6. 扫海测量
7. 深度基准测量
8. 海图编制
9. 海洋测绘监理</td><td>人员规模</td><td colspan="2">测绘及相关专业技术人员</td><td>60 人（含注册测绘师 5 人），其中高级 8 人、中级 17 人</td><td>25 人（含注册测绘师 2 人），其中高级 2 人、中级 8 人</td><td>8 人，其中中级 3 人</td><td>4 人，其中中级 1 人</td></tr>
<tr><td rowspan="13">仪器设备</td><td rowspan="7">专业子项 1~7</td><td>全球导航卫星系统接收机</td><td>8 台（其中 $5mm + 1 \times 10^{-6}D$ 精度以上不少于 4 台）</td><td>3 台（其中 $5mm + 1 \times 10^{-6}D$ 精度以上不少于 2 台）</td><td>—</td><td>—</td></tr>
<tr><td>全站仪（2″级精度以上）</td><td>2 台</td><td>1 台</td><td>1 台</td><td>1 台</td></tr>
<tr><td>水准仪（S3 级精度以上）</td><td>6 台</td><td>3 台</td><td>2 台</td><td>1 台</td></tr>
<tr><td>测深仪</td><td>8 台</td><td>4 台</td><td>2 台</td><td>—</td></tr>
<tr><td>声速仪</td><td>3 台</td><td>2 台</td><td>1 台</td><td>—</td></tr>
<tr><td>水位计</td><td>10 台</td><td>5 台</td><td>2 台</td><td>—</td></tr>
<tr><td>验流计</td><td>2 台</td><td>1 台</td><td>—</td><td>—</td></tr>
<tr><td rowspan="2">5. 海洋工程测量</td><td>浅地层剖面仪</td><td>1 台</td><td>1 台</td><td>—</td><td>—</td></tr>
<tr><td>多波束测深系统</td><td>2 套</td><td>1 套</td><td>—</td><td>—</td></tr>
<tr><td rowspan="3">6. 扫海测量</td><td>侧扫声呐</td><td>2 台</td><td>1 台</td><td>—</td><td>—</td></tr>
<tr><td>海洋磁力仪</td><td>1 台</td><td>1 台</td><td>—</td><td>—</td></tr>
<tr><td>多波束测深系统</td><td>2 套</td><td>1 套</td><td>—</td><td>—</td></tr>
<tr><td>8. 海图编制</td><td>图形扫描仪（A0 幅面）</td><td>1 台</td><td>—</td><td>—</td><td>—</td></tr>
<tr><td colspan="3">作业限额</td><td>无限额限制</td><td>1：无限额限制；
2~6：$100km^2$ 以下；
7~8：不得承担；
9：相应于上述限额</td><td>1：无限额限制；
2~4：$50km^2$ 以下；
5~9：不得承担</td><td>1：无限额限制；
2~9：不得承担</td></tr>
</table>

表 1-10 **导航电子地图制作专业标准**

专业子项	考核指标	考核内容	考核标准 甲级
导航电子地图制作	人员规模	测绘及相关专业技术人员	100 人(含注册测绘师 5 人),其中高级 10 人、中级 20 人
	仪器设备	外业数据采集设备	50 台(定位精度≤10m)
		导航地图编辑系统	具备以下功能: 1. 对道路和交通信息、POI、背景、注记的空间信息和属性信息的编辑制作; 2. 支持数据更新机制的导航地图数据库管理; 3. 通用交换格式数据输出
		在线存储设备	60TB(有效存储容量)
	保密管理	保密制度	保密管理条件经国家测绘地理信息局考核合格,符合以下要求: 1. 保密机构健全,人员、职责明确落实; 2. 保密制度完善,使所属人员知悉与其工作有关的保密范围和各项保密制度; 3. 保密要害部门制定严格的保密防范措施,并组织实施。配备必要的保密设备和设施; 4. 涉密设备和网络必须与互联网物理隔离; 5. 经常进行测绘保密检查,发现问题及时解决; 6. 在数据制作区域,禁止使用无线网络,并能够自动识别外来设备入网;生产办公设备禁止在互联网上使用,作业用计算机的 USB 端口、串口、并口必须封闭; 7. 数据生产环节中的数据必须使用经加密处理的自有格式
	作业标准	导航电子地图数据模型和规格	数据模型和规格应当符合《车载导航电子地图产品规范》GB/T 20267—2006 的基本要求
		作业规范	包括内外业的作业组织、人员配备、环境配置、操作规范
		产品编译规范	规定场所设置、人员限制、保密措施、环境和流程
		质量检查规范	执行《导航电子地图检测规范》CH/T 1019—2010 的规定
		数据生产工艺流程说明	规定外业采集、内业编辑制作、数据编译、质量检查各作业环节的内部流程工艺和作业环节之间的流程

表 1-11　　　　　　　　　　**互联网地图服务专业标准**

<table>
<tr><th rowspan="2">专业子项</th><th rowspan="2">考核指标</th><th rowspan="2" colspan="2">考核内容</th><th colspan="3">考核标准</th></tr>
<tr><th colspan="2">甲级</th><th>乙级</th></tr>
<tr><td rowspan="7">1. 地理位置定位
2. 地理信息上传标注
3. 地图数据库开发</td><td rowspan="2">人员规模</td><td colspan="2">地图制图或者计算机类专业技术人员</td><td colspan="2">20 人,其中中级 5 人</td><td>12 人,其中中级 2 人</td></tr>
<tr><td colspan="2">地图安全审校人员</td><td colspan="2">5 人</td><td>2 人</td></tr>
<tr><td>仪器设备</td><td colspan="2">专用软件</td><td colspan="2">有独立地图引擎</td><td></td></tr>
<tr><td rowspan="2" colspan="3">保密管理</td><td colspan="3">存放地图数据的服务器设在中华人民共和国境内</td></tr>
<tr><td colspan="3">建立地图数据安全管理制度,配备安全保障技术设施</td></tr>
<tr><td colspan="2">质量管理</td><td colspan="4">建立质量管理规定和互联网地图服务质量责任制,成立质量管理机构并配备经过培训的质检人员</td></tr>
<tr><td colspan="2">作业限额</td><td colspan="2">无限额限制</td><td colspan="2">1~2：无限额限制
3：不得承担</td></tr>
</table>

第三节　测绘行政许可事项

一、国家测绘地理信息局行政许可事项

①甲级测绘资质审批；②测绘专业技术人员执业资格审批；③外国的组织或者个人来华测绘审批；④采用国际坐标系统审批；⑤建立相对独立的平面坐标系统审批；⑥永久性测量标志拆迁审批；⑦地图审核；⑧属于国家秘密的基础测绘成果资料提供使用审批；⑨对外提供属于国家秘密的测绘成果资料。

二、可以设定行政许可事项

①法律可以设定行政许可。②尚未制定法律的，行政法规可以设定行政许可。必要时，国务院可以采用发布决定的方式设定行政许可。③尚未制定法律、行政法规的，地方性法规可以设定行政许可。④尚未制定法律、行政法规和地方性法规的，因行政管理的需要，确需立即实施行政许可的，省级人民政府规章可以设定临时性的行政许可。临时性的行政许可实施满 1 年需要继续实施的，应当提请本级人民代表大会及其常务委员会制定地方性法规。⑤法规、规章对实施上位法设定的行政许可作出

的具体规定，不得增设行政许可；对行政许可条件作出的具体规定，不得增设违反上位法的其他条件。

三、行政许可的时限要求

行政许可应当规定行政许可的实施机关、条件、程序、期限。

第四节 测绘执业资格与注册测绘师

一、测绘执业资格的特征

（1）测绘执业资格的主体是个人。

（2）从业人员的职业资格分为从业资格和执业资格两种。执业资格，是指从事责任较大、社会通用性强、关系公共利益的专业技术性工作应具备的学识、技术和能力的准入标准。因此，测绘实行执业资格制度。国家对从事测绘活动的专业技术人员实行职业准入制度，纳入全国专业技术人员职业资格证书制度统一规划。国家对注册测绘师资格实行注册执业管理，取得《中华人民共和国注册测绘师资格证书》的人员，经过注册后方可以注册测绘师的名义执业。

（3）测绘执业资格的对象是测绘专业技术人员。

二、注册测绘师的注册申请受理与审批

1. 受理注册申请

省、自治区、直辖市人民政府测绘地理信息主管部门在收到注册测绘师资格注册的申请材料后，对申请材料不齐全或者不符合法定形式的，应当当场或者在5个工作日内，一次告知申请人需要补正的全部内容，逾期不告知的，自收到申请材料之日起即为受理。

2. 审批

省、自治区、直辖市人民政府测绘地理信息主管部门自受理注册申请之日起20个工作日内，按规定条件和程序完成申报材料的审查工作，并将申报材料和审查意见报国家测绘地理信息局审批。

国家测绘地理信息局自受理申报人员材料之日起20个工作日内，作出审批决定。在规定的期限内不能作出审批决定的，应将延长的期限和理由告知申请人。

国家测绘地理信息局自作出批准决定之日起 10 个工作日内，将批准决定送达经批准注册的申请人，并核发统一制作的《中华人民共和国注册测绘师注册证》和执业印章。对作出不予批准的决定，应当书面说明理由，并告知申请人享有依法申请行政复议或者提起行政诉讼的权利。

三、注册测绘师的权利与义务

1. 注册测绘师的权利

（1）保管、使用本人的证书和印章。
（2）从事测绘执业活动。
（3）接受继续教育。
（4）对违规行为提出劝告，向上级报告。
（5）获得报酬。

2. 注册测绘师的义务

（1）遵纪守法。
（2）执行测绘技术标准和规范。
（3）履行岗位职责，保证执业活动成果质量，并承担相应责任。
（4）保守知悉的国家秘密和委托单位的商业、技术秘密。
（5）聘于一个有测绘资质的单位执业。
（6）不准他人以本人名义执业。
（7）专业知识，提高专业技术水平。
（8）注册管理机构交办的相关工作。

3. 执业范围

（1）测绘项目技术设计。
（2）测绘项目技术咨询和技术评估。
（3）测绘项目技术管理、指导与监督。
（4）测绘成果质量检验、审查、鉴定。
（5）国务院有关部门规定的其他测绘业务。

四、申请注册测绘师资格考试的条件

（1）取得测绘类专业大学专科学历，从事测绘业务工作满 6 年。
（2）取得测绘类专业大学本科学历，从事测绘业务工作满 4 年。
（3）取得含测绘类专业在内的双学士学位或者测绘类专业研究生班毕业，从事测绘业务工作满 3 年。

(4) 取得测绘类专业硕士学位，从事测绘业务工作满 2 年。

(5) 取得测绘类专业博士学位，从事测绘业务工作满 1 年。

(6) 取得其他理学类或者工学类专业学历或者学位的人员，其从事测绘业务工作年限相应增加 2 年。

符合考试报名条件的香港和澳门特别行政区居民，可申请参加注册测绘师资格考试。申请人在报名时应提交本人身份证明、国务院教育行政部门认可的相应专业学历或者学位证书、从事测绘相关专业实践年限证明。台湾地区专业技术人员考试办法另行规定。

五、注册测绘师注册

(1) 取得资格证书超过 1 年以上不满 3 年提出申请初始注册的，须提供不少于 30 学时的继续教育必修内容培训的证明。

(2) 取得资格证书 3 年以上提出申请初始注册的，须提供相当于一个注册有效期要求的继续教育证明。《注册测绘师执业管理办法》施行前已取得资格证书的，自该办法实施之日起 1 年内提出申请初始注册的，不需要提供参加继续教育的证明。

(3) 延续注册：注册证和执业印章每一注册有效期为 3 年，期满需要继续执业的，应在期满 30 个工作日前提出延续注册申请。变更注册单位须及时办理变更注册手续，距离原注册有效期满半年以内申请变更注册的，可同时申请延续注册。准予延续注册的，注册有效期重新计算。

(4) 变更注册：超过 70 周岁申请初始注册、延续注册及变更注册的，均须提供身体健康证明。

(5) 不予注册：因在测绘活动中受到刑事处罚，自刑事处罚完毕之日起至申请之日止不满 3 年的。

六、注册测绘师的执业规定

(1) 注册单位与注册测绘师人事关系所在单位或聘用单位可以不一致。

(2) 测绘项目的设计文件、成果质量检查报告、最终成果文件以及产品测试报告、项目监理报告等，须由注册测绘师签字并加盖执业印章后方可生效。

(3) 修改经注册测绘师签字盖章的测绘文件，应由注册测绘师本人进行；该注册测绘师不能进行修改的，应由其他注册测绘师修改，并签字、加盖印章，同时对修改部分承担责任。

(4) 注册测绘师从事执业活动，应由其所在单位接受委托并统一收费。因测绘成果质量问题造成的经济损失，接受委托的单位应承担赔偿责任。接受委托的单位可以依法向承担测绘业务的注册测绘师追偿。探索建立注册测绘师执业责任保险制度。

（5）注册测绘师注册证或执业印章遗失或污损，需要补办的，应当持在省级以上公众媒体上刊登的遗失声明或污损的原注册证或执业印章，经注册地省级测绘地理信息行政主管部门审核后，向国家测绘地理信息局申请补办。

七、注册测绘师继续教育

1. 继续教育要求

注册测绘师延续注册、重新申请注册和逾期初始注册，应当完成本专业的继续教育。注册测绘师继续教育分为必修教育和选修教育，在一个注册有效期内，必修内容和选修内容均不得少于 60 学时。

2. 继续教育方式

（1）注册测绘师继续教育必修内容通过培训的形式进行，由国家测绘地理信息局推荐的机构承担。必修内容培训每次 30 学时，注册测绘师须在一个注册有效期内参加 2 次不同内容的培训。

①参与全国注册测绘师资格考试命题 1 次，可确认必修课内容 30 学时。

②参加国家测绘地理信息局有关司局举办的与培训大纲内容一致的业务培训，经国家测绘地理信息局人事司审核认可后，可按实际培训时间确认必修内容学时。

（2）注册测绘师继续教育选修内容通过参加指定的网络学习获得 40 学时，另外 20 学时通过以下方式取得：①担当注册测绘师继续教育培训班的授课人，每授课 1 次；②公开出版测绘地理信息相关专业著作，承担地市级以上测绘地理信息科研课题；③在国外、国内省级以上公开出版刊物发表测绘地理信息相关专业的学术论文；④参加测绘地理信息相关专业在职学位、学历教育，获得学位或学历当年可确认；⑤参加中国测绘地理信息学会注册测绘师工作委员会组织的学术活动；⑥参加与测绘地理信息有关的国际组织或国家级社团组织的学术会议，并提交论文；⑦参与国家、行业或省级地方测绘地理信息标准、规范的制定工作；⑧获得与测绘地理信息专业相关的国家级、省级科技奖励，或省级测绘地理信息行政主管部门、省级以上测绘地理信息社团组织的科技奖励（前 3 名）；⑨参加省级测绘地理信息行政主管部门以及国家测绘地理信息局认可的其他部门、单位组织的技术培训，按实际培训时间确认学时。

（3）注册测绘师继续教育实行登记制度。

八、法律责任

未取得测绘执业资格，擅自从事测绘活动的，责令停止违法行为，没收违法所得，可以并处违法所得 2 倍以下的罚款。

第五节 测绘作业证管理

测绘作业证由封皮、《测绘法》相关条款、内芯、用证规定四部分组成。

一、测绘作业证申请

应当向单位所在地的省级测绘地理信息主管部门或者其委托的市级人民政府测绘地理主管部门提出申请。

二、申请测绘作业证的范围

(1) 取得测绘资质证书单位的人员；
(2) 从事野外测绘作业的人员；
(3) 需要领取测绘作业证的其他人员。

三、适用范围

(1) 进入机关、企业、住宅小区、耕地或其他地块进行测绘时，应当持有测绘作业证件；
(2) 使用测量标志时，应当持有测绘作业证件；
(3) 接受测绘地理信息行政主管部门执法监督检查时，应当持有测绘作业证件；
(4) 办理与所从事的测绘活动相关的其他事项时，应当持有测绘作业证件。

进入保密单位、军事禁区和法律法规规定的需经特殊审批的区域进行测绘活动时，还应当按照规定持有关部门的批准文件。

四、测绘作业证使用规定

(1) 测绘人员遗失测绘作业证，应当立即向本单位报告，并说明情况。所在单位应当及时向发证机关书面报告情况。

(2) 测绘人员调离工作单位的，必须由原所在测绘单位收回测绘作业证，并及时上交发证机关。测绘人员调往其他测绘单位的，由新调入单位重新申领测绘作业证。

(3) 省、自治区、直辖市人民政府测绘地理信息主管部门或者其委托的市（地）级人民政府测绘地理信息主管部门应当自收到办证申请，并确认各种报表及各项手续完备之日起 30 日内，完成测绘作业证的审核发证工作。

(4) 测绘单位办理遗失证件的补证和旧证换新证的，省级测绘地理信息主管部门或者其委托的市级人民政府测绘地理信息主管部门应当自收到申请之日起 30 日内完成。

五、测绘作业证注册

（1）每次注册核准有效期为 3 年。注册核准有效期满前 30 日内，测绘单位应当将测绘作业证送交所在地的省级测绘地理信息主管部门或者其委托的市级测绘地理信息主管部门进行注册核准。

（2）省级人民政府测绘地理信息主管部门明确相应的机构负责测绘作业证的审核、发放和管理工作，应当汇总领取测绘作业证情况，并于当年 12 月底前报国家测绘地理信息局。

六、法律责任

测绘人员有下列行为之一的，由所在单位收回其测绘作业证，并及时交回发证机关，对情节严重者依法给予行政处分；构成犯罪的，依法追究刑事责任：①将测绘作业证转借他人的；②擅自涂改测绘作业证的；③利用测绘作业证严重违反工作纪律、职业道德或者损害国家、集体或者他人利益的；④利用测绘作业证进行欺诈及其他违法活动的。

第六节　外国的组织或个人来华测绘管理

一、合作测绘禁止的领域

①大地测量；②测绘航空摄影；③行政区域界线测绘；④海洋测绘；⑤地形图、世界政区地图、全国政区地图、省级及以下政区地图、全国性教学地图、地方性教学地图和真三维地图编制；⑥导航电子地图编制；⑦国务院测绘地理信息主管部门规定的其他测绘活动。

二、来华测绘监督管理及审批

1. 审批

国务院测绘地理信息主管部门会同军队测绘部门负责来华测绘的审批。县级以上各级人民政府测绘地理信息主管部门对来华测绘履行监督管理职责。

2. 测绘资质许可办理

（1）提交申请：合资、合作企业应当分别向国务院测绘地理信息主管部门和其所在地的省、自治区、直辖市人民政府测绘地理信息主管部门提交申请材料。

（2）初审：国务院测绘地理信息主管部门在收到申请材料后依法作出是否受理的决定。决定受理的，应当及时通知省、自治区、直辖市人民政府测绘地理信息主管部门进行初审。省、自治区、直辖市人民政府测绘地理信息主管部门应当在接到初审通知后20个工作日内提出初审意见，并报国务院测绘地理信息主管部门。

（3）审查：国务院测绘地理信息主管部门接到初审意见后5个工作日内送军队测绘部门会同审查，并在接到会同审查意见后8个工作日内作出审查决定。

（4）发放证书：审查合格的，由国务院测绘地理信息主管部门颁发相应等级的测绘资质证书；审查不合格的，由国务院测绘地理信息主管部门作出不予许可的决定。

3. 合作企业控股

合作企业须中方控股即外方出资比例不超过50%。

三、一次性测绘管理

这是指外国的组织或个人在不设立合作企业的前提下，经国务院及其有关部门或者省级人民政府批准，来华开展科技、文化、体育、旅游等活动时，需要进行的一次性测绘活动。

申请一次性测绘的，应当提交下列申请材料一式三份。

（1）申请表；

（2）国务院及其有关部门或者省、自治区、直辖市人民政府的批准文件；

（3）按照法律法规规定应当提交的有关部门的批准文件；

（4）外国的组织或者个人的身份证明和有关资信证明；

（5）测绘活动的范围、路线、测绘精度及测绘成果形式的说明；

（6）测绘活动时使用的测绘仪器、软件和设备的清单和情况说明；

（7）中华人民共和国现有测绘成果不能满足项目需要的说明。

四、来华测绘成果管理

（1）合作企业所测的测绘成果归中方所有，并由中方向国务院测绘地理信息主管部门汇交测绘成果副本。外国组织或个人在中国海域（领海经济区）从事海洋测绘的，要汇交测绘成果副本或者目录。

（2）未经批准，不得以任何形式将测绘成果携带或者传输出境。

五、法律责任

（1）违反本办法规定，有下列行为之一的，由国务院测绘地理信息主管部门撤销批准文件，责令停止测绘活动，处 3 万元以下罚款：①以伪造证明文件、提供虚假材料等手段，骗取一次性测绘批准文件的；②超出一次性测绘批准文件的内容从事测绘活动的；③未经依法批准将测绘成果携带或者传输出境的。

（2）有下列行为之一的，责令停止违法行为，没收违法所得、测绘成果和测绘工具，并处 10 万元以上、50 万元以下的罚款；情节严重的，并处 50 万元以上、100 万元以下的罚款，限期出境或者驱逐出境；构成犯罪的，依法追究刑事责任：①外国的组织或者个人未经批准，擅自在中华人民共和国领域和管辖的其他海域从事测绘活动的；②外国的组织或者个人未与中华人民共和国有关部门或者单位合作，擅自在中华人民共和国领域从事测绘活动的。

考点试题汇编及参考答案与试题解析

考点试题汇编

一、单项选择题（每题的备选选项中，只有一项最符合题意。）

1. 下列关于行政许可的设定，说法错误的是(　　)。

A. 据行政许可法，法律可以设定行政许可，尚未制定法律的，行政法规可以设定行政许可

B. 必要时，国务院可以采用公告的形式设定行政许可

C. 尚未制定法律、行政法规的，地方性法规也可以设定行政许可

D. 确需立即实施行政许可的，省、自治区、直辖市人民政府规章可设定临时性的行政许可

2. 临时性的行政许可实施满(　　)年需要继续设施的，应当提请本级人民代表大会及其常务委员会制定地方性法规。

A. 1　　　　B. 2

C. 3　　　　D. 5

3. 测绘执业资格是指从事测绘活动的自然人应当具备的知识、技术水平和能力，下列关于其特征描述错误的是(　　)。

A. 测绘执业资格的主体是测绘资质单位

B. 测绘执业资格隶属国家职业资格体系

C. 测绘执业资格的对象是测绘专业技术人员

D. 测绘执业资格的主体是个人

4. 下列内容中，属于注册测绘师义务的是(　　)。

A. 在规定的范围内从事测绘执业活动

B. 接受继续教育

C. 对侵犯本人执业权利的活动进行申诉

D. 不准他人以本人名义执业

5. 根据《注册测绘师执业管理办法（试行）》规定，超过(　　)周岁申请初始注册、延续注册及变更注册的，均需提供身份健康证明。

A. 60　　B. 65

C. 70　　D. 75

6. 根据《注册测绘师执业管理办法（试行）》规定，下列有关注册测绘师的执业做法正确的是(　　)。

A. 注册测绘师从事执业活动，可按照当前的测绘产品价格标准进行统一收费

B. 注册单位与注册测绘师人事关系所在单位或聘用单位可以不一致

C. 测绘地理信息项目的设计文件经注册测绘师签字即可生效

D. 修改经注册测绘师签字盖章的测绘文件，必须由注册测绘师本人进行

7. 根据《注册测绘师执业管理办法（试行）》规定，下列有关注册测绘师继续教育的说法错误的是(　　)。

A. 在一个注册有效期内，必修内容和选修内容均不得少于30学时

B. 必修内容培训每次30学时，且须在一个有效期内参加2次不同内容的培训

C. 注册测绘师继续教育选修内容通过参加指定的网络学习40学时

D. 可以通过出版专业著作、承担科研课题等形式修满另外的20学时

8. 下列工作人员中，无须申请测绘作业证的是(　　)。

A. 取得测绘资质证书单位的人员　B. 从事野外测绘作业的人员

C. 室内从事内业制图的人员　D. 需要领取测绘作业证的其他人员

9. 根据《外国的组织或者个人来华测绘管理暂行办法》规定，合资、合作测绘不得从事的活动是(　　)。

A. 工程测量　　B. 互联网地理信息服务

C. 导航电子地图制作　　D. 不动产测绘（地籍、房产）

10. 根据《测绘资质分级标准》，取得乙级测绘资质证书的单位可以承担的业务有(　　)。

A. 倾斜航测　　B. 地理信息工程

C. 地图数据库开发　　D. 世界政区地图

11. 根据《测绘资质分级标准》，业务范围载明了摄影测量与遥感专业的乙级测绘资质单位，须具备(　　)套全数字摄影测量系统或者遥感图像处理系统。

A. 4　　B. 6

C. 8　　D. 15

12. 根据《测绘资质分级标准》，业务范围载明了不动产测绘专业的乙级测绘资质单位，须具备(　　)台手持测距仪。

A. 6　　B. 8

C. 10　　D. 12

13. 根据《测绘资质分级标准》，取得丁级测绘资质的单位可以从事海洋测绘专业的(　　)专业子项。

A. 海域权属测绘　　B. 海岸地形测量

C. 水深测量　　D. 海洋工程测量

14. 根据《测绘资质分级标准》，某丙级测绘资质单位业务范围载明了水深测量、海洋地形测量、水文测量的，该单位可以承接(　　)km^2以下的海洋地形测量项目。

A. 20　　B. 30

C. 50　　D. 100

15. 根据《测绘资质分级标准》，从事大地测量基线测量的测绘资质单位，至少应具备(　　)根 24 m 长度基线尺。

A. 4　　B. 6

C. 8　　D. 10

16. 根据《测绘资质分级标准》，从事互联网地图服务专业的测绘资质单位，不需要考核的内容是(　　)。

A. 地图安全审校人员数量　　B. 计算机专业技术人员数量

C. 专业软件情况　　D. 在线存储设备情况

17. 根据《测绘资质分级标准》，具备从事导航电子地图制作的测绘资质单位，其外业数据采集设备的定位精度最高不得超过(　　)m。

A. 5　　B. 10

C. 50　　D. 100

18. 根据《测绘资质分级标准》，取得乙级测绘资质证书的单位不可以承担的业务有(　　)。

A. 地面移动测量　　B. 地理信息工程

C. 行政区域界线测绘　　D. 世界政区地图

19. 根据《注册测绘师制度暂行规定》，下列行为中，属于注册测绘师依法享有的权利是(　　)。

A. 允许他人以本人名义执业

B. 获得与执业责任相应的劳动报酬

C. 对本单位的成果质量进行监管

D. 以个人名义从事测绘活动，承担测绘业务

20. 某单位初次申请测绘资质，按照《测绘资质管理规定》，下列专业范围中，可以受理甲级测绘资质申请的是(　　)。

A. 工程测量　　B. 地图编制
C. 导航电子地图　　D. 互联网地图服务

二、多项选择题（每题的备选选项中，有2项或2项以上符合题意，至少有1项是错项。）

1. 下列专业测绘成果具有著作权特征的是(　　)。
A. 大地测量　　B. 工程测量
C. 海洋测绘　　D. 房产测绘
E. 地理信息系统工程

2. 测绘作用证主要由(　　)等组成，按编号顺序组合。
A. 封皮　　B.《测绘法》相关条款
C. 内芯　　D. 外芯
E. 用证规定

3. 针对从事非商业性测绘活动的外国组织或者个人来华测绘的，需要提交的资料有(　　)。
A. 外国组织或者个人来华测绘申请表
B. 中方控股的证明文件
C. 企业法人营业执照
D. 测绘活动的范围、路线、测绘成果形式
E. 测绘活动的仪器、软件、设备

4. 根据《测绘资质分级标准》，取得丙级测绘资质的单位可以从事海洋测绘专业的(　　)专业子项。
A. 海岸地形测量　　B. 海洋工程测量
C. 海图编制　　D. 扫海测量
E. 水文测量

5. 根据《测绘资质管理规定》，测绘资质单位的名称、注册地址、法定代表人发生变更的，应当向测绘资质审批机关提出变更申请，并提交(　　)等材料原件的扫描件。
A. 变更申请文件　　B. 企业营业执照
C. 有关部门核准变更证明　　D. 测绘资质证书正、副本
E. 法定代表人身份证明

6. 根据《测绘作业证管理规定》，测绘人员的下列行为中，应当由所在单位收回其测绘作业证并及时交回发证机关的有(　　)。
A. 将测绘作业证转借他人的
B. 擅自涂改测绘作业证的
C. 利用测绘作业证损害他人利益的
D. 利用测绘作业证从事与测绘工作无关的活动的
E. 利用测绘作业证进行欺诈等违法活动的

参考答案与试题解析

一、单项选择题

1.【B】必要时，国务院可以采用发布决定的方式设定行政许可。

2.【A】临时性的行政许可实施满一年需要继续实施的，应当提请本级人民代表大会及其常务委员会制定地方性法规。

3.【A】测绘执业资格的特征：测绘执业资格的主体是个人。

4.【D】注册测绘师应履行的义务。

5.【C】超过 70 周岁申请初始注册、延续注册及变更注册，均须提供身体健康证明。

6.【B】注册单位与注册测绘师人事关系所在单位或聘用单位可以不一致。

7.【A】注册测绘师延续注册、重新申请注册和逾期初始注册，应当完成本专业的继续教育。

8.【C】申请测绘作业证的范围。

9.【C】解析：详见《外国的组织或者个人来华测绘管理暂行办法》第七条。

10.【B】《测绘资质分级标准》中相关专业标准可知。

11.【C】摄影测量与遥感专业标准仪器设备：甲级 15 套，乙级 8 套，丙级 4 套。

12.【D】《测绘资质分级标准》中不动产测绘专业标准仪器设备。

13.【A】《测绘资质分级标准》中海洋测绘专业标准。

14.【C】《测绘资质分级标准》中海洋测绘专业标准。

15.【B】用于基线测量的基线尺，其标称精度应当优于 1/100 万，24 m 长度基线尺不少于 6 根。

16.【D】《测绘资质分级标准》互联网地图服务专业标准考核内容。

17.【B】《测绘资质分级标准》中导航电子地图制作专业标准内容。

18.【D】《测绘资质分级标准》中地图编制专业标准：乙级不可承担世界政区地图。

19.【B】注册测绘师的权利。

20.【C】导航电子地图制作专业只设甲级测绘资质。

二、多项选择题

1.【ABDE】大地测量、工程测量、房产测绘、地理信息系统工程等具有著作权特征。

2.【ABCE】测绘作业证由封皮、《测绘法》相关条款、内芯、用证规定四部分组成。

3.【ADE】申请一次性测绘的，应当提交申请材料一式三份。

4.【AE】《测绘资质分级标准》中海洋测绘专业标准。

5.【ACD】申请测绘资质变更，需要提交材料的原件扫描件。

6.【ABCE】测绘作业证管理。测绘人员有违法违规行为，由所在单位收回其测绘作业证。

第二章　测绘项目管理

第一节　测绘项目承发包

一、测绘项目承发包

1. 测绘项目发包

测绘项目发包是指将工程项目、加工生产项目等生产经营项目交给承担具有测绘资质的单位或个人完成。测绘项目发包方式包括招标发包和直接发包两种方式。

2. 测绘项目承包

测绘项目承包是指具有测绘资质的测绘单位通过于工程项目的项目法人签订测绘项目合同，负责承担测绘项目组织实施的活动。可以通过测绘项目招投标或项目发包方直接发包方式进行。

二、测绘项目招投标单位的基本条件

测绘市场活动的专业范围包括大地测量、摄影测量与遥感、地图编制与地图印刷、数字化测绘与基础地理信息系统工程、工程测量、地籍测绘与房产测绘、海洋测绘等。测绘市场活动应当遵循等价有偿、平等互利、协商一致、诚实信用的原则；禁止测绘市场活动中的不正当竞争行为和非法封锁、垄断行为；测绘市场活动当事人必遵守国家的法律、法规，不得扰乱社会经济秩序，不得损害国家利益、社会公共利益和他人的合法权益。

1. 测绘项目投标单位条件

(1) 进入测绘市场承担测绘任务的单位、经济组织和个体测绘业者，必须持有国务院测绘主管部门或省、自治区、直辖市人民政府测绘主管部门颁发的“测绘资格证书”，并按资格证书规定的业务范围和作业限额从事测绘活动。

（2）从事经营性测绘活动的单位、其他经济组织、个体测绘业者，依照国家有关规定，须经工商行政管理部门核准登记，在核准登记的经营范围内从事测绘活动。

（3）测绘事业单位在测绘市场活动中收费的，应当持有物价主管部门颁发的“收费许可证”。

2. 测绘项目中标单位的权利和义务

（1）测绘项目中标单位的权利：①公平参与市场竞争；②获得所承揽的测绘项目应得的价款；③按合同约定享有测绘成果的所有权或使用权；④拒绝委托方提出的违反国家规定的不正当要求；⑤对由于委托方未履行合同而造成的经济损失提出赔偿要求。

（2）测绘项目中标单位的义务：①遵守有关的法律、法规，全面履行合同，遵守职业道德；②保证成果质量合格，按合同约定向委托方提交成果资料；③根据各省、自治区、直辖市的有关规定，向测绘主管部门备案登记测绘项目；④按合同约定，不向第三方提供受委托完成的测绘成果。

3. 测绘项目招标单位（业主或委托方）的权利和义务

（1）测绘项目招标单位（业主或委托方）的权利：①检验中标单位的“测绘资质证书”；②对委托的项目提出符合国家有关规定的技术、质量、价格、工期等要求；③明确规定中标单位完成的成果的验收方式；④对由于中标单位未履行合同造成的经济损失，提出赔偿要求；⑤按合同约定享有测绘成果的所有权或使用权。

（2）测绘项目招标单位（业主或委托方）的义务：①遵守有关法律、法规，履行合同；②向承揽方提供与项目有关的可靠的基础资料，并为承揽方提供必要的工作条件；③向测绘项目所在省、自治区、直辖市测绘主管部门汇交测绘成果目录或副本；④执行国家规定的测绘收费标准。

三、测绘项目招标单位的基本要求

（1）不允许超越资质等级许可的范围从事测绘活动；

（2）不允许以其他测绘单位的名义从事测绘活动；

（3）不允许其他单位以本单位的名义从事测绘活动；

（4）测绘单位不得将承包的测绘项目转包；

（5）测绘单位不得将承包的测绘项目违法分包：根据我国《招标投标法》，中标人按照合同约定或者经招标人同意，可以将中标项目的部分非主体、非关键性工作分包给他人完成。接受分包的人应当具备相应的资格条件，并不得再次分包。中标人应当就分包项目向招标人负责，接受分包的人就分包项目承担连带责任。分包量不得大于该项目总承包量的40%。

第二节　测绘项目招投标

一、测绘项目招标投标基础知识

（1）测绘项目招标分为公开招标和邀请招标。金额超过 20 万元的，应当通过招标方式确定中标单位。

（2）邀请招标：应当向 3 个以上具备承担招标项目的能力、资信良好的特定法人或者其他组织发出投标邀请书。少于 3 个，重新招标。

（3）在中华人民共和国境内进行下列工程建设项目包括项目的勘察、设计、施工、监理以及与工程建设有关的重要设备、材料等的采购，必须进行招标：a. 大型基础设施、公用事业等关系社会公共利益、公众安全的项目；b. 全部或者部分使用国有资金投资或者国家融资的项目；c. 使用国际组织或者外国政府贷款、援助资金的项目。前款所列项目的具体范围和规模标准，由国务院发展计划部门会同国务院有关部门制订，报国务院批准。

（4）招标代理机构是依法设立、从事招标代理业务并提供相关服务的社会中介组织。招标代理机构应当具备下列条件：a. 有从事招标代理业务的营业场所和相应资金；b. 有能够编制招标文件和组织评标的相应专业力量；c. 有可以作为评标委员会成员人选的技术、经济等方面的专家库。

（5）从事工程建设项目招标代理业务的招标代理机构，其资格由国务院或者省、自治区、直辖市人民政府的建设行政部门认定。具体办法由国务院建设行政部门会同国务院有关部门制定。从事其他招标代理业务的招标代理机构，其资格认定的部门由国务院规定。

（6）招标人应当根据招标项目的特点和需要编制招标文件。招标文件应当包括招标项目的技术要求、对投标人资格审查的标准、投标报价要求和评标标准等所有实质性要求和条件以及拟签订合同的主要条款。

二、反不正当竞争

1. 反不正当竞争的主管机关

（1）县级以上人民政府履行工商行政管理职责的部门对不正当竞争行为进行查处。

（2）国务院建立反不正当竞争工作协调机制，研究决定反不正当竞争重大政策，协调处理维护市场竞争秩序的重大问题。

2. 依法禁止的不正当竞争行为

（1）经营者不得采用财物或者其他手段贿赂下列单位或者个人，以谋取交易机会或者竞争优势：①交易相对方的工作人员；②受交易相对方委托办理相关事务的单位或者个人；③利用职权或者影响力影响交易的单位或者个人。

（2）经营者在交易活动中，可以以明示方式向交易相对方支付折扣，或者向中间人支付佣金。经营者向交易相对方支付折扣、向中间人支付佣金的，应当如实入账。接受折扣、佣金的经营者也应当如实入账。经营者的工作人员进行贿赂的，应当认定为经营者的行为；但是，经营者有证据证明该工作人员的行为与为经营者谋取交易机会或者竞争优势无关的除外。

（3）经营者进行有奖销售不得存在下列情形：①所设奖的种类、兑奖条件、奖金金额或者奖品等有奖销售信息不明确，影响兑奖；②采用谎称有奖或者故意让内定人员中奖的欺骗方式进行有奖销售；③抽奖式的有奖销售，最高奖的金额超过五万元。④经营者利用网络从事生产经营活动，应当遵守本法的各项规定。

（4）经营者不得利用技术手段，通过影响用户选择或者其他方式，实施下列妨碍、破坏其他经营者合法提供的网络产品或者服务正常运行的行为：①未经其他经营者同意，在其合法提供的网络产品或者服务中，插入链接、强制进行目标跳转；②误导、欺骗、强迫用户修改、关闭、卸载其他经营者合法提供的网络产品或者服务；③恶意对其他经营者合法提供的网络产品或者服务实施不兼容；④其他妨碍、破坏其他经营者合法提供的网络产品或者服务正常运行的行为。

3. 对不正当竞争行为的监督检查

对涉嫌不正当竞争行为，任何单位和个人有权向监督检查部门举报，监督检查部门接到举报后应当依法及时处理。对实名举报并提供相关事实和证据的，监督检查部门应当将处理结果告知举报人。

4. 因不正当竞争行为受到损害的经营者的赔偿

因不正当竞争行为受到损害的经营者的赔偿数额，按照其因被侵权所受到的实际损失确定；实际损失难以计算的，按照侵权人因侵权所获得的利益确定。赔偿数额还应当包括经营者为制止侵权行为所支付的合理开支。

经营者违反下列情况规定的，权利人因被侵权所受到的实际损失、侵权人因侵权所获得的利益难以确定的，由人民法院根据侵权行为的情节判决给予权利人 300 万元以下的赔偿。

（1）经营者不得实施下列混淆行为，引人误认为是他人商品或者与他人存在特定联系：①擅自使用与他人有一定影响的商品名称、包装、装潢等相同或者近似的标识；②擅自使用他人有一定影响的企业名称（包括简称、字号等）、社会组织名称（包括简称等）、姓名（包括笔名、艺名、译名等）；③擅自使用他人有一定影响的域名主体部分、网站名称、网页等；④其他足以引人误认为是他人商品或者与他人存在特定联系的混淆行为。

（2）经营者不得实施下列侵犯商业秘密的行为：①以盗窃、贿赂、欺诈、胁迫或者其他不正当手段获取权利人的商业秘密；②披露、使用或者允许他人使用以前项手段获取的权利人的商业秘密；③违反约定或者违反权利人有关保守商业秘密的要求，披露、使用或者允许他人使用其所掌握的商业秘密。第三人明知或者应知商业秘密权利人的员工、前员工或者其他单位、个人实施前款所列违法行为，仍获取、披露、使用或者允许他人使用该商业秘密的，视为侵犯商业秘密本法所称的商业秘密，是指不为公众所知悉、具有商业价值并经权利人采取相应保密措施的技术信息和经营信息。

5. 不正当竞争行为应承担的法律责任

（1）经营者违反规定实施混淆行为的，由监督检查部门责令停止违法行为，没收违法商品。违法经营额 5 万元以上的，可以并处违法经营额 5 倍以下的罚款；没有违法经营额或者违法经营额不足 5 万元的，可以并处 25 万元以下的罚款。

（2）经营者违反规定贿赂他人的，由监督检查部门没收违法所得，处 10 万元以上 300 万元以下的罚款。情节严重的，吊销营业执照。

（3）经营者违反规定对其商品作虚假或者引人误解的商业宣传，或者通过组织虚假交易等方式帮助其他经营者进行虚假或者引人误解的商业宣传的，由监督检查部门责令停止违法行为，处 20 万元以上 100 万元以下的罚款；情节严重的，处 100 万元以上、200 万元以下的罚款，可以吊销营业执照。

（4）经营者违反规定侵犯商业秘密的，由监督检查部门责令停止违法行为，处 10 万元以上 50 万元以下的罚款；情节严重的，处 50 万元以上、300 万元以下的罚款。

（5）经营者违反规定进行有奖销售的，由监督检查部门责令停止违法行为，处 5 万元以上、50 万元以下的罚款。

（6）经营者违反规定损害竞争对手商业信誉、商品声誉的，由监督检查部门责令停止违法行为、消除影响，处 10 万元以上 50 万元以下的罚款；情节严重的，处 50 万元以上、300 万元以下的罚款。

（7）经营者违反规定妨碍、破坏其他经营者合法提供的网络产品或者服务正常运行的，由监督检查部门责令停止违法行为，处 10 万元以上、50 万元以下的罚款；情节严重的，处 50 万元以上、300 万元以下的罚款。

（8）妨害监督检查部门依照本法履行职责，拒绝、阻碍调查的，由监督检查部门责令改正，对个人可以处 5 千元以下的罚款，对单位可以处 5 万元以下的罚款。

三、招标投标法基础知识

1. 招标和投标

（1）测绘项目的评标委员会由招标单位与当地测绘部门和工商行政管理部门组成。重大测绘项目的评标委员会由省级以上测绘部门和工商行政管理部门及有关专家组成。要 5 人以上单数，技术、经济不少于总人数的 2/3。

（2）招标人对已发出的招标文件进行必要的澄清或者修改的，应当在招标文件要求提交投标文件截止时间至少 15 日前，以书面形式通知所有招标文件收受人。该澄清或者修改的内容为招标文件的组成部分。

（3）自招标文件开始发出之日起至投标人提交投标文件截止之日止，最短不少于 20 日。

（4）中标人的投标应当符合下列条件之一：①能够最大限度地满足招标文件中规定的各项综合评价标准；②能够满足招标文件的实质性要求，并且经评审的投标价格最低；但是投标价格低于成本的除外。

2. 评标和中标

（1）评标委员会完成评标后，应当向招标人提出书面评标报告，并推荐合格的中标候选人，招标人确定中标人。招标人也可以授权评标委员会直接确定中标人。

（2）招标人和中标人应当自中标通知书发出之日起 30 日内，按照招标文件和中标人的投标文件订立书面合同。

（3）中标人不得向他人转让中标项目，也不得将中标项目肢解后分别向他人转让。中标人按照合同约定或者经招标人同意，可以将中标项目的部分非主体性工作分包给他人完成。接受分包的人应当具备相应的资格条件，不得再次分包。

（4）依法必须进行招标的项目，招标人应当自确定中标人之日起 15 日内，向有关行政监督部门提交招标投标情况的书面报告。

（5）两个以上法人或者其他组织可以组成一个联合体，以一个投标人的身份共同投标。联合体各方均应当具备承担招标项目的相应能力；国家有关规定或者招标文件对投标人资格条件有规定的，联合体各方均应当具备规定的相应资格条件。由同一专业的单位组成的联合体，按照资质等级较低的单位确定资质等级。联合体各方应当签订共同投标协议，明确约定各方拟承担的工作和责任，并将共同投标协议连同投标文件一并提交招标人。联合体中标的，联合体各方应当共同与招标人签订合同，就中标项目向招标人承担连带责任。

3. 法律责任

（1）必须进行招标的项目而不招标的，处项目合同金额 5‰以上、10‰以下的罚款。

（2）泄露资料，或者与招标人、投标人串通损害国家利益、社会公共利益或者他人合法权益的，处 5 万元以上、25 万元以下的罚款，对单位直接负责的人员和其他直接责任人员处单位罚款数额 5%以上、10%以下的罚款。

（3）招标人以不合理的条件限制或者排斥潜在投标人的，强制要求投标人组成联合体共同投标的，责令改正，可以处 1 万~5 万元罚款。招标人向他人透露已获取招标文件的潜在投标人的名称、数量或者可能影响公平竞争的有关招标投标的其他情况的，或者泄露标底的，给予警告，可以并处1万~10万元罚款。

（4）泄露标底的，给予警告，可以并处1万元以上、10万元以下的罚款。

（5）投标人相互串通投标或者与招标人串通投标的，投标人以向招标人或者评标委员会成员行贿的手段谋取中标的，中标无效，处中标项目金额5‰以上、10‰以下的罚款，对单位直接负责的人员和其他直接责任人员处单位罚款数额5%以上、10%以下的罚款；有违法所得的，并处没收违法所得；情节严重的，取消其1~2年内参加依法必须进行招标的项目的投标资格并予以公告，直至由工商行政管理机关吊销营业执照。

（6）评标委员会成员收受投标人的财物或者其他好处的，可以并处3千元以上、5万元以下的罚款。

（7）招标人在评标委员会依法推荐的中标候选人以外确定中标人的，依法必须进行招标的项目在所有投标被评标委员会否决后自行确定中标人的，中标无效。责令改正，可以处中标项目金额5‰以上、10‰以下的罚款。

（8）中标转让，或者招标人、中标人订立背离合同实质性内容的协议的，责令改正；可以处中标项目金额5‰以上、10‰以下的罚款。

（9）中标人不按照与招标人订立的合同履行义务，情节严重的，取消其2~5年内参加依法必须进行招标的项目的投标资格并予以公告，直至由工商行政管理机关吊销营业执照。

（10）被侵害权利的经营者的损失难以计算的，赔偿额为侵权人在侵权期间因侵权所获得的利润；并应承担被侵害人因调查该不正当竞争行为所支付的合理费用。

四、合同法基础知识

1. 无效合同

有下列情况之一的，合同无效：

（1）一方以欺诈、胁迫的手段订立合同，损害国家利益；

（2）恶意串通，损害国家、集体或者第三人利益；

（3）以合法形式掩盖非法目的；

（4）损害社会公共利益；

（5）违反法律、行政法规的强制性规定。

2. 无效合同免责条款

有下列情况之一的，合同免责条款无效：

（1）造成对方人身伤害的；

（2）应故意或者重大过失造成对方财产损失的。

3. 变更或者撤销合同

有下列情况之一的，当事人一方有权请求人民法院或者仲裁机构变更或者撤销合同：
（1）因重大误解订立的；
（2）在订立合同时显失公平的。

4. 解除合同

有下列情形之一的，当事人可以解除合同：
（1）因不可抗力致使不能实现合同目的；
（2）在履行期限届满之前，当事人一方明确表示或者以自己的行为表明不履行主要债务；
（3）当事人一方迟延履行主要债务，经催告后在合理期限内仍未履行；
（4）当事人一方迟延履行债务或者有其他违约行为致使不能实现合同目的；
（5）法律规定的其他情形。

5. 终止合同的权利义务

有下列情形之一的，合同的权利义务终止：
（1）债务已经按照约定履行；
（2）合同解除；
（3）债务相互抵销；
（4）债务人依法将标的物提存；
（5）债权人免除债务；
（6）债权债务同归于一人；
（7）法律规定或者当事人约定终止的其他情形。

6. 合同履行

（1）逾期交付标的物的，遇价格上涨时，按照原价格执行；价格下降时，按照新价格执行。
（2）逾期提取标的物或者逾期付款的，遇价格上涨时，按照新价格执行；价格下降时，按照原价格执行。

第三节　测绘项目合同和经费

一、测绘项目合同

（1）测绘项目合同是测绘项目管理的核心内容。

（2）甲方义务：审定技术设计书，保证乙方进场，保证工程款到位。允许乙方使用测绘成果。

（3）乙方义务：完成项目，允许甲方使用测绘成果，未经允许，不得转包。

（4）合同终止：全部成果交接完毕和测绘工程费结算完成后。

二、测绘项目经费

测绘项目成本预算与费用见表 2-1。

表 2-1

<table>
<tr><td rowspan="5">成本预算</td><td>方式</td><td>依赖于所在单位的机构组织模式、分配机制和相关会计制度</td></tr>
<tr><td>分类</td><td>①项目是生产承包制，由生产成本预算和期间费用预算组成；
②项目是生产经营承包制，由生产成本预算、承包部门费用预算和期间费用预算组成</td></tr>
<tr><td rowspan="2">内容</td><td>生产成本（直接费用）：人工费、直接材料费、交通差旅费、折旧费；
项目承包（费用包干）：直接承包费、期间费用</td></tr>
<tr><td>经营成本（维持运作）：
①员工福利：福利费、职工教育经费、三险一金；
②机构运营费：业务往来费、办公费用、仪器购置、维护及更新、工会费、社团活动费用、质量安全控制成本、基建费</td></tr>
<tr style="display:none"></tr>
<tr><td rowspan="3">成本费用</td><td rowspan="3">构成比例</td><td>①直接费用 82%，间接费用 6%，期间费用 12%</td></tr>
<tr><td>②测绘项目设计费：1.5%，成果验收费：3%</td></tr>
<tr><td>③成本费用中不包含折旧费用或修购基金</td></tr>
</table>

第四节 测绘项目立项审核内容

对于使用财政资金的测绘项目和使用财政资金的建设工程测绘项目，测绘地理信息部门在进行立项前审核时，主要审核以下内容：

（1）测绘项目或建设工程测绘项目的基本情况，包括项目空间分布情况、覆盖范围及主要成果；

（2）测绘项目或建设工程测绘项目的基本技术要求，包括所采用的测量基准、执行的标准和规范情况以及起算依据等；

（3）测绘项目或建设工程测绘项目的特殊要求，即满足项目立项申请单位或者测绘成果使用单位的特殊规定、技术要求等；

（4）根据测绘地理信息部门掌握的已有基础测绘成果资料及其资料现势性（包括其他部门汇交的测绘成果资料），对测绘项目或建设工程测绘项目的情况进行综合比对、分析，提出审核意见。已有测绘成果的精度、规格及范围能够满足测绘项目或建设工程测绘项目需要的，测绘地理信息部门应当在10日内提出不予批准立项的建议文件。已有测绘成果资料难以满足立项申请单位和测绘成果使用单位需求的，测绘地理信息部门应当提出具体解决办法和意见。

考点试题汇编及参考答案与试题解析

考点试题汇编

一、单项选择题（每题的备选选项中，只有一项最符合题意。）

1. 下列合同订立情形中，不属于《合同法》规定的合同无效的情形是(　　)。

A. 一方以欺诈胁迫的手段订立合同，损害国家利益

B. 恶意串通，损害国家集体或者第三人利益

C. 订立合同时显失公平

D. 损害公共利益

2. 关于当事人订立合同形式的说法，错误的是(　　)。

A. 订立合同可以采用书面形式

B. 订立合同必须采用书面形式

C. 订立合同可以采用口头形式

D. 法律规定采用书面形式的应当采用书面形式

3. 根据《测绘市场管理暂行办法》，下列关于测绘市场的合同管理的说法中，错误的是(　　)。

A. 测绘项目当事人应当签订书面合同

B. 签订书面合同应当使用统一的测绘合同文本

C. 在合同中应当明确合同标的和技术标准

D. 发生纠纷应当报测绘地理信息部门解决

4. 根据《合同法》，合同当事人既约定违约金，又约定定金的，一方违约时，对方可以(　　)。

A. 适用违约金条款　　　　　　B. 适用定金条款

C. 选择适用违约金或者定金条款　D. 一并适用违约金和定金条款

5. 根据《测绘法》，下列关于测绘项目的说法中，错误的是(　　)。

A. 测绘单位必须以自己的设备、技术和劳动力完成所承保项目的主要部分

B. 测绘项目的发包方应当检验承包方的测绘资质证书

C. 测绘单位不得将承包的测绘项目转包

D. 测绘项目的承包方不得分包测绘项目

6. 根据《测绘生产成本费用定额》，下列费用中，不列入成本费用的是(　　)。

A. 直接费用　　B. 间接费用

C. 期间费用　　D. 折旧费用

7. 根据《反不正当竞争法》，经营者进行有奖销售不得存在下列情形是(　　)。

A. 所设奖的种类、兑奖条件、奖金金额或者奖品等有奖销售信息明确

B. 采用公平、公正、公开、方式抽奖

C. 抽奖式的有奖销售，最高奖的金额为10万元

D. 抽奖式的有奖销售，最高奖的金额为5万元

8. 乙为中国驰名商标。经营者甲擅自使用与乙相似的商品名给经营者乙造成了损害，但乙的损失难以计算。经查，甲在侵权期间的营业额也较难计算。由人民法院根据侵权行为的情节判决给予乙最高(　　)万元以下的赔偿。

A. 100　　B. 300

C. 500　　D. 1000

9. 根据《合同法》，当事人采用合同书形式订立合同的，自(　　)时合同成立。

A. 双方当事人制作合同书　　B. 双方当事人表示合同约束

C. 双方当事人签字、盖章　　D. 双方当事人达成一致意见

10. 根据《测绘合同》示范文本，对于乙方提供的图纸等资料及属于乙方的测绘成果，甲方有义务保密，不得向第三方提供或用于本合同以外的项目，否则乙方有权要求甲方按本合同工程款总额的(　　)赔偿损失。

A. 10%　　B. 20%

C. 25%　　D. 30%

11. 根据《测绘生产成本费用定额》，全野外地形数据采集编辑项目中，要求基础数字线划图满足地籍图、房产图精度需要时的费用定额增加幅度是(　　)。

A. 10%　　B. 20%

C. 30%　　D. 40%

12. 根据《测绘市场管理暂行办法》，测绘项目招标单位有义务向测绘项目所在(　　)部门汇交测绘成果目录或副本。

A. 县级以上测绘地理信息主管部门

B. 市级以上测绘地理信息主管部门

C. 省级以上测绘地理信息主管部门

D. 省级测绘地理信息主管部门

13. 目前，我国测绘工程产品的收费价格，主要执行的是(　　)。

A. 政府指导价　　B. 市场价格

C. 双方约定价款　　D. 测绘收费标准价格

14. 根据《测绘生产成本费用定额计算细则》，院（大队）部人员占生产单位的人员的比例为(　　)。

A. 10%　　B. 12%

C. 16%　　D. 20%

二、多项选择题（每题的备选选项中，有2项或2项以上符合题意，至少有1项是错项。）

1. 根据《测绘市场管理暂行办法》，测绘合同中标单位的义务有(　　)。

A. 遵守有关的法律、法规，全面履行合同，遵守职业道德

B. 按合同约定向委托方提交成果资料

C. 根据各省、自治区、直辖市的有关规定，向测绘主管部门备案登记测绘项目

D. 按合同约定，享有测绘成果的所有权和使用权

E. 按合同约定，不向第三方提供受委托完成的测绘成果

2. 根据《招标投标法》，下列关于招标的说法中，正确的有(　　)。

A. 国务院发展改革部门确定的国家重点项目必须公开招标

B. 招标方式分为公开招标和邀请招标

C. 招标代理机构必须具备相应的法定条件

D. 招标人有能力时可以自行办理招标事宜

E. 招标人不能自行选择招标代理机构

3. 根据《测绘市场管理暂行办法》，下列内容中，属于测绘项目招标单位的义务是(　　)。

A. 保证成果质量合格，按合同约定向委托方提交成果资料

B. 遵守有关法律、法规，履行合同

C. 执行国家规定的测绘收费标准

D. 向承揽方提供与项目有关的可靠的基础资料

E. 按合同约定，不向第三方提供受委托完成的测绘成果

4. 根据《合同法》，下列情形中，当事人可以解除合同的是(　　)。

A. 损害社会公共利益　　B. 以合法形式掩盖非法目的

C. 恶意串通损害国家利益的　　D. 因不可抗力致使不能实现合同目的

E. 当事人一方延迟履行主要债务，经催告后在合理期限内仍未履行

5. 根据《测绘生产成本费用定额计算细则》，下列(　　)类别地区外业工作项目定额时，应在相应的测绘项目困难类别Ⅱ类所列定额的基础上提高1~3倍。

A. 高山区　　B. 自然保护区

C. 无人区　　D. 荒漠区

E. 常年冰雪覆盖区

6. 测绘地理信息主管部门在进行测绘项目立项前审核时，审核测绘项目的基本情况主要包括(　　)。

A. 项目空间分布情况　B. 项目来源
C. 覆盖范围　D. 主要成果
E. 所采用的测量基准

7. 根据《招标投标法》，下列文件内容中，属于招标文件内容的是(　　)。
A. 投标报价要求　B. 招标项目的技术要求
C. 拟签订合同所有条款　D. 投标人资格审查的标准
E. 评审标准

8. 测绘事业单位应根据(　　)的具体情况，选用不同的成本计算方法。
A. 测绘生产技术方法　B. 单位生产工艺流程
C. 生产组织结构特点　D. 成本计算对象
E. 技术装备水平

参考答案与试题解析

一、单项选择题

1. 【C】订立合同时显失公平，不属于合同法规定的合同无效的情形。
2. 【B】当事人订立合同，有书面形式、口头形式和其他形式。
3. 【D】测绘合同发生纠纷时，当事人双方应当依照我国《经济合同法》的规定解决。
4. 【C】当事人既约定违约金，又约定定金的，一方违约时，对方可以选择适用违约金或者定金条款。
5. 【D】测绘项目的主体部分、关键部分不可分包给他人，其他的部分可以分包。
6. 【D】依据《测绘生产成本费用定额》总说明第七条成本费用的构成。
7. 【C】抽奖式的有奖销售，最高奖的金额超过5万元。
8. 【B】由人民法院根据侵权行为的情节判决给予权利人300万元以下的赔偿。
9. 【C】当事人采用合同书形式订立合同的，自双方当事人签字或者盖章时合同成立。
10. 【B】乙方有权要求甲方按本合同工程款总额的20%赔偿损失。
11. 【B】当基础数字线划图满足地籍图、房产图精度需要时的费用定额增加20%。
12. 【D】向测绘项目所在省、自治区、直辖市测绘部门汇交测绘成果目录或副本。
13. 【A】目前，我国测绘工程产品的收费价格，主要执行的是政府指导价。
14. 【C】人员构成比例为：生产人员74%，分院（中队、室）部人员10%，院（大队）部人员16%。

二、多项选择题

1. 【ACE】依据《测绘市场管理暂行办法》第十四条。必须保证成果质量，按合同约定向委托方提供资料。
2. 【BCD】国务院发展改革部门确定的国家重点项目必须公开招标不正确，招标人有权自行选择招标代理机构。

3. 【BCD】依据招标单位的义务。
4. 【DE】根据当事人可以解除合同的情形。
5. 【CDE】无人区、荒漠区、常年冰雪覆盖区等外业定额时，应在相应的定额的基础上提高1~3倍。
6. 【ACD】审核测绘项目的基本情况主要包括项目空间分布情况、覆盖范围及主要成果。
7. 【ABDE】拟签订合同所有条款不属于招标文件内容。
8. 【BCD】根据单位生产工艺流程、生产组织结构特点、成本计算对象等，选用不同的成本计算方法。

第三章　测绘基准和测绘系统

第一节　测 绘 基 准

一、测绘基准的概念

基准是将几何坐标系按一定的关系放入物理坐标系中的一组必要参数。而坐标则是一组有序实数，表示 n 维欧氏空间中的一个点；坐标系是确定地面点或空间目标的位置所采用的参考系（参照物）。因此，测绘基准是指整个国家测绘的起算依据和各种测绘系统的基础，包括所选用的大地测量参数、统一的起算面、起算方位以及相关的设施和名称。目前采用的测绘基准主要包括大地基准、高程基准、深度基准和重力基准。

1. 大地基准

大地基准是用作大地坐标系的基本参考依据和大地坐标计算的起算数据，包括参考椭球参数和定位参数以及大地坐标的起算数据，即地球椭球赤道半径 a，地心引力常数 GM，带球谐系数 J_2（由此导出椭球扁率 f）和地球自转角度 ω，以及用以确定大地坐标系统和大地控制网长度基准的真空光速 c；而一组起算数据是指国家大地控制网起算点（成为大地原点）的大地经度、大地纬度、大地高程和至相邻点方向的大地方位角。

2. 高程基准

高程基准是推算国家统一高程控制网中所有水准高程的起算依据，包括一个水准基面和一个永久性水准原点。中国水准原点建立在青岛验潮站附近，并构成原点网。用精密水准测量测定水准原点相对于黄海平均海面的高差，即水准原点的高程，定为全国高程控制网的起算高程。

3. 深度基准

深度基准是计算水体深度的起算面，深度基准与国家高程基准之间通过验潮站的水准联测建立联系。我国从 1957 年起采用理论深度基准面为深度基准。

4. 重力基准

重力基准是指绝对重力值已知的重力点，作为相对重力测量（两点间重力差的重力测量）的起始点。2000 国家重力基准网是我国重力测量基准，我国于 1999—2002 年完成建设，它由 259 个点组成，其中基准点 21 个、基本点 126 个、基本点引点 112 个。重力系统采用 GRS80 椭球常数及相应重力场。

二、测绘基准的特征

1. 科学性

任何测绘基准都是依靠严密的科学理论、科学手段和方法，经过严密的演算和施测建立起来的，其形成的数学基础和物理结构都必须符合科学理论和方法的要求，从而使测绘基准具有科学性特点。

2. 统一性

为保证测绘成果的科学性、系统性和可靠性，满足科学研究、经济建设和国防建设的需要，一个国家和地区的测绘基准必须是严格统一的。如果测绘基准不统一，不仅测绘成果不具有可比性和衔接性，地理信息资源难以共享，还会对国家安全和城市建设以及社会管理带来严重的后果。

3. 法定性

国家设立和采用全国统一的大地基准、高程基准、深度基准和重力基准，其数据由国务院测绘地理信息主管部门审核，并与国务院其他有关部门、军队测绘部门会商后，报国务院批准。

4. 稳定性

测绘基准是测绘活动和测绘成果的基础和依据，测绘基准一经建立，便具有长期稳定性，在一定时期内不能轻易改变。

三、测绘基准管理

目前，我国对测绘基准的管理，在法律、行政法规层面上，主要体现在以下几个方面：

1. 国家规定测绘基准

我国《测绘法》第五条规定，从事测绘活动，应当使用国家规定的测绘基准和测绘系统，执行国家规定的测绘技术规范和标准。

2. 国家设立测绘基准

我国《测绘法》第九条规定，国家设立和采用全国统一的大地基准、高程基准、深度基准和重力基准，其数据由国务院测绘地理信息行政主管部门审核，并与国务院其他有关部门、军队测绘部门会商后，报国务院批准。

3. 国家要求使用统一的测绘基准

国务院颁布实施的《基础测绘条例》明确规定，实施基础测绘项目，不使用全国统一的测绘基准和测绘系统或者不执行国家规定的测绘技术规范和标准的，责令限期改正，给予警告，可以并处 10 万元以下罚款；对负有直接责任的主管人员和其他直接责任人员，依法给予处分。

第二节　测绘系统

一、测绘系统的概念

测绘系统是指由测绘基准延伸，在一定范围内布设的各种测量控制网，它们是各类测绘成果的依据，包括大地坐标系统、平面坐标系统、高程系统、地心坐标系统和重力测量系统。

1. 大地坐标系统

大地坐标系统是用来表述地球空间点位置的一种地球坐标系统，它采用一个接近地球整体形状的椭球作为点的位置及其相互关系的数学基础，大地坐标系统的三个坐标是大地经度（L）、大地纬度（B）、大地高（H）。我国先后采用的 1954 北京坐标系、1980 西安坐标系和 2000 国家大地坐标系，是我国在不同时期采用的大地坐标系统的具体体现。

我国目前建立的大地坐标系统是确定地貌、地物平面位置的坐标体系，按控制等级和施测精度分为一、二、三、四等网。目前提供使用的国家平面控制网含三角点、导线点共 154 348 个，构成 1954 北京坐标系统、1980 西安坐标系两套系统。国家 GPS 控制网“2000 国家 GPS 控制网”由国家测绘地理信息局布设的高精度 GPS A、B 级网，总参测绘局布设的 GPS 一、二级网，中国地震局、总参测绘局、中国科学院、国家测绘地理信息局共建的中国地壳运动观测网组成。该控制网整合了上述三个大型的、有重要影响力的 GPS 观测网的成果，共 2 609 个点。通过联合处理，将其归于一个坐标参考框架，形成了紧密的联系体系，可满足现代测量技术对地心坐标的需求。

2. 平面坐标系统

平面坐标系统是指确定地面点的平面位置所采用的一种坐标系统。大地坐标系统是建立在椭球面上的，而绘制的地图则是在平面上的，因此，必须通过地图投影把椭球面上的点的大地坐标科学地转换成展绘在平面上的平面坐标。平面坐标用平面上两轴相交成直角的纵、横坐标表示。我国在陆地上的国家统一的平面坐标系统采用“高斯-克吕格平面直角坐标系”，它是利用高斯-克吕格投影将不可平展的地球椭球面转换成平面而建立的一种平面直角坐标系。

3. 高程系统

高程系统是用于传算全国高程控制网中各点高程所采用的统一系统。我国规定采用的高程系统是正常高系统，高程起算依据是 1985 国家高程基准。

国家高程控制网是确定地貌地物海拔高程的坐标系统，按控制等级和施测精度分为一、二、三、四等网。目前提供使用的 1985 国家高程系统共有水准点成果 114 041 个，水准路线长度为 416 619. 1 千米。

4. 地心坐标系统

地心坐标系统是以坐标原点与地球质心重合的大地坐标系统，或空间直角坐标系统。我国目前采用的 2000 国家大地坐标系即是全球地心坐标系在我国的具体体现，其原点为包括海洋和大气的整个地球的质量中心。

5. 重力测量系统

重力测量系统指重力测量施测与计算所依据的重力测量基准和计算重力异常所采用的正常重力公式的总称。我国曾先后采用的 57 重力测量系统、85 重力测量系统和 2000 重力测量系统，即为我国在不同时期的重力测量系统。

二、测绘系统的特点

1. 科学性

测绘系统是依靠测绘科学理论和科学技术手段建立起来的，有严密的数学基础和理论基础。因此，测绘系统首先具有科学性特性。

2. 统一性

建立全国统一的测绘系统是国际上多数国家的通用做法，是保证测绘工作有效地为国家经济建设、国防建设和社会发展服务的客观需要，也是国家法律明确规定的一项法律制度。因此，测绘系统与测绘基准一样，具有统一性。

3. 法定性

国家规定的测绘系统由法律规定必须采用，法律明确国家建立全国统一的测绘系统、测绘系统的规范和要求，由国务院测绘地理信息主管部门会同国务院其他有关部门、军队测绘部门制定，从而使测绘系统具有法定性。

4. 规模性

测绘系统一般覆盖的区域都比较大，建设周期比较长，投入也比较高，系统建设整体呈现出规模性特征。新中国成立以来，我国建设了全国大地测量控制网、高程控制网和重力网，凝聚了几代测绘科技工作者的心血和汗水，从而使我国的测绘系统具有相当的规模。

5. 稳定性

测绘系统是测绘基准的具体体现，测绘系统的科学性、统一性、法定性和规模性，保证测绘系统具有稳定性特征，测绘系统一经建立，一般不能经常进行改动，必须保持其相对稳定性。

三、相对独立的平面坐标系统管理

1. 相对独立的平面坐标系统的概念

相对独立的平面坐标系统是指为满足在局部地区进行大比例尺测图和工程测量的需要，以任意点和方向起算建立的平面坐标系统或者在全国统一的坐标系统基础上，进行中央子午线投影变换以及平移、旋转等而建立的平面坐标系统。

2. 建立相对独立的平面坐标系统的审批

《测绘法》第十一条规定，因建设、城市规划和科学研究的需要，国家重大工程项目和国务院确定的大城市确需建立相对独立的平面坐标系统的，由国务院测绘地理信息主管部门批准；其他确需建立相对独立的平面坐标系统的，由省、自治区、直辖市人民政府测绘地理信息主管部门批准。

建立相对独立的平面坐标系统，应当与国家坐标系统相联系。

建立相对独立的平面坐标系统审批，是一项有数量限制的行政许可。为保持城市建设的可持续和科学发展，保持测绘成果的连续性、稳定性和系统性，维护国家安全和地区稳定，一个城市只能建设一个相对独立的平面坐标系统。

国家测绘地理信息局2007年制定了《建立相对独立的平面坐标系统管理办法》，对建立相对独立的平面坐标系统的审批权限进行了详细规定，明确了城市确需建立相对独立的平面坐标系统的，由申请单位向该城市的测绘地理信息主管部门提交申请材料，经测绘地理信息主管部门审核并报该市人民政府同意后，逐级报省级测绘地理信息主管部门；直辖市确需建立相对独立的平面坐标系统的，由申请单位向该市的测绘地理信息主管部门提交申请材料，经测绘地理信息主管部门审核并报该设区市人民政府同意后，直接报国家测绘地理信息局；其他需要建立相对独立的平面坐标系统的，由建设单位向拟建相对独立的平面坐标系统所涉及的省级测绘地理信息主管部门提交申请材料。

（1）国家测绘地理信息局的审批职责。

范围：①50万人口以上的城市；②列入国家计划的国家重大工程项目；③其他确需国家测绘地理信息局审批的。

属于国家测绘地理信息局审批范围的，由省级测绘地理信息主管部门提出意见后，转报国家测绘地理信息局。省级测绘地理信息主管部门向国家测绘地理信息局转报的书面意见中，应当包含申请建立相对独立的平面坐标系统的区域内及周边地区现有坐标系统的情况，对建立相对独立的平面坐标系统申请是否批准的建议等。

（2）省级测绘地理信息主管部门的审批职责。

范围：①50万人口以下的城市；②列入省级计划的大型工程项目；③其他确需省级测绘地理信息主管部门审批的。

属于省级测绘地理信息主管部门审批范围的，由市级测绘地理信息主管部门提出意见后，转报省级测绘地理信息主管部门。市级测绘地理信息主管部门向省级测绘地理信息主管部门转报的意见所包含的内容，与省级测绘地理信息主管部门向国家测绘地理信息局转报的意见原则上一致。

（3）申请建立相对独立的平面坐标系统应提交的材料。

包括：①建立相对独立的平面坐标系统申请书；②属工程项目的申请人的有效身份证明；③立项批准文件；④能够反映建设单位测绘成果及资料档案管理设施和制度的证明文件；⑤提供该市人民政府同意建立的文件。

申请建立相对独立的平面坐标系统的具体审批程序，按照《建立相对独立的平面坐标系统管理办法》执行。经批准建立的相对独立的平面坐标系统，涉及相对独立的平面坐标系统的参数被改变的，应当按照相关规定重新办理审批手续。

（4）不予批准的情形。

有下列情况之一的，建立相对独立的平面坐标系统的申请不予批准：①申请材料内容虚假的；②国家坐标系统能够满足需要的；③已依法建有相关的相对独立的平面坐标系统的；④测绘地理信息行政主管部门依法认定的应当不予批准的其他情形。

(5) 拟建相对独立坐标系统情况。

①坐标系统名称；②坐标系统建设时间；③坐标系统开始启用时间；④坐标系统建设引用标准；⑤坐标系统原点位置；⑥控制网布设及等级；⑦中央子午线；⑧投影种类；⑨投影面高程；⑩系统使用覆盖范围（四至）。

(6) 已有相对独立的平面坐标系统的处理

根据《建立相对独立的平面坐标系统管理办法》，对于2002年12月1日以前各地建立的相对独立的平面坐标系统，未履行法定手续建立且仍然在使用的相对独立的平面坐标系统，省级测绘地理信息主管部门应当组织进行清理，该废止的要废止，需要改造的要及时组织改造，对没有履行审批手续的，应当责令相关单位补办审批手续，使其合法化和规范化。

3. 建立相对独立的平面坐标系统的法律责任

《测绘法》第五十二条规定，违反本法规定，未经批准擅自建立相对独立的平面坐标系统，或者采用不符合国家标准的基础地理信息数据建立地理信息系统的，给予警告，责令改正，可以并处50万元以下的罚款；对直接负责的主管人员和其他直接责任人员，依法给予处分。

第三节 测量标志管理

测量标志是国家重要的基础设施，是国家经济建设、国防建设、科学研究和社会发展的重要基础。长期以来，国家在我国陆地和海洋边界内布设了大量的用于标定测量控制点空间地理位置的永久性测量标志，包括各等级的二角点、基线点、导线点、军用控制点、重力点、天文点、水准点和卫星定位点的木质觇标和标石标志、GPS卫星地面跟踪站以及海底大地点设施等，这些标志在我国各个时期的国民经济建设和国防建设中都发挥了巨大的作用，是国家一笔十分宝贵的财富。

一、测量标志的概念

测量标志是指在陆地和海洋标定测量控制点位置的标石、规标以及其他标记的总称。标石一般是指埋设于地下一定深度，用于测量和标定不同类型控制点的地理坐标、高程、重力、方位、长度等要素的固定标志；觇标是指建在地面上或者建筑物顶部的测量专用标架，作为观测照准目标和提升仪器高度的基础设施。根据测量标志的用途和使用的时间期限，测量标志可分为永久性测量标志和临时性测量标志。

永久性测量标志是指设有固定标志物以供测量标志使用单位长期使用的需要永久保存的测量标志，包括国家各等级的三角点、基线点、导线点、军用控制点、重力点、天文点、水准点、GPS卫星地面跟踪站和卫星定位点的木质觇标、钢质规标和标石标志，以及用于地形测图、工程测量和形变测量等的固定标志和海底大地点设施等。

临时性测量标志是指测绘单位在测量过程中临时设立和使用的，不需要长期保存的标志和标记。如测站点的木桩、活动觇标、测旗、测杆、航空摄影的地面标志、描绘在地面或者建筑物上的标记等，都属于临时性测量标志。

二、测量标志的特征

1. 空间位置精确性

每一个永久性测量标志都精确地承载了该标志点所在地的平面位置、高程和重力等数据信息，这些数据大多精确到毫米级，任何碰撞和移动都有可能使其精确度受损，从而影响后续测量使用。

2. 位置控制范围性

根据《测量标志保护条例》，建设永久性测量标志需要占用土地的，地面标志占用土地的范围为 $36\sim100m^2$，地下标志占用土地的范围为 $16\sim36m^2$。在测量标志周围安全控制范围内，国家法律、行政法规明确规定禁止从事特定活动，如禁止放炮、采石、架设高压线等以及其他危害测量标志的活动。

3. 保管长期性

永久性测量标志是指那些被永久保存和长期使用的测量标志，这些测量标志一经建立，便拥有精确的测量成果数据，并且要定期进行检测和复测，具有长期保存和使用的特性，不能进行损坏或者擅自移动。

4. 法定性

测量标志的建设和使用需要按照国家规定的操作规程进行，对于测量标志的维护、保管和占地等，国家法律、行政法规都有明确的规定，擅自移动或者损毁永久性测量标志，将依法受到处罚，测量标志具有法定性特征。

三、测量标志管理职责

1. 各级人民政府的职责

（1）制定有关测量标志保护的行政法规和地方政府规章；

（2）加强对测量标志保护工作的领导，采取有效措施加强测量标志保护工作，增强公民依法保护测量标志的意识；

（3）对在测量标志保护工作中做出显著成绩的单位和个人，给予奖励；

（4）将测量标志保护经费列入当地政府财政预算和年度计划。

2. 国务院测绘地理信息主管部门的职责

（1）研究制定有关测量标志保护的行政法规、规章草案和相关政策，制定测量标志有偿使用的具体办法；

（2）组织制定全国测量标志保护规划和普查、维修年度计划；

（3）组织测量标志保护法律、法规的宣传，提高全民的测量标志保护意识；

（4）负责国家一、二等永久性测量标志的拆迁审批；

（5）检查、维护国家一、二等永久性测量标志；

（6）依法查处损毁测量标志的违法行为。

3. 省级测绘地理信息主管部门的职责

（1）组织贯彻实施有关测量标志保护的法律、法规和规章；

（2）参与制定或者制定测量标志保护的地方法规、规章和规范性文件；

（3）负责国家和本省统一设置的四等以上三角点、水准点和 D 级以上全球卫星定位控制点的测量标志的迁建审批工作；

（4）制定全省测量标志普查和维修年度计划及定期普查维护制度；

（5）组织建立永久性测量标志档案；

（6）组织实施永久性测量标志的检查、维修和管理工作；

（7）查处永久性测量标志违法案件。

4. 市、县级测绘地理信息主管部门的职责

（1）宣传贯彻有关测量标志保护的法律、法规和规章；

（2）负责本市、县（市）设置的永久性测量标志的迁建审批工作；

（3）建立和修订永久性测量标志档案；

（4）负责永久性测量标志的检查、维修和管理工作；

（5）负责永久性测量标志的统计、报告工作；

（6）处理永久性测量标志损毁事件以及因测量标志损坏造成的事故；

（7）查处违反测量标志保护有关法律、法规和规章的行为。

5. 乡（镇）人民政府的职责

（1）宣传贯彻测量标志保护的法律、法规和规章；确定永久性测量标志的管理单位或者人员，并对其保管责任的落实情况进行检查；

（2）根据测绘地理信息主管部门委托，办理永久性测量标志委托保管手续；

（3）负责永久性测量标志的日常检查，制止损毁永久性测量标志的行为，并定期向当地县级测绘地理信息主管部门报告测量标志保护情况。

四、测量标志建设

测量标志建设是指测绘单位或者项目施工单位为满足测绘活动的需要，按照国家有关规范和标准，在地面、地下或者建筑物顶部通过浇注、埋设等方式建造用于标记测量点位的活动。测绘法律、行政法规对设置永久性测量标志的规定，主要体现在以下几个方面：

（1）使用国家规定的测绘基准和测绘标准；

（2）选择有利于测量标志长期保护和管理的点位；

（3）设置永久性测量标志的，应当对永久性测量标志设立明显标记；设置基础性测量标志的，还应当设立由国务院测绘地理信息主管部门统一监制的专门标牌；

（4）建设永久性测量标志需要占用土地的，地面标志占用土地的范围为 36～100m^2，地下标志占用土地的范围为 16～36m^2。

（5）需要依法使用土地或者在建筑物上设置永久性测量标志的，有关单位和个人不得干扰和阻挠；

（6）设置永久性测量标志的部门，应当将永久性测量标志委托测量标志设置地的有关单位或者人员负责保管，签订测量标志委托保管书，明确委托方和被委托方的权利和义务，并由委托方将委托保管书抄送乡级人民政府和县级以上地方政府管理测绘工作的部门备案。

五、测量标志保管与维护

1. 测量标志保管

测量标志保管是指测量标志建设单位或者测绘地理信息主管部门委托专门人员进行看护，并采取一定的保护措施，避免测量标志损坏或者使其失去使用效能的活动。

我国目前的测量标志保管制度，主要是通过测量标志建设单位或者测绘地理信息主管部门与测量标志保管人员签订委托保管协议来明确委托方和受托方的权利与义务关系，也有部分省、区、市将测量标志委托当地的乡镇国土资源所管理，但最终都是通过一定的方式将保管责任落实到具体保管人员。

测量标志保管人员的主要职责为：

（1）经常检查测量标志的使用情况，查验永久性测量标志使用后的完好状况；

（2）发现永久性测量标志有移动或损毁的情况，及时向当地乡级人民政府报告；

（3）制止、检举和控告移动、损毁、盗窃永久性测量标志的行为；

（4）查询使用永久性测量标志的测绘人员的有关情况。

2. 测量标志维护

测量标志维护是指测绘地理信息主管部门或者测量标志保管、建设单位通过采取设立指示牌、构筑防护井、物理加固等方式，保证测量标志完好的活动。《测绘法》及《测量标志保护条例》对测量标志维护工作都有具体的规定，并明确了相应的职责。

(1)《测绘法》第四十五条规定，县级以上人民政府应当采取有效措施加强测量标志的保护工作。县级以上人民政府测绘地理信息主管部门应当按照规定检查、维护永久性测量标志。乡级人民政府应当做好本行政区域内的测量标志保护工作。

(2)《测量标志保护条例》第十七条规定，测量标志保护工作应当执行维修规划和计划。

全国测量标志维修规划，由国务院测绘地理信息主管部门会同国务院其他有关部门制定。省、自治区、直辖市人民政府管理测绘工作的部门应当组织同级有关部门，根据全国测量标志维修规划，制订本行政区域内的测量标志维修计划，并组织协调有关部门和单位统一实施。

(3)《测量标志保护条例》第十八条规定，设置永久性测量标志的部门应当按照国家有关的测量标志维修规程，对永久性测量标志定期组织维修，保证测量标志正常使用。

六、测量标志使用

《测量标志保护条例》对测绘人员使用永久性测量标志作出了规定，主要包括以下内容：

1. 使用测量标志要遵守国家有关测量标志使用的规定

(1) 测绘人员使用永久性测量标志，应当持有测绘作业证件，接受县级以上人民政府管理测绘工作的部门的监督和负责保管测量标志的单位和人员的查询。

(2) 使用测量标志，要按照操作规程进行测绘，不得在测量标志上架设通信设施、设置观望台、搭帐篷、拴牲畜或者设置其他有可能损毁测量标志的附着物。并保证测量标志完好。

2. 国家对测量标志实行有偿使用

国家对测量标志实行有偿使用；但是，使用测量标志从事军事测绘任务的除外。测量标志有偿使用的收入应当用于测量标志的维护、维修，不得挪作他用。具体办法由国务院测绘地理信息主管部门会同国务院物价行政主管部门制定。

七、永久性测量标志拆迁

《测绘法》第四十三条规定，进行工程建设，应当避开永久性测量标志；确实无法避开，需要拆迁永久性测量标志或者使永久性测量标志失去使用效能的，应当经省、自治区、直辖市人民政府测绘地理信息主管部门批准；涉及军用控制点的，应当征得军队测绘部门的同意。所需迁建费用由工程建设单位承担。

1. 不得拆迁的永久性测量标志

根据《国家永久性测量标志拆迁审批程序规定》，进行工程建设，不得申请拆迁下列永久性测量标志或者使其失去使用效能：

（1）国家大地原点；

（2）国家水准原点；

（3）国家绝对重力点；

（4）全球定位系统连续运行基准站；

（5）基线检测场点；

（6）在全国测绘基准体系和测绘系统中具有关键作用的控制点。

2. 申请拆迁永久性测量标志应当提交的材料

申请永久性测量标志拆迁的，申请拆迁的工程建设单位应当提交下列材料

（1）永久性测量标志拆迁申请书；

（2）工程建设项目批准文件；

（3）同意支付拆迁费用书面材料；

（4）其他需提交的申请材料。

3. 省级测绘地理信息部门转报材料

根据《国家永久性测量标志拆迁审批程序规定》，属国家测绘地理信息局负责审批的永久性测量标志拆迁申请，由永久性测量标志所在地的省级测绘地理信息主管部门负责转报。省级测绘地理信息主管部门在接到拆迁申请后，对申请材料进行核实，组织有关人员进行实地调查，征求测量标志建设等有关单位或测量专家意见，必要时组织专家论证，研究提出迁建方案，依法落实迁建费用，以书面形式报告国家测绘地理信息局，并附相关材料。转报材料包括：

（1）省级测绘地理信息主管部门的请示文件；

（2）上述请示文件中规定的申请材料；

（3）永久性测量标志的基本情况，包括点名、点号、等级、地理位置和粗略空间坐标（精确到0.5′）、点之记等基本信息，可列表说明；

（4）永久性测量标志拆迁必要性、迫切性阐述及核实、实地调查、测量标志建

设单位意见等情况说明，组织专家论证的，要附专家论证意见；

（5）永久性测量标志拆迁方案，包括迁建地点选择、主要技术路线与要求、迁建工作安排、迁建经费测算等内容。

4. 永久性测量标志拆迁经费

永久性测量标志拆迁费用由申请拆迁永久性测量标志的工程建设单位承担。国务院测绘地理信息主管部门或者省级测绘地理信息主管部门批准拆除或者拆迁永久性测量标志后，工程建设单位必须按照国家有关规定依法支付必需的费用，用于重建永久性测量标志。

测量标志迁建费用一般都应当支付给负责永久性测量标志拆迁审批的测绘地理信息主管部门，由负责拆迁审批的测绘地理信息主管部门委托具有相应测绘资质和条件的单位进行重建。

八、法律责任

1. 行政处罚

有下列行为之一的，依法应当受到行政处罚：

（1）干扰或者阻挠测量标志建设单位依法使用土地或者在建筑物上建设永久性测量标志的；

（2）工程建设单位未经批准擅自拆迁永久性测量标志或者使永久性测量标志失去使用效能的，或者拒绝按照国家有关规定支付迁建费用的；

（3）违反测绘操作规程进行测绘，使永久性测量标志受到损坏的；

（4）无证使用权永久性测量标志并且拒绝县级以上人民政府管理测绘工作的部门监督和负责保管测量标志的单位和人员查询的。

2. 警告、责令改正、罚款

有下列行为之一的，给予警告，责令改正，可以并处20万元以下的罚款；对直接负责的主管人员和其他直接责任人员，依法给予处分；造成损失的，依法承担赔偿责任；构成犯罪的，依法追究刑事责任：

（1）损毁、擅自移动永久性测量标志或者正在使用中的临时性测量标志；

（2）侵占永久性测量标志用地；

（3）在永久性测量标志安全控制范围内从事危害测量标志安全和使用效能的活动；

（4）擅自拆迁永久性测量标志或者使永久性测量标志失去使用效能，或者拒绝支付迁建费用；

（5）违反操作规程使用永久性测量标志，造成永久性测量标志毁损。

考点试题汇编及参考答案与试题解析

考点试题汇编

一、单项选择题（每题的备选选项中，只有一项最符合题意。）

1. 我国《测绘法》规定，批准全国统一的大地基准、高程基准、深度基准和重力基准数据的机构是(　　)。

A. 国务院　　B. 国务院测绘地理信息主管部门

C. 军队测绘主管部门　　D. 国务院发展计划主管部门

2. 下列内容中，不是“2000 国家 GPS 控制网”组成部分的是(　　)。

A. 国家测绘地理信息局布设的高精度 GPSA、B 及网

B. 总参测绘局布设的 GPS 一、二级网

C. 中国地质局、总参测绘局、中国科学院、国家测绘地理信息局共建的中国地壳运动观测网

D. 中国天文观测网

3. 下列特点中，不属于测绘系统的特点是(　　)。

A. 科学性　　B. 统一性

C. 全球性　　D. 规模性

4. 根据《测绘法》，省、自治区、直辖市人民政府以上测绘地理信息主管部门应当会同本级(　　)，按照统筹建设、资源共享的原则，建立统一的卫星导航定位基准服务系统，提供导航定位基准信息公共服务。

A. 人民政府其他有关部门　　B. 建设行政主管部门

C. 土地行政管理部门　　D. 军队测绘部门

5. 一个城市最多能建立(　　)个相对独立的平面坐标系统。

A. 1　　B. 2

C. 3　　D. 4

6. 国家测绘地理信息局对建立相对独立坐标系统的审批权限进行了详细的规定，建立相对独立坐标系统需经(　　)同意，报相关测绘地理信息主管部门审批。

A. 市级人民政府　　B. 所在地测绘主管部门

C. 所在地人民政府　　D. 省级以上人民政府

7. 对于已建立的相对独立的坐标系统，未履行法定手续建立且仍然在使用的，(　　)组织进行清理，该废止的要废止，需要改造的要及时组织改造；对于没有审批手续的，应当责令相关单位补办审批手续，使其合法化和规范化。

A. 省级测绘地理信息主管部门

B. 所在地测绘行政部门

C. 省级以上测绘地理信息主管部门

D. 国家测绘地理信息主管部门

8. 下列职责中，不属于各级人民政府的职责是(　　)。

A. 组织测量标志保护法律、法规的宣传，提高全民的测量标志保护意识

B. 对在测量标志保护工作中做出显著成绩的单位和个人，给予奖励

C. 将测量标志保护经费列入当地政府财政预算

D. 采取有效措施加强测量标志保护工作

9.《测量标志保护条例》规定，(　　)应当按照国家有关的测量标志维修规程，对永久测量标志定期进行组织维修，保证测量标志正常使用。

A. 设置永久性测量标志部门　B. 永久标志所在地测绘地理信息主管部门

C. 国家测绘地理信息主管部门　D. 省级以上测绘地理信息主管部门

10. 国家对测量标志进行(　　)使用。

A. 无偿　B. 有偿

C. 申请　D. 审批

11. 根据《国家永久性测量标志拆迁审批程序规定》，不属于“不得申请拆迁永久性测量标志或者使其失去使用效能”的是(　　)。

A. 国家大地原点　B. 国家水准原点

C. 国家天文点　D. 基线检测场点

12. 下列关于建立相对独立的平面坐标系统的说法中，错误的是(　　)。

A. 一个城市只能建立一个相对独立的平面坐标系统

B. 建立相对独立的平面坐标系统，应当与国家坐标系统相联系

C. 建立相对独立的平面坐标系统，是指以任意点和正北方向起算建立的平面坐标系统

D. 建立城市相对独立的平面坐标系统，应当经该市人民政府同意

二、多项选择题（每题的备选选项中，有2项或2项以上符合题意，至少有1项是错项。）

1. 建立相对独立的平面坐标系统的，由国家测绘地理信息局负责审批的是(　　)。

A. 50万人口以上的城市　B. 100万人口以上的城市

C. 列入国家计划的重大工程项目　D. 列入省级计划的重大工程项目

E. 其他需要国家局审批的

2. 申请建立相对独立的平面坐标系统必须提交的材料有(　　)。

A.《建立相对独立的平面坐标系统申请书》

B. 属工程项目的申请人的有效身份证明（复印件）

C. 立项批准文件（原件）

D. 能够反映建设单位测绘成果及资料档案管理设施和制度的证明文件（复印件）

E. 建立城市相对独立的平面坐标系统的，应当提供该市人民政府同意建立的文件（原件）

3. 下列测量标志中，属于永久性测绘标志的是(　　)。

A. 水准点　　B. 测站点的木桩

C. 卫星定位点的木质觇标　　D. 航空摄影的地面标志

E. GPS 地面跟踪站

4. 测量标志的特征有(　　)。

A. 空间位置精确性　　B. 位置控制范围性

C. 保管长期性　　D. 稳定性

E. 法定性

5. 下列测量标志中，属于省级测绘地理信息主管部门负责拆建审批的是(　　)。

A. 四等以上三角点　　B. 四等以上水准点

C. 重力基本点　　D. B 级全球定位控制点

E. 一等水准点

6. 根据《建立相对独立的平面坐标系统管理办法》，拟建坐标系统情况包含的内容有(　　)。

A. 中央子午线　　B. 投影面高程

C. 坐标原点设置　　D. 测绘资质等级

E. 主要技术负责人

7. 根据《测绘法》，下列违反测量标志管理规定的行为中，应当承担相应法律责任的有(　　)。

A. 未持有测绘作业证使用永久性测量标志的

B. 侵占永久性测量标志用地的

C. 在测量标志占地范围内建设影响标志效能的建筑物的

D. 擅自拆除永久性测量标志的

E. 违反规程使用永久性测量标志的

8. 根据《测量标志保护条例》，下列关于测量标志迁建的说法中，正确的有(　　)。

A. 进行工程建设，应当避开永久性测量标志，确需拆迁时，须依法履行批准手续

B. 拆迁基础测量标志，由国务院测绘地理信息主管部门或者省级测绘地理信息主管部门批准

C. 拆迁部门专用的永久性测量标志，直接向设置测量标志的部门批准

D. 拆迁永久性测量标志，应当通知负责保管测量标志的有关单位和个人

E. 经批准迁建基础性测量标志的，工程单位应当依法支付迁建费用

参考答案与试题解析

一、单项选择题

1.【A】国家设立和采用全国统一的大地基准、高程基准、深度基准和重力基准，报国务院批准。

2.【D】中国天文观测网不是“2000 国家 GPS 控制网”的组成部分。

3.【C】测绘系统的特点有：①科学性；②统一性；③法定性；④规模性；⑤稳定性。

4.【A】国务院测绘地理信息主管部门和省、自治区、直辖市人民政府测绘地理信息主管部门应当会同本级人民政府其他有关部门，建立统一的卫星导航定位基准服务系统。

5.【A】一个城市只能建立一个相对独立的平面坐标系统。

6.【A】需建立相对独立的平面坐标系统的，经测绘地理信息主管部门审核并报该市人民政府同意。

7.【A】未履行法定手续且仍在使用的独立平面坐标系统，省级测绘地理信息主管部门应组织进行清理。

8.【A】组织测量标志保护法律、法规的宣传属于国务院测绘地理信息行政主管部门的职责。

9.【A】设置永久性测量标志的部门，对永久性测量标志定期组织维修，保证测量标志正常使用。

10.【B】国家对测量标志进行有偿使用。

11.【C】国家天文点不属于“不得申请拆迁永久性测量标志或者使其失去使用效能”的范畴。

12.【C】相对独立的平面坐标系统是指，以任意点和方向起算建立的平面坐标系统或者在全国统一的坐标系统基础上，进行中央子午线投影变换以及平移、旋转等而建立的平面坐标系统。

二、多项选择题

1.【ACE】参见建立相对独立的平面坐标系统的审批相关内容。

2.【ABDE】参见建立相对独立的平面坐标系统申请人应当提交的申请材料。

3.【ACE】测站点的木桩和航空摄影的地面标志不是永久性测量标志。

4.【ABCE】测量标志的特征：①空间位置精确性；②位置控制范围性；③保管长期性；④法定性。

5.【ABDE】负责四等以上三角点、水准点和 D 级以上全球定位控制点的测量标志的拆建审批工作。

6. 【ABC】见《建立相对独立坐标系统申请书》。
7. 【BCD】参见法律责任相关内容。
8. 【ABDE】“拆迁部门专用的永久性测量标志，直接向设置测量标志的部门批准”不正确。

第四章　基础测绘管理

第一节　基础测绘的基本概念

一、基础测绘的概念

基础测绘是指建立全国统一的测绘基准和测绘系统，进行基础航空摄影，获取基础地理信息的遥感资料，测制和更新国家基本比例尺地图、影像图和数字化产品，建立、更新基础地理信息系统。

基础测绘主要包括以下五个方面的内容：

1. 建立全国统一的测绘基准和测绘系统

全国统一的测绘基准和测绘系统是各类测绘活动的基础，具有明显的公益性特征。目前我国全国统一的测绘基准和测绘系统在规模、精度和统一性方面都居于世界先进行列。但是，测绘基准和测绘系统需要不断地精化和完善，需要定期进行建设和维护，同时，测绘基准和测绘系统随着测绘地理信息技术进步而要不断地进行更新和发展。

2. 进行基础航空摄影

基础航空摄影是指利用航空飞行器获取基础地理信息数据的摄影。以测绘为目的的基础航空摄影是指为满足测制和更新国家基本比例尺地图、建立和更新基础地理信息数据库的需要，在飞机上安装航空摄影仪，从空中对我国国土实施航空摄影，获取基础地理信息源数据。基础航空摄影资料详细记载了一定区域范围的地物、地貌特征以及地物之间的相互关系，具有信息量大、覆盖面广的特点。

3. 获取基础地理信息的遥感资料

获取基础地理信息遥感资料的方式主要有两种：一种是接受我国自主研制的类似“资源三号”等遥感卫星数据并进行处理，从而获取基础地理信息数据；另外一种是订购其他国家的卫星遥感数据。卫星遥感资料是基础地理信息数据的重要数据源，主要用于快速更新、修测或编制国家基本比例尺地图以及更新、修测国家和区域基础地理信息数据库。

4. 测制和更新国家基本比例尺地图、影像图和数字化产品

国家基本比例尺地图指根据国家颁布的统一测量规范、图式和比例尺系列测绘或编绘而成的地形图，是国家各项经济建设、国防建设和社会发展的基础图，具有使用频率高、内容表示详细、分类齐全、精度高等特点，是我国最具权威性的基础地图，其测制精度和成果数量质量是衡量一个国家测绘科学技术发展水平的重要标志之一。

2006 年，国家测绘地理信息局发布《中华人民共和国国家标准批准发布公告》（2006 年第 6 号和 2007 年第 8 号），将 1：100 万、1：50 万、1：25 万、1：10 万、1：5万、1：2. 5 万、1：1 万、1：5 000、1：2 000、1：1000、1：500 比例尺地图列为我国基本比例尺地图。

影像图是指对通过航天遥感、航空摄影等方法获取的数据或照片进行一系列几何变换和误差改正，附加一定的说明信息得到的具有地理坐标系、精度指标和直观真实的照片效果的地图。国家基本比例尺地图和影像图主要包括两类：一类是传统的纸介质模拟地图，另一类是以磁带、磁盘、光盘为介质的数字化地图产品。

5. 建立、更新基础地理信息系统

基础地理信息系统通过对基础地理信息数据的集成、存储、检索、操作和分析，生成并输出各种基础地理信息的计算机系统。基础地理信息系统为土地利用、资源管理、环境监测、交通运输、经济建设、城市规划以及政府各部门行政管理服务，它具有通用性强、重复使用率高的特点，是国家基础测绘工作的重要组成部分。

二、基础测绘的特征

1. 基础性

基础地理信息是通过基础测绘获得的基础测绘成果。在技术上构成了各项后续测绘地理信息工作和地理信息应用的基础；统一的国家测绘基准和测绘系统是现代主权国家开展各项测绘地理信息工作的基础和前提；国家基本比例尺系列地图是其他各种专题地图的制图基础；国家和地方基础地理信息系统是其他专业地理信息系统的空间定位基础。基础测绘的最明显特征就是具有基础性。

2. 公益性

基础测绘是向全社会各类用户提供统一、权威的空间定位基准和基础地理信息服务的工作。基础测绘工作作为经济社会发展和国防建设的一项基础性工作，是国家在行使政治统治职能和社会管理职能时准确掌握国情国力、提高管理决策水平的重要手

段。基础测绘成果是一种公共产品，具有公益性特点。因此，《测绘法》及《基础测绘条例》都明确规定，基础测绘是公益性事业。

3. 通用性

通用性是基础测绘的基础性和公益性在服务内容上的具体体现，基础测绘不是为了某种特定需要服务的，而是遵循服务普遍性原则，服务于社会各个阶层、各个领域和各类不同用户，是其他一切后续测绘地理信息工作的基础。

4. 权威性

基础测绘成果的权威信息是政府宏观管理与规划决策的重要依据，同时也是基础测绘基础性、公益性和通用性在基础测绘成果上的具体体现。国家基本比例尺系列地图是维护国家版图完整性的权威证明，也是权威地理信息数据的来源。

5. 持续性

基础测绘成果必须具有现势性。基础测绘成果的现势性既是基础测绘的基础性的内在要求，又是社会对基础测绘成果的客观要求。而要保持现势性，就需要基础测绘成果持续不断地更新。基础测绘成果需要不断更新的属性就是基础测绘的持续性。持续性是基础测绘区别于非基础测绘的一个重要特征。其他非基础测绘往往是一次性投入，项目完成后便不再需要进行测绘，而基础测绘则必须持续地进行更新，以满足经济社会发展对基础地理信息资源的需求。

6. 统一性

基础测绘通过建立全国统一的测绘基准和测绘系统，生产国家统一规定的基本比例尺地图，保持国家统一规定的精度要求，体现出基础测绘的统一性特点。基础测绘的统一性，是实现基础地理信息共享利用的基本前提。

7. 保密性

基础测绘成果几乎涵盖了地表全部自然地理要素和人工设施，是现代军事精确打击不可缺少的基础资料，并且涉及国家秘密地图事关国家版图完整和政治主张，基础测绘成果普遍具有保密性特征。

三、基础测绘的原则

基础测绘工作应当遵循统筹规划、分级管理、定期更新、保障安全的原则。

1. 统筹规划

统筹规划是指基础测绘规划的编制和组织实施、基础测绘成果的更新和利用要统筹规划。具体体现在以下五个方面：

（1）要统筹安排基础测绘工作中长期规划和年度计划，既要有中长期的发展目标，也要做好短期计划的执行保障，协调好各级计划的衔接；

（2）要统筹安排国家和地方各级基础测绘工作，充分发挥中央和地方两个积极性；

（3）要统筹安排区域基础测绘工作，以地区社会经济发展需求为导向，同时兼顾地区平衡，对边远地区、少数民族地区加大支持；

（4）根据基础测绘发展需要，统筹安排基础测绘设施建设和重大基础测绘项目；

（5）要统筹安排基础地理信息资源的开发利用，推进共建共享，避免重复投入和建设。

统筹规划是基础测绘工作的重要原则之一，《全国基础测绘中长期规划纲要》明确将“统筹规划，协调发展”作为加强基础测绘的基本原则之一。

2. 分级管理

分级管理是指明确各级政府对基础测绘工作的监督管理和职责；建立健全基础测绘的投入机制，将基础测绘投入纳入各级财政预算；明确各级政府在测绘地理信息基础设施建设方面的职责和任务；明确各级测绘地理信息行政主管部门组织实施基础测绘项目的内容。分级管理不仅可以明确中央与地方各级政府的事权，也有利于建立起高效的基础测绘工作运行机制。

3. 定期更新

定期更新是根据地表景观的变化情况、社会经济发展的速度、国家经济建设、国防建设和社会发展对不同基础测绘项目成果的现势性需求和政府财政支撑的能力，结合基础测绘生产能力和成果更新的实际情况，合理确定成果更新周期，建立健全基础地理信息的更新机制。定期更新制度的确立，有利于从根本上改变基础测绘滞后于国民经济和社会发展的状况。

4. 保障安全

基础测绘活动获取的大量成果都涉及国家秘密，关系国家安全，因此需要采取有效措施保障基础测绘成果的安全，防止成果损坏、丢失、灭失和泄密。利用基础测绘成果应当遵守《测绘成果管理条例》等有关规定，通过合理划分涉密成果密级，加强成果保密技术研究，在保障涉密基础测绘成果安全的前提下，促进基础地理信息资源的高效开发利用。

2015年6月1日，国务院对《全国基础测绘中长期规划纲要（2015—2030年）》作出批复，要求各省（区、市）人民政府要加强组织领导，加大支持力度，落实责任，细化政策，根据该规划纲要确定的目标任务，切实推进本地区基础测绘各项工作。

第二节 基础测绘规划

一、基础测绘规划的概念

基础测绘规划包括全国基础测绘规划和地方基础测绘规划，是对全国及地方基础测绘在时间和空间上的战略部署和具体安排，关系国务院及县级以上地方人民政府对基础测绘在本级国民经济和社会发展年度计划及财政预算中的安排。

基础测绘规划的主要内容包括基础测绘的指导思想、基本原则、发展目标和主要任务、规划实施的保障措施等，并且还应当有布局示意图和规划项目表。全国基础测绘中长期规划还包括了简明、准确的发展方针和发展目标等。

1. 全国基础测绘规划

全国基础测绘规划是指由国务院测绘地理信息主管部门会同国务院其他有关部门、军队测绘部门负责组织编制的，对全国基础测绘在时间和空间上的战略部署和具体安排，涉及国务院对基础测绘在国家国民经济和社会发展年度计划及财政预算的统筹和安排，是全国性的、国家基础测绘发展的阶段性目标。如2015年6月颁布实施的《全国基础测绘中长期规划纲要（2015—2030年）》，不仅明确了基础测绘的指导思想、基本原则和发展目标，同时，还明确了我国基础测绘发展的主要任务，是我国基础测绘发展的纲领件文件。

2. 地方基础测绘规划

地方基础测绘规划是指由县级以上地方人民政府测绘地理信息主管部门会同本级政府其他有关部门负责组织编制的，由县级以上测绘地理信息主管部门牵头组织，规划建设、国土资源、交通、水利、电力等有关部门参与，根据全国基础测绘规划和上一级的基础测绘规划以及本行政区域内的实际情况，拟订地方性的、区域性的基础测绘发展的阶段性目标。

二、基础测绘规划编制

1. 基础测绘规划编制的程序

（1）制定基础测绘中长期规划编制工作方案，会同有关部门开展基础测绘相关重大问题研究工作。

（2）起草规划文本。

（3）组织参与规划编制工作的各有关部门对规划内容进行会商，并将会商后的规活与相关规划进行衔接。

（4）对规划指标、规划项目等规划内容进行论证。地方基础测绘规划还应当征求当地军事主管部门的意见。

（5）规划编制完成后，测绘地理信息行政主管部门按程序报同级人民政府批准。

县级以上地方测绘地理信息主管部门会同有关部门编制的基础测绘中长期规划，在获同级人民政府批准后 30 个工作日内，报上一级测绘地理信息主管部门备案后实施。

全国基础测绘中长期规划在获批准后 2 个月内，县级以上地方测绘地理信息主管部门组织编制的中长期规划在报上一级主管部门备案后 2 个月内，除有保密要求的，测绘地理信息行政主管部门应在测绘地理信息行业报刊或政府相关网站上公布规划文本的部分或者全部内容。

2. 基础测绘规划期限

国家发展计划改革委员会、国家测绘地理信息局 2007 年联合制定的《基础测绘计划管理办法》（发改地区〔2007〕522 号）对基础测绘规划的期限作出了具体规定。基础测绘规划的规划期应当根据基础测绘工作的实际特点和经济建设、社会发展以及国防建设的实际需要，一般至少为 5 年，保持与国家国民经济和社会发展总体规划相衔接。

3. 法律、行政法规对基础测绘规划编制的规定

（1）基础测绘规划报批前，要组织专家论证。为协调好全局利益与局部利益、长远利益和眼前利益以及部门利益的关系，提高基础测绘规划的科学性、衔接性和指导性，基础测绘规划在报批前，必须经过专家论证，并充分征求各方面的意见和建议。

（2）基础测绘规划要广泛征求意见。在基础测绘规划编制过程中，编制机关还要征求其他相关规划编制部门的意见，如土地利用规划、高速公路建设规划、水利水资源规划等，确保基础测绘规划与相关规划的衔接。

（3）地方基础测绘规划要征求军事机关的意见。地方基础测绘规划涉及的区域范围比较具体，一般都会涉及军事禁区、军事管理区或者作战工程。因此，组织编制机关在报送审批前，还应当征求军事机关的意见。根据《中华人民共和国军事设施保护法》规定，协商解决有关军事禁区、军事管理区的范围，保证基础测绘规划的顺利实施。

4. 基础测绘规划批准

国务院测绘地理信息主管部门会同国务院其他有关部门、军队测绘部门，组织编制全国基础测绘规划，报国务院批准后组织实施。县级以上地方人民政府测绘地理信息主管部门会同本级人民政府其他有关部门，根据国家和上一级人民政府的基础测绘规划和本行政区域的实际情况，组织编制本行政区域的基础测绘规划，报本级人民政

府批准，并报上一级测绘地理信息行政主管部门备案后组织实施。

5. 基础测绘规划公布

基础测绘规划属于政府需要公开的政府信息，必须依照《政府信息公开条例》的相关规定依法公开。县级以上测绘地理信息主管部门要将经批准的基础测绘规划通过政府公报、政府网站、新闻发布会以及报刊、广播、电视等各种媒体向社会公开。

三、基础测绘年度计划

1. 基础测绘年度计划的概念

基础测绘年度计划是政府履行经济调节和公共服务职能的重要依据，基础测绘工程项目和基础测绘政府投资必须纳入基础测绘计划管理。

根据《测绘法》和《基础测绘条例》，国家对基础测绘计划实行分级管理。国务院发展改革主管部门和测绘地理信息主管部门负责全国基础测绘计划的管理；县级以上地方人民政府发展改革主管部门和测绘地理信息主管部门负责本行政区域的基础测绘计划管理。国家发展计划改革委员会和国家测绘地理信息局联合制定的《基础测绘计划管理办法》，对基础测绘计划管理进行了明确规定。

2. 全国基础测绘年度计划的主要内容

全国基础测绘年度计划的主要内容包括：全国统一的大地基准、高程基准、深度基准和重力基准的建立和更新；全国统一的一、二等平面、高程控制网，重力网和A、B级空间定位网的建立和更新；全国1：100万、1：50万、1：25万、1：10万、1：5万和1：2.5万系列比例尺地形图，影像图的测制和更新；组织实施国家基础航空摄影，获取基础地理信息的遥感资料；国家基础地理信息系统的建立和更新维护；国家基础测绘公共服务体系的建立和完善；需中央财政安排的国家急需的其他基础测绘项目。

3. 基础测绘年度计划编制的程序

（1）国务院测绘地理信息主管部门根据国民经济和社会发展年度计划编制要求和全国基础测绘中长期规划，组织编制并提出全国基础测绘年度计划建议，报国务院发展改革主管部门。

（2）县级以上地方测绘地理信息主管部门根据国民经济和社会发展年度计划编制要求和本行政区域基础测绘中长期规划，组织提出本行政区域基础测绘年度计划建议，报经同级发展改革主管部门平衡后，在10个工作日内由测绘地理信息主管部门和发展改革部门分别报上一级测绘地理信息主管部门和发展改革主管部门。

（3）国务院发展改革主管部门对上述计划建议进行汇总和综合平衡，编制全国基础测绘年度计划草案，作为全国国民经济和社会发展年度计划的组成部分，正式下达给国务院测绘地理信息主管部门和省级发展改革主管部门。

（4）市、县级基础测绘年度计划的编制程序由省级发展改革主管部门会同测绘地理信息主管部门研究确定。

4. 基础测绘年度计划的组织实施

国务院测绘地理信息主管部门负责国家级基础测绘计划的组织实施；县级以上地方政府测绘地理信息主管部门负责本级基础测绘计划的组织实施。

国务院测绘地理信息主管部门对全国基础测绘年度计划的实施情况进行检查、指导。县级以上人民政府发展改革主管部门会同同级测绘地理信息主管部门对基础测绘中长期规划和年度计划的执行情况进行监督检查。县级以上地方人民政府测绘地理信息主管部门要逐级向上一级测绘地理信息主管部门上报基础测绘年度计划执行情况，并抄送同级发展改革主管部门；国务院测绘地理信息主管部门根据各地上报情况进行综合评估，并将结果报国务院发展改革主管部门。

第三节　基础测绘管理

基础测绘是公益性事业。国家对基础测绘实行分级管理。基础测绘分级管理主要由基础测绘分级管理体制、分级投入体制和分级组织实施等内容组成。基础测绘分级管理体制指对各级人民政府及政府各有关部门关于基础测绘工作的具体职能配置和职责分工，与测绘行政管理体制相一致。

一、基础测绘工作管理职责

1. 各级人民政府的职责

（1）加强对基础测绘工作的领导。

（2）将基础测绘纳入本级国民经济和社会发展规划及年度计划，所需经费列入本级财政预算。

（3）遵循科学规划、合理布局、有效利用、兼顾当前与长远需要的原则，加强基础测绘设施建设，避免重复投资。

2. 国务院测绘地理信息主管部门的职责

（1）负责全国基础测绘工作的统一监督管理。

（2）会同国务院其他有关部门、军队测绘部门，组织编制全国基础测绘规划，报国务院批准后组织实施。

（3）会同国务院发展改革部门编制全国基础测绘年度计划并组织实施。

（4）根据应对自然灾害等突发事件的需要，制定相应的基础测绘应急保障预案。

（5）组织实施全国性基础测绘项目。

（6）会同军队测绘部门和国务院其他有关部门制定基础测绘成果更新周期确定的具体办法。

（7）采取措施，加强对基础地理信息测制、加工、处理、提供的监督管理，确保基础测绘成果质量。

（8）负责基础测绘成果资料提供使用的审批。

3. 省级测绘地理信息主管部门的职责

（1）负责本行政区域内基础测绘工作的统一监督管理。

（2）会同本级人民政府其他有关部门，根据国家基础测绘规划和本行政区域的实际情况，组织编制本行政区域的基础测绘规划，报本级人民政府批准，并报上一级测绘地理信息主管部门备案后组织实施。

（3）会同同级政府发展改革部门，编制本行政区域内的基础测绘年度计划，并分别报上一级主管部门备案后组织实施。

（4）组织实施省级基础测绘项目。

（5）根据应对自然灾害等突发事件的需要，制定相应的省级基础测绘应急保障预案。

（6）采取措施，加强对基础地理信息测制、加工、处理、提供的监督管理，确保基础测绘成果质量。

（7）负责省级基础测绘成果资料提供使用的审批。

4. 市、县级测绘地理信息主管部门的职责

（1）负责本行政区域内基础测绘工作的统一监督管理。

（2）会同本级人民政府其他有关部门，根据国家和省级基础测绘规划以及本行政区域的实际情况，组织编制本行政区域的基础测绘规划，报本级人民政府批准，并报上一级测绘地理信息主管部门备案后组织实施。

（3）会同同级政府发展改革部门，编制本行政区域内的基础测绘年度计划，并分别报上一级主管部门备案后组织实施。

（4）按照分级管理权限组织实施基础测绘项目。

（5）采取措施，加强对基础地理信息测制、加工、处理、提供的监督管理，确保基础测绘成果质量。

（6）负责本级基础测绘成果资料提供使用的审批。

5. 军队和其他有关部门的职责

其他有关部门、军队测绘部门关于基础测绘工作的职责，主要是在统一监督管理

的大原则下，配合测绘地理信息行政主管部门依法编制基础测绘规划和年度计划；在县级以上人民政府测绘地理信息主管部门收集有关行政区域界线、地名、水系、交通、居民点、植被等地理信息的变化情况时，其他有关部门和单位应当对测绘地理信息行政主管部门的信息收集工作予以支持和配合。

军队测绘部门负责管理军事部门的测绘工作，并按照国务院、中央军事委员会规定的职责分工负责管理海洋基础测绘工作。

二、组织实施基础测绘内容

1. 国务院测绘地理信息主管部门组织实施

（1）建立全国统一的测绘基准和测绘系统；

（2）建立和更新国家基础地理信息系统；

（3）组织实施国家基础航空摄影；

（4）获取国家基础地理信息遥感资料；

（5）测制和更新全国 1∶100 万至 1∶2.5 万国家基本比例尺地图、影像图及其数字化产品；

（6）国家急需的其他基础测绘项目。

2. 省级测绘地理信息主管部门组织实施

（1）建立本行政区域内与国家测绘系统相统一的大地控制网和高程控制网；

（2）建立和更新地方基础地理信息系统；

（3）组织实施地方基础航空摄影；

（4）获取地方基础地理信息遥感资料；

（5）测制和更新本区域 1∶1 万、1∶5 000 国家基本比例尺地图、影像图及其数字化产品。

3. 市、县级测绘地理信息主管部门组织实施

（1）在国家统一的平面控制网、高程控制网和空间定位网的基础上，布设满足当地城市建设和发展需要的平面控制网和高程控制网；

（2）1∶2 000 至 1∶500 比例尺地图、影像图和数字化产品的测制和更新；

（3）建立和更新市、县级基础地理信息系统；

（4）地方性法规、地方政府规章确定由其组织实施的其他基础测绘项目。

4. 基础测绘项目承担单位组织实施

（1）基础测绘项目承担单位应当具有与所承担的基础测绘项目相应的测绘资质和条件，并不得超越其资质等级许可的范围从事基础测绘活动。

(2) 基础测绘项目承担单位应当具备健全的保密制度和完善的保密设施，严格执行有关保守国家秘密法律、法规的规定。

(3) 基础测绘项目承担单位应当建立健全基础测绘成果质量管理制度，严格执行国家规定的测绘技术规范和标准，对其完成的基础测绘成果质量负责。

第四节 基础测绘成果更新

一、基础测绘成果定期更新制度

基础测绘成果定期更新制度是指按照一定的时间间隔更新基础测绘成果的法律规定。基础测绘成果应当定期更新，经济建设、国防建设、社会发展和生态保护急需的基础测绘成果应当及时更新。基础测绘成果的更新周期根据不同地区国民经济和社会发展的需要确定。基础测绘成果更新周期确定的具体办法由国务院测绘地理信息主管部门会同军队测绘部门和国务院其他有关部门制定。

二、确定基础测绘成果更新周期的因素

基础测绘成果更新周期的因素主要有：

(1) 国民经济和社会发展对基础地理信息的需求；

(2) 测绘科学技术水平和测绘生产能力；

(3) 基础地理信息变化情况。

《基础测绘条例》规定，1∶100 万至 1∶5 000 国家基本比例尺地图、影像图和数字化产品至少 5 年更新一次，基础测绘成果更新周期确定的具体办法由国务院测绘地理信息主管部门会同军队测绘部门和国务院其他有关部门制定。

三、基础测绘成果更新管理

1. 国务院测绘地理信息主管部门的职责

(1) 建立国家基础测绘定期更新制度，会同军队测绘部门和国务院其他有关部门研究基础测绘成果更新周期确定的具体办法；

(2) 负责国家测绘地理信息局分管范围内的基础测绘成果的定期更新；

(3) 收集国家层面上的有关国界线、行政区域界线、地名、水系等地理信息的变化情况；

(4) 指导、监督地方各级测绘地理信息主管部门基础测绘成果的定期更新工作。

2. 县级以上地方测绘地理信息主管部门的职责

（1）基础测绘成果定期更新；
（2）收集有关行政区域界线、地名等地理信息的变化情况。

3. 其他有关部门和单位的职责

基础测绘是公益性事业，基础测绘成果定期更新需要各个部门的协同配合，协助各级测绘地理信息行政主管部门的信息收集工作应当成为各有关部门和单位的法定义务。县级以上人民政府其他有关部门和单位可通过建立计划交换、成果通报、目录汇总等信息交流方式，采用签订共建共享协议、项目合作协议等形式，支持和配合县级以上人民政府测绘地理信息行政主管部门的信息收集工作，提高基础测绘成果的现势性。

第五节　基础测绘应急保障

基础测绘提供的基础地理信息数据是应对突发事件处置与救援、恢复与重建等应急活动的重要依据，基础测绘在应对自然灾害、事故灾难、社会安全等突发事件时起着非常重要的保障服务作用。《基础测绘条例》第十一条规定，县级以上人民政府测绘地理信息主管部门应当根据应对自然灾害等突发事件的需要，制定相应的基础测绘应急保障预案。基础测绘应急保障第一次被列入国家行政法规。

一、基础测绘应急保障的内容

1. 基础测绘设施建设优先领域

《基础测绘条例》第十八条第二款规定，国家安排基础测绘设施建设资金，应当优先考虑航空摄影测量、卫星遥感、数据传输以及基础测绘应急保障的需要。

2. 基础测绘应急保障的内容

县级以上人民政府测绘地理信息主管部门的基础测绘应急保障的内容包括：
（1）加强基础航空摄影和用于测绘的高分辨率卫星影像获取与分发的统筹协调；
（2）配备相应的装备和器材；
（3）组织开展培训和演练；
（4）启动基础测绘应急保障预案；
（5）开展基础地理信息数据的应急测制和更新工作。

3. 基础测绘应急保障预案的内容

根据《基础测绘条例》，基础测绘应急保障预案的内容包括：应急保障组织体系，应急装备和器材配备，应急响应，基础地理信息数据的应急测制和更新等应急保障措施。

（1）应急基础测绘保障组织体系，即基础测绘应急保障工作的领导机构、工作机构和职责等。建立有效的组织体系是落实应急管理工作的基础。各级测绘地理信息行政主管部门都应当建立健全基础测绘应急保障工作的组织体系。

（2）应急装备和器材配备，主要包括航空摄影、地面快速数据采集和处理等各种装备和器材配备。应急装备和器材配备是快速获取突发事件事发地区基础地理信息数据的关键。

（3）应急响应。根据国家测绘地理信息局制定的国家测绘地理信息应急保障预案，除国家突发事件有重大特殊要求外，根据突发事件救援与处置工作对测绘地理信息保障的紧急需求，将测绘应急响应分为两个等级。

（4）基础地理信息数据的应急测制和更新。基础测绘应急保障预案包括基础地理信息数据的应急测制、更新的程序，确保突发事件发生后，能够及时、高效、快速地获取基础地理信息，为决策、救援、恢复和重建等工作提供有力的保障。

二、国家应急测绘保障预案的主要内容

1. 保障任务

国家应急测绘保障的核心任务是为国家应对突发自然灾害、事故灾难、公共卫生事件、社会安全事件等突发公共事件高效有序地提供地图、基础地理信息数据、公共地理信息服务平台等测绘成果，根据需要开展遥感监测、导航定位、地图制作等技术服务。

2. 保障对象

国家测绘地理信息应急保障对象，包括：

（1）党中央、国务院；

（2）国家突发事件应急指挥机构及国务院有关部门；

（3）重大突发事件所在地人民政府及其有关部门；

（4）参加应急救援和处置工作的中国人民解放军、中国人民武装警察部队；

（5）参加应急救援和处置工作的其他相关单位或组织。

3. 应急响应分级

除国家突发事件有重大特殊要求外，根据突发事件救援与处置工作对测绘地理信

息保障的紧急需求，测绘地理信息应急响应分为以下两个等级：

（1）Ⅰ级响应。需要进行大范围联合作业；涉及大量的数据采集、处理和加工；成果提供工作量大的测绘地理信息应急响应。

（2）Ⅱ级响应。以提供现有测绘成果为主，具有少量的实地监测、数据加工及专题地图制作需求的测绘地理信息应急响应。

4. 组织体系

（1）领导机构。成立国家测绘应急保障领导小组，负责领导、统筹、组织全国测绘地理信息应急保障工作。国家测绘地理信息局局长任组长，副局长任副组长，成员由局机关各司（室）和局所属有关事业单位主要领导组成。

（2）办事机构。国家测绘应急保障领导小组下设办公室，领导小组办公室设在国家测绘地理信息局测绘成果管理与应用司，作为领导小组的办事机构，承担测绘地理信息应急日常管理工作。测绘成果管理与应用司司长任领导小组办公室主任。

（3）工作机构。国家测绘地理信息局直属事业单位为国家测绘地理信息应急保障主要工作机构，承担重大测绘地理信息应急保障任务。

（4）地方机构。各省级测绘地理信息主管部门负责本行政区域测绘地理信息应急保障工作，成立本级测绘地理信息应急保障领导和办事机构。在本级人民政府的领导和领导小组的指导下，统筹、组织本行政区域突发事件测绘地理信息应急保障工作。按照领导小组的要求，调集整理现有成果、采集处理现势数据、加工制作专题地图，并及时向国家测绘地理信息局提供。

（5）社会力量。具有测绘资质的相关企事业单位作为国家测绘地理信息应急保障体系的重要组成部分，根据要求承担相应测绘地理信息应急保障任务，各测绘单位应当积极响应。

5. 应急启动

特别重大、重大突发事件发生，或者收到国家一级、二级突发事件警报信息、宣布进入预警期后，领导小组办公室迅速提出应急响应级别建议，报领导小组研究确定。由领导小组组长宣布启动Ⅰ级响应，分管测绘成果的副组长宣布启动Ⅱ级响应。响应指令由领导小组办公室通知各有关部门和相关单位。各有关部门和单位收到指令以后，应迅速启动本部门、本单位的应急预案，并根据职责分工，立即部署、开展相应的测绘地理信息应急保障工作。

6. Ⅱ级响应

（1）基本要求。承担应急任务的有关部门、单位人员、设备、后勤保障应及时到位；启动24小时值班制度。领导小组办公室应迅速与国家相关突发事件应急指挥机构沟通，与事发地省级测绘地理信息主管部门取得联系，并保持信息联络畅通。

（2）成果速报。在Ⅱ级响应启动后4小时内，组织相关单位向党中央、国务院及有关应急指挥机构提供现有适宜的事发地测绘地理信息成果。

（3）成果提供。开通测绘成果提供绿色通道，按相关规定随时受理、提供应急测绘成果。

（4）专题加工。根据救援与处置工作的需要，组织有关单位进行局部少量的航空摄影等实地监测；收集国家权威部门专题数据；快速加工、生产事发地专题测绘成果。

（5）信息发布。如确有需要的，可通过政府门户网站向社会适时发布事发地应急测绘成果目录及能够公开使用的测绘成果。

7. Ⅰ级响应

（1）启动Ⅱ级响应的所有应急响应措施。

（2）领导小组各成员单位主要负责人出差、请假的，必须立即返回工作岗位；确实不能及时返回的，可先由主持工作的领导全面负责。

（3）根据国家应急指挥机构的特殊需求，及时组织开发专项应急地理信息服务系统。

（4）无适宜的测绘成果，急需进行大范围联合作业时，由领导小组办公室提出建议，报领导小组批准后，及时采用卫星遥感、航空摄影、地面测绘等手段快速获取相应的测绘成果。

（5）领导小组成员单位根据各自工作职责，分别负责综合协调、成果提供、数据获取、数据处理、宣传发动、后勤保障等工作，并将应急工作进展情况及时反馈领导小组办公室。

8. 响应中止

突发事件的威胁和危害得到控制或者消除，政府宣布停止执行应急处置措施，或者宣布解除警报、终止预警期后，由领导小组组长决定中止Ⅰ级响应，分管测绘成果的副组长决定中止Ⅱ级响应。响应终止通知由领导小组办公室下达。

各级测绘地理信息行政主管部门应继续配合突发事件处置和恢复重建部门，做好事后测绘地理信息保障工作。

9. 保障措施

（1）制定测绘地理信息应急保障预案。各省级测绘地理信息主管部门和各有关单位应制定本部门、本单位测绘地理信息应急保障预案，报国家测绘地理信息局备案，并结合实际情况，有计划、有重点地组织预案演练，原则每年不少于一次。

（2）组建测绘地理信息应急保障队伍。各省级测绘地理信息主管部门要按要求建立测绘地理信息应急保障专家库，根据实际需要协调有关专家为测绘地理信息应急保障决策及处置提供咨询、建议与技术指导；各单位遴选政治和业务素质较高的技术骨干组成测绘地理信息应急快速反应队伍。

（3）测绘地理信息应急保障资金。根据测绘地理信息应急保障工作需要，结合国家预算管理的有关规定，应当将测绘地理信息应急保障工作所需资金纳入预算，对应急保障资金的使用和效果进行监督。

（4）做好测绘地理信息应急保障成果资料储备工作。各级测绘地理信息主管部门应当全面了解掌握测绘地理信息资源分布状况，完善测绘地理信息数据共享机制；收集、整理突发事件的重点防范地区的各类专题信息和测绘成果，根据潜在需求，有针对性地组织制作各种专题测绘地理信息产品，确保在国家需要应急测绘地理信息保障时，能够快速响应，高效服务。

（5）建设应急地理信息服务平台。在全国地理信息公共服务平台的基础上，根据中办、国办（国务院应急办）、国家减灾委、国家防总及公安、安全等有关部门的特殊要求，开发完善应急地理信息服务平台，提高测绘地理信息应急保障的效率、质量和安全性。

（6）完善测绘地理信息应急保障基础设施。规划建设全国性测绘地理信息应急技术装备保障系统，并建立突发事件测绘地理信息应急服务装备快速调配机制。重点推进测绘卫星体系项目建设，加快测绘应急生产装备和设施更新，联通政府内网，改造与扩容测绘地理信息专网，提高测绘地理信息应急保障服务能力。

（7）加快测绘地理信息应急高技术攻关。深入研究应急测绘地理信息快速获取、处理、服务技术，实现“3S”与网络、通信、辅助决策技术集成。

（8）确保通信畅通。充分利用现代通信手段。建立国家测绘地理信息应急保障通信网络，确保信息畅通。领导小组办公室组织编制国家测绘地理信息应急保障工作通讯录，并适时更新。

10. 监督与管理

（1）检查与监督。国家测绘地理信息应急响应指令下达后，各级测绘地理信息行政主管部门应对所属单位测绘地理信息应急保障执行时间和进度进行监督，及时发现潜在问题，并迅速采取有效措施，确保按时保质完成测绘地理信息应急保障任务。

（2）责任与奖惩。各部门、各单位主要负责人是测绘地理信息应急保障的第一责任人。国家测绘地理信息应急保障工作实行责任追究，对在测绘地理信息应急保障工作中存在失职、渎职行为的人员，将依照《中华人民共和国突发事件应对法》等有关法律法规追究责任。

各级测绘地理信息主管部门对在国家测绘地理信息应急保障工作中作出突出贡献的先进集体和先进个人应当给予表彰和奖励。

（3）宣传和培训。在测绘地理信息应急响应期间，各级测绘地理信息主管部门应当通过网络、报刊、电视等现代传媒手段，及时对国家测绘地理信息应急保障工作进行报道。定期对测绘地理信息应急保障人员进行新知识新技术培训，提高其应急专业技能。

（4）预案管理与更新。省级以上测绘地理信息主管部门应当定期组织对各地区、各单位测绘地理信息应急保障预案及实施情况进行检查评估，不断完善地方测绘地理信息应急保障制度和设施。

第六节　基础测绘设施

基础测绘设施是开展基础测绘工作的重要基础和保障。基础测绘设施是国家一种重要的基础设施和宝贵的财富。对经济建设、国防建设和社会发展具有重要作用，也是从事其他测绘工作的重要物质基础。

一、基础测绘设施的概念

基础测绘设施是指为实现基础地理信息共享，用于基础地理信息的获取、处理、存储、传输、分发和提供的设备、软件及其他有关设施。包括高分辨率立体测图卫星及相关卫星应用系统，地理信息变化监测体系，信息化测绘生产基地和测绘地理信息野外的技术装备，以及地理信息采集、获取、处理、更新、测绘地理信息成果档案存储与分发服务，测绘地理信息的安全保障基础设施等，涉及基础地理信息获取与处理、存储与管理、服务与应用等多个方面。

二、基础测绘设施建设的原则

县级以上人民政府及其有关部门应当遵循科学规划、合理布局、有效利用、兼顾当前与长远需要的原则，加强基础测绘设施建设，从而明确基础测绘设施建设的基本原则。

1. 科学规划

基础测绘设施建设要根据国民经济和社会发展以及测绘地理信息事业发展的实际需求，在详细调查、充分论证的基础上，组织编制基础测绘设施建设规划，对基础测绘设施的建设布局、规模、时序以及资金的落实作出具体安排，避免重复投资。

2. 合理布局

在基础测绘设施建设的空间布局上既要突出重点区域，又要兼顾地区之间的统筹和平衡。

3. 有效利用

要按照建设资源节约型社会的需求，充分利用现有的基础测绘设施，最大限度地发挥基础测绘设施的作用。

4. 兼顾当前与长远需要

要根据基础测绘发展需求，优先安排各领域需求量大、要求迫切的基础测绘设施项目，使基础测绘设施满足实际应用需要。同时，要兼顾基础测绘工作的基础性和长期性，按照规划积极推进重点基础测绘设施项目的建设。

三、基础测绘设施保护规定

1. 国家安排基础测绘设施建设资金

国家安排基础测绘设施建设资金，并确定了基础测绘设施建设资金应当重点和优先保障的领域，包括航空摄影测量、卫星遥感、数据传输以及基础测绘应急保障。

2. 加强基础航空摄影和用于测绘的高分辨率卫星影像获取与分发的统筹协调

县级以上人民政府测绘地理信息主管部门应当加强基础航空摄影和用于测绘的高分辨率卫星影像获取与分发的统筹协调，做好基础测绘应急保障工作，配备相应的装备和器材，组织开展培训和演练，不断提高基础测绘应急保障服务能力。

自然灾害等突发事件发生后，县级以上人民政府测绘地理信息主管部门应当立即启动基础测绘应急保障预案，采取有效措施，开展基础地理信息数据的应急测制和更新工作。

3. 国家依法保护基础测绘设施

国家依法保护基础测绘设施，任何单位和个人不得侵占、损毁、拆除或者擅自移动基础测绘设施。侵占、损毁、拆除或者擅自移动基础测绘设施的，要承担相应的法律责任，包括给予责令限期改正、警告，可以并处 5 万元以下罚款等行政处罚；造成损失的，依法承担赔偿责任；构成犯罪的，依法追究刑事责任；尚不构成犯罪的，对负有直接责任的主管人员和其他直接责任人员，依法给予处分。

第七节　基础测绘成果提供利用

一、基础测绘成果提供利用规定

1.《测绘法》规定

基础测绘成果和国家投资完成的其他测绘成果，用于政府决策、国防建设和公共服务的，应当无偿提供。除前款规定情形外，测绘成果依法实行有偿使用制度。但是，各级人民政府及有关部门和军队因防灾减灾、应对突发事件、维护国家安全等公共利益的需要，可以无偿使用。测绘成果使用的具体办法由国务院规定。

2.《测绘成果管理条例》规定

法人或者其他组织需要利用属于国家秘密的基础测绘成果的，应当提出明确的利用目的和范围，报测绘成果所在地的测绘地理信息行政主管部门审批。测绘地理信息行政主管部门审查同意的，应当以书面形式告知测绘成果的秘密等级、保密要求以及相关著作权保护要求。

3.《基础测绘成果提供使用管理暂行办法》规定

为规范基础测绘成果提供、使用管理，保障依法合理使用基础测绘成果，国家测绘地理信息局于2006年9月制定了《基础测绘成果提供使用管理暂行办法》（国测法字〔2006〕13号），对基础测绘成果的提供利用进行了规定。提供、使用不涉及国家秘密的基础测绘成果，由测绘成果资料保管单位按照便民、高效的原则，制定相应的提供、使用办法，报同级测绘地理信息主管部门批准后实施。外国组织和个人以及在我国注册的外商独资企业和中外合资、合作企业申请使用我国基础测绘成果的具体办法，另行制定。国家测绘地理信息局主管全国基础测绘成果提供使用管理工作。县级以上地方人民政府测绘地理信息主管部门负责本行政区域内基础测绘成果的提供使用管理工作。

二、基础测绘成果审批职责

1. 国家测绘地理信息局审批以下基础测绘成果

（1）全国统一的一、二等平面控制网、高程控制网和国家重力控制网的数据、图件；

（2）1∶50万、1∶25万、1∶10万、1∶5万、1∶2.5万国家基本比例尺地图、影像图和数字化产品；

（3）国家基础航空摄影所获取的数据、影像等资料，以及获取基础地理信息的遥感资料；

（4）国家基础地理信息数据；其他应当由国家测绘地理信息局审批的基础测绘成果。

2. 省级测绘地理信息主管部门审批以下基础测绘成果

（1）本行政区域内全国统一的三、四等平面控制网、高程控制网的数据和图件；

（2）本行政区域内的1∶1万、1∶5 000等国家基本比例尺地图、影像图和数字化产品；

（3）本行政区域内的基础航空摄影所获取的数据、影像等资料，以及获取基础地理信息的遥感资料；

（4）本行政区域内的基础地理信息数据；

（5）属国家测绘地理信息局审批范围，但已委托省、自治区、直辖市测绘地理信息主管部门负责管理的基础测绘成果；

（6）其他应当由省、自治区、直辖市测绘地理信息主管部门审批的基础测绘成果。

3. 市、县级测绘地理信息主管部门审批以下基础测绘成果

根据《基础测绘成果提供使用管理暂行办法》，市（地、州）、县级测绘地理信息主管部门受理审批基础测绘成果的具体范围和审批办法由省、自治区、直辖市测绘地理信息主管部门规定。

目前，市（地、州）、县级测绘地理信息主管部门负责管理的基础测绘成果主要包括：

（1）本行政区域内与国家三、四等以上平面控制网、高程控制网相连接以及加密控制网的数据、图件；

（2）本行政区域内的 1∶500，1∶1000，1∶2 000 国家基本比例尺地图、影像图和数字化产品；

（3）本行政区域内的基础地理信息数据；

（4）属省级测绘地理信息主管部门管理范围，但已委托市（地、州）、县级测绘地理信息主管部门负责管理的基础测绘成果；

（5）其他应当由市（地、州）、县级测绘地理信息主管部门审批的基础测绘成果。

三、基础测绘成果使用申请

1. 申请使用基础测绘成果的条件

（1）有明确、合法的使用目的；

（2）申请的基础测绘成果范围、种类、精度与使用目的相一致；

（3）符合国家的保密法律法规及政策。

2. 申请使用基础测绘成果应当提交的材料

（1）基础测绘成果使用申请表；

（2）加盖单位公章的证明函；

（3）属于财政投资的项目，须提交项目批准文件；属于非财政投资的项目，须

提交项目合同书、委托函等合法有效证明文件；

（4）申请无偿使用涉密成果，须提交相应机关的公函；

（5）经办人有效身份证明及复印件。

申请人首次申请使用涉密成果的，还应同时提交下列申请材料：

（1）单位注册登记证书和相应的组织机构代码证及复印件；

（2）相应的保密管理制度和保密设备条件的证明材料；

（3）单位内部负责保管涉密成果的机构、人员（有效身份证明及复印件、联系方式）等基本情况的证明文件。

3. 申请使用基础测绘成果的证明函

（1）申请使用的基础测绘成果属于国家测绘地理信息局或者其他省、自治区、直辖市测绘地理信息主管部门受理审批范围的，应当提供申请人所在地的省、自治区、直辖市测绘地理信息主管部门出具的证明函。

（2）申请使用的基础测绘成果属于本省、自治区、直辖市测绘地理信息主管部门受理审批范围的，应提供申请人所在地的县级以上测绘地理信息主管部门出具的证明函。

（3）属于中央国家机关或者单位的申请人，应当提供其所属中央国家机关或者单位司（局）级以上机构出具的证明函。其中，申请无偿使用基础测绘成果的，应当由中央国家机关、单位或者办公厅另行出具公函。

（4）属于军队和武警部队的申请人，应当提供其所属师级以上机构出具的公函。

（5）省、自治区、直辖市测绘地理信息主管部门申请管理并对外提供该省级行政区域全部范围的国家级基础测绘成果的，需持省级人民政府或政府办公厅公函，向国家测绘地理信息局申请办理委托管理手续。

四、基础测绘成果应急提供

1. 基础测绘成果应急提供的原则

（1）时效性：及时提供应对突发事件所需的各种基础测绘成果；

（2）安全性：按照国家保密法律法规的相关要求提供基础测绘成果，确保国家秘密安全；

（3）可靠性：所提供成果的范围、种类、数量等与所需一致，各种相关资料应当一致；

（4）无偿性：应对突发事件所需的基础测绘成果无偿提供使用。

2. 申请基础测绘成果应急服务的条件

（1）发生突发事件；

（2）申请人为应对突发事件的相关部门或者单位。

3. 基础测绘成果应急提供的有关规定

（1）各级测绘地理信息主管部门应当按照职责分工，负责相应的基础测绘成果的应急提供和使用审批。突发事件发生地的测绘地理信息主管部门应当快速响应，积极做好提供基础测绘成果应急服务的相关工作。

（2）申请基础测绘成果应急服务，采用简化申请程序的方式办理。申请人可先向相应测绘地理信息行政主管部门电话提出要求，再以加盖本部门印章的传真形式如实提交应急申请材料，内容主要包括突发事件的概况以及所需测绘成果的范围、种类、数量等。

（3）各级测绘地理信息行政主管部门应当场或者在 4 小时内完成基础测绘成果应急服务申请的审核与批复，明确并及时通知相关测绘成果保管单位。基础测绘成果不能满足应对突发事件需求时，测绘地理信息行政主管部门应予以说明，并提出有关应急解决方案。

（4）基础测绘成果应急提供时，各级测绘地理信息主管部门可无偿调用所缺的基础测绘成果。被调用方接到调用方加盖本机关印章的书面通知（传真）后，应在 8 小时内（特殊情况不超过 24 小时）准备好相关基础测绘成果，并及时通知调用方领取。无正当理由，被调用方不得以任何借口拒绝或者延迟提供。

（5）测绘成果保管单位负责提供应对突发事件时所需的基础测绘成果。测绘成果保管单位应当根据相关批复或者调用通知（情况特别紧急时，可以依据相关测绘地理信息行政主管部门的电话通知），在最短时间内完成基础测绘成果应急提供，一般提供期限为 8 小时，特殊情况不超过 24 小时。

（6）被许可使用人应当到指定的测绘成果保管单位领取应对突发事件所需的基础测绘成果，并同时按照《基础测绘成果提供使用管理暂行办法》的规定办理领用手续。情况特别紧急时，测绘地理信息主管部门可以及时向有关部门送达所需的基础测绘成果。在确保安全的前提下，一也可经涉密网络传输有关数据，以提高应急时效。

（7）被许可使用人应当在 7 个工作日内，按照《基础测绘成果提供使用管理暂行办法》的规定，向测绘地理信息行政主管部门提交有关申请材料，补齐基础测绘成果使用审批手续。

（8）被许可使用人应当严格按照国家有关保密和知识产权等法律法规的要求保管和使用基础测绘成果，并向相应测绘地理信息主管部门反馈测绘成果应急服务的效用信息。

（9）在应对突发事件时，有关测绘地理信息主管部门违反规定，拒绝或者延迟无偿调用基础测绘成果的，由上一级测绘地理信息主管部门责令立即改正；对主要负责人、负有责任的主管人员和其他责任人员依法给予处分；构成犯罪的，依法追究刑事责任。

4. 使用基础测绘成果的法律规定

根据《测绘成果管理条例》，被许可使用人应当严格按照下列规定使用基础测绘成果：

（1）被许可使用人必须根据基础测绘成果的密级按国家有关保密法律法规的要求使用，并采取有效的保密措施，严防泄密。

（2）被许可使用人所领取的基础测绘成果仅限于在本单位的范围内，按其申请并经批准的使用目的使用。本单位以被许可使用人在企业登记主管机关、机构编制主管机关或者社会团体登记管理机关的登记为限，不得扩展到所属系统和上级、下级或者同级其他单位。

（3）被许可使用人若委托第三方开发，项目完成后，负有督促其销毁相应测绘成果的义务。第三方为外国组织和个人以及在我国注册的外商独资企业和中外合资、合作企业的，被许可使用人应当履行对外提供我同测绘成果的审批程序，依法经国家测绘地理信息局或者省、自治区、直辖市测绘地理信息主管部门批准后，方可委托。

（4）被许可使用人应当在使用基础测绘成果后所形成的成果的显著位置注明基础测绘成果版权的所有者。

（5）被许可使用人主体资格发生变化时，应向原受理审批的测绘地理信息主管部门重新提出使用申请。

考点试题汇编及参考答案与试题解析

考点试题汇编

一、单项选择题（每题的备选选项中，只有一项最符合题意。）

1. 统筹规划是基础测绘工作的重要原则之一，《全国基础测绘中长期规划纲要》明确将(　　)作为加强基础测绘的基本原则之一。

A. 统筹规划、协调发展　　B. 统筹规划、分级管理

C. 统筹规划、定期更新　　D. 统筹规划、保障安全

2. 县级以上地方测绘地理信息主管部门会同有关部门编制的基础测绘中长期规划，在获同级人民政府批准后(　　)个工作日内，报上一级测绘地理信息主管部门备案后实施。

A. 10　　B. 20

C. 30　　D. 15

3. 全国基础测绘中长期规划在获批准后(　　)个月内，除有保密要求的，测绘地理信息行政主管部门应在测绘地理信息行业报刊或政府相关网站上公布规划文本的

部分或者全部内容。

A. 1　　B. 2

C. 3　　D. 6

4. 县级以上地方人民政府测绘地理信息主管部门会同本级人民政府其他有关部门，根据国家和上一级人民政府的基础测绘规划和本行政区域的实际情况，组织编制本行政区域的基础测绘规划，报(　　)批准，并报上一级测绘地理信息行政主管部门备案后组织实施。

A. 本级人民政府　　B. 本级测绘地理信息主管部门

C. 省级人民政府　　D. 省级测绘地理信息主管部门

5. (　　)根据国民经济和社会发展年度计划编制全国基础测绘中长期规划。

A. 国务院　　B. 国务院发展改革主管部门

C. 国务院测绘地理信息主管部门　D. 省级以上发展改革主管部门

6. 县级以上地方测绘地理信息主管部门根据国民经济和社会发展年度计划编制要求和本行政区域基础测绘中长期规划，组织提出本行政区域基础测绘年度计划建议，报经同级发展改革主管部门平衡后，在(　　)个工作日内由测绘地理信息主管部门和发展改革部门分别报上一级测绘地理信息主管部门和发展改革主管部门。

A. 20　　B. 10

C. 30　　D. 15

7. 下列职责中，不属于基础测绘工作中各级人民政府职责的是(　　)。

A. 加强对基础测绘工作的领导

B. 将基础测绘纳入本级国民经济和社会发展规划及年度计划，所需经费列入本级财政预算

C. 遵循科学规划、合理布局、有效利用、兼顾当前与长远需要的原则，加强基础测绘设施

D. 会同发展改革部门编制基础测绘年度计划并组织实施

8. 《基础测绘条例》规定，国家实行基础测绘成果定期更新制度。基础测绘成果更新周期确定的具体办法，由(　　)制定。

A. 国务院测绘地理信息主管部门会同国务院发展改革部门和国务院其他有关部门

B. 国务院测绘地理信息主管部门会同国务院发展改革部门

C. 国务院测绘地理信息主管部门会同其他有关部门

D. 国务院测绘地理信息主管部门会同军队测绘部门和国务院其他有关部门

9. 属于中央国家机关或者单位的申请人，申请无偿使用基础测绘成果的，应当由(　　)。

A. 中央国家机关、单位或者办公厅另行出具公函

B. 其所属中央国家机关或者单位司（局）级以上机构出具的证明函

C. 中央国家机关、单位或者办公厅另行出具介绍信

D. 其所属中央国家机关或者单位司（局）级以上机构出具的介绍信

10. 属于军队和武警部队的申请人，应当提供其所属(　　)以上机构出具的公函。

A. 军级　　B. 团级
C. 师级　　D. 副大军区

11. 各级测绘地理信息主管部门应当场或者在(　　)小时内完成基础测绘成果应急服务申请的审核与批复，明确并及时通知相关测绘成果保管单位。

A. 2　　B. 4
C. 8　　D. 24

12. 基础测绘成果应急提供时，各级测绘地理信息主管部门可无偿调用所缺的基础测绘成果。被调用方接到调用方加盖本机关印章的书面通知（传真）后，应在(　　)小时内准备好相关基础测绘成果，并及时通知调用方领取。

A. 2　　B. 4
C. 8　　D. 24

13. 测绘成果保管单位负责提供应对突发事件时所需的基础测绘成果。测绘成果保管单位应当根据相关批复或者调用通知（情况特别紧急时，可以依据相关测绘地理信息主管部门的电话通知），在最短时间内完成基础测绘成果应急提供，最长不超过(　　)小时。

A. 2　　B. 4
C. 8　　D. 24

14. 被许可使用人应当在(　　)个工作日内，按照《基础测绘成果提供使用管理暂行办法》的规定，向测绘地理信息主管部门提交有关申请材料，补齐基础测绘成果使用审批手续。

A. 5　　B. 7
C. 15　　D. 1

15. 根据基础测绘条例，对基础测绘项目质量负责的是(　　)。

A. 主管部门　　B. 发包单位
C. 承担单位　　D. 验收单位

二、多项选择题（每题的备选选项中，有2项或2项以上符合题意，至少有1项是错项。）

1. 基础测绘主要的内容包括(　　)。

A. 建立全国统一的测绘基准和测绘系统
B. 进行基础航空摄影
C. 获取基础地理信息的遥感资料
D. 测制和更新国家基本比例尺地图、影像图和数字化产品
E. 建立、更新地理信息系统

2. 下列特性中，属于基础测绘特征的是(　　)。

A. 基础性　　B. 法定性
C. 通用性　　D. 持续性
E. 统一性

3. 我国《测绘法》规定，基础测绘分级管理主要由基础测绘(　　)等内容组成。
A. 分级管理体制　　B. 分级施测体制
C. 分级投入体制　　D. 分级组织实施
E. 分级组织保障

4. 确定基础测绘成果更新周期的因素主要有(　　)。
A. 国民经济和社会发展对基础地理信息的需求
B. 测绘科学技术水平和测绘生产能力
C. 基础地理信息变化情况
D. 发生重大自然灾害
E. 其他需要更新的因素

5. 申报基础测绘专项补助项目的条件(　　)。
A. 满足本地区经济社会发展对基础测绘保障的需求，符合专项补助经费支持的地域范围和使用方向
B. 符合全国基础测绘规划和地方基础测绘规划要求
C. 有明确的目标、组织实施计划和科学合理的项目预算，并经过充分的研究和论证
D. 国务院测绘地理信息主管部门规定的其他条件
E. 少数民族地区指我国法律法规明确的少数民族聚居区

6. 我国《基础测绘条例》规定，国家安排基础测绘设施建设资金，应当优先考虑(　　)需要。
A. 航空摄影测量　　B. 摄影测量与遥感
C. 卫星遥感　　D. 基础测绘应急保障
E. 数据传输

7. 国家测绘地理信息应急保障对象主要有(　　)。
A. 党中央、国务院、省级人民政府
B. 国家突发事件应急指挥机构及国务院有关部门
C. 重大突发事件所在地人民政府及其有关部门
D. 参加应急救援和处置工作的中国人民解放军、中国人民武装警察部队
E. 参加应急救援和处置工作的其他相关单位或组织

8. 根据我国《基础测绘条例》，基础测绘工作应当遵循的原则有(　　)。
A. 高效便民　　B. 分级管理
C. 定期更新　　D. 保障安全
E. 统筹规划

9. 根据我国《基础测绘条例》，下列基础测绘项目，由国务院测绘地理信息主管

部门组成实施的是(　　)。

A. 建立和更新国家基础地理信息系统

B. 组织实施国家基础航空摄影

C. 测制 1 : 50 万国家基本比例尺地形图

D. 获取国家基础地理信息遥感资料

E. 建立本行政区域内与国家测绘系统相统一的大地控制网和高程控制网

10. 根据我国《基础测绘条例》，从事基础测绘活动，应当使用全国统一的(　　)。

A. 大地坐标系统　　B. 参心坐标系统

C. 重力测量系统　　D. 深度基准

E. 高程基准

参考答案与试题解析

一、单项选择题

1. 【A】《全国基础测绘中长期规划纲要》明确将“统筹规划，协调发展”作为基本原则之一。
2. 【C】在获同级人民政府批准后 30 个工作日内，报上一级测绘地理信息主管部门备案后组织实施。
3. 【B】全国基础测绘中长期规划在获批准后 2 个月内，测绘地理信息主管部门应在报纸或网站上公布。
4. 【A】编制本级行政区域的基础测绘中长期规划，并报本级人民政府批准。
5. 【C】国务院发展改革主管部门会同国务院测绘地理信息主管部门，编制全国基础测绘年度计划。
6. 【B】在 10 个工作日内由测绘地理信息主管部门和发改部门分别报上一级部门。
7. 【D】会同发展改革部门编制基础测绘年度计划，并组织实施不属于各级人民政府职责。
8. 【D】由国务院测绘地理信息主管部门会同军队测绘主管部门和国务院其他有关部门制定。
9. 【A】申请无偿使用基础测绘成果的，应当由中央国家机关、单位或者办公厅另行出具公函。
10. 【C】属于军队和武警部队的申请人，应当提供其所属师级以上机构出具的公函。
11. 【B】各级测绘地理信息主管部门应在 4 小时内完成基础测绘成果应急服务申请的审核与批复。
12. 【C】应在 8 小时内（特殊情况不超过 24 小时）准备好相关基础测绘成果，及时通知调用方领取。
13. 【D】在最短时间内完成基础测绘成果应急提供，一般期限为 8 小时，特殊情况不超过 24 小时。

14.【B】被许可使用人应当在 7 个工作日内，向测绘地理信息主管部门提交有关申请材料。

15.【C】基础测绘项目承担单位应建立健全成果质量管理制度，对其完成的基础测绘成果质量负责。

二、多项选择题

1.【ABCD】建立、更新基础地理信息系统属于基础测绘。

2.【ACDE】基础测绘特征：基础性、公益性、通用性、权威性、持续性、统一性、保密性。

3.【ACD】国家对基础测绘实行分级管理，包括分级管理体制、分级投入体制和分级组织实施等。

4.【ABC】发生重大自然灾害、其他需要更新的因素不是基础测绘成果更新周期确定的主要因素。

5.【ABCD】少数民族地区不是申报基础测绘专项补助项目的条件。

6.【ACDE】摄影测量与遥感不是基础测绘设施建设资金优先考虑的需要。

7.【BCDE】省级人民政府不是国家测绘应急保障的对象。

8.【BCDE】基础测绘工作应当遵循统筹规划、分级管理、定期更新、保障安全的原则。

9.【ABCD】建立本行政区内大地和高程控制网不属于国务院测绘地信部门组织实施的基础测绘项目。

10.【ACDE】参心坐标系统不是从事基础测绘活动应当使用的全国统一系统。

第五章 测绘标准化管理

第一节 标准化的基础知识

一、标准的概念

1. 标准的概念

标准是对一定范围内的重复性事物和概念所做的统一规定。它以科学、技术和实践经验的综合成果为基础，以取得最佳秩序、促进最佳社会效益为目的，经有关方面协商一致，由主管机构批准，以特定形式发布，作为共同遵守的准则和依据。

2. 标准化的概念

标准化是为在一定范围内获得最佳秩序，对实际的或潜在的问题制定共同的和重复使用的规则的活动。

二、标准层次体系

标准级别是指依据《标准化法》将标准划分为国家标准、行业标准、地方标准和企业标准四个层次，各层次之间有一定的依从关系和内在联系，形成一个覆盖全国又层次分明的标准体系。

1. 国家标准

对需要在全国范围内统一的技术要求，应当制定国家标准。国家标准由国务院标准化行政主管部门编制计划和组织草拟，并统一审批、编号、发布。国家标准的代号为“GB”，汉语拼音的第一个字母“G”和“B”的组合，其含义是“国标”。

2. 行业标准

对没有国家标准又需要在全国某个行业范围内统一的技术要求，可以制定行业标准，作为对国家标准的补充，当相应的国家标准实施后，该行业标准自行废止。行业标准由行业标准归口部门审批、编号、发布，实施统一管理。行业标准的归口部门及其所管理的行业标准范围，由国务院标准化行政主管部门审定，并公布该行业的行业标准代号。

3. 地方标准

对没有国家标准和行业标准而又需要在省、自治区、直辖市范围内统一的下列要求，可以制定地方标准：①工业产品的安全、卫生要求；②药品、兽药、食品卫生、环境保护、节约能源、种子等法律、法规规定的要求；③其他法律、法规规定的要求。地方标准由省、自治区、直辖市标准化行政主管部门统一编制计划，并组织制定、审批、编号和发布。

4. 企业标准

对在企业范围内需要协调、统一的技术要求、管理要求和工作要求所制定的标准。企业标准由企业制定，由企业法人代表或法人代表授权的主管领导批准和发布。企业产品标准应在发布后30日内向政府备案。

5. 国家标准化指导性技术文件

国家标准化指导性技术文件作为对国家标准的补充，其代号为“GB/Z”。符合下列情况之一的项目，可以制定指导性技术文件：

（1）技术尚在发展中，需要有相应的文件引导其发展或具有标准化价值，尚不能制定为标准的项目；

（2）采用国际标准化组织、国际电工委员会及其他国际组织（包括区域性国际组织）的技术报告的项目。

指导性技术文件仅供使用者参考。

三、标准属性

1. 强制性标准

根据《标准化法》，国家标准、行业标准均可分为强制性和推荐性两种属性的标准。保障人体健康、人身、财产安全的标准和法律、行政法规规定强制执行的标准称为强制性标准，其他标准称为推荐性标准。省、自治区、直辖市标准化行政主管部门制定的工业产品安全、卫生要求的地方标准，在本地区域内是强制性标准。强制性标准是由法律规定必须遵照执行的标准。

2. 推荐性标准

强制性标准以外的标准是推荐性标准，又叫非强制性标准。推荐性国家标准的代号为“GB/T”，强制性国家标准的代号为“GB”。行业标准中的推荐性标准也是在行业标准代号后加字母“T”，如“CH/T”，即测绘地理信息行业推荐性标准，不加字母“T”即为强制性测绘地理信息行业标准。

四、标准种类

标准分类即有按行业归类，也有按标准的功能分类的，这里主要介绍根据标准的性质分类。按标准的专业性质，通常将标准划分为技术标准、管理标准和工作标准三大类。

1. 技术标准

对标准化领域中需要统一的技术事项所制定的标准，称为技术标准。技术标准又细分为基础技术标准、产品标准、工艺标准、检验和试验方法标准、设备标准、原材料标准、安全标准、环境保护标准、卫生标准等。其中的每一类还可进一步细分，如技术基础标准还可再分为术语标准、图形符号标准、数系标准、公差标准、环境条件标准、技术通则性标准等。

2. 管理标准

对标准化领域中需要协调统一的管理事项所制定的标准，称为管理标准。管理标准主要是对管理目标、管理项目、管理业务、管理程序、管理方法和管理组织所作的规定。

3. 工作标准

为实现工作过程的协调，提高工作质量和工作效率，对每个职能和岗位的工作制定的标准，称为工作标准。在我国建立了企业标准体系的企业里一般都制定有工作标准。按岗位制定的工作标准通常包括岗位目标、工作程序和工作方法、业务分工和业务联系方式、职责权限、质量要求与定额、对岗位人员的基本技术要求、检查考核办法等内容。

第二节 测绘标准的概念与分类

一、测绘标准化的概念

测绘标准是组织测绘生产和测绘成果应用的基本技术依据，其形式包括标准、规范、图式、规定、细则等多种。测绘标准包括国家标准、行业标准、地方标准和标准化指导性技术文件。

二、测绘标准分类

目前，我国的测绘标准共分为定义与描述类、获取与处理类、检验与测试类、成果与服务类、管理类五大类，在这五大类中，又可以根据不同种类标准的特点，细分为若干小类标准。

1. 定义与描述类标准

定义与描述类标准是通过对基础地理信息进行定义与描述，使得标准化涉及的各方在一定的时间和空间范围内达到对地理信息相对一致的理解，从而促进基础地理信息的应用。这类标准属于基础性标准，通常被其他测绘地理信息标准引用，具有重要的指导意义。

定义与描述类标准共7个小类标准，标准总数预计约58项。基于地理标识的参考系统、三维基础地理信息要素分类与代码、影像要素分类与代码、三维基础地理信息要素数据词典、航天影像和航空影像数据要素词典、公众版地形图图式、电子地图图式等标准是将来我国标准制定的主要任务。

2. 获取与处理类标准

获取与处理类标准是以地理信息数据获取与处理中各专业技术、各类工程中的需要协调统一的各种技术、方法、过程等为对象制定的标准。主要目的是通过对基础地理信息获取、加工、处理和应用等的方法、过程、行为的技术要求和技术参数进行确定，从而使基础地理信息数据获取与处理过程中的各个环节产生的误差得到控制，保证地理信息数据质量。

获取与处理类标准共包括11个小类标准，标准总数预计约228项。现行的获取与处理类标准主要集中于大地测量、航空摄影测量、光学航空摄影、国家基本比例尺地形图编绘、基础地理信息数据生产与数据库建设等方面，如《全球定位系统实时动态测量（RTK）技术规范》（CH/T 2009—2010）、《1∶500　1∶1000　1∶2 000地形图航空摄影规范》（GB/T 6962—2005）、《国家基本比例尺地形图更新规范》（GB/T 14268—2008）等，都属于获取与处理类标准。

3. 检验与测试类标准

检验与测试类标准是为检验各种测绘地理信息成果质量，以检测对象、质量要求、检测方法及其技术要求为对象制定的标准。检验与测试类标准共包括5个小类标准，标准总数预计约46项。如《测绘成果质量检查与验收》（GB/T 24356—2009）、《数字水准仪检定规程》（CH/T 8019—2009）等，都属于检验与测试类标准。

4. 成果与服务类标准

成果与服务类标准是为保证测绘成果满足用户需要，对一种或一组基础地理信息产品应达到的技术要求作出规定的标准。成果与服务类标准共分 5 个小类标准，标准总数预计约 49 项。现行的成果与服务类标准主要集中在地形图和基础地理信息数据基本产品方面。如《地理信息定位服务》（GB/T 28589—2012），《基础地理信息标准数据基本规定》（GB 21139—2007）、《基础地理信息数字成果 1：500 1：1000 1：2 000数字线划图》（CH/T 9008. 1—2010）等，都属于成果与服务类标准。

5. 管理类标准

管理类标准是为保障测绘地理信息工作的有效开展，以测绘和基础地理信息项目管理、成果管理、归档管理、认证管理为对象制定的标准。管理类标准共包括 4 个小类标准，标准总数预计约 28 项。如《测绘技术设计规定》（CH/T 1004—2005）、《测绘技术总结编写规定》（CH/T 1001—2005）、《测绘作业人员安全规范》（CH 1016—2008）等都属于管理类标准。

第三节 测绘标准的制定与复审

测绘领域内，需要在全国范围内统一的技术要求，应当制定国家标准；对没有国家标准而又需要在测绘行业范围内统一的技术要求，可以制定测绘行业标准；对没有国家标准和行业标准而又需要在省、自治区、直辖市范围内统一的技术要求，可以制定相应地方标准。

一、测绘国家标准

下列需要在全国范围内统一的技术要求，应当制定测绘国家标准：

（1）测绘术语、分类、模式、代号、代码、符号、图式、图例等技术要求；

（2）国家大地基准、高程基准、重力基准和深度基准的定义和技术参数，国家大地坐标系统、平面坐标系统、高程系统、地心坐标系统，以及重力测量系统的实现、更新和维护的仪器、方法、过程等方面的技术要求；

（3）国家基本比例尺地图、公众版地图及其测绘的方法、过程、质量、检验和管理等方面的技术要求；

（4）基础航空摄影的仪器、方法、过程、质量、检验和管理等方面的技术指标和技术要求，用于测绘的遥感卫星影像的质量、检验和管理等方面的技术要求；

（5）基础地理信息数据生产及基础地理信息系统建设、更新与维护的方法、过程、质量、检验和管理等方面的技术要求；

（6）测绘地理信息工作中需要统一的其他技术要求。

二、强制性测绘标准

测绘国家标准及测绘行业标准分为强制性标准和推荐性标准。下列情况应当制定强制性测绘标准或者强制性条款：

（1）涉及国家安全、人身及财产安全的技术要求；

（2）建立和维护测绘基准与测绘系统必须遵守的技术要求；

（3）国家基本比例尺地图测绘与更新必须遵守的技术要求；

（4）基础地理信息标准数据的生产和认定；

（5）测绘行业范围内必须统一的技术术语、符号、代码、生产与检验方法等；

（6）需要控制的重要测绘成果质量的技术要求；

（7）国家法律、行政法规规定强制执行的内容及其技术要求。

测绘行业标准不得与测绘国家标准相违背，测绘地方标准不得与测绘国家标准和测绘行业标准相违背。

三、测绘标准化指导性技术文件

下列情形之一的，可以制定测绘标准化指导性技术文件：

（1）涉及的相关测绘技术尚在发展中，需要有相应的标准文件引导其发展或者具有标准化价值，尚不能制定为标准的；

（2）采用国际标准化组织以及其他国际组织（包括区域性国际组织）技术报告的；

（3）国家基础测绘项目及有关重大测绘专项实施中，没有国家标准和行业标准而又需要统一的技术要求。

四、测绘标准的复审

测绘标准的复审工作由国家测绘地理信息局组织测绘标委会实施。

（1）标准复审周期一般不超过 5 年。属于下列情况之一的应当及时进行复审：①不适应科学技术的发展和经济建设需要的；②相关技术发生了重大变化的；③标准实施中出现重大技术问题或有重要反对意见的。

（2）测绘国家和行业标准化指导性技术文件发布后 3 年内必须复审，以决定是否继续有效、转化为标准或者撤销。

（3）测绘国家标准和国家标准化指导性技术文件的复审结论经国家测绘地理信息局审查同意，报国务院标准化行政主管部门审批发布。

（4）测绘行业标准和行业标准化指导性技术文件的复审结论由国家测绘地理信

息局审批。对确定为继续有效或者废止、撤销的，由国家测绘地理信息局发布公告；对确定为修订、转化的，按本办法规定的程序进行修订。

第四节 测绘标准化管理职责

一、国家测绘地理信息局标准化工作职责

（1）贯彻国家标准化法律、行政法规、方针和政策，制定测绘标准化管理的规章制度；

（2）组织制定和实施国家测绘标准化规划与计划，建立测绘标准体系；

（3）组织实施测绘国家标准项目和标准复审；

（4）组织制定、修订、审批、发布和复审测绘行业标准和标准化指导性技术文件；

（5）负责测绘标准的宣传、贯彻、实施和监督工作；归口负责测绘标准化工作的国际合作与交流；

（6）指导省、自治区、直辖市测绘地理信息行政主管部门的标准化工作。

国家测绘地理信息局测绘标准化工作委员会具体承担测绘标准化的有关工作。

二、省级测绘地理信息主管部门标准化工作职责

（1）贯彻国家标准化工作的法律、法规、方针和政策，制定贯彻实施的具体办法；

（2）组织制定和实施地方测绘标准化规划、计划；

（3）组织实施测绘地方标准项目；

（4）组织宣传、贯彻与实施测绘标准并监督检查；

（5）指导市、县测绘地理信息行政主管部门的标准化工作。

三、市、县测绘地理信息主管部门标准化工作职责

按照我国目前的测绘法律法规和相关标准化法规、行政法规的规定，市、县级测绘地理信息主管部门的测绘标准化工作职责。主要包括以下几个方面：

（1）贯彻国家标准化工作的法律、法规、方针和政策；

（2）组织宣传、贯彻与实施测绘标准的监督检查；

（3）组织实施地方测绘标准项目；

（4）上级测绘地理信息行政主管部门和本级人民政府标准化主管部门规定的其

他职责。

第五节　测绘计量管理

一、测绘计量的概念与特征

1. 测绘计量的概念

计量是实现单位统一、量值准确可靠的活动。凡是以实现计量单位统一和测量准确可靠为目的的科学技术、法制、管理等活动，都属于计量的范围。测绘计量是指以测绘技术和法制手段保证测量量值准确可靠、单位统一的测量活动。准确的测绘计量对于保障国家计量单位制的统一和量值的准确可靠，保证测绘成果质量，促进测绘事业发展具有重要意义。测绘计量标准是指用于测量器具检定、测试各类测绘计量器具的标准装置、器具和设施。测绘计量器具是指用于直接或间接传递量值的测绘地理信息工作用仪器、仪表和器具。

2. 测绘计量的特征

（1）统一性：测绘计量的一个重要目的，就是为了保证计量单位统一，因而测绘计量具有统一性特点。

（2）准确性：测绘计量是保证量值准确的测量，其计量数据的准确性是最基本的特性。

（3）法定性：测绘计量基准和测绘计量标准由国家有关计量的法律规定，测绘计量检定和计量器具管理由国家法律规定，测绘计量检定人员的资格由国家计量行政主管部门和有关行政主管部门考核认定，因此，测绘计量具有法定性。

二、测绘计量管理规定

1. 对计量检定的规定

计量检定活动是指由法律规定的或者质量技术监督部门授权的强制检定和其他检定活动。为加强对计量检定活动的管理，国家出台了一系列法律、法规和规章。

（1）《计量法实施细则》第十一条规定，使用实行强制检定的计量标准的单位和个人，应当向主持考核该项计量标准的有关人民政府计量行政部门申请周期检定。使用实行强制检定的工作计量器具的单位和个人，应当向当地县（市）级人民政府计量行政部门指定的计量检定机构申请周期检定。

(2)《计量法实施细则》第十二条规定，企业、事业单位应当配备与生产、科研、经营管理相适应的计量检测设施，制定具体的检定管理办法和规章制度，规定本单位管理的计量器具明细目录及相应的检定周期，保证使用的非强制检定的计量器具定期检定。

(3)《测绘计量管理暂行办法》第六条规定，社会公用计量标准、部门最高等级的测绘计量标准，均为国家强制检定的计量标准器具，应按国务院计量行政主管部门规定的检定周期向同级政府计量行政主管部门申请周期检定。周期检定结果报同级测绘主管部门备案。未按照规定申请检定或检定不合格的，不准使用。

(4)《测绘计量管理暂行办法》第十条规定，开展测绘计量器具检定，应执行国家、部门或地方计量检定规程。对没有正式计量检定规程的，应执行有关测绘技术标准或自行编写检校办法报主管部门批准后使用。

(5)《测绘计量管理暂行办法》第七条规定，申请面向社会开展测绘计量器具检定、建立社会公用计量标准、承担测绘计量器具产品质量监督试验以及申请作为法定计量检定机构的，应根据申请承担任务的区域，向相应的政府计量行政主管部门申请授权；申请承担测绘计量器具新产品样机试验的，向当地省级政府计量行政主管部门申请授权；申请承担测绘计量器具新产品定型鉴定的，向国务院计量行政主管部门申请授权。

2. 对产品质量检验机构的规定

(1)《计量法》第二十二条规定，为社会提供公证数据的产品质量检验机构，必须经省级以上计量行政部门对其计量检定、测试的能力和可靠性考核合格。

(2)《计量法实施细则》第二十八条规定，县级以上计量行政部门依法设置的计量检定机构，为国家法定计量检定机构。其职责是：负责研究建立计量基准、社会公用计量标准，进行量值传递，执行强制检定和法律规定的其他检定、测试任务，起草技术规范，为实施计量监督提供技术保证，并承办有关计量监督工作。

(3)《测绘计量管理暂行办法》第十四条规定，测绘产品质量监督检验机构，必须向省级以上政府计量主管部门申请计量认证。取得计量认证合格证书后，在测绘产品质量监督检验、委托检验、仲裁检验、产品质量评价和成果鉴定中提供作为公证的数据，具有法律效力。

3. 对测绘计量检定人员的规定

(1)《计量法实施细则》第二十九条规定，国家法定计量检定机构的计量检定人员，必须经县级以上人民政府计量部门考核合格，并取得计量检定证件，其他单位的计量检定人员，由其主管部门考核发证。无计量检定证件的，不得从事计量检定工作。

(2)《测绘计量管理暂行办法》第九条规定，从事政府计量主管部门授权项目检定、测试的计量检定人员，必须经授权部门考核合格；其他计量检定人员，可由其上级主管部门考核合格。取得计量检定员证书后，才能开展检定、测试工作。根据实际需要，省级以上测绘主管部门可经同级政府计量行政主管部门同意，组织计量检定人员考核并发证。

三、计量基准器具和计量标准器具的规定

1. 计量基准器具的规定

计量基准器具的使用，必须具备下列条件：

（1）经国家鉴定合格；

（2）具有正常工作所需要的环境条件；

（3）具有称职的保存、维护、使用人员；

（4）具有完善的管理制度。

符合上述条件的，经国务院计量行政部门审批并颁发计量基准证书后，方可使用。

2. 计量标准器具的规定

计量标准器具的使用，必须具备下列条件：

（1）经计量检定合格；

（2）具有正常工作所需要的环境条件；

（3）具有称职的保存、维护、使用人员；

（4）具有完善的管理制度。

考点试题汇编及参考答案与试题解析

考点试题汇编

一、单项选择题（每题的备选选项中，只有一项最符合题意。）

1.《测绘计量管理暂行办法》规定，测绘产品质量监督检验机构必须向(　　)申请计量认证。

A. 省级以上测绘地理信息主管部门

B. 国务院测绘地理信息主管部门

C. 省级以上计量行政主管部门

D. 国务院计量行政主管部门

2. 企业产品标准应在发布后(　　)日内向政府备案。

A. 10　　B. 20

C. 30　　D. 15

3. 下列标准分类，不是按标准的专业性质划分的标准类别是(　　)。

A. 技术标准　　B. 工程标准

C. 管理标准　　D. 工作标准

4. 我国的测绘标准共分为(　　)大类。

A. 3　　B. 4

C. 5　　D. 6

5. 测绘计量的特征不包括(　　)。

A. 统一性　　B. 准确性

C. 法定性　　D. 权威性

6. 申请承担测绘计量器具新产品定型鉴定的，向(　　)申请授权。

A. 国务院测绘地理信息主管部门　　B. 国务院计量行政主管部门

C. 国务院　　D. 省级政府计量行政主管部门

7. 申请增加测绘计量检定项目的，不需通过的科目考试是(　　)。

A. 相关法律法规知识

B. 申请增加的检定项目的专业知识

C. 申请增加的测绘仪器的实际操作技能

D. 相应的测绘计量技术规范或者技术标准

8. 下列标准编号中属于强制性国家标准的是(　　)。

A. CH×××× — ××××　　B. GB××××× — ××××

C. CH/T×××× — ××××　　D. GB/T××××× — ××××

9. 根据《测绘标准化工作管理办法》，标准复审结论由国务院测绘地理信息主管部门负责审批的标准化文件是(　　)。

A. 测绘国家标准

B. 测绘行业标准

C. 测绘国家标准化指导性技术文件

D. 测绘地方标准

10. 国家法定计量检定机构的测绘计量检定人员，必须经(　　)考核合格。

A. 国务院计量行政部门

B. 省级以上人民政府计量行政部门

C. 县级以上人民政府计量行政部门

D. 省级以上人民政府测绘地理信息主管部门

11. 根据《测绘计量管理暂行办法》，下列关于测绘计量器具的说法中，错误的是(　　)。

A. 必须经测绘计量检定机构或测绘计量标准检定合格

B. 超过检定周期的测绘计量器具不得使用

C. 必须经周期检定合格才能用于测绘生产

D. 教学示范用测绘计量器具经依法登记后可用于测绘生产

二、多项选择题（每题的备选选项中，有 2 项或 2 项以上符合题意，至少有 1 项是错项。）

1. 下列情形中，需要制定测绘国家标准的有(　　)。

A. 测绘术语、分类、模式、代号、代码、符号、图式、图例等技术要求

B. 国家基本比例尺地图、公众版地图及其测绘的方法、过程、质量、检验和管理等方面的技术要求

C. 基础地理信息数据生产及基础地理信息系统建设、更新与维护的方法、过程、质量、检验和管理等方面的技术要求

D. 基础航空摄影的仪器、方法、过程、质量、检验和管理等方面的技术指标和技术要求，用于测绘的遥感卫星影像的质量、检验和管理等方面的技术要求

E. 涉及国家安全、人身及财产安全的技术要求

2. 市、县级测绘地理信息主管部门的测绘标准化工作职责(　　)。

A. 贯彻国家标准化工作的法律、法规、方针和政策

B. 组织宣传、贯彻与实施测绘标准的监督检查

C. 组织实施地方测绘标准项目

D. 上级测绘地理信息行政主管部门和本级人民政府标准化主管部门规定的其他职责

E. 组织制定和实施地方测绘标准化规划、计划

3. 申请取得测绘计量检定人员资格的条件有(　　)。

A. 具有大专以上文化程度

B. 具有初级以上技术职称

C. 了解计量工作的相关法律、法规、规章

D. 熟练掌握所从事测绘计量检定项目的专业知识和操作技能

E. 受聘于测绘计量检定机构

4. 申请取得测绘计量检定人员资格应当提交的材料(　　)。

A. 测绘计量检定人员资格认证申请表一式 2 份

B. 学历证书原件 1 份

C. 技术职称证书复印件 1 份

D. 聘用合同复印件 1 份

E. 一寸近期正面免冠照片 2 张

5. 申请人初次申请考核认证计量检定员资格的，必须通过的科目的考试是(　　)。

A. 测绘、计量基础知识

B. 申请检定项目、测绘器具的专业知识和实际操作技能

C. 相关法律法规知识
D. 相应的测绘计量技术规范（规程）或者技术标准
E. 相应的仪器技术指标

参考答案与试题解析

一、单项选择题

1. 【C】测绘产品质量监督检验机构，必须向省级以上政府计量行政主管部门申请计量认证。
2. 【C】企业产品标准应在发布后30日内向政府备案。
3. 【B】按标准的专业性质，通常将标准划分为技术标准、管理标准和工作标准三大类。
4. 【C】测绘标准分为定义与描述类、获取与处理类、检验与测试类、成果与服务类、管理类共五大类。
5. 【D】测绘计量的特征有：①统一性；②准确性；③法定性。
6. 【B】申请承担测绘计量器具新产品定型鉴定的，向国务院计量行政主管部门申请授权。
7. 【A】相关法律法规知识是初次申请测绘计量检定项目的科目考试。
8. 【D】"GB"代表强制性国家标准；"GB/T"代表推荐性国家标准；"CH"代表测绘行业标准。
9. 【B】测绘行业标准和行业标准化指导性技术文件的复审结论由国家测绘地理信息局审批。
10. 【C】国家法定计量检定机构的计量检定人员，必须经县级以上人民政府计量行政部门考核合格。
11. 【D】教学示范用测绘计量器具可以免检，但须向省级测绘主管部门登记，并不得用于测绘生产。

二、多项选择题

1. 【ABCD】涉及国家安全、人身及财产安全的技术要求，不应当制定测绘国家标准。
2. 【ABCD】组织制定和实施地方测绘标准化规划、计划不属于市、县级测绘部门的标准化工作职责。
3. 【CDE】申请测绘计量检定人员资格的条件：具有中专以上文化程度；具有技术员以上技术职称。
4. 【ACDE】申请取得测绘计量检定人员资格应当提交的材料有：学历证书复印件1份。
5. 【ABCD】必须通过的科目的考试：相应的测绘计量技术规范（规程）或者技术标准。

第六章　测绘成果管理

第一节　测绘成果的概念与特征

一、测绘成果的概念

测绘成果是指通过测绘形成的数据、信息、图件以及相关的技术资料，是各类测绘活动形成的记录和描述自然地理要素或者地表人工设施的形状、大小、空间位置及其属性的地理信息、数据、资料、图件和档案。

测绘成果分为基础测绘成果和非基础测绘成果。基础测绘成果包括全国性基础测绘成果和地区性基础测绘成果。测绘成果服务于国民经济建设、国防建设和社会发展的各个领域，测绘成果的表现形式，涉及数据、信息、图件以及相关的技术资料等。测绘成果主要包括：

（1）天文测量、大地测量、卫星大地测量、重力测量的数据和图件；

（2）航空航天摄影和遥感的底片、磁带；

（3）各种地图（包括地形图、普通地图、地籍图、海图和其他有关的专用地图等）及其数字化成果；

（4）各类基础地理信息以及在基础地理信息基础上挖掘、分析形成的信息；

（5）工程测量数据和图件；

（6）地理信息系统中的测绘数据及其运行软件；

（7）其他有关的地理信息数据；

（8）与测绘成果直接有关的技术资料和档案等。

二、测绘成果的特征

1. 科学性

测绘成果的采集、加工和处理，必须依据一定的数学法则，借助于特定的测绘仪器装备以及特定的软件系统来进行，因而测绘成果具有科学性的特点。

2. 保密性

测绘成果涉及自然地理要素和地表人工设施的形状、大小、空间位置及其属性，大部分测绘成果都涉及国家秘密，关系国家安全和利益，具有保密性特征。

3. 系统性

不同的测绘成果以及测绘成果的不同表示形式，都是依据一定的数学基础和投影法则，在一定的测绘基准和测绘系统控制下，按照“从整体到局部、先控制后碎部”原则，有着内在的关联，具有系统性。

4. 专业性

不同种类的测绘成果，由于专业不同，其表示形式和精度要求也不尽相同。如大地测量成果与房产测绘成果等有着明显的区别，带有很强的专业性。

5. 具有著作权

测绘成果具有专业性、系统性、物质表现性、科学性和创作性，具备了作品具有著作权的基本要素。大地测量、工程测量、房产测绘、地图作品、地理信息工程等，都具有著作权特征。

第二节 测绘成果保密管理

国家秘密是关系国家安全和利益，依照法定程序规定。在一定时间内只限一定范围的人员知悉的事项。我国国家秘密的密级分为“绝密”、“机密”、“秘密”三级。“绝密”是最重要的国家秘密，泄露会使国家的安全和利益受到特别严重的损害；“机密”是重要的国家秘密，泄露会使国家安全和利益遭受严重的损害；“秘密”是一般的国家秘密，泄露会使国家安全和利益遭受损害。

一、测绘成果保密范围

测绘成果保密是指测绘成果由于涉及国家秘密，综合运用法律和行政手段将测绘成果严格限定在一定范围内和被一定范围内的人员知悉的活动。由于测绘成果大多都属于国家秘密，测绘成果也相应地划分为秘密测绘成果和公开测绘成果两类。

1. 绝密

国家大地坐标系、地心坐标系以及独立坐标系之间的相互转换参数；分辨率高于5′×5′，精度优于1mgal的全国性高精度重力异常成果；1∶1万、1∶5万全国高精度数字高程模型；地形图保密处理技术参数及算法。

2. 机密

国家等级控制点坐标成果以及其他精度相当的坐标成果；国家等级天文测量、三角测量、导线测量、卫星大地测量的观测成果；国家等级重力点成果及其他精度相当的重力点成果；分辨率高于30′×30′，精度优于5mgal的重力异常成果；精度优于1m的高程异常成果；精度优于3″的垂线偏差成果；涉及军事禁区的大于或等于1：1万的国家基本比例尺地形图及数字化成果；1：2.5万、1：5万、1：10万国家基本比例尺地形图及其数字化成果；空间精度及涉及的要素和范围相当于上述机密基础测绘成果的非基础测绘成果。

3. 秘密

构成环线或者线路长度超过1000m的国家等级水准网成果资料；重力加密点成果；分辨率高于30′×30′~1°×1°，精度在5~10mgal的重力异常成果；精度优于1~2m的高程异常成果；精度优于3″~6″的垂线偏差成果；非军事禁区1：5 000国家基本比例尺地形图，或多张连续的、覆盖范围超过6km^{2}的大于1：5 000的国家基本比例尺地形图及其数字化成果；1：10万、1：25万、1：50万国家基本比例尺地形图及其数字化成果；军事禁区及国家安全要害部门所在地的航摄影像；空间精度及涉及的要素和范围相当于上述秘密基础测绘成果的非基础测绘成果；涉及军事、国家安全要害部门的点位名称及坐标；涉及国民经济重要设施精度优于100m的点位坐标。

二、测绘成果保密规定

1. 测绘法律、法规对成果保密管理的规定

（1）测绘成果保管单位应当采取措施保障测绘成果的完整和安全，并按照国家有关规定向社会公开和提供利用。测绘成果属于国家秘密的，适用国家保密法律、行政法规的规定；需要对外提供的，按照国务院和中央军事委员会规定的审批程序执行。

（2）测绘成果保管单位应当建立健全测绘成果资料的保管制度，配备必要的设施，确保测绘成果资料的安全，并对基础测绘成果资料实行异地备份存放制度。

（3）测绘成果保管单位应按照规定保管测绘成果资料，不得损毁、散失、转让。测绘项目的出资人或者承担测绘项目的单位，应当采取必要的措施，确保其获取的测绘成果的安全。

（4）对外提供属于国家秘密的测绘成果，应当按照国务院和中央军事委员会规定的审批程序，报国务院测绘地理信息主管部门或者省、自治区、直辖市人民政府测

绘地理信息主管部门审批；测绘地理信息主管部门在审批前，应当征求军队有关部门的意见。

(5) 法人或者其他组织需要利用属于国家秘密的基础测绘成果的，应当提出明确的利用目的和范围，报测绘成果所在地的测绘地理信息主管部门审批。测绘地理信息主管部门在依法履行审批手续时，要以书面形式告知测绘成果的秘密等级、保密要求以及相关著作权保护要求。

2.《保密法》对测绘成果保密的有关规定

(1) 国家秘密载体的制作、收发、传递、使用、复制、保存、维修和销毁，应当符合国家保密规定。绝密级国家秘密载体应当在符合国家保密标准的设施、设备中保存，并指定专人管理；未经原定密机关、单位或者其上级机关批准，不得复制和摘抄；收发、传递和外出携带，应当指定专人负责，并采取必要的安全措施。

(2) 存储、处理国家秘密的计算机信息系统（简称“涉密信息系统”）按照涉密程度实行分级保护。涉密信息系统应当按照国家保密标准配备保密设施、设备。保密设施、设备应当与涉密信息系统同步规划、同步建设、同步运行。涉密信息系统应当按照规定，经检查合格后，方可投入使用。

(3) 机关、单位对外交往与合作中需要提供国家秘密事项，或者任用、聘用的境外人员因工作需要知悉国家秘密的，应当报国务院有关主管部门或者省、自治区、直辖市人民政府有关主管部门批准，并与对方签订保密协议。

3.《关于进一步加强涉密测绘成果管理工作的通知》规定

(1) 遵守航空摄影成果先送审后提供使用的规定。未按照国务院、中央军委有关规定，经有关军区进行保密审查的航空摄影成果一律不得提供使用。

(2) 按照先归档入库再提供使用的规定管理涉密测绘成果。国家级基础测绘成果向国家基础地理信息中心归档入库；地方基础测绘成果向地方相应测绘成果保管单位归档入库。未归档入库的涉密测绘成果一律不得提供使用。

(3) 各测绘资质单位或者测绘项目出资人依法开展测绘活动获取的涉密测绘成果，应当采取必要的措施确保成果安全。需要向其他法人或者组织提供使用的，必须按管理权限报测绘成果所在地的县级以上测绘地理信息主管部门批准同意。

(4) 涉密测绘成果使用单位，必须依据经审批同意的使用目的和范围使用涉密测绘成果。使用目的或项目完成后，使用单位必须按照有关规定及时销毁涉密测绘成果。如需要用于其他目的，应另行办理审批手续。任何单位和个人不得擅自复制、转让或转借涉密测绘成果。

4.《国家测绘地理信息局关于加强涉密测绘成果管理工作的通知》规定

(1) 从事涉密测绘成果生产、加工、保管和使用等方面工作的单位，应当建立健全保密管理制度，按照积极防范、突出重点、严格标准、明确责任的原则，对落实保密制度的情况进行定期或不定期的检查，及时解决保密工作中的问题。

（2）涉密单位应当建立保密管理领导责任制，设立保密工作机构，配备保密管理人员。应当根据接触、使用、保管涉密测绘成果的人员情况，区分核心、重要和一般涉密人员，实行分类管理，进行岗前涉密资格审查，签署保密责任书，加强日常管理和监督。

（3）涉密单位应当依照国家保密法律、法规和有关规定，对生产、加工、提供、传递、使用、复制、保存和销毁涉密测绘成果，建立严格登记管理制度，加强涉密计算机和存储介质的管理，禁止将涉密载体作为废品出售或处理。

（4）涉密单位要及时确定涉密测绘成果保密要害部门、部位，明确岗位责任，设置安全可靠的保密防护措施。

（5）涉密单位应当对涉密计算机信息系统采取安全保密防护措施，不得使用无安全保密保障的设备处理、传输、存储涉密测绘成果。

（6）经审批获得的涉密测绘成果，被许可使用人只能用于被许可的使用目的和范围。使用目的或项目完成后。用户要按照规定及时销毁涉密测绘成果，由专人核对、清点、登记、造册、报批、监销，并报提供成果的单位备案；也可请提供成果的单位核对、回收，统一销毁。如需要用于其他目的的，应另行办理审批手续。任何单位和个人不得擅自复制、转让或转借。

（7）用户若委托第三方承担成果开发、利用任务的，第三方必须具有相应的成果保密条件，涉及测绘活动的，还应具备相应的测绘资质；用户必须与第三方签订成果保密责任书。第三方承担相关保密责任；委托任务完成后，用户必须及时回收或监督第三方按保密规定销毁涉密测绘成果及其衍生产品。

（8）涉密测绘成果严格实行“管”、“用”分开。测绘成果保管单位不得擅自使用涉密测绘成果。确因工作需要使用的，必须按照涉密测绘成果提供使用管理办法，办理审批手续。

（9）要按照国家相关定密、标密规定，及时、准确地为测绘活动中产生的涉密测绘成果或衍生产品标明密级和保密期限。涉密测绘成果及其衍生产品，未经国家测绘地理信息局或者省、自治区、直辖市测绘地理信息主管部门进行保密技术处理的，不得公开使用，严禁在公共信息网络上登载发布使用。

（10）经国家批准的中外经济、文化、科技合作项目，凡涉及对外提供我国涉密测绘成果的，要依法报国家测绘地理信息局或者省、自治区、直辖市测绘地理信息主管部门审批后再对外提供。

（11）外国的组织或者个人经批准在中华人民共和国领域内从事测绘活动的，所产生的测绘成果归中方部门或单位所有；未经国家测绘地理信息局批准，不得向外方提供，不得以任何形式将测绘成果携带或者传输出境。严禁任何单位和个人未经批准擅自对外提供涉密测绘成果。

5.《关于加强涉密地理信息数据应用安全监管的通知》规定

(1) 经依法审批获得涉密地理信息数据的企事业单位（用户），必须遵守国家保密法律、法规和有关规定，建立健全保密管理制度，不得擅自向其他单位和个人复制、提供、转让或转借涉密地理信息数据。严禁任何单位和个人未经批准擅自对外提供涉密地理信息数据。

(2) 涉密地理信息数据只能用于被许可的范围。使用目的实现后不再需要使用涉密地理信息数据的用户，要按照国家相关规定及时销毁涉密地理信息数据，并报涉密地理信息数据提供单位备案；也可请提供数据的单位核对、回收，统一销毁。如需超许可范围使用的，应另行办理审批手续。

(3) 用户在涉及加工、处理、集成等使用涉密地理信息数据的建设项目（简称"涉密项目"）招投标中，必须委托给国内具有相应测绘资质的单位（简称"第三方"）承担。严禁委托给外国企业或者外商独资、中外合资、合作企业以及具有外资背景的企业承担涉密项目建设。

(4) 若需第三方参与涉密项目的，在涉密项目建设前，用户必须与第三方签订地理信息数据保密责任书，明确责任和义务。涉密项目完成后，用户必须及时回收或监督第三方按规定销毁涉密地理信息数据及其衍生产品（新产生的涉密地理信息数据）。

(5) 在使用涉密地理信息数据的项目中，用户必须严格管理，设定涉密环境，科学合理确定使用人，落实责任，确保使用过程中涉密地理信息数据及其衍生品的安全。严禁将涉密项目在公开环境下使用，特别是在互联网上使用。

(6) 各级测绘地理信息主管部门要依法依规对持有涉密地理信息数据的用户运行的地理信息系统进行定期或不定期的检查。发现问题要及时纠正，督促整改；情节严重的，要依法严肃处理。

三、测绘地理信息行政主管部门监督管理职责

1. 确定测绘成果的秘密范围和秘密等级

《测绘成果管理条例》第十六条规定，国家保密工作部门、国务院测绘地理信息主管部门应当商军队测绘部门，依照有关保密法律、行政法规的规定，确定测绘成果的秘密范围和秘密等级。

2. 进行保密技术处理

《测绘成果管理条例》第十六条第二款规定，利用涉及国家秘密的测绘成果开发生产的产品，未经国务院测绘地理信息主管部门或者省、自治区、直辖市人民政府测绘地理信息主管部门进行保密技术处理的，其秘密等级不得低于所用测绘成果的秘密

等级。

3. 审批属于国家秘密的基础测绘成果

《测绘成果管理条例》第十七条规定，法人或者其他组织需要利用属于国家秘密的基础测绘成果的，应当提出明确的利用目的和范围，报测绘成果所在地的测绘地理信息主管部门审批。

4. 告知申请人测绘成果的秘密等级、保密要求以及相关著作权保护要求

《测绘成果管理条例》第十七条第二款规定，法人或者其他组织需要利用属于国家秘密的基础测绘成果的，应当提出明确的利用目的和范围。报测绘成果所在地的测绘地理信息主管部门审批。测绘地理信息主管部门审查同意的，应当以书面形式告知测绘成果的秘密等级、保密要求以及相关著作权保护要求。

5. 对外提供属于国家秘密的测绘成果审批

《测绘成果管理条例》第十八条规定，对外提供属于国家秘密的测绘成果，应当按照国务院和中央军事委员会规定的审批程序，报国务院测绘地理信息主管部门或者省、自治区、直辖市人民政府测绘地理信息主管部门审批；测绘地理信息主管部门在审批前，应当征求军队有关部门的意见。

6. 配合保密部门进行保密检查

《保密法》第四十四条规定，保密行政管理部门对机关、单位遵守保密制度的情况进行检查，有关机关、单位应当配合。

7. 对提供、使用保密成果的单位进行监督检查

《行政许可法》第六十一条规定，行政机关应当建立健全监督制度，通过核查反映被许可人从事行政许可事项活动情况的有关材料，履行监督责任。行政机关依法对被许可人从事行政许可事项的活动进行监督检查时，应当将监督检查的情况和处理结果予以记录，由监督检查人员签字后归档。公众有权查阅行政机关监督检查记录。

四、对测绘成果涉密人员的规定

（1）在涉密岗位工作的人员（简称“涉密人员”），按照涉密程度，分为核心涉密人员、重要涉密人员和一般涉密人员，实行分类管理。有关机关、单位任用、聘用测绘成果涉密人员应当按照有关规定进行审查。

（2）涉密人员应当具有良好的政治素质和品行，具有胜任涉密岗位所要求的工作能力。涉密人员的合法权益受法律保护。

（3）涉密人员上岗前应当经过保密教育培训，掌握保密知识技能，签订保密承

诺书，严格遵守保密规章制度，不得以任何方式泄露国家秘密。

(4) 涉密人员出境应当经有关部门批准。有关机关认为涉密人员出境将对国家安全造成危害或者对国家利益造成重大损失的，不得批准出境。

(5) 涉密人员离岗离职实行脱密期管理。核心涉密人员脱密期为2~3年，重要涉密人员脱密期为1~2年，一般涉密人员脱密期为6个月至1年。涉密人员在脱密期内，应当按照规定履行保密义务，不得违反规定就业，不得以任何方式泄露国家秘密。

第三节 测绘成果汇交

为充分发挥测绘成果的作用，提高测绘成果的使用效益，降低政府行政管理成本，实现测绘成果的共建共享，国家实行测绘成果汇交制度。

一、测绘成果汇交的概念与原则

1. 测绘成果汇交的概念

测绘成果汇交是指将测绘成果向法定的公共服务和公共管理机构提交副本或者目录，由公共服务和公共管理机构编制测绘成果目录，并向社会发布信息，利用汇交的测绘成果副本更新公共产品和依法向社会提供利用的过程。

2. 测绘成果汇交的原则

(1) 依法汇交。测绘成果汇交是一项法定义务，必须依法汇交。要按照测绘成果投资主体的不同，依法汇交测绘成果目录或副本。

(2) 无偿汇交。测绘成果汇交的目的是为了促进测绘成果资料的共建共享，提高测绘成果的使用效率，节约公共财政的资金投入。因此，《测绘法》明确测绘成果目录或者副本实行无偿汇交。

(3) 定期汇交。《测绘成果管理条例》第九条规定，测绘项目出资人或者承担国家投资的测绘项目的单位应当自测绘项目验收完成之日起3个月内，向测绘地理信息主管部门汇交测绘成果副本或者目录。

(3) 不得向第三方提供。为了保证测绘成果的完整和安全，维护测绘成果所有权人的权益，未经测绘成果所有权人许可，任何单位或者个人不得向第三方提供，测绘项目出资人或者测绘单位汇交的测绘成果依法受法律保护，并依法享有测绘成果的所有权。

二、测绘成果汇交的内容

1. 测绘成果汇交的主体

（1）测绘项目出资人。根据测绘法律、行政法规的规定，对没有使用国家投资的测绘项目，或者是由公民、法人或者其他组织自行出资的测绘项目，由测绘项目出资人按照规定向测绘项目所在地省、自治区、直辖市人民政府测绘地理信息主管部门汇交测绘成果目录，测绘成果汇交的主体为测绘项目出资人。

（2）承担测绘项目的测绘单位。基础测绘项目或者国家投资的其他测绘项目，测绘成果汇交的主体为承担测绘项目的单位，由测绘单位汇交测绘成果副本或者目录。中央财政投资完成的测绘项目，由承担测绘项目的单位向国务院测绘地理信息主管部门汇交测绘成果资料；地方财政投资完成的测绘项目，由承担测绘项目的单位向测绘项目所在地的省、自治区、直辖市人民政府测绘地理信息主管部门汇交测绘成果资料。

（3）中方部门或者单位。《测绘成果管理条例》对外国的组织或者个人与中华人民共和国有关部门或者单位合资、合作，经批准在中华人民共和国领域内从事测绘活动的，明确规定测绘成果归中方部门或者单位所有，并由中方部门或者单位向国务院测绘地理信息主管部门汇交测绘成果副本。

2. 测绘成果目录汇交的内容

根据《测绘法》、《测绘成果管理条例》和国家测绘地理信息局《关于汇交测绘成果目录和副本的实施办法》规定，测绘成果目录汇交的主要内容如下：

（1）按国家基准和技术标准施测的一、二、三、四等天文、三角、导线、长度、水准测量成果的目录；

（2）重力测量成果的目录；

（3）具有稳固地面标志的全球定位测量、多普勒定位测量、卫星激光测距等空间大地测量成果的目录；

（4）用于测制各种比例尺地形图和专业测绘的航空摄影底片的目录；

（5）我国自己拍摄的和收集国外的可用于测绘或修测地形图及其他专业测绘的卫星摄影底片和磁带的目录；

（6）面积在 10km^2 以上的 1：500、1：2 000 比例尺地形图和整幅的 1：5 000～1：100万比例尺地形图（包括影像地图）的目录；

（7）其他普通地图、地籍图、海图和专题地图的目录；

（8）上级有关部门主管的跨省区、跨流域，面积在 50km^2 以上，以及其他重大国家项目的工程测量的数据和图件目录；

（9）县级以上地方人民政府主管的面积在省管限额以上（由各省、自治区、直辖市人民政府颁发的测绘地理信息行管理规章确定）的工程测量的数据和图件目录。

3. 测绘成果汇交副本的内容

（1）按国家基准和技术标准施测的一、二、三、四等天文、三角、导线、长度、水准测量成果的成果表、展点图（路线图）、技术总结和验收报告的副本；

（2）重力测量成果的成果表（含重力值归算、点位坐标和高程、重力异常值）、展点图、异常图、技术总结和验收报告的副本；

（3）具有稳固地面标志的全球定位测量、多普勒定位测量、卫星激光测距等空间大地测量的测量成果、布网图、技术总结和验收报告的副本；

（4）正式印制的地图，包括各种正式印刷的普通地图、政区地图、教学地图、交通旅游地图，以及全国性和省级的其他专题地图。

第四节　测绘成果保管

一、测绘成果保管的概念与特点

测绘成果保管是指测绘成果保管单位（含使用测绘成果的单位）依照国家有关测绘、档案法律、行政法规的规定，采取科学的防护措施和手段，对测绘成果进行归档、保存和管理的活动。

由于测绘成果具有专业性、系统性、保密性等特点，同时，测绘成果又以纸质资料和数据资料形态共同存在，使测绘成果保管不同于一般的文档资料保管，具有其特殊性。

1. 测绘成果保管要采取安全保障措施

测绘成果是对不同时期的自然地理要素和地表人工设施的真实反映，不仅数量大，而且测绘成果的获取需要花费大量人力、物力和财力，测绘成果一经丢失、毁坏，必须得到实地进行重新测绘，并且测绘成果散失后容易造成失、泄密，从而危害国家安全和利益。因此，测绘成果保管单位必须建立健全测绘成果资料保管制度，采取安全保障措施，以保障测绘成果的完整和安全。测绘成果资料的存放设施与条件，要符合国家保密、消防及档案管理的有关规定和要求。

2. 基础测绘成果保管要采取异地存放制度

为保障国家基础测绘成果资料的安全，避免出现基础测绘成果资料由于意外情况造成毁坏、散失，测绘成果保管单位应当按照国家有关规定，对基础测绘成果资料实行异地备份存放制度。基础测绘成果异地备份存放的设施和条件，不能低于测绘成果保管单位的设施和条件。根据相关国家规范规定，基础测绘成果异地存放的异地距离，一般不得少于 500km。

3. 测绘成果保管不得损毁、散失和转让

由于测绘成果的重要性和具有著作权特点，测绘成果保管单位应当按照规定保管测绘成果资料，不得损毁、散失，未经测绘成果所有权人许可，不得擅自转让测绘成果。由于大部分测绘成果属于国家秘密，国家秘密测绘成果损毁、散失，会给国家安全和利益造成危害，因此，《测绘成果管理条例》规定测绘成果保管单位应当采取措施保证测绘成果的完整和安全，不得损毁、散失和转让。

4. 建立测绘成果保管制度由国家法律规定

不论是测绘法律、行政法规，还是国家档案、保密法律法规，都明确规定要建立健全测绘成果保管制度，配备必要的设施，确保测绘成果资料的安全，测绘成果资料的存放设施与条件，要符合国家保密、消防及档案管理的有关规定。建立测绘成果保管制度由国家法律规定，这是测绘成果保管的重要特征。

二、测绘成果保管的法律规定

1. 《测绘法》规定

测绘成果保管单位应当采取措施保障测绘成果的完整和安全，并按照国家有关规定向社会公开和提供利用。测绘成果属于国家秘密的，适用保密法律、行政法规的规定；需要对外提供的，按照国务院和中央军事委员会规定的审批程序执行。

2. 《保密法》规定

机关、单位对承载国家秘密的纸、光、电磁等介质载体（简称“国家秘密载体”）以及属于国家秘密的设备、产品，应当做出国家秘密标志。不属于国家秘密的，不必做出国家秘密标志。

3. 《测绘成果管理条例》规定

测绘成果保管单位应当建立健全测绘成果资料的保管制度，配备必要的设施，确保测绘成果资料的安全，并对基础测绘成果资料实行异地备份存放制度。测绘成果资料的存放设施与条件，应当符合国家保密、消防及档案管理的有关规定和要求。测绘成果保管单位应当按照规定保管测绘成果资料，不得损毁、散失、转让。测绘项目的出资人或者承担测绘项目的单位，应采取必要的措施，确保其获取的测绘成果的安全。

4. 测绘成果保管法律责任

测绘成果保管单位有下列行为之一的，由测绘地理信息主管部门给予警告，责令改正；有违法所得的，没收违法所得；造成损失的，依法承担赔偿责任；对直接负责的主管人员和其他直接责任人员，依法给予处分：

(1) 未按照测绘成果资料的保管制度管理测绘成果资料，造成测绘成果资料损毁、散失的；

(2) 擅自转让汇交的测绘成果资料的；

(3) 未依法向测绘成果的使用人提供测绘成果资料的。

第五节 测绘地理信息档案管理

一、测绘地理信息档案的基本知识

1. 测绘地理信息业务档案的概念

测绘地理信息业务档案（简称“测绘地理信息档案”）是指在从事测绘地理信息业务活动中形成的具有保存价值的文字、数据、图件、电子文件、声像等不同形式和载体的历史记录，是国家科技档案的重要组成部分。

2. 测绘地理信息档案主要内容

(1) 航空、航天遥感影像获取档案；

(2) 基础测绘项目档案；

(3) 地理国情监测（普查）档案；

(4) 应急测绘保障服务档案；

(5) 测绘成果与地理信息应用档案；

(6) 测绘科学技术研究项目档案；

(7) 工程测量档案；

(8) 海洋测绘与江河湖水下测量档案；

(9) 界线测绘与不动产测绘档案；

(10) 公开地图制作档案。

3. 测绘地理信息档案管理的原则

根据《测绘地理信息业务档案管理规定》，测绘地理信息档案工作应当遵循统筹规划、分级管理、确保安全、促进利用的原则。

各级测绘地理信息主管部门应当加强测绘地理信息业务档案基础设施建设，推进测绘地理信息业务档案信息化和数字档案馆建设。涉及国家秘密的测绘地理信息业务档案的管理，应当遵守国家有关保密的法律法规规定。

4. 测绘地理信息档案管理体制

国家测绘地理信息局负责全国测绘地理信息档案管理工作。县级以上地方人民政府测绘地理信息主管部门负责本行政区域内的测绘地理信息档案管理工作。国家和地方档案行政管理部门应当加强对测绘地理信息档案的监督和指导。

二、测绘地理信息档案管理职责

1. 国家测绘地理信息局的职责

（1）贯彻执行国家档案工作的法律、法规和方针政策；统筹规划全国测绘地理信息业务档案工作；

（2）制定国家测绘地理信息业务档案管理制度、标准和技术规范；

（3）指导、监督、检查全国测绘地理信息业务档案工作；

（4）组织国家重大测绘地理信息项目业务档案验收工作。

2. 县级以上测绘地理信息主管部门的职责

（1）贯彻执行档案工作的法律、法规和方针政策，制定本行政区域的测绘地理信息业务档案工作管理制度；

（2）指导、监督、检查本行政区域的测绘地理信息业务档案工作；

（3）组织本行政区域内重大测绘地理信息项目业务档案验收工作。

3. 档案保管机构的职责

根据《测绘地理信息业务档案管理规定》，省级以上测绘地理信息主管部门及有条件的市、县测绘地理信息主管部门应当设立专门的测绘地理信息业务档案保管机构，该保管机构的主要职责包括：

（1）接收、整理、集中保管测绘地理信息业务档案；

（2）开发和提供利用馆藏测绘地理信息业务档案资源；

（3）开展测绘地理信息业务档案信息化建设；

（4）指导测绘地理信息业务档案的形成、积累、整理、立卷等档案业务工作；

（5）督促建档单位按时移交测绘地理信息业务档案；

（6）承担测绘地理信息业务档案验收工作；

（7）负责测绘地理信息业务档案鉴定工作；

（8）收集国内外有利用价值的测绘地理信息资料、文献等；

(9) 开展馆际交流活动。

4. 测绘单位的职责

根据《测绘地理信息业务档案管理规定》，测绘地理信息单位应当设立档案资料室，负责管理本单位的测绘地理信息档案。

三、建档与归档

《测绘地理信息业务档案管理规定》对测绘地理信息业务档案的建档与归档，作出了具体规定，主要包括以下内容：

(1) 测绘地理信息项目承担单位（简称“建档单位”）负责测绘地理信息业务文件资料归档材料的形成、积累、整理、立卷等建档工作。

(2) 测绘地理信息业务档案建档工作应当纳入测绘地理信息项目计划、经费预算、管理程序、质量控制、岗位责任。测绘地理信息项目实施过程中，应当同步提出建档工作要求，同步检查建档制度执行情况。

(3) 测绘地理信息项目组织部门下达测绘地理信息项目计划时，应当以书面形式告知相应的档案保管机构，并在项目合同书、设计书等文件中，明确提出测绘地理信息业务档案的归档范围、份数、时间、质量等要求。

(4) 建档单位应当按照《测绘地理信息业务档案保管期限表》，将归档材料收集齐全、整理立卷，确保测绘地理信息业务档案的完整、准确、系统和安全；不得篡改、伪造、损毁、丢失测绘地理信息业务档案。

(5) 测绘地理信息归档业务文件材料应当原始真实、系统完整、清晰易读和标识规范，符合归档要求，档案载体能够长期保存。

(6) 国家或地方重大测绘地理信息项目业务档案验收，应当由相应的测绘地理信息行政主管部门组织实施，并出具验收意见。其他测绘地理信息项目业务档案的验收，由相应的档案保管机构负责，并出具验收意见。未获得档案验收合格意见的测绘地理信息项目，不得通过项目验收。

(7) 测绘地理信息项目组织部门在完成项目验收后，应当将项目验收意见抄送档案保管机构。建档单位应当在测绘地理信息项目验收完成之日起 2 个月内，向项目组织部门所属的档案保管机构移交测绘地理信息业务档案，办理归档手续。

四、保管与销毁

(1) 档案保管机构应当将测绘地理信息业务档案进行分类、整理并编制目录，做到分类科学、整理规范、排架有序和目录完整。

(2) 测绘地理信息业务档案保管期限分为永久和定期。具有重要查考利用保存价值的，应当永久保存；具有一般查考利用保存价值的，应当定期保存，期限为

10年或30年，具体划分办法按照《测绘地理信息业务档案保管期限表》要求执行。

（3）档案保管机构应当具备档案安全保管条件，库房配备防火、防盗、防渍、防有害生物、温湿度控制、监控等保护设施设备，库房管理应当符合国家有关规定。

（4）档案保管机构应当建立健全测绘地理信息业务档案安全保管制度，定期对测绘地理信息业务档案保管状况进行检查，采取有效措施，确保档案安全。重要的测绘地理信息业务档案实行异地备份保管。

（5）档案保管机构应当对保管期满的测绘地理信息业务档案提出鉴定意见，并报同级测绘地理信息行政主管部门批准。对不再具有保存价值的档案，应当登记、造册，经批准后按规定销毁。禁止擅自销毁测绘地理信息业务档案。

（6）因机构变动等原因，测绘地理信息业务档案保管关系发生变更的，原单位应当妥善保管测绘地理信息业务档案，并向指定机构移交。

（7）鼓励单位和个人向档案保管机构移交、捐赠、寄存测绘地理信息业务档案，档案保管机构应当对其进行妥善保管。

五、服务利用与监督管理

（1）各级测绘地理信息主管部门和档案保管机构应当依法向社会开放测绘地理信息业务档案，法律、法规另有规定的除外。单位和个人持合法证明，可以依法利用已经开放的测绘地理信息业务档案。

（2）档案保管机构应当定期公布馆藏开放的测绘地理信息业务档案目录，并为档案利用创造条件，简化手续，提供方便。测绘地理信息业务档案的阅览、复制、摘录等应当符合国家有关规定。

（3）各级测绘地理信息主管部门和档案保管机构应当采取档案编研、在线服务、交换共享等多种方式，加强对档案信息资源的开发利用，提高档案利用价值，扩大利用领域。

（4）向档案保管机构移交、捐赠、寄存测绘地理信息业务档案的单位和个人，对其档案具有优先利用权，并可对其不宜向社会开放的档案提出限制利用意见，维护其合法权益。

（5）各级测绘地理信息主管部门应当加强对测绘地理信息业务档案工作的领导，明确分管负责人、工作机构和人员，建立健全档案管理规章制度，保障档案工作所需经费，配备适应档案现代化管理需要的设施设备。

（6）各级测绘地理信息主管部门应当依法履行管理职责，加强对测绘地理信息业务档案工作的监督检查，对违法违规行为责令整改。对于违反国家档案管理规定，造成测绘地理信息业务档案失真、损毁、丢失的，依法追究相关人员的责任；构成犯罪的，依法移送司法机关处理。

第六节　测绘成果质量管理

测绘成果质量是指测绘成果满足国家规定的测绘技术规范和标准，以及满足用户期望目标值的程度。2015 年 6 月，国家测绘地理信息局颁布了《测绘地理信息质量管理办法》，对测绘地理信息质量监督管理、测绘单位的质量责任与义务、质检机构的质量责任与义务以及质量奖惩等进行了详细规定，是我国目前测绘地理信息质量管理的重要依据，也是注册测绘师资格考试和注册测绘师执业的重要内容。

一、测绘地理信息质量监督管理

《测绘地理信息质量管理办法》规定，各级测绘地理信息主管部门应当严格依法行政，强化对测绘单位质量工作的日常监督管理，强化对测绘地理信息生产过程和成果质量的监督管理，强化对重大测绘地理信息项目和重大建设工程测绘地理信息项目质量的监督管理。主要质量监督管理措施包括：

(1) 国家对测绘地理信息质量实行监督检查制度。甲、乙级测绘资质单位每 3 年监督检查覆盖一次，丙、丁级测绘资质单位每 5 年监督检查覆盖一次。监督检查工作经费列入测绘地理信息主管部门本级行政经费预算或专项预算，专款专用。

(2) 国家测绘地理信息局按年度制定国家测绘地理信息质量监督检查计划。县级以上地方人民政府测绘地理信息行政主管部门依据上一级质量监督检查计划，并结合本地情况，安排本级监督检查工作，报上一级测绘地理信息主管部门备案。

(3) 同一测绘地理信息项目或同一批次成果，上级监督检查的，下级不得另行重复检查。

(4) 测绘单位应配合监督检查，任何组织、个人不得以任何理由和形式设置障碍，拒绝或妨碍监督检查。

(5) 监督检查中需要进行的检验、鉴定、检测等监督检验活动，由实施监督检查的测绘地理信息主管部门委托测绘成果质量检验机构承担。

(6) 国家测绘地理信息局组织建立国家测绘地理信息成果质量检验专家库，专家库成员参加国家测绘地理信息成果质量监督检验工作。省级人民政府测绘地理信息主管部门可建立、管理省级测绘地理信息成果质量检验专家库。

(7) 各级测绘地理信息主管部门应依法向社会公布监督检查结果，确属不宜向社会公布的，应依法抄告有关行政主管部门、有关权利人和利害相关人，并向上一级测绘地理信息主管部门备案。

(8) 各级测绘地理信息主管部门负责受理本行政区域内的测绘地理信息质量投诉、检举、申诉，依法进行处理。

(9) 因测绘地理信息成果质量问题造成重大事故的，测绘单位、成果使用单位应及时向相关测绘地理信息主管部门和其他有关部门报告。

（10）各级测绘地理信息主管部门应加强对本行政区域内测绘单位、测绘地理信息项目质量和监督检查结果等信息的收集、汇总、分析和管理，下一级向上一级报告年度质量信息。

二、测绘单位的质量责任与义务

（1）测绘单位应按照质量管理体系建设要求，建立健全覆盖本单位测绘地理信息业务范围的质量管理体系，规范质量管理行为，确保质量管理体系的有效运行。

（2）甲、乙级测绘资质单位应设立质量管理和质量检查机构；丙、丁级测绘资质单位应设立专职质量管理和质量检查人员。测绘地理信息项目的技术和质检负责人等关键岗位须由注册测绘师充任。

（3）测绘单位应建立质量责任制明确岗位职责，制定并落实岗位考核办法和质量责任。

（4）测绘地理信息项目实施所使用的仪器设备应按照国家有关规定进行检定、校准。用于基础测绘项目和规模化测绘地理信息生产的新技术、新工艺、新软件等，须得到项目组织方同意。

（5）测绘单位应建立合同评审制度，确保具有满足合同要求的实施能力。

（6）测绘地理信息项目实施，应坚持先设计后生产，不允许边设计边生产，禁止没有设计进行生产。技术设计文件需要审核的，由项目委托方审核批准后实施。

（7）测绘地理信息项目实行“两级检查、一级验收”制度。作业部门负责过程检查，测绘单位负责最终检查。过程成果达到规定的质量要求后方可转入下一工序。必要时，可在关键工序、难点工序设置检查点，或开展首件成果检验。

（8）项目委托方负责项目验收。基础测绘项目、测绘地理信息专项和重大建设工程测绘地理信息项目的成果未经测绘质检机构实施质量检验，不得采取材料验收、会议验收等方式验收，以确保成果质量；其他项目的验收应根据合同约定执行。

（9）国家法律法规或委托方有明确要求实施监理的测绘地理信息项目，应依法开展监理工作，监理单位资质及监理工作实施应符合相关规定。监理单位对其出具的监理报告负责。

（10）测绘单位对其完成的测绘地理信息成果质量负责，所交付的成果，必须保证是合格品。

（11）测绘单位应建立质量信息征集机制，主动征求用户对测绘地理信息成果质量的意见，并为用户提供咨询服务。

（12）测绘单位应及时、认真地处理用户的质量查询和反馈意见。与用户发生质量争议的，报项目所在地测绘地理信息主管部门进行处理，或依法诉讼。

（13）测绘地理信息项目通过验收后，测绘单位应将项目质量信息报送项目所在地测绘地理信息主管部门。

（14）测绘地理信息项目依照国家有关规定实行项目分包的，分包出的任务由总承包方向发包方负完全责任。

三、测绘质检机构的质量责任与义务

（1）国家测绘地理信息局依法设立国家测绘地理信息局测绘成果质量检验机构；省级人民政府测绘地理信息主管部门依法设立省级测绘地理信息主管部门测绘成果质量检验机构。

（2）测绘质检机构应具备从事测绘地理信息质量检验工作所必需的基本条件和技术能力，按照国家有关规定取得相应资质。

（3）测绘质检机构取得注册测绘师资格的人员经登记后，以注册测绘师名义开展工作。登记工作参照《注册测绘师执业管理办法（试行）》规定的注册程序进行。

（4）测绘质检机构可根据需要设立质检分支机构，并对其建设和业务工作负责。

（5）测绘质检机构的主要职责是：①按照测绘地理信息主管部门下达的测绘地理信息成果质量监督检查计划，承担质量监督检验工作；②受委托对测绘地理信息项目成果进行质量检验、检测和评价；③受委托对有关科研项目和新技术手段测制的测绘地理信息成果进行质量检验、检测、鉴定；④受委托承担测绘地理信息质量争议的仲裁检验；⑤向主管的测绘地理信息主管部门定期报送测绘地理信息成果质量分析报告。

（6）测绘质检机构应依照法律法规、技术标准及设计文件实施检验，客观、公正地作出检验结论，对检验结论负责。

（7）监督检验应制定技术方案，技术方案经组织实施监督检验工作的部门批准后实施检验工作。

（8）技术方案及检验报告由本单位注册测绘师签字后方可生效。

（9）任何单位和个人不得干预测绘质检机构对质量检验结论的独立判断。

（10）测绘地理信息成果质量检验结果是测绘地理信息项目验收、测绘资质监督管理、测绘资质晋升和评优奖励的重要依据。

四、测绘成果质量管理相关规定

1.《测绘法》规定

（1）《测绘法》第二十七条规定，国家对从事测绘活动的单位实行测绘资质管理制度。从事测绘活动的单位应当具备下列条件，并依法取得相应等级的测绘资质证书，方可从事测绘活动：有法人资格；有与从事的测绘活动相适应的专业技术人员；有与从事的测绘活动相适应的技术装备和设施；有健全的技术和质量保证体系、安全保障措施、信息安全保密管理制度，以及测绘成果和资料档案管理制度。

（2）《测绘法》第三十九条规定，测绘单位应当对完成的测绘成果质量负责。县级以上人民政府测绘地理信息主管部门应当加强对测绘成果质量的监督管理。

2. 《基础测绘条例》规定

县级以上人民政府测绘地理信息主管部门应当采取措施，加强对基础地理信息测制、加工、处理、提供的监督管理，确保基础测绘成果质量。基础测绘项目承担单位应当建立健全基础测绘成果质量管理制度，严格执行国家规定的测绘技术规范和标准，对其完成的基础测绘成果质量负责。

3. 《测绘质量监督管理办法》规定

县级以上人民政府测绘主管部门和技术监督部门负责本行政区域测绘质量的管理和监督工作。测制、提供测绘产品必须遵守国家有关的法律、法规，遵循质量第一、服务用户的原则，保证提供合格的测绘产品。

4. 《关于加强测绘质量管理的若干意见》规定

（1）在对全国测绘质量实行统一监管的总体要求下，国家测绘地理信息局重点加强对影响面广、社会反响强烈的重大测绘项目和重大建设工程测绘项目质量的监督检查；地方测绘地理信息主管部门负责对本行政区域内测绘单位和测绘项目质量工作的日常监督管理。基础测绘项目的质量，由组织实施该项目的测绘地理信息主管部门监督管理；非基础测绘项目的质量，由项目实施地的测绘地理信息主管部门监督管理。

（2）测绘项目出资人要依法择优选择项目承担单位，并自觉接受测绘地理信息主管部门的监督；设计单位要按国家有关法律法规和技术标准进行项目设计，确保设计质量，应无条件帮助解决因设计造成的质量问题，并承担设计质量责任；施测单位必须严格按照合同、有关标准、项目设计书施测。确保所使用的仪器、设备、软件等符合国家有关规定；负责质量检验或验收的单位及专家，要严格依据国家有关规定、标准和设计书的要求，对项目进行检验或验收，并对作出的结论负责。

（3）贯彻实施测绘部门“二级检查、一级验收”等质量控制制度。国家测绘地理信息局将重点开展重大测绘工程成果质量的监督检查。地方测绘地理信息行政主管部门要积极支持和配合全国性检查活动，同时要建立质量管理的长效机制，制定详细的分级分类检查目录和计划，扩大监督检查的覆盖面，缩短覆盖周期。甲、乙级测绘单位至少每2~3年检查一次，丙、丁级测绘单位至少每4~5年检查一次。测绘仪器、设备检校情况应作为监督检查的重要内容。

（4）加快建立健全包括质量信用在内的测绘信用档案公示制度，根据测绘单位的质量信用情况进行分类监管，及时将质量信誉良好的单位和不好的单位分类向社会公布。在招投标活动中，要加大对低质压价等恶性竞争行为的打击力度，努力营造全行业重质量、讲信誉的良好氛围和市场环境。

五、测绘成果质量责任与检查验收

测绘单位是测绘成果生产的主体，必须自觉遵守国家有关质量管理的法律、法规和规章，对完成的测绘成果质量负责。

1. 测绘单位质量责任

（1）测绘单位的法定代表人确定本单位的质量方针和质量目标，签发质量手册，建立本单位的质量体系并保证有效运行，对本单位提供的测绘成果承担质量责任。

（2）测绘单位的行政领导及总工程师（质量主管负责人）按照职责分工负责质量方针、质量目标的贯彻实施，签发有关的质量文件及作业指导书，处理生产过程中的重大技术问题和质量争议；审议技术总结，对单位成果的技术设计质量负责。

（3）测绘单位的质量管理机构及质量检查人员在规定的职权范围内，负责质量管理的日常工作。编制年度质量计划，贯彻技术标准和质量文件，对作业过程进行现场监督和检查，处理质量问题，组织实施内部质量审核工作。各级检查人员对其所检查的成果质量负责。

（4）测绘生产人员必须严格执行操作规程，按照技术设计进行作业，并对作业质量负责。其他岗位的工作人员，应当严格执行有关的规章制度，保证本岗位的工作质量。因工作质量问题影响成果质量的，承担相应的质量责任。

（5）测绘单位按照测绘项目的实际情况实行项目质量负责人制度。项目质量负责人对该测绘项目的产品质量负直接责任。

2. 测绘成果检查验收

（1）测绘单位对测绘成果质量实行过程检查和最终检查。

（2）测绘成果过程检查由测绘单位的中队（室、车间）检查人员承担。

（3）测绘成果最终检查由测绘单位的质量管理机构负责实施。

（4）验收工作由测绘项目的委托单位组织实施，或由该单位委托具有检验资格的检验机构验收，验收工作应在测绘成果最终检查合格后进行。

（5）检查、验收人员与被检查单位在质量问题处理上有分歧时，属检查过程中的，由测绘单位的总工程师裁定；属验收过程中的，由测绘单位上级质量管理机构裁定。委托验收中产生的分歧，应当报各省、自治区、直辖市测绘地理信息主管部门的质量管理机构裁定。

六、测绘成果质量监督管理措施

1. 加强测绘标准化管理

（1）通过制定国家标准和行业标准，加强质量、标准及计量基础工作，确保成果质量。

（2）严格测绘计量检定人员资格审批，做到持证上岗，保证量值地准确溯源和传递。

（3）引导测绘单位贯彻执行国家规定的测绘技术规范和标准，并加大监督检查力度。

2. 开展测绘成果质量监督检查

通过定期开展测绘成果质量监督检查，及时发现问题，督促测绘单位进行整改。检查内容包括：质量保证体系运行情况和质量管理制度建立情况、执行测绘技术标准的情况、测绘成果质量状况、仪器设备的检定情况等。测绘成果质量监督检查的结果，要纳入测绘单位信用档案，并向社会公布。

3. 加强对测绘仪器设备计量检定情况的监督检查

根据《测绘计量管理暂行办法》，未按规定申请检定或检定不合格的仪器，不准使用。《测绘计量管理暂行办法》在测绘计量器具目录中，明确规定了 J_2级以上经纬仪、S_3级以上水准仪、GPS 接收机、精度优于 5 mm+5 $\times 10^{-6} D$ 的测距仪、全站仪、伽级重力仪以及尺类等一期设备的检定周期为 1 年，其他精度的仪器设备一般为 2 年。因此，测绘地理信息主管部门要通过组织实施对测绘项目的检查验收，监督检查测绘单位的测绘仪器设备定期检定情况，确保测绘仪器设备稳定、安全、可靠。

4. 引导测绘单位建立健全质量管理制度

《测绘法》将建立健全完善的测绘技术、质量保证体系作为测绘资质申请的一个基本条件，充分说明了建立健全测绘技术、质量保证体系对保证测绘成果质量的重要性。因此，各级测绘地理信息主管部门要通过加强测绘资质审查和质量监督，引导测绘单位建立健全测绘成果质量管理制度；并加强测绘成果质量宣传教育，确保测绘成果质量。

5. 依法查处不合格的测绘成果

通过查处测绘成果质量违法案件，充分发挥查办案件的治本功能，进一步提高测绘单位的质量意识和质量责任，从而有效地保障测绘成果质量。测绘成果质量不合格的，要依法责令测绘单位补测或者重测；情节严重的，责令停业整顿，降低资质等级直至吊销测绘资质证书；给用户造成损失的，依法承担赔偿责任。

第七节　测绘成果提供利用

测绘成果提供利用是指测绘成果生产单位或者测绘成果保管单位根据合同约定或

者测绘成果使用者的申请，依照国家有关规定提供利用测绘成果的活动。大多数测绘成果都涉及国家秘密，测绘成果提供利用必须严格遵守国家测绘、保密等有关法律、行政法规的规定。

一、测绘成果提供利用规定

1. 测绘成果管理条例的规定

（1）县级以上人民政府测绘地理信息主管部门应当积极推进公众版测绘成果的加工和编制工作，并鼓励公众版测绘成果的开发利用，促进测绘成果的社会化应用。

（2）使用财政资金的测绘项目和使用财政资金的建设工程测绘项目，有关部门在批准立项前，应当书面征求本级人民政府测绘地理信息主管部门的意见。测绘地理信息主管部门应当自收到征求意见材料之日起10日内，向征求意见的部门反馈意见。有适宜测绘成果的，应当充分利用已有的测绘成果，避免重复测绘。

（3）国家保密工作部门、国务院测绘地理信息主管部门应当商军队测绘部门，依照有关保密法律、行政法规的规定，确定测绘成果的秘密范围和秘密等级。

（4）利用涉及国家秘密的测绘成果开发生产的产品，未经国务院测绘地理信息行政主管部门或省、自治区、直辖市人民政府测绘地理信息主管部门进行保密技术处理的，其秘密等级不得低于所用测绘成果的秘密等级。

（5）对外提供属于国家秘密的测绘成果，应当按照国务院和中央军事委员会规定的审批的程序，报国务院测绘地理信息主管部门或者省、自治区、直辖市人民政府测绘地理信息主管部门审批；测绘地理信息主管部门在审批前，应当征求军队有关部门的意见。

（6）基础测绘成果和财政投资完成的其他测绘成果，用于国家机关决策和社会公益性事业的，应当无偿提供。除前款规定外，测绘成果依法实行有偿使用制度。各级人民政府及其有关部门和军队因防灾、减灾、国防建设等公共利益的需要，可以无偿使用测绘成果。依法有偿使用测绘成果的，使用人与测绘项目出资人应当签订书面协议，明确双方的权利和义务。

（7）测绘成果涉及著作权保护和管理的，依照有关法律、行政法规的规定执行。

（8）建立以地理信息数据为基础的信息系统，应利用符合国家标准的基础地理信息数据。

2. 《基础测绘成果提供使用管理暂行办法》的规定

《基础测绘成果提供使用管理暂行办法》对基础测绘成果提供利用进行了具体规定。

二、对外提供属于国家秘密的测绘成果审批

对外提供属于国家秘密的测绘成果，是指向境外、国外以及其与国内有关单位合资、合作的法人或者其他组织提供的属于国家秘密的测绘成果。根据《测绘成果管理条例》，对外提供属于国家秘密的测绘成果的，要严格按照国务院和中央军事委员会规定的审批程序，报国务院测绘地理信息行政主管部门或者省、自治区、直辖市人民政府测绘地理信息主管部门审批。

1. 申请资料

根据《对外提供我国涉密测绘成果审批程序规定》（测办〔2010〕108 号），对外提供属于国家秘密的测绘成果，成果资料的范围跨省、自治区、直辖市区域的，向国家测绘地理信息局提出申请；其他情形，向成果内容表现地的省级测绘地理信息主管部门提出申请，并应当提交下列材料：

（1）《对外提供我国涉密测绘成果申请表》；

（2）企业法人营业执照或者事业单位法人证书（申请人为政府部门的除外）；

（3）外方身份证明材料；

（4）国家批准合作项目批文；

（5）申请人与外方签订的合同或协议；

（6）拟提供成果的说明性材料，包括成果种类、范围、数量及精度等；

（7）拟提供成果为申请人既有的，应当提交该成果一套及成果所有部门或单位同意申请人使用的证明文件；

（8）拟提供成果非申请人既有、需国家测绘地理信息局提供的，申请人应当提交本单位具有的保密管理制度、成果保管条件和人员的证明材料；

（9）其他应当提供的材料。

2. 不予批准的情况

（1）对外提供的测绘成果资料妨碍国家安全的；

（2）非涉密的测绘成果资料能够满足需要的；

（3）申请材料内容虚假的；

（4）审批机关依法不予批准的其他情形。

三、遥感影像公开使用

遥感影像是十分重要的测绘成果，包括卫星遥感影像和航空遥感影像，以及采用

测绘遥感技术方法加工处理形成的遥感影像图。遥感影像在国土资源监测、地理国情普查、应急处理和国家基本比例尺地形图更新等工作中，发挥着日益重要的作用。为维护国家安全利益，加强对遥感影像公开使用的管理，促进遥感影像资源有序开发利用，国家测绘地理信息局 2011 年 11 月出台了《遥感影像公开使用管理规定（试行）》（国测成发〔2011〕9 号）。

1. 遥感影像公开使用管理

（1）根据《遥感影像公开使用管理规定（试行）》，国家测绘地理信息局负责监督管理全国遥感影像公开使用工作，县级以上测绘地理信息行政主管部门负责监督管理辖区内遥感影像公开使用工作。

（2）从事提供或销售分辨率高于 10m 的卫星遥感影像活动的机构，应当建立客户登记制度，包括客户名称与性质、提供的影像覆盖范围和分辨率、用途、联系方式等内容。每半年一次向所在地省级以上测绘地理信息行政主管部门报送备案。

（3）为应对重大突发事件应急抢险救灾急需，各级人民政府及其有关部门和军队，可以无偿使用遥感影像，各遥感影像保管单位、销售与提供机构应当无偿提供相关数据和资料。

2. 遥感影像公开使用规定

（1）公开使用的遥感影像空间位置精度不得高于 50m；影像地面分辨率（简称“分辨率”）不得优于 0.5m；不标注涉密信息、不处理建筑物、构筑物等固定设施。

（2）在公开使用的遥感影像上标注地名、地址或者其他属性信息，应当符合下列要求：①符合《基础地理信息公开表示内容的规定（试行）》（国测成发〔2010〕8 号）；②符合《公开地图内容表示若干规定》（国测法字〔2003〕1 号）；③符合《公开地图内容表示补充规定（试行）》（国测图字〔2009〕2 号）；④符合国家其他法规制度要求，不得标注、显示禁止公开的信息。

（3）属于国家秘密且确需公开使用的遥感影像，公开使用前，应当依法送省级以上地理信息主管部门会同有关部门组织审查并进行保密技术处理。分辨率优于 0.5m 的遥感影像，公开使用前，应当报送国家测绘地理信息局组织审查并进行保密技术处理。

（4）向社会公开出版、传播、登载和展示遥感影像的，还应当报送省级以上测绘地理信息主管部门进行地图审核，并取得审图号。

（5）从事遥感影像采集、加工处理、地名地物属性标注等活动，应当按规定取得相应的测绘资质。

第八节　重要地理信息数据审核与公布

一、重要地理信息数据的概念和特征

1. 重要地理信息数据的概念

重要地理信息数据是指在中华人民共和国领域和管辖的其他海域内的重要自然和人文地理实体的位置、高程、深度、面积、长度等位置信息数据和重要属性信息数据。重要地理信息数据主要包括以下内容：

（1）涉及国家主权、政治主张的地理信息数据；

（2）国界、国家面积、国家海岸线长度，国家版图重要特征点、地势、地貌分区位置等地理信息数据；

（3）冠以“全国”、“中国”、“中华”等字样的地理信息数据；

（4）经相邻省级人民政府联合勘定并经国务院批复的省级界线长度及行政区域面积，沿海省、自治区、直辖市海岸线长度；

（5）需要由国务院测绘地理信息主管部门审核的其他重要地理信息数据。

2. 重要地理信息数据的特征

（1）权威性。重要地理信息数据的获取要依据科学的观测方法和手段，由国务院测绘地理信息主管部门审核，并要与国务院其他有关部门、军队测绘部门会商后，报国务院批准，由国务院或者国务院授权的部门以公告形式公布，并在全国范围内发行的报纸或者互联网上刊登，体现出了重要地理信息数据的权威性。

（2）准确性。重要地理信息数据涉及重要自然和人文地理实体的位置、高程、深度、面积、长度等位置信息数据和重要属性信息数据，这些数据是依据科学的技术方法和手段获取的，建议人提出建议后，国务院测绘地理信息行政主管部门要对数据的科学性、完整性、可靠性等进行严格审核，因而，重要地理信息数据具有严格的准确性。

（3）法定性。重要地理信息数据审核公布制度由国家法律规定，重要地理信息数据的审核、批准、公布的主体和程序都必须严格按照测绘法和行政许可法以及《重要地理信息数据审核公布管理规定》执行，任何单位和个人不得擅自审核公布。

二、重要地理信息数据审核

根据《测绘法》，重要地理信息数据由国务院测绘地理信息主管部门审核。但由于重要地理信息数据的权威性、科学性等特点，国务院测绘地理信息主管部门还必须与国务院有关部门进行会商，如有关国界线的重要地理信息数据必须与外交部会商，有关行政区域界线的长度等重要地理信息数据，应当与国务院民政部门进行会商；但是申请审核公布重要地理信息数据，必须依法向国务院测绘地理信息主管部门提出申请。

1. 建议人提交资料

国务院测绘地理信息主管部门负责受理单位和个人（建议人）提出的审核公布重要地理信息数据的建议。建议人也可以直接向自治区、直辖市测绘地理信息主管部门提出建议。

建议人建议审核公布重要地理信息数据，应当提交以下资料：

（1）建议人的基本情况；

（2）重要地理信息数据的详细数据成果资料，科学性及公布的必要性说明；

（3）重要地理信息数据获取的技术方案及对数据验收评估的有关资料；

（4）国务院测绘地理信息主管部门规定的其他资料。

2. 重要地理信息数据审核内容

（1）重要地理信息数据公布的必要性；

（2）提交的有关资料的真实性和完整性；

（3）重要地理信息数据的可靠性和科学性；

（4）重要地理信息数据是否符合国家利益，是否影响国家安全；

（5）与相关历史数据、已公布数据的对比。

国务院测绘地理信息主管部门会同国务院有关部门、军队测绘部门，对需要审核的重要地理信息数据公布的必要性、公布部门等内容进行会商后，向国务院上报公布建议。

三、重要地理信息数据公布

经国务院测绘地理信息主管部门商国务院其他有关部门对重要地理信息数据进行审核并报国务院后，由国务院批准。并由国务院或者国务院授权的部门公布。

1. 公布的方式

重要地理信息数据经国务院批准并明确授权公布的部门后，要以公告形式公布，并在全国范围内发行的报纸或者互联网上刊登。

2. 公布注意事项

（1）重要地理信息数据公布时，应当注明审核、公布的部门。

（2）依法公布重要地理信息数据的国务院有关部门，应当在公布时，将公布公告抄送国务院测绘地理信息主管部门。国务院测绘地理信息主管部门收到公布公告后，应当按照规定期限书面通知建议人。

（3）国务院有关部门、有关单位或者个人擅自发布已经国务院批准并授权国务院有关部门公布的重要地理信息数据的，擅自发布未经国务院批准的重要地理信息数据的，要依法承担相应的法律责任。

3. 重要地理信息数据的使用

中华人民共和国领域和管辖的其他海域的位置、高程、深度、面积、长度等重要地理信息数据，关系到国家政治、经济和国际地位以及社会稳定，涉及国家主权和领土完整以及民族尊严，因此，《重要地理信息数据审核公布管理规定》明确，在行政管理、新闻传播、对外交流等对社会公众有影响的活动、公开出版的教材以及需要使用重要地理信息数据的，应当使用依法公布的数据。

四、法律责任

《中华人民共和国测绘法》对有关违法行为设定了明确的法律责任。

1. 国务院有关部门法律责任

国务院有关部门具有下列行为之一的，由国务院测绘地理信息主管部门依法给予警告，责令改正，可以并处50万元以下罚款；构成犯罪的，依法追究刑事责任；尚不够刑事处罚的，对负有直接责任的主管人员和其他直接责任人员，依法给予行政处分：

（1）擅自发布已经国务院批准并授权国务院有关部门公布的重要地理信息数据的；

（2）擅自发布未经国务院批准的重要地理信息数据的。

2. 有关单位和个人法律责任

有关单位和个人具有下列行为之一的，由省级测绘地理信息主管部门依法给予警告，责令改正，可以并处50万元以下罚款；构成犯罪的，依法追究刑事责任；尚不够刑事处罚的，对负有直接责任的主管人员和其他直接责任人员，依法给予行政处分：

（1）擅自发布已经国务院批准并授权国务院有关部门公布的重要地理信息数据的；

（2）擅自发布未经国务院批准的重要地理信息数据的。

第九节 测绘成果产权保护

知识产权是指公民、法人或者其他组织对其在科学技术和文学艺术等领域内，主要基于脑力劳动创造完成的智力成果所依法享有的专有权利。按权利内容划分，知识产权包括人身权利和财产权利。按照智力活动成果的不同划分，知识产权可以分为著作权、商标权、专利权、发明权、发现权等。

测绘成果，是指通过对自然地理要素或者地表人工设施的形状、大小、空间位置及其属性等进行测绘形成的数据、信息、图件以及相关的技术资料。测绘成果是信息基础设施的重要组成部分，凝聚了测绘科技工作者的智慧和心血，广泛应用于国民经济建设、国防建设和社会发展各个领域，具有自然资源属性、商品属性和财产属性，测绘成果具有知识产权。《中华人民共和国著作权法》将地图及示意图等图形作品纳入著作权保护的范畴；《测绘成果管理条例》明确，测绘成果涉及著作权保护和管理的，依照有关法律、行政法规的规定执行。国家从法律上确立了测绘成果的知识产权保护制度。

一、测绘成果知识产权的基本概念

测绘成果知识产权，是指测绘成果所有人依法对测绘成果享有占有、使用、收益和处分的权利。测绘成果产权包括测绘成果的人身权和财产权，这里所说的测绘成果的人身权，主要是测绘成果的人身精神权利，包括对测绘成果的发布权、署名权、修改权和保护数据完整权；测绘成果产权的财产权包括对测绘成果的所有权、持有权、经营权、转让权、许可使用权、质押权及其收益权。

1. 测绘成果的人身权

测绘成果的人身权主要是指测绘成果的人身精神权利。它是一种永久存在的权利。测绘成果的人身权包括对测绘成果的发布权、署名权、修改权和保护数据的完整权。

2. 测绘成果所有权

测绘成果所有权是指所有人依法对自己所有的测绘成果享有占有、使用、收益和处分的权利。测绘成果所有权是测绘成果产权中最基本的一种权利。

3. 测绘成果产权的持有权

测绘成果产权的持有权是指持有权人依法对自己持有的测绘成果享有实际的支配权和收益权，原始持有人还享有人身权。持有权与所有权的区别在于，持有权中可能有部分支配权和收益权受到一定程度的限制。

4. 测绘成果产权的经营权

测绘成果产权的经营权是指产权人以营利为目的而享有对测绘成果进行各种商业活动的权利。《民法通则》第八十一条和第八十二条赋予了公民、单位、法人经营管理的财产依法享有经营权。

5. 测绘成果产权的转让权

测绘成果产权的转让权是指所有权人或持有权人通过合同方式，把自己所有的或持有的测绘成果所有权或持有权进行转移的权利。转让的内容包括出售、交换、赠与和继承。

6. 测绘成果产权的许可使用权

测绘成果产权的许可使用权是指所有权人或持有权人通过合同方式，许可他人在一定条件下使用所有权人或持有权人提供的测绘成果的权利。这里所说的一定条件，是指按照合同的约定使用。同测绘成果产权的转让权相比，许可使用权转移的只是使用权，被许可使用人不得再许可第三人使用。

7. 测绘成果产权的质押权

测绘成果产权的质押权是指所有权人或持有权人为筹集资金，通过合同方式把自己的或者第三人的测绘成果所有权或持有权，用来向债权人作为履行债务担保的权利。

二、测绘成果产权保护

长期以来，为保护测绘成果产权，维护所有权人的合法权益，国家不论从立法角度还是在实际监督管理工作中，都进行了积极的探索和研究，并通过立法的方式实施产权保护。目前，我国测绘成果的产权保护主要体现在以下方面。

1. 在成果的显著位置标明版权所有者

国家测绘地理信息局在《基础测绘成果提供使用管理暂行办法》中规定，被许可使用人应当在使用基础测绘成果所形成成果的显著位置注明基础测绘成果版权的所有者，以此保护基础测绘成果的知识产权。

2. 在地图版权页载明地图作者

《地图管理条例》及相关法律、法规规定，出版地图，应当在地图的版权页上载明地图作品的作者署名、测绘地理信息主管部门的审图号及出版单位的名称及出版号等，以此保护地图作品的著作权和版权。

3. 在使用协议上明确产权归属

《测绘成果管理条例》第十九条第三款规定，依法有偿使用测绘成果的，使用人与测绘项目出资人应当签订书面协议，明确双方的权利和义务；测绘成果涉及著作权保护和管理的，依照有关法律、行政法规的规定执行。

考点试题汇编及参考答案与试题解析

考点试题汇编

一、单项选择题（每题的备选选项中，只有一项最符合题意。）

1. 分辨率高于(　　)，精度优于 1mgal 全国性高精度重力异常成果属于绝密级测绘成果。

A. 2.5′×2.5′　　B. 3.0′×3.0′

C. 5.0′×5.0′　　D. 6.0′×6.0′

2. 根据《关于汇交测绘成果目录和副本的实施办法》规定，面积在(　　)km^2 以上的 1∶2 000 比例尺地形图应当汇交目录。

A. 6　　B. 8

C. 10　　D. 50

3. 根据《测绘地理信息业务档案管理规定》，下列档案属于测绘地理信息档案主要内容的(　　)。

A. 测绘基建项目档案　　B. 大地测量档案

C. 保密地图制作档案　　D. 地理国情监测档案

4. 测绘成果保管是指测绘成果保管单位依照国家有关档案法律、行政法规的规定，采取科学的防护措施和手段，对测绘成果进行(　　)、保存和管理的活动。

A. 归档　　B. 汇交

C. 备份　　D. 分类

5. 法人或者其他组织需要利用属于国家秘密的基础测绘成果的，应当提出明确的利用目的和范围，报(　　)批准。

A. 国务院测绘地理信息主管部门

B. 测绘成果所在地的测绘地理信息主管部门

C. 测绘成果保管单位

D. 测绘成果所在地省级测绘地理信息主管部门

6. 向国务院测绘地理信息主管部门申请使用涉密测绘成果的，下列材料中，申请者无须提供的是(　　)。

A. 国家秘密基础测绘成果资料使用证明函
B. 国家秘密测绘成果使用申请表
C. 属于各级财政投资项目的项目批准文件
D. 相关省级测绘地理信息主管部门的介绍函

7. 国务院批准公布的重要地理信息数据，由(　　)公布。
A. 提出审核重要地理信息数据的建议人
B. 省级测绘地理信息主管部门
C. 国务院或者国务院授权的部门
D. 重要地理信息数据所在地省级人民政府或其授权的部门

8. 重要地理信息数据获取公布，应当以(　　)形式公布。
A. 法规　　B. 公告
C. 新闻　　D. 通知

9. 根据《重要地理信息数据审核公布管理规定》，负责受理单位和个人提出的审核公布重要地理信息数据的建议的部门是(　　)。
A. 国务院测绘地理信息主管部门
B. 省级测绘地理信息主管部门
C. 国务院或省级测绘地理信息主管部门
D. 省级民政或建设行政主管部门

10. 根据测绘成果管理条例，下列关于测绘成果汇交的说法中，错误的是(　　)。
A. 财政投资完成的测绘项目，由项目承担单位负责汇交
B. 使用其他资金完成的测绘项目，由项目出资人负责汇交
C. 基础测绘成果汇交副本，非基础测绘成果汇交目录
D. 测绘成果的副本和目录实行有偿汇交

11. 根据《测绘成果管理条例》，对外提供属于国家秘密的测绘成果，应当按照国务院和中央军事委员会规定的审批程序，报(　　)审批。
A. 国务院测绘地理信息主管部门
B. 军队测绘部门
C. 国务院测绘地理信息主管部门会同军队测绘部门
D. 国务院测绘地理信息主管部门或者省级测绘地理信息主管部门

12. 根据《关于进一步加强涉密测绘成果管理工作的通知》，下列关于涉密测绘成果管理与使用的说法中，错误的是(　　)。
A. 涉及国家机密的测绘航空摄影成果应当按规定先送审后再提供使用
B. 涉密测绘成果应当按照先归档入库再提供使用的规定进行管理
C. 未经依法审批，任何单位和个人不得擅自提供使用涉密测绘成果
D. 经批准使用涉密成果的单位，应当在多个项目中利用该成果，提高使用效率

13. 根据测绘成果管理条例，下列测绘成果中不属于基础测绘成果的是(　　)。

A. 工程测量数据和图件

B. 1∶500 比例尺地形图

C. 基础航空摄影所获取的影像资料

D. 基础地理信息系统的数据、信息

二、多项选择题（每题的备选选项中，有 2 项或 2 项以上符合题意，至少有 1 项是错项。）

1. 下列内容中，属于测绘成果汇交原则的有(　　)。

A. 依法汇交　　B. 无偿汇交

C. 成本汇交　　D. 定期汇交

E. 不得向第三方提供

2. 根据《测绘地理信息业务档案管理规定》，测绘地理信息业务档案保管期限分为(　　)。

A. 短期　　B. 中期

C. 长期　　D. 定期

E. 永久

3. 根据《测绘地理信息业务档案管理规定》，测绘地理信息业务档案工作应当遵循(　　)的原则。

A. 统筹规划　　B. 分类管理

C. 确保安全　　D. 促进利用

E. 定期检查

4. 下列数据属于重要地理信息数据内容的是(　　)。

A. 涉及国家主权、政治主张的地理信息数据；国界、国家面积、国家海岸线长度等地理信息数据

B. 人口和国民经济生产总值数据

C. 拟冠以“全国”、“中国”、“中华”等字样的地理信息数据

D. 沿海省、自治区、直辖市海岸线长度

E. 国家版图重要特征点、地势、地貌分区位置等地理信息数据

5. 根据测绘成果管理条例，法人或其他组织需要利用属于国家秘密的基础测绘成果，经成果所在地测绘地理信息主管部门审查同意后，测绘地理信息主管部门应当书面告知测绘成果的(　　)。

A. 技术规定　　B. 使用标准

C. 秘密等级　　D. 保密要求

E. 著作权保护要求

6. 根据《测绘地理信息业务档案管理规定》，下列工作环节中，应当同步提出测绘地理信息业务档案建档工作要求的有(　　)。

A. 项目计划　　B. 库房建设

C. 管理程序　　　　D. 质量控制

E. 经费预算

7. 根据《测绘成果管理条例》，测绘成果保管单位需要采取的测绘成果资料管理措施有(　　)。

A. 配备必要的设施

B. 建立健全测绘成果资料的保管制度

C. 对外提供涉密测绘成果，需要经单位领导审批

D. 对基础测绘成果资料实行异地备份存放制度

E. 对涉密人员实行分类管理

8. 根据涉密测绘成果管理相关规定，测绘地理信息主管部门对申请使用涉密测绘成果的审核内容包括(　　)。

A. 使用目的与申请范围　　　　B. 使用理由与时间

C. 保密制度建设情况　　　　D. 涉密测绘成果保管使用环境设施条件

E. 核心涉密人员持证上岗情况

9. 根据《测绘地理信息业务档案管理规定》，测绘地理信息项目组织部门下达测绘地理信息项目计划时，应当以书面形式告知相应的档案保管机构，并在项目合同书、设计书等文件，明确提出测绘地理信息业务档案的(　　)等要求。

A. 建档单位　　　　B. 归档范围

C. 份数　　　　D. 时间、质量

E. 保管期限

参考答案与试题解析

一、单项选择题

1. 【C】分辨率高于5′×5′精度优于1mgal的全国性高精度重力异常成果是绝密级测绘成果。
2. 【C】面积在10km²以上的1：500~1：2 000比例尺地形图应当汇交目录。
3. 【D】地理国情监测（普查）档案是测绘地理信息业务档案。
4. 【A】测绘成果保管是指采取科学的防护措施和手段，对测绘成果进行归档、保存和管理的活动。
5. 【B】应当提出明确的利用目的和范围，报测绘成果所在地的测绘地理信息主管部门审批。
6. 【D】申请者无需提供相关省级测绘地理信息主管部门的介绍函。
7. 【C】国务院批准公布的重要地理信息数据，由国务院或者国务院授权的部门公布。
8. 【B】重要地理信息数据获取公布，应当以公告形式公布。
9. 【A】国务院测绘地理信息主管部门负责受理单位和个人提出的审核公布重要地理

信息数据的建议。

10. 【D】测绘成果的副本和目录实行无偿汇交。

11. 【D】提供秘密测绘成果，报国务院测绘地理信息主管部门或者省级测绘地理信息主管部门审批。

12. 【D】涉密测绘成果使用单位，必须依据经审批同意的使用目的和范围使用涉密测绘成果。

13. 【A】工程测量数据和图件不属于基础测绘成果。

二、多项选择题

1. 【ABDE】测绘成果汇交的原则有：依法汇交、无偿汇交、定期汇交、不得向第三方提供。

2. 【DE】测绘地理信息业务档案保管期限分为永久和定期。

3. 【ACD】测绘地理信息业务档案工作应当遵循统筹规划、分级管理、确保安全、促进利用的原则。

4. 【ACDE】人口和国民经济生产总值数据不属于重要地理信息数据。

5. 【CDE】应当以书面形式告知测绘成果的秘密等级、保密要求以及相关著作权保护要求。

6. 【ACDE】库房建设不属于测绘地理信息业务档案建档工作要求。

7. 【ABD】对外提供涉密测绘成果，需要经单位领导审批，对涉密人员实行分类管理不属于测绘成果保管单位需要采取的测绘成果资料管理措施。

8. 【ACD】保密制度建设情况和核心涉密人员持证上岗情况不是测绘地信主管部门审批的内容。

9. 【BCD】明确提出测绘地理信息业务档案的归档范围、份数、时间、质量等要求。

第七章　不动产测绘管理

不动产是指土地、海域以及房屋、林木等定着物。不动产测绘是指对土地、海域、房屋等不动产的形状、大小、空间位置及其属性等进行测定、采集、表述以及获取的数据、信息、成果等地理信息进行处理和提供的活动。根据最新的《测绘资质管理规定》和《测绘资质分级标准》，不动产测绘包括地籍测绘、房产测绘、行政区域界线测绘和不动产测绘监理。

《测绘法》第二十二条规定，县级以上人民政府测绘地理信息主管部门应当会同本级人民政府不动产登记主管部门，加强对不动产测绘的管理。

第一节　地籍测绘

一、地籍测绘的概念

地籍测绘是获取和表达地籍信息所进行的测绘工作，指对地块权属界线的界址点坐标进行测定，并把地块及其附着物的位置、面积、权属关系和利用状况等要素准确地绘制在图纸上和记录在专门的表册中的测绘工作。地籍测绘的目的是获取和表述不动产的权属、位置、形状、数量等有关信息，为不动产产权管理、税收、规划、环境保护、统计等多种用途提供基础资料。

二、地籍测绘的内容

地籍测绘的主要内容包括平面控制测量、界址测量、其他地籍要素调查与测量、地籍图测绘以及面积量算等。地籍测绘的主要成果包括数据集（控制点、界址点坐标等）、地籍图和地籍簿册。地籍测绘是地籍管理的重要内容，是国家测绘地理信息工作的重要组成部分。具体内容如下：

（1）地籍控制测量，测量地籍基本控制点和地籍图根控制点；

（2）界线测量，测定行政区域界线和土地权属界线的界址点坐标；

（3）地籍图测绘，测绘分幅地籍图、土地利用现状图、房产图和宗地图等；

（4）面积测算，测算地块和宗地面积，进行面积的平差和统计；

（5）地籍变更测量，包括地籍图的修测、重测和地籍簿册的修编，以保证地籍成果资料的现势性和正确性。

三、地籍测绘的特点

地籍测绘与基础测绘和其他专业测绘有着本质的不同，其本质的不同表现在凡涉及土地及其附着物的权利的测量都可视为地籍测绘，具体特点如下：

（1）地籍测绘是政府行使土地行政管理职能的具有法律意义的行政性技术行为；

（2）地籍测绘为土地管理提供了精确、可靠的地理参考系统；

（3）地籍测绘是在地籍调查的基础上进行的，具有勘验取证的法律特征；

（4）地籍测绘的技术标准必须符合土地法律的要求；

（5）地籍测绘工作具有非常强的现势性；

（6）地籍测绘技术和方法是对现代测绘技术和方法的应用集成；

（7）从事地籍测绘活动的技术人员应当具有丰富的土地管理知识。

第二节 房产测绘

一、房产测绘的概念

房产测绘是指利用测绘地理信息技术手段测定和表述房屋及其自然状况、权属状况、位置、数量、质量以及利用状况及其属性并对获取的数据、信息、成果进行处理和提供的活动。为加强对房产测绘的管理，建设部和国家测绘地理信息局于 2000 年 12 月 28 日联合发布了《房产测绘管理办法》，对房产测绘行为和房产测绘管理作出了具体规定。

房产测绘的主要内容包括房产平面控制测量、房产面积预测算、房产面积测算、房产要素调查与测量、房产变更调查与测量、房产图测绘和建立房产信息系统。随着房地产市场的快速发展和现代测绘地理信息技术的广泛应用，房产测绘的技术手段和方法也越来越多，房产测绘的内容也越来越丰富。

二、房产测绘委托

1. 委托房产测绘的三种情形

（1）申请产权初始登记的房屋；

（2）自然状况发生变化的房屋；
（3）房屋权利人或者其他利害关系人要求测绘的房屋。

2. 委托房产测绘的申请人

（1）房屋权利申请人；
（2）房屋权利人；
（3）其他利害关系人；
（4）房产行政主管部门。
房产管理中需要的房产测绘由房地产行政主管部门委托房产测绘单位进行。

3. 房产测绘委托的规定

（1）委托房产测绘的，委托人与房产测绘单位应当签订书面房产测绘合同；
（2）房产测绘单位应当是独立的经济实体，与委托人不得有利害关系，并依法取得房产测绘资质；
（3）房产测绘所需费用由委托人支付，房产测绘收费标准按照国家有关规定执行。

三、房产测绘资质管理

从事房产测绘应当依法取得载有不动产测绘业务房产测绘子项的测绘资质证书，并在测绘资质证书规定的业务范围内从事房产测绘活动。

需要说明的是，《房产测绘管理办法》中有关房产测绘资质申请、受理的规定，已由国务院发文明确取消，不作为房产测绘资质审批的依据。目前，为简化行政审批程序，方便行政许可申请人，申请房产测绘资质，不需要再征求其他任何部门的意见，也不需要房地产行政主管部门进行初审。

四、房产测绘成果管理

（1）房产测绘成果包括：房产簿册、房产数据和房产图集等。房产测绘成果是测绘成果的重要组成部分，国家有关测绘成果管理的法律、行政法规等，均适用于房产测绘成果。

（2）《房产测绘管理办法》规定，当事人对房产测绘成果有异议的，可以委托国家认定的房产测绘成果鉴定机构鉴定。用于房屋权属登记等房产管理的房产测绘成果，房地产行政主管部门应当对施测单位的资格、测绘成果的适用性、界址点准确性、面积测算依据与方法等内容进行审核。审核后的房产测绘成果纳入房产档案统一管理。

五、房产测绘标准化管理

(1)《测绘法》第二十条规定，城市建设领域的工程测量活动，与房屋产权、产籍相关的房屋面积的测量，应当执行由国务院建设行政主管部门、国务院测绘地理信息行政主管部门负责组织编制的测量技术规范。

(2)《房产测绘管理办法》第三条规定，房产测绘单位应当严格遵守国家有关法律、法规，执行国家房产测量规范和有关技术标准、规定，对其完成的房产测绘成果质量负责。

六、房产测绘的法律责任

1. 无证从事房产测绘

未取得载明房产测绘业务的测绘资格证书从事房产测绘业务以及承担房产测绘任务超出测绘资格证书所规定的房产测绘业务范围、作业限额的，依照《测绘资质管理规定》的规定处罚。

2. 违法进行房产测绘的其他情形

(1) 在房产面积测算中不执行国家标准、规范和规定的；
(2) 在房产面积测算中弄虚作假、欺骗房屋权利人的；
(3) 房产面积测算失误。造成重大损失的。

根据《房产测绘管理办法》，有上述情形之一的，由县级以上人民政府房地产行政主管部门给予警告并责令限期改正，并可处以 1 万元以上、3 万元以下的罚款；情节严重的，由发证机关予以降级或者取消其房产测绘资格。

第三节 界线测绘

一、国界线测绘

1. 国界线测绘的概念

国界线是指相邻国家领土的分界线，是划分国家领土范围的界线，也是国家行使领土主权的界线。国界可以分为陆地国界、水域国界和空中国界，我们通常所说的国界主要指陆地国界。

国界线测绘是指为划定国家间的共同边界线而进行的测绘活动，是与邻国明确划定边界线、签订边界条约和议定书以及日后定期进行联合检查的基础工作。国界线测绘的主要成果是边界线位置和走向的文字说明、界桩点坐标及边界线地形图。

2. 国界线测绘的管理

《测绘法》第二十条规定，中华人民共和国国界线的测绘，按照中华人民共和国与相邻国家缔结的边界条约或者协定执行，由外交部组织实施。中华人民共和国地图的国界线标准样图，由外交部和国务院测绘地理信息主管部门拟定，报国务院批准后公布。

二、行政区域界线测绘

1. 行政区域界线测绘的概念

行政区域界线是指国务院或者省、自治区、直辖市人民政府批准的行政区域毗邻的各有关人民政府行使行政区域管辖权的分界线。行政区域界线涉及行政区域界线周边地区的稳定与发展和行政争议。为了加强对行政区域界线的管理，巩固行政区域界线勘定成果，维护行政区域界线周边地区稳定，2002 年 5 月 13 日，国务院颁布了《行政区域界线管理条例》（国务院令第 353 号），并自 2002 年 7 月 1 日起施行。

2. 行政区域界线测绘的内容

行政区域界线测绘是利用测绘技术手段和原理，为划定行政区域界线的走向、分布以及周边地理要素而进行的测绘工作。行政区域界线测绘的内容包括界桩的埋设与测定、边界线的调绘、边界线走向的文字说明、边界线地形图的标绘、界线详图的编撰与制印等工作。

3. 行政区域界线管理

（1）行政区域界线勘定后，应当以通告和行政区域界线详图予以公布。省、自治区、直辖市之间的行政区域界线由国务院民政部门公布，由毗邻的省、自治区、直辖市人民政府共同管理。省、自治区、直辖市范围内的行政区域界线由省、自治区、直辖市人民政府公布，由毗邻的自治州、县（自治县）、市、市辖区人民政府共同管理。

（2）行政区域界线的实地位置，以界桩及作为行政区域界线标志的河流、沟渠、道路等线状地物和行政区域界线协议书中明确规定作为指示行政区域界线走向的其他标志物标定。

（3）行政区域界线毗邻的任何一方不得擅自改变作为行政区域界线标志的河流、沟渠、道路等线状地物；因自然原因或者其他原因改变的，应当保持行政区域界线协议书划定的界线位置不变，行政区域界线协议书中另有约定的除外。行政区域界线协议书中明确规定作为指示行政区域界线走向的其他标志物。应当维持原貌。因自然原因或者其他原因使标志物发生变化的，有关县级以上人民政府民政部门应当组织修测，确定新的标志物，并报该行政区域界线的批准机关备案。

（4）依照《国务院关于行政区划管理的规定》经批准变更行政区域界线的，毗邻的各有关人民政府应当按照勘界测绘技术规范进行测绘，埋设界桩，签订协议书，并将协议书报批准变更该行政区域界线的机关备案。生产、建设用地需要横跨行政区域界线的，应当事先征得毗邻的各有关人民政府同意，分别办理审批手续，并报该行政区域界线的批准机关备案。

（5）行政区域界线毗邻的县级以上地方各级人民政府应当建立行政区域界线联合检查制度，每5年联合检查一次。遇有影响行政区域界线实地走向的自然灾害、河流改道、道路变化等特殊情况，由行政区域界线毗邻的各有关人民政府共同对行政区域界线的特定地段随时安排联合检查。联合检查的结果，由参加检查的各地方人民政府共同报送该行政区域界线的批准机关备案。

（6）行政区域界线详图是反映县级以上行政区域界线标准画法的国家专题地图。任何涉及行政区域界线的地图，其行政区域界线画法一律以行政区域界线详图为准绘制。国务院民政部门负责编制省、自治区、直辖市行政区域界线详图；省、自治区、直辖市人民政府民政部门负责编制本行政区域内的行政区域界线详图。

4. 行政区域界线测绘管理

（1）《测绘法》第二十一条规定，行政区域界线的测绘，按照国务院有关规定执行。省、自治区、直辖市和自治州、县、自治县、市行政区域界线的标准画法图，由国务院民政部门和国务院测绘地理信息主管部门拟定，报国务院批准后公布。

（2）《省级行政区域界线勘界测绘技术规定》第四条规定，勘界测绘采用全国统一的大地坐标系统、平面坐标系统和高程系统，执行本规定和国家现行有关的测绘技术规范。

（3）边界协议书附图一般利用经补测或修测后的国家最新版的基本比例尺地形图标绘。边界协议书附图标绘1份，复印4份，由两省、自治区、直辖市政府负责人在5份上签字。

5. 行政区域界线管理的法律责任

有关国家机关工作人员在行政区域界线管理中有下列行为之一的，根据不同情节，依法给予记大过、降级或者撤职的行政处分；致使公共财产、国家和人民利益遭受重大损失的，依照刑法关于滥用职权罪、玩忽职守罪的规定，依法追究刑事责任：

（1）不履行行政区域界线批准文件和行政区域界线协议书规定的义务，或者不执行行政区域界线的批准机关的决定的；

（2）不依法公布批准的行政区域界线的；

（3）擅自移动、改变行政区域界线标志，或者命令、指使他人擅自移动、改变行政区域界线标志，或者发现他人擅自移动、改变行政区域界线标志不予制止的；

（4）毗邻方未在场时，擅自维修行政区域界线标志的。

三、权属界线测绘

1. 权属界线测绘的概念

权属界线测绘是指测定权属界线的走向和界址点的坐标及对其数据进行处理和绘制图形的活动。权属界线测绘是确定权属的重要手段，只有通过权属界线测绘才能准确地将权属界线用数据和图形的形式表示出来。

2. 权属界线测绘的规定

《测绘法》第二十二条规定，测量土地、建筑物、构筑物和地面其他附着物的权属界址线，应当按照县级以上人民政府确定的权属界线的界址点、界址线或者提供的有关登记资料和附图进行。权属界址线发生变化的，有关当事人应当及时进行变更测绘。

根据《物权法》，国家对不动产物权实行统一登记制度。当事人申请不动产物权登记，应当根据不同登记事项提供权属证明和不动产界址、面积等必要材料。而申请人要提供权属证明、不动产界址、面积等材料，就必须要事先进行权属界线测绘。从事权属界线测绘，必须掌握以下几点：

（1）从事权属界线测绘时，必须要明确土地、房屋等确权工作，是由地方县级以上人民政府登记造册、核发证书，确认所有权或者使用权，权属界址线的测绘也必须以县级以上地方人民政府的确权为依据进行。

（2）不动产的设立、变更、转让、消灭，经依法登记，发生效力。申请人在不动产变更时，必然会涉及重新登记问题，也就自然而然地涉及权属界线测绘问题。因此，《测绘法》规定，权属界址线发生变化时，有关当事人应当及时进行变更测绘。

（3）权属界线测绘属于十分重要的测绘活动，必须按照《测绘法》及相关测绘法规、规章的规定，依法取得相应的测绘资质，依法履行相应的法律义务。

第四节　《不动产登记暂行条例》基础知识

一、不动产总则

（1）为整合不动产登记职责，规范登记行为，方便群众申请登记，保护权利人合法权益，根据《中华人民共和国物权法》等法律，制定本条例。

（2）本条例所称不动产登记，是指不动产登记机构依法将不动产权利归属和其他法定事项记载于不动产登记簿的行为。

本条例所称不动产，是指土地、海域以及房屋、林木等定着物。

（3）不动产首次登记、变更登记、转移登记、注销登记、更正登记、异议登记、预告登记、查封登记等，适用本条例。

（4）国家实行不动产统一登记制度。

不动产登记遵循严格管理、稳定连续、方便群众的原则。

不动产权利人已经依法享有的不动产权利，不因登记机构和登记程序的改变而受到影响。

（5）国务院国土资源主管部门负责指导、监督全国不动产登记工作。

县级以上地方人民政府应当确定一个部门为本行政区域的不动产登记机构，负责不动产登记工作，并接受上级人民政府不动产登记主管部门的指导、监督。

（6）不动产登记由不动产所在地的县级人民政府不动产登记机构办理；直辖市、设区的市人民政府可以确定本级不动产登记机构统一办理所属各区的不动产登记。

跨县级行政区域的不动产登记，由所跨县级行政区域的不动产登记机构分别办理。不能分别办理的，由所跨县级行政区域的不动产登记机构协商办理；协商不成的，由共同的上一级人民政府不动产登记主管部门指定办理。

国务院确定的重点国有林区的森林、林木和林地，国务院批准项目用海、用岛，中央国家机关使用的国有土地等不动产登记，由国务院国土资源主管部门会同有关部门规定。

二、法律规定需要登记的不动产权利

下列不动产权利，依照本条例的规定办理登记：

（1）集体土地所有权；

（2）房屋等建筑物、构筑物所有权；

（3）森林、林木所有权；

（4）耕地、林地、草地等土地承包经营权；

（5）建设用地使用权；

（6）宅基地使用权；

（7）海域使用权；

（8）地役权；

（9）抵押权；

（10）法律规定需要登记的其他不动产权利。

三、不动产登记

1. 不动产单元

不动产以不动产单元为基本单位进行登记。不动产单元具有唯一编码。

2. 不动产登记簿内容

不动产登记机构应当按照国务院国土资源主管部门的规定设立统一的不动产登记簿。

不动产登记簿应当记载以下事项：

（1）不动产的坐落、界址、空间界限、面积、用途等自然状况；

（2）不动产权利的主体、类型、内容、来源、期限、权利变化等权属状况；

（3）涉及不动产权利限制、提示的事项；

（4）其他相关事项。

3. 不动产登记簿采用的介质

不动产登记簿应当采用电子介质，暂不具备条件的，可以采用纸质介质。不动产登记机构应当明确不动产登记簿唯一、合法的介质形式。

不动产登记簿采用电子介质的，应当定期进行异地备份，并具有唯一、确定的纸质转化形式。

采用纸质介质不动产登记簿的，应当配备必要的防盗、防火、防渍、防有害生物等安全保护设施。

采用电子介质不动产登记簿的，应当配备专门的存储设施，并采取信息网络安全防护措施。

4. 不动产登记

（1）不动产登记机构应当依法将各类登记事项准确、完整、清晰地记载于不动产登记簿。任何人不得损毁不动产登记簿，除依法予以更正外不得修改登记事项。

（2）不动产登记工作人员应当具备与不动产登记工作相适应的专业知识和业务能力。

不动产登记机构应当加强对不动产登记工作人员的管理和专业技术培训。

（3）不动产登记机构应当指定专人负责不动产登记簿的保管，并建立健全相应的安全责任制度。

（4）不动产登记簿由不动产登记机构永久保存。不动产登记簿损毁、灭失的，不动产登记机构应当依据原有登记资料予以重建。

行政区域变更或者不动产登记机构职能调整的，应当及时将不动产登记簿移交相应的不动产登记机构。

四、登记程序

1. 不动产登记申请

当事人或者其代理人应当到不动产登记机构办公场所申请不动产登记。因买卖、设定抵押权等申请不动产登记的，应当由当事人双方共同申请。

属于下列情形之一的，可以由当事人单方申请：

（1）尚未登记的不动产首次申请登记的；

（2）继承、接受遗赠取得不动产权利的；

（3）人民法院、仲裁委员会生效的法律文书或者人民政府生效的决定等设立、变更、转让、消灭不动产权利的；

（4）权利人姓名、名称或者自然状况发生变化，申请变更登记的；

（5）不动产灭失或者权利人放弃不动产权利，申请注销登记的；

（6）申请更正登记或者异议登记的；

（7）法律、行政法规规定可以由当事人单方申请的其他情形。

不动产登记机构将申请登记事项记载于不动产登记簿前，申请人可以撤回登记申请。

2. 申请人应提交的材料

申请人应当提交下列材料，并对申请材料的真实性负责：

（1）登记申请书；

（2）申请人、代理人身份证明材料、授权委托书；

（3）相关的不动产权属来源证明材料、登记原因证明文件、不动产权属证书；

（4）不动产界址、空间界限、面积等材料；

（5）与他人利害关系的说明材料；

（6）法律、行政法规以及本条例实施细则规定的其他材料。

不动产登记机构应当在办公场所和门户网站公开申请登记所需材料目录和示范文本等信息。

3. 不动产登记申请受理

不动产登记机构收到不动产登记申请材料，应当分别按照下列情况办理：

（1）属于登记职责范围，申请材料齐全、符合法定形式，或者申请人按照要求提交全部补正申请材料的，应当受理并书面告知申请人；

（2）申请材料存在可以当场更正的错误的，应当告知申请人当场更正，申请人当场更正后，应当受理并书面告知申请人；

（3）申请材料不齐全或者不符合法定形式的，应当当场书面告知申请人不予受理，并一次性告知需要补正的全部内容；

（4）申请登记的不动产不属于本机构登记范围的，应当当场书面告知申请人不予受理，并告知申请人向有登记权的机构申请。

不动产登记机构未当场书面告知申请人不予受理的，视为受理。

4. 不动产登记申请的查验

不动产登记机构受理不动产登记申请的，应当按照下列要求进行查验：

（1）不动产界址、空间界限、面积等材料与申请登记的不动产状况是否一致；

（2）有关证明材料、文件与申请登记的内容是否一致；

（3）登记申请是否违反法律、行政法规规定。

5. 不动产登记的实地查看

属于下列情形之一的，不动产登记机构可以对申请登记的不动产进行实地查看：

（1）房屋等建筑物、构筑物所有权首次登记；

（2）在建建筑物抵押权登记；

（3）因不动产灭失导致的注销登记；

（4）不动产登记机构认为需要实地查看的其他情形。

对可能存在权属争议，或者可能涉及他人利害关系的登记申请，不动产登记机构可以向申请人、利害关系人或者有关单位进行调查。

不动产登记机构进行实地查看或者调查时，申请人、被调查人应当予以配合。

6. 不动产登记办理

（1）不动产登记机构应当自受理登记申请之日起 30 个工作日内办结不动产登记手续，法律另有规定的除外。

（2）登记事项自记载于不动产登记簿时完成登记。

不动产登记机构完成登记，应当依法向申请人核发不动产权属证书或者登记证明。

7. 不予办理的登记申请

登记申请有下列情形之一的，不动产登记机构应当不予登记，并书面告知申请人：

（1）违反法律、行政法规规定的；

（2）存在尚未解决的权属争议的；

（3）申请登记的不动产权利超过规定期限的；

（4）法律、行政法规规定不予登记的其他情形。

五、登记信息共享与保护

（1）国务院国土资源主管部门应当会同有关部门建立统一的不动产登记信息管理基础平台。

各级不动产登记机构登记的信息应当纳入统一的不动产登记信息管理基础平台，确保国家、省、市、县四级登记信息的实时共享。

（2）不动产登记有关信息与住房城乡建设、农业、林业、海洋等部门审批信息、交易信息等应当实时互通共享。

不动产登记机构能够通过实时互通共享取得的信息，不得要求不动产登记申请人重复提交。

（3）国土资源、公安、民政、财政、税务、工商、金融、审计、统计等部门应当加强不动产登记有关信息互通共享。

（4）不动产登记机构、不动产登记信息共享单位及其工作人员应当对不动产登记信息保密；涉及国家秘密的不动产登记信息，应当依法采取必要的安全保密措施。

（5）权利人、利害关系人可以依法查询、复制不动产登记资料，不动产登记机构应当提供。

有关国家机关可以依照法律、行政法规的规定查询、复制与调查处理事项有关的不动产登记资料。

（6）查询不动产登记资料的单位、个人应当向不动产登记机构说明查询目的，不得将查询获得的不动产登记资料用于其他目的；未经权利人同意，不得泄露查询获得的不动产登记资料。

六、法律责任

（1）不动产登记机构登记错误给他人造成损害，或者当事人提供虚假材料申请登记给他人造成损害的，依照《中华人民共和国物权法》的规定承担赔偿责任。

（2）不动产登记机构工作人员进行虚假登记，损毁、伪造不动产登记簿，擅自修改登记事项，或者有其他滥用职权、玩忽职守行为的，依法给予处分；给他人造成损害的，依法承担赔偿责任；构成犯罪的，依法追究刑事责任。

（3）伪造、变造不动产权属证书、不动产登记证明，或者买卖、使用伪造、变造的不动产权属证书、不动产登记证明的，由不动产登记机构或者公安机关依法予以收缴；有违法所得的，没收违法所得；给他人造成损害的，依法承担赔偿责任；构成违反治安管理行为的，依法给予治安管理处罚；构成犯罪的，依法追究刑事责任。

（4）不动产登记机构、不动产登记信息共享单位及其工作人员，查询不动产登记资料的单位或者个人违反国家规定，泄露不动产登记资料、登记信息，或者利用不动产登记资料、登记信息进行不正当活动，给他人造成损害的，依法承担赔偿责任；

对有关责任人员依法给予处分；有关责任人员构成犯罪的，依法追究刑事责任。

考点试题汇编及参考答案与试题解析

考点试题汇编

一、单项选择题（每题的备选选项中，只有一项最符合题意。）

1. 根据《测绘资质管理规定》和《测绘资质分级标准》，不动产测绘包括地籍测绘、房产测绘、行政区域界线测绘和(　　)。

A. 海洋测绘　　B. 国界线测绘

C. 不动产测绘监理　　D. 权属界线

2. 地籍测绘的主要成果包括(　　)、地籍图和地籍簿册。

A. 地形要素　　B. 数据集

C. 控制点　　D. 界址点

3. 在房产面积测算中弄虚作假、欺骗房屋权利人，由县级以上人民政府房地产行政主管部门给予警告并责令限期改正，并可处以(　　)的罚款；情节严重的，由发证机关予以降级或者取消其房产测绘资格。

A. 1 万元以上、5 万元以下　　B. 1 万元以上、3 万元以下

C. 1 万元以上　　D. 3 万元以下

4. 下列关于国界线测绘的主要成果表述错误的是(　　)。

A. 边界线位置和走向的文字说明　　B. 界桩类型

C. 界桩点坐标　　D. 边界线地形图

5. 中华人民共和国地图的国界线标准样图，由(　　)拟订，报国务院批准后公布。

A. 外交部

B. 外交部和国务院测绘地理信息主管部门

C. 民政部和国务院测绘地理信息主管部门

D. 民政部

6. 国界线测绘必须严格按照中华人民共和国与相邻国家缔结的边界条约或者协定进行，并由(　　)主持进行。

A. 外交部

B. 外交部和国务院测绘地理信息主管部门

C. 民政部和国务院测绘地理信息主管部门

D. 民政部

7. 行政区域界线毗邻的县级以上地方各级人民政府应当建立行政区域界线联合

检查制度，每(　　)年联合检查一次。

A. 2　　B. 3

C. 5　　D. 1

8. 测量土地、建筑物、构筑物和地面其他附着物的权属界址线，应当按照(　　)确定的权属界线的界址点、界址线或者提供的有关登记资料和附图进行。

A. 县级以上人民政府　　B. 相邻权属单位

C. 村集体　　D. 省级人民政府

9. 根据《行政区域界线管理条例》，任何涉及行政区域界线的地图，其行政区域界线画法一律以(　　)为准绘制。

A. 行政区域界线详图　　B. 边界地形图

C. 行政区域界线的标准画法图　　D. 国家基本比例尺地图图式

二、多项选择题（每题的备选选项中，有2项或2项以上符合题意，至少有1项是错项。）

1. 下列可作为委托房产测绘的申请人的是(　　)。

A. 房屋权利申请人　　B. 房屋权利人

C. 其他利害关系人　　D. 房产公司

E. 房产行政主管部门

2. 房产测绘成果主要包括(　　)。

A. 房产簿册　　B. 房产数据

C. 房产图集　　D. 不动产权证

E. 契证

3. 有关国家机关工作人员在行政区域界线管理中有下列(　　)行为之一的，根据不同情节，依法给予记大过、降级或者撤职的行政处分；致使公共财产、国家和人民利益遭受重大损失的，依照刑法关于滥用职权罪、玩忽职守罪的规定，依法追究刑事责任。

A. 不履行行政区域界线批准文件和行政区域界线协议书规定的义务

B. 发现他人擅自移动、改变行政区域界线标志不予制止的

C. 不依法公布行政区域界线的

D. 擅自移动、改变行政区域界线标志，或者命令、指使他人擅自移动、改变行政区域界线标志

E. 毗邻方未在场时，擅自维修行政区域界线标志的

4. 根据《测绘资质分级标准》，海洋测绘的主要内容有(　　)。

A. 海域权属测绘　　B. 水准测量

C. 深度基准测量　　D. 海图编制

E. 水深测量

参考答案与试题解析

一、单项选择题

1.【C】不动产测绘包括地籍测绘、房产测绘、行政区域界线测绘和不动产测绘监理。

2.【B】地籍测绘的主要成果包括数据集（控制点、界址点坐标等）、地籍图和地籍簿册。

3.【B】在房产面积测算中弄虚作假的；可处以1万元以上、3万元以下的罚款。

4.【B】界桩类型不属于国界线测绘的主要成果。

5.【B】国界线标准样图，由外交部和国务院测绘地理信息主管部门拟定。

6.【A】中华人民共和国国界线的测绘，由外交部组织实施。

7.【C】毗邻的县级以上各级政府应当建立界线联合检查制度，每5年联合检查一次。

8.【A】应按照县级以上政府确定的权属界线的界址点、界址线或有关资料和附图进行。

9.【A】其行政区域界线画法一律以行政区域界线详图为准绘制。

二、多项选择题

1.【ABCE】房产公司不能作为委托房产测绘的申请人。

2.【ABC】房产测绘成果包括：房产簿册、房产数据和房产图集等。

4.【ABDE】不依法公布行政区域界线的行为不需要依法追究刑事责任。

5.【ACDE】水准测量不属于海洋测绘的主要内容。

第八章 地图管理

第一节 地图编制管理

为了加强地图管理，维护国家主权、安全和利益，促进地理信息产业健康发展，为经济建设、社会发展和人民生活服务，根据《中华人民共和国测绘法》，在中华人民共和国境内从事向社会公开的地图的编制、审核、出版和互联网地图服务以及监督检查活动，应当对地图管理进行规定。

国务院测绘地理信息主管部门负责全国地图工作的统一监督管理。国务院其他有关部门按照国务院规定的职责分工，负责有关的地图工作。县级以上地方人民政府负责管理测绘地理信息工作的部门（以下称测绘地理信息主管部门）负责本行政区域地图工作的统一监督管理。县级以上地方人民政府其他有关部门按照本级人民政府规定的职责分工，负责有关的地图工作。

一、地图编制的概念

地图编制是指编制地图的作业过程，包括地图编辑准备、原图编绘和出版准备三个阶段。从事地图编制活动的单位应当依法取得相应的测绘资质证书，并在资质等级许可的范围内开展地图编制工作。

二、地图类型

地图按其内容可分为普通地图和专题地图两大类型。

普通地图是以相对平衡的详细程度表示地球表面的水系、地貌、土质植被、居民地、交通网、境界等自然现象和社会现象的地图。它比较全面地反映制图区域的自然人文环境、地理条件和人类改造自然的一般状况，反映出自然、社会经济等方面的相互联系和影响的基本规律。普通地图按内容的概括程度，区域及图幅的划分状况等分为地形图和普通地理图（简称地理图）。我国把 1∶500、1∶1 千、1∶2 千、1∶5 千、1∶1 万、1∶2.5 万、1∶5 万、1∶10 万、1∶25 万、1∶50 万、1∶100 万这 11 种比例尺的地形图规定为国家基本比例尺地形图，它们是按国家统一测图编图规范和图式进行测制或编制的地形图。

专题地图是根据专业方面的需要，突出反映一种或几种主题要素或现象的地图，其中作为主题的要素表示得很详细，而其他要素则视反映主题的需要，作为地理基础概略表示。主题的专题内容，可以是普通地图上所固有的要素，例如行政区划图的主题是居民地的行政等级及境界；但更多的是属于专业部门特殊需要的内容，例如，气候地图表示的各种气候因素的空间分布、地质图上表达的各种地质现象、环境地图中表示的诸如污染与保护、土壤图表示的土壤种类。专题地图按其内容性质再分为自然现象地图（自然地理图）和社会现象地图（社会经济地图）。

三、地图编制内容规定

编制地图，应当执行国家有关地图编制标准，遵守国家有关地图内容表示的规定。

1. 地图上不得表示的内容

（1）危害国家统一、主权和领土完整的；
（2）危害国家安全、损害国家荣誉和利益的；
（3）属于国家秘密的；
（4）影响民族团结、侵害民族风俗习惯的；
（5）法律、法规规定不得表示的其他内容。
上述规定，不仅包括了公开地图，同时也包含了内部地图。

2. 地图编制内容表示规定

（1）公开地图不得表示任何国家秘密和内部事项；
（2）选用最新地形图资料作为编制基础，并及时补充或者更改现势变化的内容；
（3）正确反映各要素的地理位置、形态、名称及相互关系；
（4）具备符合地图使用目的的有关数据和专业内容；
（5）地图的比例尺和开本符合国家规定；
（6）在地图上绘制国界、中国历史疆界、世界各国国界，以及各省、自治区、直辖市行政区域界线的，应当严格按照《地图管理条例》规定进行。

四、地图内容表示的禁止性规定

1. 公开地图禁止表示的内容

（1）指挥机关、地面和地下的指挥工程、作战工程，军用机场、港口、码头、营区、训练场、试验场、军用洞库、仓库，军用通信、侦查、导航、观测台站和测量、导航、助航标志，军用道路、铁路专用线，军用通信、输电线路、军用输油、输水管道等直接服务于军事目的的各种军事设施；

（2）军事禁区、军事管理区及其内部的所有单位与设施；

（3）武器弹药、爆炸物品、剧毒物品、危险化学品、铀矿床和放射性物品的集中存放地等与公共安全相关的设施；

（4）专用铁路及站内火车线路、铁路编组站，专用公路；

（5）未公开的机场；

（6）国家法律法规、部门规章禁止公开的其他内容。

2. 公开地图禁止表示的具体形状及属性

（1）大型水利设施、电力设施、通信设施、石油和燃气设施、重要战略物资储备库、降雨雷达站和水文观测站（网）等涉及国家经济命脉，对人民生产、生活有重大影响的民用设施；

（2）监狱、劳动教养所、看守所、拘留所、强制隔离戒毒所、救助管理站和安康医院等与公共安全相关的单位；

（3）公开机场的内部结构及运输能力属性；

（4）渡口的内部结构及属性。

上述内容中，用于公共服务的设施可以标注名称，确需表示位置时其位置精度不得高于100m。

3. 公开地图不得表示的属性

（1）重要桥梁的限高、限宽、净空、载重量和坡度属性；

（2）江河的通航能力、水深、流速、底质和岸质属性；水库的库容属性，拦水坝的构筑材料和高度属性，水源的性质属性，沼泽的水深和泥深属性；

（3）高压电线、通信线、管道的属性。

五、地图内容表示一般规定

1. 地图上界线表示

（1）中华人民共和国国界，按照中国国界线画法标准样图绘制；

（2）中国历史疆界，依据有关历史资料，按照实际历史疆界绘制；

（3）世界各国间边界，按照世界各国国界线画法参考样图绘制；

（4）世界各国间历史疆界，依据有关历史资料，按照实际历史疆界绘制。

在地图上绘制我国县级以上行政区域界线或者范围，应当符合行政区域界线标准画法图、国务院批准公布的特别行政区行政区域图和国家其他有关规定。行政区域界线标准画法图由国务院民政部门和国务院测绘地理信息行政主管部门拟订，报国务院批准后公布。

2. 中国示意性地图内容表示

用轮廓线或色块表示中国疆域范围，南海诸岛范围线可不表示，但必须表示南海诸岛以及钓鱼岛、赤尾屿等重要岛屿岛礁。比例尺等于或小于 1∶1 亿的，可不表示南海诸岛范围线以及钓鱼岛、赤尾屿等重要岛屿岛礁。

3. 地图比例尺、开本及经纬线

（1）中国地图比例尺等于或小于 1∶100 万。

（2）省、自治区地图，比例尺等于或小于 1∶50 万；直辖市地图及辖区面积小于 10 万平方千米的省、自治区地图，比例尺等于或小于 1∶25 万。

（3）市、县地图，开幅为一个全张，最大不超过两个全张。

（4）省、自治区、直辖市普通地图（内容以政区为主），开本一般不超过 32 开本。

（5）香港特别行政区、澳门特别行政区、台湾省地图，比例尺、开本大小不限。

（6）教学图、时事宣传图、旅游图、交通图、书刊插图和互联网上登载使用的各类示意性地图，其位置精度不能高于 1∶50 万国家基本比例尺地图的精度。

（7）比例尺等于或大于 1∶50 万的各类公开地图均不得绘出经纬线和直角坐标网。

4. 其他基本规定

根据《公开地图内容表示补充规定（试行）》，编制公开地图，还必须遵守下列基本规定。公开地图位置精度不得小于 50m，等高距不得小于 50m，数字高程模型格网不得小于 100m。开本不受限制。

六、地图编制管理

1. 地图编制资质管理

申请互联网地图服务资质的，必须具有规定数量的经省级以上测绘地理信息主管部门考核合格的地图安全审校人员。

2. 地图编制审核管理

地图编制单位编制的地图在公开、使用、印刷、出版及展示前，必须按照国家地图编制管理的有关规定，依法送有审核权的测绘地理信息主管部门进行审核。

3. 解密处理

依照《地图管理条例》的规定，使用涉及国家秘密的测绘成果进行地图编制时，应当事先由国务院测绘地理信息主管部门或者省、自治区、直辖市人民政府测绘地理信息主管部门对涉密测绘成果进行解密处理，然后方可进行地图编制。

第二节 地图出版、展示与互联网地图管理

一、地图出版

1. 地图出版的概念

《地图管理条例》规定，出版单位从事地图出版活动的，应当具有国务院出版行政主管部门审核批准的地图出版业务范围，并依照《出版管理条例》的有关规定办理审批手续。

2. 地图出版管理

《地图管理条例》对地图出版作出明确的规定：

（1）出版单位根据需要，可以在出版物中插附经审核批准的地图。

（2）任何出版单位不得出版未经审定的中小学教学地图。

（3）出版单位出版地图，应当按照国家有关规定向国家图书馆、中国版本图书馆和国务院出版行政主管部门免费送交样本。

（4）地图著作权的保护，依照有关著作权法律、法规的规定执行。

3. 地图展示

（1）展示或者登载不属于出版物的地图的，由展示者或者登载者送有审核权的测绘地理信息行政主管部门审核。

（2）任何单位和个人不得出版、展示、登载、销售、进口、出口不符合国家有关标准和规定的地图，不得携带、寄递不符合国家有关标准和规定的地图进出境。

（3）向社会公开的地图，应当报送有审核权的测绘地理信息主管部门审核。但是，景区图、街区图、地铁线路图等内容简单的地图除外。

（4）各级测绘地理信息主管部门在地图市场日常监督检查过程中，发现存在政治性问题的各种展示地图，应当责令其改正，并要求及时移送测绘地理信息行政主管部门审核。对于拒不改正的，要依据地图管理的有关法律、行政法规的规定，依法进

行查处。

二、互联网地图管理

互联网地图服务提供者应当使用经依法审核批准的地图，建立地图数据安全管理制度，采取安全保障措施，加强对互联网地图新增内容的核校，提高服务质量。县级以上人民政府和测绘地理信息主管部门、网信部门等有关部门应当加强对地图编制、出版、展示、登载和互联网地图服务的监督管理，保证地图质量，维护国家主权、安全和利益。

互联网地图管理的基本要求如下：

（1）互联网地图服务单位向公众提供地理位置定位、地理信息上传标注和地图数据库开发等服务的，应当依法取得相应的测绘资质证书。

（2）互联网地图服务单位从事互联网地图出版活动的，应当经国务院出版行政主管部门依法审核批准。

（3）互联网地图服务单位应当将存放地图数据的服务器设在中华人民共和国境内，并制定互联网地图数据安全管理制度和保障措施。

（4）互联网地图服务单位收集、使用用户个人信息的，应当明示收集、使用信息的目的、方式和范围，并经用户同意。互联网地图服务单位需要收集、使用用户个人信息的，应当公开收集、使用规则，不得泄露、篡改、出售或者非法向他人提供用户的个人信息。互联网地图服务单位应当采取技术措施和其他必要措施，防止用户的个人信息泄露、丢失。

（5）互联网地图服务单位用于提供服务的地图数据库及其他数据库不得存储、记录含有按照国家有关规定在地图上不得表示的内容。互联网地图服务单位发现其网站传输的地图信息含有不得表示的内容的，应当立即停止传输，保存有关记录，并向县级以上人民政府测绘地理信息主管部门、出版行政主管部门、网络安全和信息化主管部门等有关部门报告。

（6）任何单位和个人不得通过互联网上传标注含有按照国家有关规定在地图上不得表示的内容。

（7）互联网地图服务单位应当使用经依法审核批准的地图，加强对互联网地图新增内容的核查校对，并按照国家有关规定向国务院测绘地理信息主管部门或者省、自治区、直辖市测绘地理信息主管部门备案。

（8）互联网地图服务单位对在工作中获取的涉及国家秘密、商业秘密的信息，应当保密。

（9）互联网地图服务单位应当加强行业自律，推进行业信用体系建设，提高服务水平。

第三节　地图审核管理

国家实行地图审核制度。向社会公开的地图，应当报送有审核权的测绘地理信息主管部门审核。但是，景区图、街区图、地铁线路图等内容简单的地图除外。另外，地图审核不得收取费用。

一、地图审核的职责权限

1. 国务院测绘地理信息主管部门负责审核的地图

（1）全国地图以及主要表现地为两个以上省、自治区、直辖市行政区域的地图；

（2）香港特别行政区地图、澳门特别行政区地图以及台湾地区地图；

（3）世界地图以及主要表现地为国外的地图；

（4）历史地图。

省、自治区、直辖市人民政府测绘地理信息主管部门负责审核主要表现地在本行政区域范围内的地图。其中，主要表现地在设区的市行政区域范围内不涉及国界线的地图，由设区的市级人民政府测绘地理信息主管部门负责审核。

我国目前具有地图审核权限的测绘地理信息主管部门分三级，一是国务院测绘地理信息主管部门，二是省级测绘地理信息主管部门，三是设区市测绘地理信息主管部门。

2. 地图审核的时限

（1）有审核权的测绘地理信息主管部门，应当自受理地图审核申请之日起 20 个工作日内作出审核决定。

（2）时事宣传地图、时效性要求较高的图书和报刊等插附地图的，应当自受理地图审核申请之日起 7 个工作日内作出审核决定。

（3）应急保障等特殊情况需要使用地图的，应当即送即审。

（4）涉及专业内容的地图，应当依照国务院测绘地理信息主管部门会同有关部门制定的审核依据进行审核。没有明确审核依据的，由有审核权的测绘地理信息主管部门征求有关部门的意见，有关部门应当自收到征求意见材料之日起 20 个工作日内提出意见。征求意见时间不计算在地图审核的期限内。

世界地图、历史地图、时事宣传地图没有明确审核依据的，由国务院测绘地理信息主管部门商外交部进行审核。

二、地图送审

1. 地图送审的主题分类

（1）出版地图的，由地图出版单位送审。

（2）展示或者登载不属于出版物的地图的，由展示者或者登载者送审。

（3）进口不属于出版物的地图或者附着地图图形的产品的，由进口者送审；进口属于出版物的地图，依据《出版管理条例》的有关规定执行。

（4）出口不属于出版物的地图或者附着地图图形的产品的，由出口者送审。

（5）生产附着地图图形的产品的，由生产者送审。

2. 不用进行地图审核的情形

直接使用国务院测绘地理信息主管部门或者省级测绘地理信息主管部门提供的标准画法地图，未对其地图内容进行编辑改动的，可以不送审，但应当在地图上注明地图制作单位名称。

3. 申请地图审核应当提交的材料

（1）审核申请表；

（2）审核的地图样图或者样品；

（3）编制单位的测绘资质证书。

进口不属于出版物的地图和附着地图图形的产品的，仅需提交上述资料的第一项、第二项；利用涉及国家秘密的测绘成果编制地图的，还应当提交保密技术处理证明。

三、地图审核

1. 地图审核内容

送审地图符合下列规定的，由有审核权的测绘地理信息主管部门核发地图审核批准文件，并注明审图号：

（1）符合国家有关地图编制标准，完整表示中华人民共和国疆域；

（2）国界、边界、历史疆界、行政区域界线或者范围、重要地理信息数据、地名等符合国家有关地图内容表示的规定；

（3）不含有地图上不得表示的内容。

2. 地图审核的基本规定

（1）有审核权的测绘地理信息行政主管部门，应当自受理地图审核申请之日起20个工作日内作出审核决定。对于时事宣传地图、时效性要求较高的图书和报刊等插附地图，应当自受理地图审核申请之日起7个工作日内作出审核决定。应急保障等特殊情况需要使用地图的，应当即送即审。

（2）涉及专业内容的地图，应当依照国务院测绘地理信息主管部门会同有关部门制定的审核依据进行审核。没有明确审核依据的，由有审核权的测绘地理信息主管部门征求有关部门的意见，有关部门应当自收到征求意见材料之日起20个工作日内提出意见。征求意见时间不计算在地图审核的期限内。

（3）世界地图、历史地图、时事宣传地图没有明确审核依据的，由国务院测绘地理信息主管部门商外交部进行审核。

（4）地图审核批准文件和审图号应当在有审核权的测绘地理信息主管部门网站或者其他新闻媒体上及时公告。

（5）全国性中小学教学地图，由国务院教育行政部门会同国务院测绘地理信息主管部门、外交部组织审定；地方性中小学教学地图，由省、自治区、直辖市人民政府教育行政部门会同省、自治区、直辖市人民政府测绘地理信息行政主管部门组织审定。

四、地图审核人员和申请人

1. 地图审核人员的条件

有审核权的测绘地理信息主管部门，应当健全完善地图内容审查工作机构，配备地图内容审查专业人员。地图内容审查专业人员应当经省级以上测绘地理信息主管部门培训并考核合格，方能从事地图内容审查工作。

2. 地图审核申请人的义务

（1）按照国务院测绘地理信息行政主管部门或者省级测绘地理信息行政主管部门出具的地图内容审查意见书和试制样图上的批注意见对地图进行修改。

（2）经审核批准的地图，应当在地图或者附着地图图形的产品的适当位置显著标注审图号。其中，属于出版物的，应当在版权页标注审图号。

（3）进口、出口地图的，应当向海关提交地图审核批准文件和审图号。

（4）经审核批准的地图，送审者应当按照有关规定向有审核权的测绘地理信息主管部门免费送交样本。

五、法律责任

1.《地图管理条例》中的规定

（1）应当送审而未送审的，责令改正，给予警告，没收违法地图或者附着地图图形的产品，可以处 10 万元以下的罚款；有违法所得的，没收违法所得。构成犯罪的，依法追究刑事责任。

（2）不需要送审的地图不符合国家有关标准和规定的，责令改正，给予警告，没收违法地图或者附着地图图形的产品，可以处 10 万元以下的罚款；有违法所得的，没收违法所得；情节严重的，可以向社会通报；构成犯罪的，依法追究刑事责任。

（3）经审核不符合国家有关标准和规定的地图未按照审核要求修改即向社会公开的，责令改正，给予警告，没收违法地图或者附着地图图形的产品，可以处 10 万元以下的罚款；有违法所得的，没收违法所得；情节严重的，责令停业整顿，降低资质等级或者吊销测绘资质证书，可以向社会通报；构成犯罪的，依法追究刑事责任。

（4）弄虚作假、伪造申请材料骗取地图审核批准文件，或者伪造、冒用地图审核批准文件和审图号的，责令停止违法行为，给予警告，没收违法地图和附着地图图形的产品，并处 10 万元以上、20 万元以下的罚款；有违法所得的，没收违法所得；情节严重的，责令停业整顿，降低资质等级或者吊销测绘资质证书；构成犯罪的，依法追究刑事责任。

（5）未在地图的适当位置显著标注审图号，或者未按照有关规定送交样本的，责令改正，给予警告；情节严重的，责令停业整顿，降低资质等级或者吊销测绘资质证书。

（6）互联网地图服务单位使用未经依法审核批准的地图提供服务，或者未对互联网地图新增内容进行核查校对的，责令改正，给予警告，可以处 20 万元以下的罚款；有违法所得的，没收违法所得；情节严重的，责令停业整顿，降低资质等级或者吊销测绘资质证书；构成犯罪的，依法追究刑事责任。

（7）通过互联网上传标注了含有按照国家有关规定在地图上不得表示的内容的，责令改正，给予警告，可以处 10 万元以下的罚款；构成犯罪的，依法追究刑事责任。

2.《地图审核管理规定》的规定

（1）最终向社会公开的地图与审核通过的地图内容及表现形式不一致，或者互联网地图服务审图号有效期届满未重新送审的，测绘地理信息主管部门应当责令改正、给予警告，可以处 3 万元以下的罚款。

（2）测绘地理信息主管部门及其工作人员在地图审核工作中滥用职权、玩忽职守、徇私舞弊的，依法给予处分；涉嫌构成犯罪的，移送有关机关依法追究刑事责任。

第四节 地图监督管理

一、地图监督管理职责

1. 县级以上人民政府及其有关部门

（1）各级人民政府应当加强对编制、印刷、出版、展示、登载地图的管理，保证地图质量，维护国家主权、安全和利益。

（2）各级人民政府及其有关部门、新闻媒体应当加强国家版图宣传教育，增强公民的国家版图意识。

（3）县级以上人民政府：共建共享机制，加强政策扶持。

（4）县级以上人民政府及其有关部门应当依法加强对地图编制、出版、展示、登载、生产、销售、进口、出口等活动的监督检查。

（5）县级以上人民政府出版行政主管部门应当加强对地图出版活动的监督管理，依法对地图出版通法行为进行查处。

2. 县级以上测绘地理信息主管部门

（1）国务院测绘地理信息主管部门负责全国地图的统一监督管理，国务院其他有关部门按照国务院规定的职责分工，负责有关的地图工作。

（2）县级以上地方人民政府负责管理测绘地理信息工作的行政部门（以下称测绘地理信息主管部门）负责本行政区域地图工作的统一监督管理。县级以上地方人民政府其他有关部门按照本级人民政府规定的职责分工，负责有关的地图工作。

（3）县级以上人民政府测绘地理信息主管部门应当采取有效措施，及时获取、处理、更新基础地理信息数据，通过地理信息公共服务平台向社会提供地理信息公共服务，实现地理信息数据开放共享。

（4）县级以上人民政府测绘地理信息主管部门应当向社会公布公益性地图，供无偿使用。

（5）县级以上人民政府测绘地理信息主管部门应当及时组织收集与地图内容相关的行政区划、地名、交通、水系、植被、公共设施、居民点等的变更情况，用于定期更新公益性地图，有关部门和单位应当及时提供相关更新资料。

（6）县级以上测绘地理信息主管部门应当依法审核地图。

（7）县级以上人民政府测绘地理信息主管部门应当会同有关部门，加强对互联网地图数据安全的监督管理。

（8）县级以上人民政府测绘地理信息主管部门应当根据国家有关标准和技术规范，加强对地图质量的监督管理。

二、监督检查强制性措施

《地图管理条例》第四十三条规定，县级以上人民政府测绘地理信息主管部门、出版行政主管部门和其他有关部门依法进行监督检查时，有权采取下列措施：

（1）进入涉嫌地图违法行为的场所实施现场检查；

（2）查阅、复制有关合同、票据、账簿等资料；

（3）查封、扣押涉嫌违法的地图、附着地图图形的产品以及用于实施地图违法行为的设备、工具、原材料等。

第五节　地理信息系统工程管理

地理信息系统具有标准化、数字化和多维结构的特点。

一、基础地理信息标准数据的地图投影方式

基础地理信息标准数据的地图投影方式，应为 1 : 100 万采用正轴等角割圆锥投影，1 : 2.5 万~1 : 50 万采用高斯-克吕格投影，按 6 度分带；1 : 500~1 : 1 万采用高斯-克吕格投影，按 3 度分带，确有必要时，按 1.5 度分带。

二、地理信息数据的分级认定

（1）大地原点，一、二等平面控制点数据，水准原点，一、二等水准点数据，天文点数据，重力点数据，AA 级、A 级、B 级卫星定位点数据，1 : 2.5 万~1 : 100 万基础地理信息数据（不含测量控制点数据），重要地理信息数据和国务院测绘地理信息行政主管部门依法组织施测的其他基础地理信息数据，由国务院测绘地理信息行政主管部门委托的机构认定，或依法律法规规定的程序审核批准。

（2）上述以外的其他等级测量控制点数据，1 : 500~1 : 1 万基础地理信息数据（不含测量控制点数据），由数据表现地的省级测绘地理信息行政主管部门委托的机构认定。

第六节 地图审核管理基本规定

一、需要地图审核的产品

下列情形之一的，申请人应当依照本规定向有审核权的测绘地理信息主管部门提出地图审核申请：

（1）出版、展示、登载、生产、进口、出口地图或者附着地图图形的产品的；

（2）已审核批准的地图或者附着地图图形的产品，再次出版、展示、登载、生产、进口、出口且地图内容发生变化的；

（3）拟在境外出版、展示、登载的地图或者附着地图图形的产品的。

二、不需要审核的地图

（1）直接使用测绘地理信息主管部门提供的具有审图号的公益性地图；

（2）景区地图、街区地图、公共交通线路图等内容简单的地图；

（3）法律法规明确应予公开且不涉及国界、边界、历史疆界、行政区域界线或者范围的地图。

三、地图审图号

1. 地图审图号的组成

审图号由审图机构代号、通过审核的年份、地图类型简称、序号等组成。审图号编制的具体内容，由国务院测绘地理信息主管部门另行规定。

2. 地图审图号的公布

测绘地理信息主管部门应当在其门户网站等媒体上及时公布获得审核批准的地图名称、审图号等信息。经审核批准的地图，申请人应当在地图或者附着地图图形的产品的适当位置显著标注审图号，并向作出审核批准的测绘地理信息主管部门免费送交样本一式两份。属于出版物的，应当在版权页标注审图号；没有版权页的，应当在适当位置标注审图号。属于互联网地图服务的，应当在地图页面左下角标注审图号。

3. 地图审图号的有效期

互联网地图服务审图号有效期为 2 年。审图号到期，应当重新送审。

互联网地图服务单位应当配备符合相关要求的地图安全审校人员，并强化内部安全审校核查工作。最终向社会公开的地图与审核通过的地图内容及表现形式不一致，或者互联网地图服务审图号有效期届满未重新送审的，测绘地理信息主管部门应当责令改正、给予警告，可以处3万元以下的罚款。

考点试题汇编及参考答案与试题解析

考点试题汇编

一、单项选择题（每题的备选选项中，只有一项最符合题意。）

1. 根据地图管理条例，在地图上绘制中华人民共和国国界，应当按照中国国界线(　　)绘制。

A. 有关参考样图　　　　B. 画法参考样图
C. 有关标准样图　　　　D. 画法标准样图

2.《地图管理条例》规定，国家对向社会公开的地图实行(　　)制度。

A. 审查　　　　B. 审核
C. 核准　　　　D. 备案

3. 根据《地图管理条例》，下列地图中，需要向国务院测绘地理信息主管部门送审的是(　　)。

A. 广东省地图　　　　B. 江苏省政区图
C. 河北省全图　　　　D. 澳门特别行政区地图

4. 根据地图管理和资质管理相关规定，下列关于互联网地图服务单位从事相应活动的说法中，错误的是(　　)。

A. 应当使用经依法批准的地图
B. 加强对互联网地图新增内容的核查校对
C. 可以从事导航电子地图制作等相关业务
D. 新增内容按照有关规定向省级以上测绘行政主管部门备案

5. 地图编制、出版、展示、登载、生产、销售、进出口单位应当建立健全地图(　　)，采取有效措施，保证地图质量。

A. 领导小组　　　　B. 质量责任制度
C. 监督委员会　　　　D. 专家组

6. 互联网地图服务单位应当将存放地图数据的服务器设在(　　)。

A. 中华人民共和国境内　　　　B. 海外
C. 本单位　　　　D. 安全设施完备的地方

7.(　　)负责全国地图工作的统一监督管理。

A. 国务院 B. 国务院及其他有关部门

C. 国务院测绘地理信息主管部门 D. 国务院测绘地理信息主管部门与军队

8. ( )负责本行政区域地图工作的统一监督管理。

A. 市级以上测绘地理信息主管部门

B. 县级以上测绘地理信息主管部门

C. 县级以上地方人民政府

D. 市级以上地方人民政府

9. 根据《地图管理条例》，关于世界各国国界的绘制表述正确的是( )。

A. 按同有关邻国签订的边界条约、协定、议定书及其附图绘制

B. 按照实际历史疆界绘制

C. 按照世界各国间边界参考样图绘制

D. 按照实际控制线绘制

10. 根据《地图管理条例》，( )应当加强对地图出版活动的监督管理，依法对地图出版违法行为进行查处。

A. 县级以上人民政府出版行政主管部门

B. 市级以上人民政府出版行政主管部门

C. 省级以上人民政府出版行政主管部门

D. 国务院出版行政主管部门

11. 根据《地图管理条例》，国家实行地图审核制度。社会公开的地图，应当报送有审核权的测绘地理信息行政主管部门审核，收费标准按( )执行。

A. 地图面积 B. 件

C. 双方合同 D. 不收取费用

12. 下列内容中，可以在公开地图上表示的是( )。

A. 国防、军事设施及军事单位

B. 输电线路电压的精确数据

C. 航道水深、水库库容的精确数据

D. 国务院公布的重要地理信息数据

13. 下列地图中，由省级测绘地理信息主管部门负责审核的是( )。

A. 台湾地图地图

B. 历史地图

C. 世界地图以及主要表现地为国外的地图

D. 省、自治区、直辖市行政区域范围内的地方性地图

14. 下列情形中，申请地图审核时，必须提交地图编制单位的测绘资质证书的是( )。

A. 用于互联网服务等方面的地图产品

B. 直接引用古地图

C. 进口不属于出版物的地图和附着地图图形的产品

D. 使用示意性世界地图、中国地图和地方地图

15. 根据《公开地图内容表示补充规定（试行）》，公开地图位置精度不得高于(　　)m。

A. 10　　B. 20

C. 50　　D. 100

16. 根据《地图审核管理规定》，负责协助审核的测绘地理信息主管部门应当自收到协助审核材料之日起(　　)个工作日内，完成审核工作。

A. 5　　B. 7

C. 10　　D. 15

17. 根据《地图审核管理规定》，互联网地图服务单位应当配备符合相关要求的(　　)，并强化内部安全审校核查工作。

A. 地图安全审校人员　　B. 地图内容审查专业人员

C. 地图编制专业人员　　D. 注册测绘师

18. 根据《公开地图内容表示补充规定（试行）》，公开地图确需表示大型水利、电力、通信等设施的位置时，其位置精度不得高于(　　)m。

A. 20　　B. 50

C. 100　　D. 200

19. 根据《公开地图内容表示若干规定》，时事宣传图、旅游图、书刊插图和互联网上登载使用的各类示意性地图，其位置精度不能高于(　　)国家基本比例尺地图的精度。

A. 1：10 万　　B. 1：25 万

C. 1：50 万　　D. 1：100 万

20. 根据《地图审核管理规定》，最终向社会公开的地图与审核通过的地图内容及表现形式不一致，或者互联网地图服务审图号有效期届满未重新送审的，测绘地理信息主管部门应当责令改正、给予警告，可以处(　　)的罚款。

A. 3 000 元以上 1 万元以下　　B. 5 000 元以上 1 万元以下

C. 1 万元以上 2 万元以下　　D. 3 万元以下

21. 根据《遥感影像公开使用管理规定（试行）》，公开使用的遥感影像地面分辨率不得优于(　　)m。

A. 0. 1　　B. 0. 5

C. 1. 0　　D. 2. 5

22. 根据《地图审核管理规定》，互联网地图服务审图号有效期为(　　)年。

A. 1　　B. 2

C. 3　　D. 5

23. 根据《遥感影像公开使用管理规定（试行）》，卫星遥感影像提供或销售机构向影像测绘行政主管部门报送客户登记信息备案，备案到周期为每(　　)一次。

A. 2 月　　B. 3 月

C. 半年　　D. 1 年

24. 根据地图审核管理规定，审核通过的互联网地图服务，申请人应当每(　　)将新增标注内容及核查校对情况向作出审核批准的测绘地理信息主管部门备案。

A. 6 个月　　B. 3 个月

C. 9 个月　　D. 12 个月

25. 根据公开地图内容表示若干规定，下列设施和内容中，不得在公共地图和地图产品上表示的是(　　)。

A. 大型重要桥梁位置　　B. 国家公开经济运行数据

C. 公开港湾港口性质　　D. 国防军事设施

二、多项选择题（每题的备选选项中，有 2 项或 2 项以上符合题意，至少有 1 项是错项。）

1. 根据《地图管理条例》，编制地图应当遵守国家有关地图内容表示的规定。根据规定，下列内容中，地图上不得表示的有(　　)。

A. 危害国家统一、主权和领土完整的

B. 危害国家安全，损害国家荣誉和利益的

C. 属于国家秘密的

D. 影响民族团结、侵害民族风俗习惯的

E. 政府驻地及名称

2. 根据《地图管理条例》，下列地图中，不需要送审的有(　　)。

A. 时事宣传图　　B. 北京市全图

C. 景区图　　D. 街区图

E. 地铁线路图

3. 互联网地图服务单位收集、使用用户个人信息的，应当明示(　　)，并经用户同意。

A. 收集、使用信息的目的　　B. 身份证

C. 收集、使用信息的方式　　D. 工作证

E. 收集、使用信息的范围

4. 根据《地图管理条例》，下列情形中，可以责令改正，给予警告，可以处 10 万元以下罚款；没收违法所得；构成犯罪的，依法追究刑事责任的是(　　)。

A. 应当送审而未送审的

B. 不需要送审的地图不符合国家有关标准和规定的

C. 经审核不符合国家有关标准和规定的地图未按照审核要求修改即向社会公开的

D. 弄虚作假，伪造材料骗取地图批准文件的

E. 未对互联网地图新增内容进行核查校对的

5. 在地图上绘制中华人民共和国国界、中国历史疆界、世界各国间边界、世界各国间历史疆界，应当遵守的规定有(　　)。

A. 中华人民共和国国界，按照中国国界线画法标准样图绘制
B. 中国历史疆界，依据有关历史资料，按照实际历史疆界绘制
C. 世界各国间边界，按照世界各国国界线实际位置绘制
D. 世界各国间历史疆界，依据有关历史资料，按照现有疆界绘制
E. 中国国界线画法标准样图、世界各国国界线画法参考样图报国务院批准后公布

6. 送审进口不属于出版物的地图和附着地图图形的产品，送审时应当提交的材料有(　　)。
A. 地图审核申请表
B. 需要审核的地图样图或者样品
C. 地图编制单位的测绘资质证书
D. 进口不属于出版物的地图审批表
E. 保密技术处理证明

7. 根据《地图管理条例》，下列地图中，按照按照国务院、中央军事委员会的规定执行管理的地图有(　　)。
A. 全国适宜性地图　　B. 中小学教学地图
C. 军事地图　　D. 历史地图
E. 海图

8. 根据《地图审核管理规定》，下列内容中，为审图号的组成部分是(　　)。
A. 审图机构代号　　B. 地图安全审校人员
C. 通过审核的年份　　D. 地图类型简称
E. 序号

参考答案与试题解析

一、单项选择题

1. 【D】中华人民共和国国界，按照中国国界线画法标准样图绘制。
2. 【B】国家实行地图审核制度。
3. 【D】澳门特别行政区地图需要向国务院测绘地理信息主管部门送审。
4. 【C】从事导航电子地图制作业务需取得导航电子地图制作专业范围资质许可。
5. 【B】地图编制、出版、展示、登载、生产、销售、进出口单位应当建立健全地图质量责任制度。
6. 【A】互联网地图服务单位应当将存放地图数据的服务器设在中华人民共和国境内。
7. 【C】国务院测绘地理信息主管部门负责全国地图工作的统一监督管理。
8. 【B】县级以上测绘地理信息主管部门负责本行政区域地图的统一监督管理。
9. 【C】世界各国间边界，按照世界各国国界线画法参考样图绘制。

10.【A】县级以上人民政府出版行政主管部门应当加强对地图出版活动的监督管理。
11.【D】地图审核不得收取费用。
12.【D】国务院公布的重要地理信息数据可以在公开地图上表示。
13.【D】省（区）人民政府测绘地理信息主管部门负责审核在本行政区域范围内的地图。
14.【A】用于互联网服务等方面的地图产品需要提供地图编制单位的测绘资质证书。
15.【C】公开地图位置精度不得高于50m。
16.【B】应当自收到协助审核材料之日起7个工作日内，完成审核工作。
17.【A】互联网地图服务单位应当配备符合相关要求的地图安全审校人员。
18.【C】对人民生产、生活有重大影响的民用设施确需表示位置时其位置精度不得高于100m。
19.【C】教学图、旅游图和交通图等地图，其位置精度不能高于1∶50万国家基本比例尺地图精度。
20.【D】地图服务审图号有效期届满未送审的，测绘地理信息主管部门可以处3万元以下的罚款。
21.【B】公开使用的遥感影像地面分辨率（以下简称分辨率）不得优于0.5 m。
22.【B】互联网地图服务审图号有效期为两年。审图号到期，应当重新送审。
23.【C】每半年一次向所在地省级以上测绘地理信息主管部门报送备案。
24.【A】申请人每六个月将新增标注内容及核查校对情况向审核批准的测绘地理信息主管部门备案。
25.【D】国防、军事设施，及军事单位不得在公开地图和地图产品上表示。

二、多项选择题

1.【ABCD】政府驻地及名称不属于地图上不得表示的内容。
2.【CDE】景区图、街区图、地铁线路图等内容简单的地图不需要送审。
3.【CDE】互联网地图服务单位收集、使用用户个人信息的，应当明示收集、使用信息的目的、方式和范围，并经用户同意。
4.【ABC】弄虚作假、伪造申请材料骗取地图审核批准文件，处10万元以上20万元以下的罚款。未对互联网地图新增内容进行核查校对的。可以处20万元以下的罚款。
5.【ABE】参见地图上界线表示的内容。
6.【AB】进口送审只需提交：地图审核申请表；需要审核的地图样图或者样品。
7.【CE】军队单位编制的地图的管理以及海图的管理，按照国务院、中央军事委员会的规定执行。
8.【ACDE】地图安全审校人员不属于审图号组成的部分。

第九章 测绘质量管理体系

第一节 ISO 9000族质量管理体系

一、ISO 9000族基础知识

1. ISO 9000族标准的由来

ISO 9000族标准是由ISO/TC 176（国际标准化组织质量管理和质量保证技术委员会）制定的一系列关于质量管理的正式国际标准、技术规范、技术报告、手册和网络文件的统称。该标准族可帮助组织实施并有效运行质量管理体系，是质量管理体系通用的要求或指南。它不受具体的行业或经济部门的限制，可广泛适用于各种类型和规模的组织。国际标准化组织（ISO）先后颁布了1987版、1994版、2000版和2008版四个版本。现行ISO 9000族质量管理体系标准分为三类：管理体系要求标准、管理体系指导标准、管理体系相关标准。

2. 2000版ISO 9000族标准的核心标准

（1）ISO 9000：2000《质量管理体系基础和术语》。
（2）ISO 9001：2000《质量管理体系要求》。
（3）ISO 9004：2000《质量管理体系业绩改进指南》。
（4）ISO 19011：2000《质量和（或）环境管理体系审核指南》。

3. 2008版ISO 9000族标准

2008年11月15日，ISO颁布了2008版ISO 9001。与2000版ISO 9001标准相比，新版标准没有引入新的要求，仅作了技术修正，对标准中容易发生误解或含糊的内容作出了进一步的澄清或说明，增强了ISO 14001：2004《环境管理体系要求及使用指南》的相容性，调整并与ISO 9004协调一致。

二、质量管理原则

在 ISO 9000 族标准实践经验和理论分析的基础上，提出了如下质量管理的八项原则：

(1) 以顾客为关注焦点原则。组织依存于顾客，应理解顾客当前和未来的需求，满足顾客要求并争取超越顾客期望。

(2) 领导作用原则。领导者应确保组织的目的与方向一致，应创造并保持良好的内部环境，使员工能够充分参与实行组织目标的活动。

(3) 全员参与原则。各级人员都是组织之本，只有他们充分参与，才能为组织的利益发挥才干。

(4) 过程方法原则。将活动和相关的资源作为过程进行管理，可以更高效地得到期望的结果。

(5) 管理的系统方法原则。将相互关联的过程作为系统加以识别、理解和管理，有助于组织提高实现目标的有效性和效率。

(6) 持续改进原则。持续改进总体业绩应当是组织的一个永恒目标。

(7) 基于事实的决策方法原则。有效决策是建立在数据和信息分析的基础上，决策是通过各类策划活动来实现的。

(8) 互利的供方关系原则。组织和供方是相互依存的，互利的关系可增强双方创造价值的能力。

三、我国贯彻 ISO 9000 族标准的状况

我国作为 ISO 组织的成员国，积极参加标准的建立工作。自 1987 年 ISO 9000 族标准发布后，即开始对其进行研究和转换。1988 年 12 月，我国发布等效采用的 GB/T 10300 系列标准。1992 年 10 月，我国发布等同采用的 GB/T 1900 系列标准。ISO 9000 族标准 1994 年和 2000 年换版工作，我国均以最快的速度组织完成。2008 年 12 月 30 日，发布了《质量管理体系要求》(GB/T 19002—2008)，等同采用 ISO 9001：2008，于 2009 年 3 月 1 日实施。

第二节　测绘单位贯标的组织与实施

测绘单位贯彻质量管理体系标准是一项战略性决策，有利于提高质量管理水平，增强自身的竞争能力，适应市场变化需求，发展外向型经济，增强国际测绘市场竞争力。

一、职责与权限

1. 最高管理者

发挥领导与核心的作用，确保组织内的职责、权限得到规定和沟通，应建立质量方针、质量目标；确保关注顾客的要求；确定适宜的过程；获得必要的资源；调动广大员工积极性和参与精神；在建立、实施和保持质量管理体系以及持续改进等方面发挥作用。

2. 管理者代表

应确保质量管理体系所需的过程得到建立、实施和保持；向最高管理者报告质量管理体系的业绩和任何改进的需求；确保在整个组织内提高满足顾客要求的意识。

二、质量管理体系文件的形成需要考虑的因素

（1）标准的各项要求。
（2）产品的特性及复杂程度。
（3）产品满足法律法规等要求。
（4）组织的管理水平与装备水平。
（5）各级人员的素质与能力。
（6）质量经济性与效率等。

三、咨询机构选择

测绘单位选择咨询机构帮助建立质量管理体系时，应考虑以下要素：
（1）具有法律地位的实体，能够独立地承担民事责任；
（2）经国家认证认可监督管理委员会（简称“国家认监委”）批准；
（3）机构实力强，尤其是熟悉测绘行业，具有对测绘单位开展咨询的业绩；
（4）受测绘地理信息行政、质量和专业技术等部门所推荐。

四、认证机构的选择

测绘单位在质量管理体系建立、实施之后，对认证机构的选择需要考虑的因素有：
（1）顾客是否提出了需获得某一特定认证机构认证的特殊要求；
（2）认证机构是否获得国家认监委批准，业绩与服务是否为你或你的顾客所熟悉；

(3) 认证机构的认证业务范围是否包括测绘产品；

(4) 认证机构是否具有公正地位，认证机构不能从事咨询工作，或与咨询机构形成利益关系，否则会影响认证机构的公正性，损害测绘单位的利益，违反国家或国际有关机构对认证机构管理的基本要求；

(5) 认证机构的收费标准和收费情况能否被接受；

(6) 了解认证机构实施质量管理体系审核、评定和注册的有关信息，对认可标志和认证证书的使用有何限制等。

五、组织实施

1. 组织策划和领导投入阶段

学习、宣贯 ISO 9000 族标准，统一思想、提高认识；领导层决策；成立领导机构和工作班子；分层次进行贯标培训；确定文件编写人员；组织培训骨干队伍，包括文件编写培训；制订工作计划及程序。时间一般需要约 1 个月。

2. 体系总体设计和资源配备阶段

制定质量方针和质量目标；对现有任务状况进行分析；对现有质量管理体系过程进行识别、分析；质量管理体系总体设计（体系结构、层次、过程及过程网络、接口等）；确定质量管理体系各个过程的要求和控制方法；明确各级人员的职责、权限与工作要求；配置质量管理体系建立、运行和改进所必需的资源。时间需要 1 个月左右。

3. 文件编制阶段

依据体系总体设计方案，拟定体系文件的类型、层次、结构和纲目；制订体系文件编制计划；文件编制的调研、讨论、起草、协调，形成草案；文件审定、修改、确认、批准；文件印刷出版和正式颁布；文件的分发、学习和实施准备等。时间一般需要 3 个月左右。

4. 质量管理体系运行和实施阶段

质量手册、程序文件和其他质量文件发放到位；各级人员进行文件的学习；质量管理体系运行和改进等。时间一般应不少于 3 个月。

5. 审核、评审和体系改进阶段

培训内部质量管理体系审核员；制订内部审核计划；在质量管理体系运行期间，开展覆盖体系的内部审核；开展管理评审；采取措施完善质量管理体系；质量管理体系在运行中不断巩固、提高和改进；质量管理体系运行满足要求，向认证机构提出认证申请。

六、质量管理体系文件

1. 质量方针

质量方针是组织在质量上的追求、宗旨和方向，由最高管理者批准颁布。

2. 质量目标

质量目标是组织在质量上所追求的目的，是质量方针阶段性的要求，应与质量方针保持一致，通常以文件的形式下达、实施；也可列入质量手册。

3. 质量手册

质量手册是向组织内部和外部提供质量管理体系的一致信息文件，是描述组织质量管理体系的纲领性文件，其详略程度由组织自行决定。在合同条件和第三方认证情况下，可作为质量管理体系的证实文件和认证的依据。质量手册应阐述组织的质量管理体系范围，明确对标准和组织要求的程序文件的直接采用或引用，并表述质量管理体系过程之间的相互作用、接口。

4. 质量计划

质量计划是针对特定的项目、产品、过程或合同所规定的质量管理、资源提供、作业控制和工作顺序等内容的文件，具有时效性。其内容包括：计划目标、资源提供、活动和过程顺序、控制准则要求、人员职责权限、获得结果证据和计划时限等。

5. 程序文件

程序文件是提供如何一致完成活动和过程的信息文件，规定了进行某项活动或过程的途径。程序文件须具有操作性，是策划和管理质量活动的基本文件，是质量手册的支持性文件。其内容包括：质量管理体系过程和活动的目的、范围；与过程和活动相关的管理、执行和验证部门和人员的职责和权限；控制活动和过程的顺序、方法、时间、地点，依据的文件和规范，采用的设备和工具，应形成必要的记录以及信息传递的接口和方式等。

6. 作业文件

作业文件是针对某种岗位或某个具体工作过程管理控制的详细操作性文件，通常包括作业指导书、工艺文件、图式、规范、规程、规章、制度、标准、细则、范例、图表和记录格式等。

7. 规范文件

规范文件是阐明要求的文件，是质量管理和产品实现的基础和准则。涉及管理活动的可称为程序文件、作业文件、章程、规定和细则等；涉及产品活动和要求的可称为产品规范、工艺规范或规程、图样和技术标准等。

8. 记录文件

记录文件是为完成的活动或达到的结果提供客观证据的文件，具有重复性和可追溯性，形成后不可更改。记录有格式化和非格式化两种形式。编制记录表格应考虑：质量管理过程或产品名称、标志、编号；所适用的质量活动或过程、合同、订单的名称和编号，产品实现过程等；需要填制的内容；填制和执行的时间、部门和责任人等。

七、质量管理体系文件的编制

1. 编写原则

（1）系统协调原则。质量管理体系文件应表述、规定和证实质量管理体系的全部结构和质量活动，并具有系统性和协调性。

（2）整体优化原则。质量管理体系文件编写过程也是对质量管理体系的优化过程。

（3）采用过程方法原则。系统地识别和管理组织所应用的过程，包括管理活动、资源提供、产品实现和测量、分析和改进有关的过程，特别是这些过程之间的相互作用。

（4）操作实施和证实检查的原则。质量管理体系文件具备实用性和可操作性，对质量管理体系的适用性和有效性提供证实。

2. 编写步骤

（1）领导支持和参与。编写质量管理体系文件工作量大，直接涉及职责权限的分配和协调，其过程是对质量管理体系的要求和过程进行策划和设计。在文件编写过程中，领导应直接参与、指导、监督，针对人力、物力、财力等相关资源给予充分支持。

（2）成立文件编写组。应成立专门的文件编写部门或文件编写组，集中培训学习 ISO 9000 标准，搜集相关文件资料，统一思想认识。

（3）文件编写计划的拟订。依据质量管理体系总体规划，对照质量管理体系标准的要求，确定所需的过程以及在各个职能部门开展的质量活动。应列出管理人员在体系中的职责、权限和工作要求，识别质量管理体系过程，编写计划中列出制定质量管理体系的文件清单、人员分工、写作阶段的划分。

（4）文件的起草。依据文件编写计划和分工，收集现行有效的文件和资料，对其符合标准要求的应充分肯定和沿用，对不能满足要求的应进行更改、补充或重新制定。使文件起草工作建立在总结经验、教训，优化单位、部门及对应岗位的工作过程基础上。

（5）文件的集中讨论、优化和修改。目的在于使文件之间、章节之间以及内容上的协调，并符合要求；充分征求意见，使质量管理体系文件充分反映出有效经验和管理特点。

八、质量管理体系文件的审核、批准

1. 审核

优化和修改的质量体系文件按规定程序组织审核。审核的类型有内部审核（第一方审核）和外部审核（第二方、第三方审核）两类。第一方审核（内审）由组织自己或以组织的名义进行，用于体系评审等组织内部目的。第二方审核由组织的相关方，如顾客或其他人员，对组织进行审核，也可以是组织对供方的审核。第三方审核由外部独立的审核机构（如认证机构）对组织进行审核。

2. 批准

质量手册经最高管理者批准，程序文件和作业文件等由分管领导和部门负责人批准。

九、质量管理体系文件的发布、实施

经批准的质量管理体系文件成为法规性文件，发布后实施。

十、质量管理体系的认证

1. 认证原则

质量管理体系认证程序主要依据《质量体系审核指南》以及《质量体系认证机构认可基本要求》和《质量体系认证机构认可基本要求的说明》等 ISO/CASCO 和 IAF 颁布的相应文件。其基本原则是独立性、公正性和科学性。获认证的测绘单位有义务履行认证机构颁发的有关认证制度，有权使用认证证书和认证标志。

2. 认证程序

（1）提交认证申请书。测绘单位确定认证机构后，提交认证申请书，并签订正式认证合同；提交现行有效版本的质量管理体系文件，认证机构审核通过后提出审核意见；测绘单位对现场审核计划和审核组进行确认。

（2）审核组现场审核。审核组组长主持召开首次会议，确认审核计划、介绍审核方法。审核组按照审核计划和分工开展现场审核。审核组组长主持召开末次会议，确认不合格报告、审核报告和改进要求。

（3）审核组提交不合格报告。测绘单位应明确在规定的时间内制定纠正措施和纠正，并报审核组认可；对不合格实施纠正措施，并验证合格：验证合格的证据提交审核机构，接受其书面或现场验证。

（4）明确是否推荐认证。审核组组长在末次会议上应明确表示是否推荐认证，认证机构应根据审核组提交的审核报告及有关信息作出是否批准认证注册的决定。获得通过的，认证机构向测绘单位颁发带有认可标志、认证标志的认证证书。

（5）提出年度监督审核和安排换证复评。认证机构在认证注册及证书有效期内（3年）进行年度监督审核和安排换证复评。监督审核、复评时发现获证测绘单位未能有效地贯彻质量管理体系要求、出现重大产品质量事故或未按规定使用认可标志、认证标志和认证证书的，可向获证测绘单位提出限期整改、暂停认证注册、撤销认证注册等处分。

十一、质量管理体系的运行与持续改进

1. 运行

质量管理体系的运行是指测绘单位执行质量管理体系文件，实现其质量方针和质量目标，在测绘生产全过程中使影响测绘产品质量的全部因素始终处于受控状态。包括培训、试运行、整改、运行前准备、正式运行五个阶段。

（1）培训。培训对象包括从事对产品质量有影响的活动的所有人员，即各级管理者、检验人员和生产人员。培训内容主要是提高员工质量意识，宣传贯彻质量体系文件精神，自觉摒弃落后的习惯、作业和管理方法。

（2）试运行。测绘单位根据自身规模大小及技术复杂程度，选择一个或几个典型部门，或选择一个或几个典型的测绘工程项目进行试运行，考验质量管理体系文件的有效性和适宜性。

（3）整改。对在试运行中发现的问题进行处理，修正文件中含糊不清的文字，以保证新的质量体系能够持续有效的运行。质量体系文件修改后应按规定审批，并适当调整培训计划。若要对组织结构进行调整，则应在最高管理者主持下进行调整，确保在文件发布前完成组织结构调整工作。

（4）运行前准备。包括：体系文件的印刷、装订和受控号发放记录的编制；各种技术文件、计算机软件的审批与发布；各种记录表格的编制、印刷、发放或确认、

发布；独立行使职权人员的资格确认和备案；规定需要检验、试验和测量仪器的检验、校准与标识；各种生产项目中遗留问题的处理；组织对质量管理体系文件的学习。各级人员对相关文件的统一正确认识和理解。

（5）正式运行。质量管理体系文件发布之后就进入正式运行阶段。要保证质量管理体系持续有效运行，必须做到：各种程序文件和作业指导书被测绘职工理解，可有效控制测绘产品质量；严格执行质量管理体系文件的要求，树立正确质量意识，规范作业；认真做好质量记录，应采取措施确保所有质量记录真实、准确、齐全；处理好执行文件与群众性技术革新的矛盾；运行初期，在规定的内审频次之外，增加审核验证工作，以验证质量管理体系的适宜性、有效性。

2. 持续改进

测绘单位应利用质量方针、质量目标、审核结果、数据分析、纠正和预防措施以及管理评审，持续改进质量管理体系的有效性。

（1）纠正措施：评审不合格；通过调查分析确定不合格的原因；评价确保不合格不再发生的措施需求；确定并实施所需求的纠正措施；跟踪记录所采取的纠正措施的结果；评审所采取的纠正措施的有效性。

（2）预防措施：确定潜在的不合格，并分析其原因；确定防止不合格发生的预防措施的需求；确定并实施所需的预防措施；跟踪并记录所采取的预防措施的结果；评价所采取的预防措施的有效性。

第三节　质量管理体系

一、总要求

组织应按本标准的要求建立质量管理体系，将其形成文件，加以实施和保持，并持续改进其有效性。组织应：

（1）确定质量管理体系所需的过程及其在整个组织中的应用；

（2）确定这些过程的顺序和相互作用；

（3）确定所需的准则和方法，以确保这些过程的运行和控制有效；

（4）确保可以获得必要的资源和信息，以支持这些过程的运行和监视；

（5）监视、测量（适用时）和分析这些过程；

（6）实施必要的措施，以实现所策划的结果和对这些过程的持续改进。

组织应按本标准的要求管理这些过程。组织如果选择将影响产品符合要求的任何过程外包，应确保对这些过程的控制。对此类外包过程控制的类型和程度，应在质量管理体系中加以规定。

二、文件要求

1. 总则

质量管理体系文件应包括：(1) 形成文件的质量方针和质量目标；(2) 质量手册；(3) 本标准所要求的形成文件的程序和记录；(4) 组织确定的为确保其过程有效策划、运行和控制所需的文件，包括记录。

2. 质量手册

组织应编制和保持质量手册，质量手册包括：

(1) 质量管理体系的范围，包括任何删减的细节和正当的理由；

(2) 为质量管理体系编制的形成文件的程序或对其引用；

(3) 质量管理体系过程之间的相互作用的表述。

3. 文件控制

质量管理体系所要求的文件应予以控制。记录是一种特殊类型的文件，应依据要求进行控制。

(1) 应编制形成文件的程序，以规定以下方面所需的控制；

(2) 为使文件是充分与适宜的，文件发布前得到批准；

(3) 必要时对文件进行评审与更新，并再次批准；

(4) 确保文件的更改和现行修订状态得到识别；

(5) 确保在使用处可获得适用文件的有关版本；

(6) 确保文件保持清晰、易于识别；

(7) 确保组织所确定的策划和运行质量管理体系所需的外来文件得到识别，并控制其分发；

(8) 防止作废文件的非预期使用，如果出于某种目的而保留作废文件，应对这些文件进行适当的标识。

4. 记录控制

为提供符合要求及质量管理体系有效运行的证据而建立的记录，应得到控制。组织应编制形成文件的程序，以规定记录的标识、贮存、保护、检索、保留和处置所需的控制。记录应保持清晰，易于识别和检索。

第四节　管 理 职 责

一、管理承诺

最高管理者应通过以下活动，对其建立、实施质量管理体系，并持续改进其有效性的承诺提供证据：

（1）向组织传达满足顾客和法律法规要求的重要性；

（2）制定质量方针；

（3）制定确保质量目标；

（4）进行管理评审；

（5）确保资源的获得。

二、以顾客为关注焦点

最高管理者应以增强顾客满意为目的，确保顾客的要求得到确定并予以满足。

三、质量方针

最高管理者应确保质量方针：

（1）与组织的宗旨相适应；

（2）包括对满足要求和持续改进质量管理体系有效性的承诺；

（3）提供制定和评审质量目标的框架；

（4）在组织内得到沟通和理解；

（5）在持续适宜性方面得到评审。

四、策划

1. 质量目标

最高管理者应确保在组织的相关职能和层次上建立质量目标，质量目标包括满足产品要求所需的内容。质量目标应是可测量的，并与质量方针保持一致。

2. 质量管理体系策划

最高管理者应确保：

（1）对质量管理体系进行策划，以满足质量目标以及要求；

（2）在对质量管理体系的变更进行策划和实施时，保持质量管理体系的完整性。

五、职责、权限与沟通

1. 职责和权限

最高管理者应确保组织内的职责、权限得到规定和沟通。

2. 管理者代表

最高管理者应在本组织管理层中指定一名成员，无论该成员在其他方面的职责如何，应使其具有以下方面的职责和权限：

（1）确保质量管理体系所需的过程得到建立、实施和保持；

（2）向最高管理者报告质量管理体系的绩效和任何改进的需求；

（3）确保在整个组织内提高满足顾客要求的意识。

注：管理者代表的职责可包括就质量管理体系有关事宜与外部方进行联络。

3. 内部沟通

最高管理者应确保在组织内建立适当的沟通过程，并确保对质量管理体系的有效性进行沟通。

六、管理评审

1. 总则

最高管理者应按策划的时间间隔评审质量管理体系，以确保其持续的适宜性、充分性和有效性。评审应包括评价改进的机会和质量管理体系变更的需求，包括质量方针和质量目标变更的需求。

应保持管理评审的记录。

2. 评审输入

管理评审的输入应包括以下几个方面的信息：①审核结果；②顾客反馈；③过程的绩效和产品的符合性；④预防措施和纠正措施的状况；⑤以往管理评审的跟踪措施；⑥可能影响质量管理体系的变更；⑦改进的建议。

3. 评审输出

管理评审的输出应包括与以下方面有关的任何决定和措施：

（1）质量管理体系有效性及其过程有效性的改进；
（2）与顾客要求有关的产品的改进；
（3）资源需求。

第五节　资源管理

一、资源提供

组织应确定并提供以下方面所需的资源：
（1）实施、保持质量管理体系并持续改进其有效性；
（2）通过满足顾客要求，增强顾客满意。

二、人力资源

1. 总则

基于适当的教育、培训、技能和经验，从事影响产品要求符合性工作的人员应是能够胜任的。

2. 能力、培训和意识

组织应：①确定从事影响产品要求符合性工作的人员所需的能力；②适用时，提供培训或采取其他措施以获得所需的能力；③评价所采取措施的有效性；④确保组织的人员认识到所从事活动的相关性和重要性，以及如何为实现质量目标作出贡献；⑤保持教育、培训、技能和经验的适当记录。

三、基础设施

组织应确定、提供并维护为达到符合产品要求所需的基础设施。适用时，基础设施应包括建筑物、工作场所和相关的设施：
（1）过程设备（硬件和软件）；
（2）支持性服务（如运输、通讯或信息系统）。

四、工作环境

组织应确定和管理为达到产品符合要求所需的工作环境。

第六节　产品实现

一、产品实现的策划

组织应策划和开发产品实现所需的过程。产品实现的策划应与质量管理体系其他过程的要求相一致。在对产品实现进行策划时，组织应确定以下方面的适当内容：

（1）产品的质量目标和要求；

（2）针对产品确定过程、文件和资源的需求；

（3）产品所要求的验证、确认、监视、测量、检验和试验活动，以及产品接收准则；

（4）为实现过程及其产品满足要求提供证据所需的记录。

策划的输出形式应适合于组织的运作方式。

二、与顾客有关的过程

1. 与产品有关的要求的确定

组织应确定：

（1）顾客规定的要求，包括对交付及交付后活动的要求；

（2）顾客虽然没有明示，但规定用途或已知的预期用途所必需的要求；

（3）适用于产品的法律法规要求；

（4）组织认为必要的任何附加要求。

2. 与产品有关的要求的评审

组织应评审与产品有关的要求。评审应在组织向顾客作出提供产品的承诺（如提交标书、接受合同或订单及接受合同或订单的更改）之前进行，并应确保：

（1）产品要求已得到规定；

（2）与以前表述不一致的合同或订单的要求已得到解决；

（3）组织有能力满足规定的要求。

评审结果及评审所引起的措施的记录应予保持。

若顾客没有提供形成文件的要求，组织在接受顾客要求前，应对顾客要求进行确认。

若产品要求发生变更，组织应确保相关文件得到修改，并确保相关人员知道已变更的要求。

3. 顾客沟通

组织应对以下有关方面确定并实施与顾客沟通的有效安排：

（1）产品信息；

（2）问询、合同或订单的处理，包括对其修改；

（3）顾客反馈，包括顾客抱怨。

三、设计和开发

1. 设计和开发策划

组织应对产品的设计和开发进行策划和控制。

在进行设计和开发策划时，组织应确定：

（1）设计和开发的阶段；

（2）适合于每个设计和开发阶段的评审、验证和确认活动；

（3）设计和开发的职责和权限。

组织应对参与设计和开发的不同小组之间的接口实施管理，以确保有效的沟通，并明确职责分工。随着设计和开发的进展，在适当时，策划的输出应予以更新。

2. 设计和开发输入

应确定与产品要求有关的输入，并保持记录。这些输入应包括：

（1）功能要求和性能要求；

（2）适用的法律法规要求；

（3）适用时，来源于以前类似设计的信息；

（4）设计和开发所必需的其他要求。

应对这些输入的充分性和适宜性进行评审。要求应完整、清楚，并且不能自相矛盾。

3. 设计和开发输出

设计和开发输出的方式应适合于对照设计和开发的输入进行验证，并应在放行前得到批准。设计和开发输出应：

（1）满足设计和开发输入的要求；

（2）给出采购、生产和服务提供的适当信息；

（3）包含或引用产品接收准则；

（4）规定对产品的安全和正常使用所必需的产品特性。

4. 设计和开发评审

应依据所策划的安排，在适宜的阶段对设计和开发进行系统的评审，以便：

（1）评价设计和开发的结果满足要求的能力；

（2）识别任何问题并提出必要的措施。

评审的参加者应包括与所评审的设计和开发阶段有关的职能的代表。评审结果及任何必要措施的记录应予以保持。

5. 设计和开发验证

为确保设计和开发输出满足输入的要求，应依据所策划的安排对设计和开发进行验证。验证结果及任何必要措施的记录应予保持。

6. 设计和开发确认

为确保产品能够满足规定的使用要求或已知的预期用途的要求，应依据所策划的安排对设计和开发进行确认。只要可行，确认应在产品交付或实施之前完成。确认结果及任何必要措施的记录应予保持。

7. 设计和开发更改的控制

应识别设计和开发的更改，并保持记录。应对设计和开发的更改进行适当的评审、验证和确认，并在实施前得到批准。设计和开发更改的评审应包括评价更改对产品组成部分和已交付产品的影响。更改的评审结果及任何必要措施的记录应予保持。

四、采购

1. 采购过程

组织应确保采购的产品符合规定的采购要求。对供方及采购产品的控制类型和程度应取决于采购产品对随后的产品实现或最终产品的影响。

组织应根据供方按组织的要求提供产品的能力评价和选择供方。应制定选择、评价和重新评价的准则。评价结果及评价所引起的任何必要措施的记录应予保持。

2. 采购信息

采购信息应表述拟采购的产品，适当时包括：

（1）产品、程序、过程和设备的批准要求；

（2）人员资格的要求；

（3）质量管理体系的要求。

在与供方沟通前，组织应确保规定的采购要求是充分与适宜的。

3. 采购产品的验证

组织应确定并实施检验或其他必要的活动，以确保采购的产品满足规定的采购要求。

当组织或其顾客拟在供方的现场实施验证时，组织应在采购信息中对拟采用的验证安排和产品放行的方法作出规定。

五、生产和服务提供

1. 生产和服务提供的控制

组织应策划并在受控条件下进行生产和服务提供。适用时，受控条件应包括：

（1）获得表述产品特性的信息；

（2）必要时，获得作业指导书；

（3）使用适宜的设备；

（4）获得和使用监视和测量设备；

（5）实施监视和测量；

（6）实施产品放行、交付和交付后活动。

2. 生产和服务提供过程的确认

当生产和服务提供过程的输出不能由后续的监视或测量加以验证，使问题在产品使用后或服务交付后才显现时，组织应对任何这样的过程实施确认。

确认应证实这些过程实现所策划的结果的能力。

组织应对这些过程作出安排，适用时包括：

（1）为过程的评审和批准所规定的准则；

（2）设备的认可和人员资格的鉴定；

（3）特定的方法和程序的使用；

（4）记录的要求；

（5）再确认。

3. 标识和可追溯性

适当时，组织应在产品实现的全过程中使用适宜的方法识别产品。

组织应在产品实现的全过程中，针对监视和测量要求识别产品的状态。

在有可追溯性要求的场合，组织应控制产品的唯一性标识，并保持记录。

4. 顾客财产

组织应爱护在组织控制下或组织使用的顾客财产。组织应识别、验证、保护和维护供其使用或构成产品一部分的顾客财产。如果顾客财产发生丢失、损坏或发现不适用的情况，组织应向顾客报告，并保持记录。

5. 产品防护

组织应在产品内部处理和交付到预定的地点期间对其提供防护，以保持符合要求。适用时，这种防护应包括标识、搬运、包装、贮存和保护。防护也应适用于产品的组成部分。

六、监视和测量设备的控制

组织应确定需实施的监视和测量以及所需的监视和测量设备，为产品符合确定的要求提供证据。

组织应建立过程，以确保监视和测量活动可行并以与监视和测量的要求相一致的方式实施。

为确保结果有效，必要时，测量设备应：

（1）对照能溯源到国际或国家标准的测量标准，按照规定的时间间隔或在使用前进行校准和（或）检定（验证）；当不存在上述标准时，应记录校准或检定（验证）的依据；

（2）必要时，进行调整或再调整；

（3）具有标识，以确定其校准状态；

（4）防止可能使测量结果失效的调整；

（5）在搬运、维护和贮存期间防止损坏或失效。

此外，当发现设备不符合要求时，组织应对以往测量结果的有效性进行评价和记录。组织应对该设备和任何受影响的产品采取适当的措施。

校准和检定（验证）结果的记录应予以保持。

当计算机软件用于规定要求的监视和测量时，应确认其满足预期用途的能力。确认应在初次使用前进行，并在必要时予以重新确认。

第七节 测量、分析和改进

一、总则

组织应策划并实施以下方面所需的监视、测量、分析和改进过程：①证实产品要求的符合性；②确保质量管理体系的符合性；③持续改进质量管理体系的有效性。

这应包括对统计技术在内的适用方法及其应用程度的确定。

二、监视和测量

1. 顾客满意

作为对质量管理体系绩效的一种测量，组织应监视顾客关于组织是否满足其要求的感受的相关信息，并确定获取和利用这种信息的方法。

2. 内部审核

组织应按策划的时间间隔进行内部审核，以确定质量管理体系是否：

（1）符合策划的安排、本标准的要求以及组织所确定的质量管理体系的要求；

（2）得到有效实施与保持。

组织应策划审核方案，策划时应考虑拟审核的过程和区域的状况和重要性，以及以往审核的结果。应规定审核的准则、范围、频次和方法。审核员的选择和审核的实施，应确保审核过程的客观性和公正性。审核员不应审核自己的工作。应编制形成文件的程序，以规定审核的策划、实施、形成记录以及报告结果的职责和要求。应保持审核及其结果的记录。负责受审核区域的管理者，应确保及时采取必要的纠正和纠正措施，以消除所发现的不合格及其原因。后续活动应包括对所采取措施的验证和验证结果的报告。

3. 过程的监视和测量

组织应采用适宜的方法对质量管理体系过程进行监视，并在适用时进行测量。这些方法应证实过程实现所策划的结果的能力。当未能达到所策划的结果时，应采取适当的纠正和纠正措施。

4. 产品的监视和测量

组织应对产品的特性进行监视和测量，以验证产品要求已得到满足。这种监视和测量应依据所策划的安排在产品实现过程的适当阶段进行。应保持符合接收准则的证据。记录应指明有权放行产品以交付给顾客的人员。除非得到有关授权人员的批准，适用时得到顾客的批准，否则在策划的安排已圆满完成之前，不应向顾客放行产品和交付服务。

三、不合格品控制

组织应确保不符合产品要求的产品得到识别和控制，以防止其非预期的使用或交付。应编制形成文件的程序，以规定不合格品控制以及不合格品处置的有关职责和权限。

适用时，组织应通过下列一种或几种途径处置不合格品：

(1) 采取措施，消除发现的不合格；

(2) 经有关授权人员批准，适用时经顾客批准，让步使用、放行或接收不合格品；

(3) 采取措施，防止其原预期的使用或应用；

(4) 当在交付或开始使用后发现产品不合格时，组织应采取与不合格的影响或潜在影响的程度相适应的措施。

在不合格品得到纠正之后，应对其再次进行验证，以证实符合要求。

应保持不合格的性质的记录以及随后所采取的任何措施的记录，包括所批准的让步的记录。

四、数据分析

组织应确定、收集和分析适当的数据，以证实质量管理体系的适宜性和有效性，并评价在何处可以持续改进质量管理体系的有效性。这应包括来自监视和测量的结果以及其他有关来源的数据。

数据分析应提供有关以下方面的信息：

(1) 顾客满意；

(2) 与产品要求的符合性；

(3) 过程和产品的特性及趋势，包括采取预防措施的机会；

(4) 供方。

五、改进

1. 持续改进

测绘单位组织应利用质量方针、质量目标、审核结果、数据分析、纠正措施和预防措施以及管理评审，持续改进质量管理体系的有效性。

2. 纠正措施

组织应采取措施，以消除不合格的原因，防止不合格的再发生。纠正措施应与所遇到不合格的影响程度相适应。应编制形成文件的程序，以规定以下方面的要求：

(1) 评审不合格（包括顾客抱怨）；

(2) 确定不合格的原因；

(3) 评价确保不合格不再发生的措施的需求；

(4) 确定和实施所需的措施；

(5) 记录所采取措施的结果；

（6）评审所采取的纠正措施的有效性。

3. 预防措施

组织应确定措施，以消除潜在不合格的原因，防止不合格的发生。预防措施应与潜在问题的影响程度相适应。应编制形成文件的程序，以规定以下方面的要求：

（1）确定潜在不合格及其原因；

（2）评价防止不合格发生的措施的需求；

（3）确定并实施所需的措施；

（4）记录所采取措施的结果；

（5）评审所采取的预防措施的有效性。

考点试题汇编及参考答案与试题解析

考点试题汇编

一、单项选择题（每题的备选选项中，只有一项最符合题意。）

1. 下列不属于2000版ISO 9000族标准的核心标准的是(　　)。

A. ISO 9000：2000《质量管理体系基础和术语》

B. ISO 9001：2000《质量管理体系要求》

C. ISO 9004：2000《质量管理体系业绩改进指南》

D. ISO 14001：2000《环境管理体系要求及使用指南》

2. 测绘单位在贯彻ISO 9000质量体系标准组织实施步骤有：①质量管理体系运行和实施阶段；②文件编制阶段；③组织策划和领导投入阶段审核；④评审和体系改进阶段；⑤体系总体设计和资源配备阶段，其中步骤正确的是(　　)。

A. ①②③④⑤　　B. ③⑤②①④

C. ⑤②③④①　　D. ⑤③②①④

3. 质量方针是组织在质量上的追求、宗旨和方向，由(　　)批准颁布。

A. 最高管理者　　B. 政府

C. 行业协会　　D. 分管领导

4. 质量手册是向组织内部和外部提供质量管理体系的一致信息文件，是描述组织质量管理体系的(　　)文件，其详略程度由组织自行决定。

A. 指导性　　B. 纲领性

C. 补充性　　D. 支持性

5. 下列关于质量体系文件编写原则说法错误的是(　　)。

A. 系统协调原则　　　　B. 分级优化原则
C. 采用过程方法原则　　　　D. 操作实施和证实检查的原则

6. 程序文件由(　　)批准。

A. 最高管理者　　　　B. 政府
C. 行业协会　　　　D. 分管领导

7. 认证机构在认证注册及证书有效期内(　　)年进行年度监督审核和安排换证复评。

A. 1　　　　B. 2
C. 3　　　　D. 5

8. 下列关于质量管理体系的运行步骤有：①运行前准备工作；②试运行；③整改；④培训；⑤正式运行，顺序正确的是(　　)。

A. ①④②③⑤　　　　B. ④①②③⑤
C. ④②③①⑤　　　　D. ④②①⑤③

9. 下列质量措施中，不属于质量管理体系活动中预防措施的是(　　)。

A. 确定潜在不合格及其原因
B. 确定并实施所需的措施
C. 评价确保不合格不再发生的措施的需求
D. 记录所采取措施的结果

10. 根据《质量管理体系要求》，下列质量改进措施中，不属于纠正措施的是(　　)。

A. 记录所采取措施的结果　　　　B. 确定不合格的原因
C. 清除发现的不合格　　　　D. 确定和实施所需的措施

11. 根据《质量管理体系要求》，下列质量管理内容中，不属于最高管理者管理职责的是(　　)。

A. 处理质量争议　　　　B. 确保质量目标的制定
C. 制定质量方针　　　　D. 进行管理评审

12. 根据《质量管理体系要求》，下列关于文件控制的说法中，错误的是(　　)。

A. 文件经过修订更新，使用前需再次批准
B. 组织应对外来文件进行识别，并控制其分发
C. 文件经修订更新后，在任何情况下都不能使用修订更新前的文件
D. 保留作废的文件，需对其适当标识

13. 根据《质量管理体系要求》，下列关于质量方针的说法中，错误的是(　　)。

A. 管理者代表负责制定质量方针
B. 质量方针应与组织的宗旨相适应

C. 质量方针是制定和评审质量目标的框架

D. 管理评审时应对质量方针持续的适宜性进行评审

14. 根据《质量管理体系要求》，下列内容中，不属于质量手册必要组成部分的是(　　)。

A. 质量管理体系的范围

B. 为质量管理体系编制的形成文件的程序或对其引用

C. 质量管理体系过程之间的相互作用的表述

D. 质量管理体系审核与认证材料

二、多项选择题（每题的备选选项中，有 2 项或 2 项以上符合题意，至少有 1 项是错项。）

1. 下列原则中，属于质量管理原则的是(　　)。

A. 领导参与原则　　B. 过程方法原则

C. 管理的系统方法原则　　D. 基于事实的决策方法

E. 持续改进原则

2. 测绘单位选择咨询机构帮助建立质量管理体系时，应考虑的要素有(　　)。

A. 具有法律地位的实体，能够独立地承担民事责任

B. 有固定的办公场所

C. 机构实力强，尤其是熟悉测绘行业，具有对测绘单位开展咨询的业绩

D. 具有相应的资金

E. 受测绘地理信息行政、质量和专业技术等部门所推荐

3. 质量管理体系文件包括(　　)。

A. 质量方针　　B. 质量目标

C. 质量文件　　D. 规范

E. 记录

4. 测绘单位应利用(　　)，持续改进质量管理体系的有效性。

A. 质量方针　　B. 质量目标

C. 质量手册　　D. 规范

E. 记录

5. 下列因素中，不属于质量管理体系文件的形成需要考虑的是(　　)。

A. 组织的管理水平与装备水平　　B. 组织的经营方针

C. 产品的特性及复杂程度　　D. 人员的素质与能力

E. 人员年龄结构

6. 按照《质量管理体系要求》，质量管理体系文件主要包括(　　)。

A. 质量手册　　B. 形成文件的质量方针和质量目标

C. 形成文件的程序和记录　　D. 文件采用的形式或类型的媒介

E. 组织确定的为确保其过程有效策划运行和控制所需的文件

参考答案与试题解析

一、单项选择题

1.【D】2000 版 ISO 9000 族标准的核心标准。

2.【B】测绘单位贯标的组织与实施。

3.【A】质量方针是组织在质量上的追求、宗旨和方向，由最高管理者批准颁布。

4.【B】质量手册是描述组织质量管理体系的纲领性文件，其详略程度由组织自行决定。

5.【B】质量管理体系文件的编制编写原则。

6.【D】质量手册经最高管理者批准，程序文件和作业文件等由分管领导和部门负责人批准。

7.【C】认证机构在认证注册及证书有效期内（3 年）进行年度监督审核和安排换证复评。

8.【C】质量管理体系的运行步骤：培训、试运行、整改、运行前准备、正式运行。

9.【C】评价确保不合格不再发生的措施的需求不属于质量管理体系活动中预防措施。

10.【C】不属于纠正措施的是清除发现的不合格。

11.【A】处理质量争议不属于最高管理者管理职责。

12.【C】确保在使用处可获得适用文件的有关版本。

13.【A】最高管理者应确保质量方针。

14.【D】质量管理体系审核与认证材料不属于质量手册必要组成部分。

二、多项选择题

1.【BCDE】质量管理八项原则。

2.【ACE】测绘单位选择咨询机构帮助建立质量管理体系时，应考虑的要素。

3.【ABDE】质量文件不是质量管理体系文件。

4.【AB】质量管理体系的运行与持续改进。

5.【BE】质量管理体系文件的形成需要考虑的因素。

6.【ABCE】文件采用的形式或类型的媒介不是质量管理体系文件。

第十章　测绘安全生产管理

第一节　测绘生产安全管理宗旨

一、测绘生产单位职责

测绘生产单位应坚持“安全第一、预防为主、综合治理”的方针，遵守《中华人民共和国安全生产法》等有关安全法律、法规，建立、健全安全生产管理机构、法规，建立、健全安全生产管理机构、安全生产责任制度和安全保障及应急救援预案；配备相应的安全管理人员，完善安全生产条件，强化安全生产教育培训，加强安全生产管理，确保安全生产。

二、测绘作业单位职责

测绘作业单位应根据各部门、测绘作业单位应根据各部门、各工种和作业区域的实际特点，研究分析作业环境，评估安全生产潜在风险，制定安全生产细则，指导规范职工安全生产作业。测绘作业单位应设置安全员，安全员须经过生产知识与安全管理能力培训，具备与所从事的测绘专业活动相应的安全生产知识与管理能力。

三、作业人员（组）职责

作业人员（组）应遵守本单位的安全生产管理制度和操作细则，爱护和正确使用仪器、设备、工具及安全防护装备，服从安全管理，了解其作业场所、工作岗位存在的危险因素及防范措施；外业人员还应掌握必要的野外生存、避险和相关应急技能。

第二节 测绘外业生产安全管理

一、出测、收测前的准备

(1) 针对生产情况，对进入测区的所有作业人员进行安全意识教育和安全技能培训。

(2) 了解测区有关危害因素，包括动物、植物、微生物、流行传染病、自然环境、人文地理、交通、社会治安等状况，拟订具体的安全生产措施。

(3) 按规定配发劳动防护用品，并根据测区具体情况添置必要的小组及个人的野外救生用品、药品、通信或特殊装备，并应检查有关防护及装备的安全可靠性。

(4) 掌握人员身体健康情况，进行必要的身体健康检查，避免作业人员进入与其身体状况不适应的地区作业。

(5) 组织赴疫区、污染区和有可能散发毒性气体地区作业的人员学习防疫、防毒、防污染知识，并注射相应的疫苗和配备防毒、防污染装具。对于发生高致病的疫区，应禁止作业人员进入。

(6) 所有作业人员都应该熟练使用通信、导航定位等安全保障设备，以及掌握利用地图或地物、地貌等判定方位的方法。

(7) 出测、收测前，应制订行车计划，对车辆进行安全检查，严禁疲劳驾驶。

二、行车、饮食与住宿

1. 行车基本要求

(1) 驾驶员应严格遵守《中华人民共和国道路交通安全法》等有关的法律、法规以及安全操作规程和安全运行的各种要求；具备野外环境下驾驶车辆的技能，掌握所驾驶车辆的构造、技术性能、技术状况、保养和维修的基本知识或技能。构造、技术性能、技术状况、保养和维修的基本知识或技能。

(2) 驾驶员应了解所运送物品的性能，保证人员和物品的安全。运送易燃易爆危险品时，应防止碰撞、泄漏，严禁危险物品与人员混装运送。

(3) 货运汽车车厢内载人，应按公安交通部门的有关规定执行。行车时，人要坐在安全位置上，人身不能超过车厢以外。车厢以外的任何部位严禁坐人和站人。

2. 行车前的准备

(1) 编制行车计划，明确负责人。单车行驶，应配有押车人员。

（2）外业生产车辆应配备必要的检修工具和通信设备。

（3）驾驶员应检查车辆各部件是否灵敏，油、水是否足够，轮胎充气是否适度；应特别注意检查传动系统、制动系统、方向系统、灯光照明等主要部件是否完好，发现故障即行检修，禁止勉强出车。

（4）机动车载货不得超过行驶证上核定的重量。运送的物资器材需装牢捆紧，其重量要分布均匀。

（5）在戈壁、沙漠和高原等人员稀少、条件恶劣的地区应采用双车作业，作业车辆应加固，配备适宜的轮胎，每车应有双备胎。

3. 行车过程

（1）途中停车休息或就餐，应锁好车门，关闭车窗。

（2）夜间行车要保持灯光完好，降低行驶速度，充分判断地形及行进方向。

（3）遇有暴风骤雨、冰雹、浓雾等恶劣天气时应停止行车。视线不清时不准继续行车。

（4）在雨、雪或泥泞、冰冻地带行车时应慢速，必要时应安装防滑链，避免紧急刹车。遇陡坡时，助手或乘车人员应下车持三角木随车跟进，以备车辆下滑时抵住后轮。

（5）车辆穿越河流时，要慎重选择渡口，了解河床地质、水深、流速等情况，采取防范措施安全渡河。

（6）高温炎热天气行车应注意检查油路、电路、水温、轮胎气压；频繁使用刹车的路段应防止刹车片温度过高，导致刹车失灵。

（7）沙土地带行车应停车观察，选择行驶路线，低挡匀速行驶，避免中途停车。若沙土松软，难以通过，应事先采取铺垫等措施。

（8）高原、山区行车要特别注意油压表、气压表及温度表。气压低时应低挡行驶，少用制动，严禁滑行。遇到危险路段，如落石、滑坡、塌陷等，要仔细观察，谨慎驾驶。

4. 饮食要求

（1）禁止食用霉烂、变质和被污染过的食物，禁止食用不易识别的野菜、野果、野生菌菇等植物。禁止酒后生产作业。不接触和不食用死、病畜肉。禁止饮用异味、异色和被污染的地表水和井水。

（2）使用煤气、天然气等灶具应保证其连接件和管道完好，防止漏气和煤气中毒。禁止点燃灶具后离人。

（3）生熟食物应分别存放，并应防止动物侵害。

5. 住宿要求

（1）外业作业人员应尽量居住民房或招待所。住所的房屋应进行安全性检查，了解住宿环境和安全通道位置。禁止入宿存在安全隐患的房屋。

（2）应注意用电安全。便携式发电机应置于通风条件下使用，做到人、机分开，专人管理。应防止发电机漏电和超负荷运行对人员造成伤害。

（3）使用煤油灯应安装防风罩。离开房间或休息时，应及时熄灭煤油灯或蜡烛。取暖使用柴灶或煤炉前应先进行检修，防止失火和煤气中毒。

（4）禁止在草料旁堆放油料、易燃物品，禁止在仓库、木料场、木质建筑以及其他易燃物体附近用火。料场、木质建筑以及其他易燃物体附近用火。

（5）野外住宿时，应备好防寒、防潮、照明、通信等生活保障物品及必要的自卫器具。

（6）搭设帐篷时，应了解地形情况，选择干燥避风处，避开滑坡、觇标、枯树、大树、独立岩石、河边、干涸湖、输电设备及线路等危险地带，防止雷击、崩陷、山洪、高辐射等伤害。

（7）帐篷周围应挖排水沟。在草原、森林地区，周围应开辟防火道。

（8）治安情况复杂或野兽经常出没的地区，应设专人值勤。

三、测绘作业外业环境

1. 一般要求

（1）应持有效证件和公函与有关部门进行联系。在进入军事要地、边境、少数民族地区、林区、自然保护区或其他特殊防护地区作业时，应事先征得有关部门同意；了解当地民情和社会治安等情况，民情和社会治安等情况，遵守所在地的风俗习惯及有关的安全规定。

（2）进入单位、居民宅院进行测绘时，应先出示相关证件，说明情况再进行作业。

（3）遇雷电天气应立刻停止作业，选择安全地点躲避，禁止在山顶、开阔的斜坡上、大树下、河边等区域停留，避免遭受雷电袭击。

（4）在高压输电线路、电网等区域作业时，应采取安全防范措施，优先选用绝缘性能好的标尺等辅助测量设备，避免人员和标尺、测杆、棱镜支杆等测量设备靠近高压线路，防止触电。

（5）外业作业时，应携带所需的装备以及水和药品等用品，必要时应设立供应点，保证作业人员的饮食供给；野外一旦发生水、粮和药品短缺，应及时联系补给或果断撤离，以免发生意外。

（6）外业作业时，所携带的燃油应使用密封，非易碎容器单独存放、保管，防止暴晒。洒过易燃油料的地方要及时处理。

（7）进入沙漠、戈壁、沼泽、高山、高寒等人烟稀少地区或原始森林地区，作业前须认真了解掌握该地区的水源、居民、道路、气象、方位等情况，并及时记入随身携带的工作手册中。应配备必要的通信器材，以保持个人与小组、小组与中队之间的联系；应配备必要的判定方位的工具，如导航定位仪器、地形图等。必要时要请熟悉当地情况的向导带路。

（8）外业测绘必须遵守各地方、各部门相关的安全规定，如在铁路和公路区域应遵守交通管理部门的有关安全规定；进入草原、林区作业必须严格遵守《森林防火条例》、《草原防火条例》及当地的安全规定；下井作业前必须学习相关的安全规程，掌握井下工作的一般安全知识，了解工作地点的具体要求和安全保护规定。

（9）安全员必须随时检查现场的安全情况，发现安全隐患立即整改。

（10）外业测绘严禁单人夜间行动。在发生人员失踪时必须立即寻找，并应尽快报告上级部门，同时与当地公安部门取得联系。

2. 城镇地区作业要求

（1）在人、车流量大的街道上作业时，必须穿着色彩醒目的带有安全警示反光的马夹，并应设置安全警示标志牌（墩），必要时还应安排专人担任安全警戒员。迁站时要撤除安全警示标志牌（墩），应将器材纵向肩扛行进，防止发生意外。

（2）作业中以自行车代步者，要遵守交通规则，严禁超速、逆行和撒把骑车。

3. 铁路、公路区域作业要求

（1）沿铁路、公路作业时，必须穿着色彩醒目的带有安全警示反光的马夹。

（2）在电气化铁路附近作业时，禁止使用铝合金标尺、镜杆，防止触电。

（3）在桥梁和隧道附近以及公路弯道和视线不清的地点作业时，应事先设置安全警示标志牌（墩），必要时安排专人担任安全指挥。

（4）工间休息应离开铁路、公路路基，选择安全地点休息。

4. 沙漠、戈壁地区作业要求

（1）作业小组应配备容水器、绳索、地图资料、导航定位仪器、风镜、药品、色彩醒目的工作服和睡袋等。

（2）在距水源较远的地区作业，应制订供水计划，必要时可分段设立供水站。

（3）应随时注意天气变化，防止沙漠寒潮和沙暴的侵袭。

5. 沼泽地区作业要求

（1）应配备必要的绳索、木板和长约 1.5m 的探测棒。

（2）过沼泽地时，应组成纵队行进，禁止单人涉险。遇有繁茂绿草地带应绕道而行。发生陷入沼泽的情况要冷静，及时采取妥善的救援、自救措施。

（3）应保持身体干燥清洁，防止皮肤溃烂。

6. 人烟稀少或草原、林区作业要求

（1）在人烟稀少或草原、林区作业应携带手持导航定位仪器及地形图，着装要扎紧领口、袖口、衣摆和裤脚，防止虫等的叮咬。要特别注意配备防止蛇、虫等的叮咬。要特别注意配备防止蛇、虫叮咬的面罩及药品，并注射森林脑炎疫苗。

（2）行进路线及点位附近，均应留下能为本队人员所共同识别的明显标志。

（3）禁止夜间单人外出，特殊情况确需外出时，应两人以上。应详细报告自己的去向，并要携带电源充足的照明和通信器材，以保持随时联系；同时，宿营地应设置灯光引导标志。

7. 高原、高寒地区作业要求

（1）进入高海拔区域前，要进行气候适应训练，掌握高原基本知识。严禁单人夜间行动。雾天应停止作业。

（2）应配备防寒装备和充足的给养，配置氧气袋（罐）及高原反应防治专用药品，注意防止感冒、冻伤和紫外线灼伤。在高海拔区域发生高原反应、感冒、冻伤等疾病时，应立即采取有效的治疗措施。

（3）在冰川、雪山作业时，应戴雪镜，穿色彩醒目的防寒服。

（4）应按选定路线行进，遇无路情况，则应选择缓坡迂回行进。遇悬崖、绝壁、滑坡、崩陷、积雪较深及容易发生雪崩等危险地带时应该绕行，无安全防护保障不得强行通过。

8. 涉水渡河作业要求

（1）涉水渡河前，应观察河道宽度，探明河水深度、流速、水温及河床沙石等情况，了解上游水库和电站放水情况。根据以上情况选择安全的涉水地点，并应做好涉水时的防护措施。

（2）水深在 0.6m 以内、流速不超过 3m/s，或者流速虽然较大但水深在 0.4m 以内时允许徒涉。水深过腰，流速超过 4m/s 的急流，应采取保护措施涉水过河，禁止独自一人涉水过河。

（3）遇较深流速较大的河流，应绕道寻找桥梁或渡口。通过轻便悬桥或独木桥时，要检查木质是否腐朽，若可使用，应逐人通过，必要时应架防护绳。

（4）骑牲畜涉水时一般只限于水深 0.8m 以内，同时应逆流斜上，不应中途停留。要了解牲畜的水性，必要时给牲畜蹄上采取防滑措施。

（5）乘小船或其他水运工具时，应检查其安全性能，并雇用有经验的水手操纵，严禁超载。

（6）暴雨过后要特别注意山洪的到来，严禁在无安全防护保障的条件下和河流暴涨时渡河。

9. 水上作业要求

（1）作业人员应穿救生衣，避免单人上船作业。

（2）应选择租用配有救生圈、绳索、竹竿等安全防护救生设备和必要的通信设备的船只，行船应听从船长指挥。

（3）租用的船只必须满足平稳性、安全性要求，并具有营业许可证。雇用的船工必须熟悉当地水性并有载客的经验。

（4）风浪太大的时段不能强行作业。对水流湍急的地段要根据实地的具体情况采取相应安全防护措施后方可作业。

（5）海岛、海边作业时，应注意涨落潮时间，避免事故发生。

10. 地下管线作业要求

（1）无向导协助，禁止进入情况不明的地下管道作业。

（2）作业人员必须佩戴防护帽、安全灯，身穿安全警示工作服，应配备通信设备，并保持与地面人员的通信畅通。

（3）在城区或道路上进行地下管线探测作业时，应在管道口设置安全隔离标志牌，道口设置安全隔离标志牌（墩），安排专人担任安全警戒员。打开窨井盖做实地调查时，井口要用警示栏圈围起来，必须有专人看管。夜间作业时，应设置安全警示灯。工作完毕必须清点人员，在确保井下没有留人的情况下及时盖好窨井盖。

（4）对规模较大的管道，在下井调查或施放探头、电极导线时，严禁明火，并应进行有害、有毒及可燃气体的浓度测定；有害、有毒及可燃气体超标时应打开连续的 3 个井盖排气通风半小时以上，确认安全并采取保护措施后方可下井作业。

（5）禁止选择输送易燃、易爆气体管道作为直接法或充电法作业的充电点。在有易燃、易爆隐患环境下作业时，应使用具备防爆性能的测距仪、陀螺经纬仪和电池等设备。

（6）使用大功率电器设备时，作业人员应具备安全用电和触电急救的基础知识。工作电压超过 36V 时，供电作业人员应使用绝缘防护用具，接地电极附近应设置明显警告标志，并设专人看管。雷电天气禁止使用大功率仪器设备作业。井下作业的所有电气设备外壳都应接地。

（7）进入企业厂区进行地下管线探测的作业人员，必须遵守该厂安全保护规定。

11. 高空作业要求

（1）患有心脏病、高血压、癫痫、眩晕、深度近视等高空禁忌症人员禁止从事高空作业。

（2）现场作业人员应配戴安全防护带和防护帽，不得赤脚。作业前，要认真检查攀登工具和安全防护带，保证完好。安全防护带要高挂低用，不能打结使用。

（3）应事先检查树、杆、梯、站台以及觇标等各部位结构是否牢固，有无损伤、腐朽和松脱，存在安全隐患的，应经过维修后才能作业。到达工作位置后，要选坚固的枝干、桩作为依托，并扣好安全防护带后再开始作业；返回地面时，严禁滑下或跳下。高楼作业时，应了解楼顶的设施和防护情况，避免在楼顶边缘作业。

（4）传递仪器和工具时，禁止抛投。使用的绳索要结实，滑轮转动要灵活，禁止使用断股或未经检查过的绳索，以防脱落伤人。

（5）造（维修）标、拆标工作时，应由专人统一指挥，分工明确，密切配合。在行人通过的道路或居民地附近造（维修）标、拆标时，必须将现场围好，悬挂“危险”标志，禁止无关人员进入现场。作业场地半径不得小于15m。

第三节 测绘内业生产安全管理

创造安全、舒适的内业工作环境，是保障内业工作顺利进行的重要条件。测绘作业单位应组织内业生产人员，分析、评估内业生产环境的安全情况，制定生产安全细则，确保安全生产。

一、作业场所要求

（1）照明、噪音、辐射等环境条件应符合作业要求。

（2）计算机等生产仪器设备的放置，应有利于减少放射线对作业人员的危害。各种设备与建（构）筑物之间，应留有满足生产、检修需要的安全距离。

（3）作业场所中不得随意拉高电线，防止电线、电源漏电。通风、空调、照明等用电设施要有专人管理、检修。

（4）面积大于100m^{2}的作业场所的安全出口不少于两个。安全出口、通道、安全出口、通道、楼梯等应保持畅通并设有明显标志和应急照明设施。

（5）作业场所应按《中华人民共和国消防法》规定配备灭火器具，小于40m^{2}的重点防火区域。如资料、档案、设备库房等，也应配置灭火器具。应定期进行消防设施和安全装置的有效期和能否正常使用检查，保证安全有效。

（6）作业场所应配置必要的安全（警告）标志，如配电箱（柜）标志、资料重地严禁烟火标志、严禁吸烟标志、紧急疏散标志、资料重地严禁烟火标志、严禁吸烟标志、散示意图、上下楼梯警告线以及玻璃隔断提醒标志等，并保证标志完好清晰。

（7）禁止在作业场所吸烟以及使用明火取暖，禁止超负荷用电。使用电器取暖或烧水，不用时要切断电源。

（8）严禁携带易燃易爆物品进入作业场所。

二、作业人员安全操作要求

（1）仪器设备的安装、检修和使用，须符合安全要求。凡对人体可能构成伤害的危险部位，都要设置安全防护装置。所有用电动力设备，必须按照规定埋设接地网，保持接地良好。

（2）仪器设备须有专人管理，并进行定期的检查、维护和保养，禁止仪器设备带故障运行。

（3）作业人员应熟悉操作规程，必须严格按有关规程进行操作。作业前要认真检查所要操作的仪器设备是否处于安全状态。

（4）禁止用湿手拉合电闸或开关电钮。饮水时，应远离仪器设备，防止泼洒造成电路短路。

（5）擦拭、检修仪器设备应首先断开电源，并在电闸处置明显警示标志。修理仪器设备，一般不准带电作业，由于特殊情况而不能切断电源时，必须采取可靠的安全措施，并且须有两名电工现场作业。

（6）因故停电时，凡用电的仪器设备，应立即断开电源。

（7）汽油、煤油等挥发性易燃物质不得存放在作业室、车间及办公室内。洒过易燃油料的地方要及时处理。油料着火应用细沙、泥土熄灭，不可向油上浇水。

第四节　测绘仪器设备安全管理

测绘仪器基本上是光学仪器、电子仪器和光、机、电、算相结合的仪器。测绘仪器在运输、储存和使用过程中，受外界因素的影响，都有可能发生光学部件长霉起雾，电子部件受潮长霉，以及金属部件生锈、磨损等毛病，造成部件损坏，影响仪器正常使用，酿成事故，甚至整个仪器损坏报废。所以，加强仪器设备的安全管理是测绘事业科学发展的需要，正确使用、科学保养仪器，是保障测量成果质量，提高工作效率，延长仪器使用年限的重要条件。

一、测绘仪器设备的保管

1. 对仪器库房的基本要求

（1）测量仪器库房应是耐火建筑。

（2）库房内的温度不能有剧烈变化，最好保持室温在 12～16℃。

（3）库房应有消防设备，但不能用一般酸碱式灭火器，宜用液体 CO_2 或者 CCL_4 及新的灭火器。

2. 测绘仪器的三防措施

生霉、生雾、生锈是测绘仪器的“三害”。需按不同仪器的性能要求，对测绘仪器采取必要的防霉、防雾、防锈措施，确保仪器处于良好状态。

（1）防霉措施：

①每日收装仪器前，应将仪器光学零件外露表面清刷干净后再盖镜头盖，并使仪器外表清洁后方能装箱密封保管。

②仪器外壳有通孔的，用完后须将通孔盖住。

③仪器箱内放入适当的防霉剂。

④外业仪器一般情况下 6 个月（湿热季节或湿热地区 1~3 个月）应对仪器的光学零件外露表面进行一次全面的擦拭，内业仪器一般 1 年（湿热季节或湿热地区 6 个月）须对仪器未密封的部分进行一次全面的擦拭。

⑤每台内业仪器必须配备仪器罩，每次操作完毕，应将仪器罩罩上。检修时，对所修理的仪器外表和内部必须进行一次彻底的擦拭，注意不应用有机溶剂和粗糙擦布用力擦仪器的密封部位，以免破坏仪器的密封性，对产生霉斑的光学零件表面必须翻底除霉，使仪器的光学性能恢复到良好状态。

⑥修复的仪器装配时须对仪器内部的零件进行干燥处理，并更换或补放仪器内腔的防霉药片，修复装配后，仪器必须密封的部位，应恢复密封状态。必须密封的部位，应恢复密封状态。

⑦在运输仪器过程中，必须有防震设施，以免因震动剧烈引起仪器的密封性能下降，密封性能下降的部位，应重新采取密封措施，使仪器恢复到良好的密封状态。

⑧作业中暂时停用的电子仪器，每周至少通电 1 小时，同时使各个功能正常运转。

（2）防雾措施：

①每次清擦完光学零件表面后，再用干棉球擦拭一遍，以便除去表面潮气，每次测区作业终结后，应对仪器的光学零件外露表面进行擦拭。

②调整或操作仪器时，勿用手心对准光学零件表面，并在仪器运转时避免将油脂挤压或拖粘于光学零件表面上。

③外业仪器一般情况下 6 个月（湿热季节或湿热地区 3 个月）须对仪器的光学零件外露表面进行一次全面擦拭，内业仪器一般在 1 年（湿热季节或湿热地区 3~6 个月）应对仪器外表进行一次全面清擦，并用电吹风机烘烤光学零件外露表面（温度升高不得超过 60℃）。

④防止人为破坏仪器密封造成湿气进入仪器内腔和浸润光学零件表面。

⑤除雾后或新配置的光学零件表面须用防雾剂进行处理，一旦发现水性雾，应用烘烤或吸潮的方法清除；发现油性雾，应用清洗剂擦拭干净并进行干燥处理。

⑥严禁使用吸潮后的干燥剂。

⑦保管室内应配备适当的除湿装置，长期不用的仪器的外露光学零件，经干燥

后，垫一层干燥脱脂棉，再盖镜头盖。

（3）防锈措施

①凡测区作业终结收测时，将金属外露面的临时保护油脂全部清除干净，涂上新的防锈油脂。

②外业仪器防锈用油脂，除了具有良好的防锈性能，还应具有优良的置换性，并应符合挥发性低、流散性小的要求，要根据仪器的润滑防锈要求和说明书用油的规定适当选用不同配合间隙、不同运转速度和不同轴线方向所用的油脂。

③外业仪器一般情况下6个月（湿热季节或湿热地区1~3个月）须对仪器外露表面的润滑防锈油脂进行一次更换，内业仪器一般应在1年（湿热季节或湿热地区6个月）须将仪器所用临时性防锈油脂全部更换一次，如发现锈蚀现象，必须立即除锈，并分析锈蚀原因，及时改进防锈措施。

④仪器进行检修时，对长锈部位必须除锈，除锈时应保持原表面粗糙度数值或降低不超过相邻的粗糙度值；并且在对金属裸露表面清洗或除锈后，必须进行干燥处理。

⑤必须将原用油脂彻底清除，通过干燥处理后，涂抹新的油脂进行防锈。

⑥对有运动配合的部位涂防锈油脂后必须来回运动几次，并除去挤压出来的多余油脂。

⑦防锈油脂涂抹后应用电容器纸或防锈纸等加封盖。

⑧保管室在不能保证恒温恒湿的要求时，须做到通风、干燥、防尘。

二、测绘仪器设备的安全运送

（1）长途搬运仪器时，应将仪器装入专门的运输箱内。若无防震运输箱，而又需运输较精密的仪器时，可特制套箱，再把装有仪器的箱子装入特别套箱内，仪器箱与套箱内包面之间的空隙处可用刨花或纸片等紧紧填实。

（2）短途搬运仪器时，一般仪器可不装入运输箱内，一定要专人护送。对特别怕震的仪器设备，必须装入仪器箱内。不论长短距运送仪器，均要防止日晒雨淋，放置仪器设备的地方要安全妥当，并应清洁和干燥。

三、测绘仪器作业过程中的使用维护

（1）仪器开箱前，应将仪器箱平放在地上，严禁手提或怀抱着仪器开箱，以免仪器在开箱时落地损坏。开箱后，应注意看清楚仪器在箱中安放的状态，以便在用完后按原样入箱。仪器在箱中取出前，应松开各制动螺旋，提取仪器时，要用手托住仪器的基座，另一手握持支架，将仪器轻轻取出，严禁用手提望远镜和横轴。仪器及所用部件取出后，应及时合上箱盖，以免灰尘进入箱内。仪器箱放在测站附近，箱上不许坐人。作业完毕后，应将所有微动螺旋退回到正常位置，并用擦镜纸或软毛刷除去仪器上表面的灰尘。然后，卸下仪器双手托持，按出箱时的位置放入原箱。盖箱前，应将各制动螺旋轻轻旋紧，检查附件齐全后可轻合箱盖，箱盖吻合方可上盖，不可强力施压，以免损坏仪器。

(2) 架设仪器时，先将三脚架架稳并大致对中，然后放上仪器，并立即拧紧中心连接螺旋。对仪器要小心轻放，避免强烈的冲击震动，安置仪器前应检查三脚架的牢固性，作业过程中仪器要随时有人防护，以免造成重大损失。

(3) 仪器在搬站时，可视搬站的远近、道路情况以及周围环境等决定仪器是否要装箱。搬站时，应把仪器的所有制动螺旋略微拧紧，但不要拧得太紧，目的是仪器万一受到碰撞时，还有转动的余地，以免仪器受伤。搬运过程中，仪器脚架必须竖直拿稳，不得横扛在肩上。

(4) 在野外使用仪器时，必须用伞遮住太阳。仪器望远镜的物镜和目镜的表面不能让太阳照射，也要避免灰沙雨水的侵袭。

(5) 仪器任何部分若发生故障，不应勉强继续使用，要立即检修，否则将会使仪器损坏加剧。没有必要时，不要轻易拆开仪器，仪器拆卸次数太多，会影响其测量精度。

(6) 光学元件应保持清洁，如沾染灰尘，必须用毛刷或柔软的擦镜纸清除，禁止用手指抚摸仪器的任何光学元件表面。

(7) 在潮湿环境中作业，工作结束后，要用软布擦干仪器表面的水分或灰尘后才能装箱。回到驻地后，立即开箱取出仪器放置干燥处，彻底晾干后才能装入仪器箱内。

(8) 在连接外部所有仪器设备时，应注意相对应的接口、电极连接是否正确，确认无误后方可开启主机和外围设备。拔插接线时，不要抓住线就往外拔，应握住接头顺方向拔插，也不要边摇晃插头边拔插，以免损坏接头。数据传输线、GPS（监控器）天线等在收线时不要弯折，应盘成圈收藏，以免各类连接线被折断而影响工作。

第五节　基础地理信息数据档案管理与保护

基础地理信息数据是基础测绘生产活动中形成的，以数字形式存在的、关于地球表面自然地理形态和社会经济概况的基础信息数据，包括大地测量数据、摄影测绘与卫星遥感数据、数字地图数据（如数字线划图、数字高程模型、数字正射影像图、土地覆盖数据、专题地图数据等）、地名数据、基础地理信息数据库、专题数据库等，以及上述数据的元数据。

一、归档内容

基础地理信息数据档案管理归档内容主要有基础地理信息数据成果、文档材料、相关软件、档案目录数据。

1. 基础地理信息数据成果

（1）基础地理信息数据成果应包含最终数据成果、重要的阶段性数据成果、重要的原始数据成果和数据说明文件。如数据成果包含元数据，应随同数据成果一起归档。

（2）数据说明文件应包含：

①数据背景：数据名称和来源、密级、制作单位和制作时间等，并简述生产方法或工艺流程；

②数据组织：数据组织原则、结构和文件命名规则；

③应用方式：数据格式、运行环境（操作系统、应用软件及版本号）、使用方式；

④联系方式：形成单位、联系地址、联系人姓名、电话等。

（3）数据说明文件应与基础地理信息数据成果存放在同一载体上。

2. 文档材料

（1）基础测绘书籍成果文档应包括：

①项目立项文件：项目申请（或建议）书，项目可行性报告、项目下达计划或任务文件、项目合同等；

②项目实施文件：调研报告，招（投）标书，项目设计书（或实施方案），项目论证材料，项目实施过程中的有关专业设计、技术质量标准或要求，项目的各种计划、指示及批复文件；

③项目总结文件：项目阶段性和最终的工作总结、技术总结，评审、鉴定或验收材料等；

④项目成果文件：标图、附表、文档簿、数据成果目录、相关软件、使用手册等。

（2）其他基础地理信息数据所属文档，按其形成的内容进行归档。

（3）文档材料有电子文件形式的，应一并归档。

3. 相关软件

在基础地理信息数据成果形成过程中开发的待定数据管理软件，应随同数据成果一起归档。如有演示软件，也应与数据一起归档。相关软件归档时，与软件相关的技术手册、使用手册等有关材料应同时归档。

4. 归档目录数据

归档时，应同时提交与归档材料相关的档案目录数据。

二、归档要求

（1）档案形成单位应在项目完成后 2 个月内完成归档。

（2）基础测绘数据成果应与文档材料一同归档。

（3）归档的基础地理信息数据应为最终版本。

（4）归档后，如果档案形成单位又对基础地理信息数据成果进行了更新（即补充或完善），应将更新后的数据成果及时归档，以替换原归档的数据成果。

（5）文档材料归档 1 份，数据成果拷贝归档 2 份。

（6）归档的数据成果和相关软件，一般不压缩、不加密。如进行了压缩和加密，则应将解压缩软件和密钥、加密和解密软件同时归档。

三、归档检验

档案形成单位和接收单位须对归档材料进行检验，并填写《基础地理信息数据建（归）档检验登记表》，一式两份，双方各持一份。

四、移交手续

归档材料移交，需办理相关手续。档案形成单位须填写《基础地理信息数据档案移交文据》，交接单位双方签字盖章后，一式两份，双方各持一份。

五、介质与拷贝

1. 介质要求

（1）数据档案管理单位应根据本单位数据档案的管理要求指定归档介质，如可指定磁带或 CDROM 光盘。数据档案管理单位如采用磁带作为归档介质，应指定归档磁带的类型和型号，一般采用线性磁带。

（2）当数据档案管理单位同时认可磁带和光盘作为归档介质时，同一项目所采用的光盘数大于 10 片时，应以磁带为载体归档。

（3）归档的两份数据档案应采用相同类型和型号的归档介质。同一项目的数据档案应存储在同种载体介质上。

（4）归档的介质应有标识，可视标签大小依次选标档号、条形码、密级、题名、运行环境等，但至少应标注档号、条形码和密级。

2. 拷贝要求

（1）两份归档的数据成果组织结构、数据格式、成果形式、存放内容、操作平台、拷贝方法等应完全相同。当数据档案管理单位认可磁带作为归档介质时，应指定读写磁带的操作系统类型、备份软件（或命令）。

（2）数据档案管理单位应指定备份方式。原则上，数据档案应采取单盘方式拷贝（各介质可独立进行数据读取），特殊情况下也可将整体数据以整卷的方式备份在多个介质上。

六、保管环境要求

1. 工作环境

（1）在工作之前，放置在储存环境下的光盘必须在工作环境中放置至少 2 小时。

（2）在工作之前，放置在储存环境下的磁带必须在工作环境中放置至少 24 小时。

2. 储存环境

（1）温度选定范围：17～20℃；相对湿度选定范围：35%～45%。

（2）库房及装具应使用耐火材料，库房内及附近不得有易燃物品，库房内不得有明火，并配有 CO_2 型灭火器。

（3）房内的设备要避免水淹，介质架最低一层搁板应高于地面 30 cm 以上。

（4）磁带应放在距钢筋房柱或类似结构物 10cm 以外，以防雷电经钢筋传播时产生的微场损坏载体上的信息。

（5）磁带与磁场源（永久磁铁、马达、变压器等）之间的距离不得少于 76 mm。

（6）不得将任何磁性材料及其制品（包括磁化杯、保健磁铁、磁铁图钉等）带入库房。

（7）库房应远离强磁场。库房应有必要的磁屏蔽装置和检测措施。配备测磁设备，以监侧隐蔽的磁场。

（8）库房门窗应有密闭措施。库房内应尽量减少灰尘对环境的污染。介质装具应洁净无尘。库房内无腐蚀性气体，并保证通风良好。

（9）库房内照明应采用防爆，防紫外线灯具。不允许有紫外线直接照射数据载体。不允许阳光直接照射数据载体。

3. 异地储存

（1）归档的两份数据档案介质应异地储存。

（2）数据档案管理单位可根据实际情况确定异地储存的距离。异地储存的距离应大于 100 km，最佳距离为 500 km 以上。

（3）数据档案应自入馆之日起 60 天内完成导地储存工作。凡取回的异地储存的数据档案，应在数据档案离开储存地之日起的 60 天内重新完成异地储存工作。

（4）异地储存介质的读检工作，原则上应在储存地进行，应尽量避免介质离开储存地。异地储存所在地单位负责异地数据档案的安全、保密、环境和卫生等工作。

（5）异地储存的数据档案的管理权属于原数据档案管理单位，不经授权，任何单位和个人不能擅自复制和提供利用。

七、介质维护与数据维护

1. 介质维护

（1）数据档案管理单位应定期对所有磁介质进行维护并建立相应的登记制度，对数据档案磁介质的检查（倒带、读检）、拷贝、介质更换、销毁等日常工作进行记录，并存档备查。

（2）数据档案管理单位每年应读检不低于 5%的数据档案。

（3）如果数据档案在当年进行过读取操作（如数据查阅、提供利用等），则当年可以不对这些介质进行倒带和读检。

（4）归档后的数据档案介质不得外借，只能提供数据复制介质。

2. 数据维护

（1）出现介质故障或出现损坏迹象而需要重新拷贝时，如果原数据档案是采用单盘（盒）方式拷贝的，则可从另一份相同数据档案介质拷贝复制，替换出现故障的介质；如果原数据档案是采用整卷方式拷贝的，则可从另一份数据档案整体复制并替换。介质更换的重新拷贝工作应在 30 天内完成。

（2）如果软件平台能够反映介质的读写错误，则当累计读写错误达 10 次时，应停止使用该介质（即使该介质仍能正常使用），并将数据复制迁移到一份新的介质上。

（3）为保证数据档案的长期有效性，对线性磁带应每 10 年迁移一次，光盘应每 5 年迁移一次。

（4）数据档案管理单位应保证介质的可读性，即在磁带或磁带机（磁带库）、光盘或光盘驱动器（光盘库）、驱动软件或读取设备所需的软硬件环境淘汰之前，应将数据迁移到新的介质上。

（5）数据档案管理单位应尽可能保证数据的可用性，即当出现数据档案的操作软件已经（或将要）淘汰，或新版软件对旧版软件格式的数据档案不支持等情况时，数据档案管理单位可以将该数据档案转存为新版软件支持的格式或其他软件支持的数据格式。数据档案进行转存新格式拷贝后，原数据档案应继续保存 3 年。

（6）数据档案由原格式向新格式的转存之前应进行鉴定，并报单位领导审定。

（7）数据档案管理单位对数据档案转存新格式时，可以请求其他单位（或原项目单位）协助实施。数据档案转存新格式后，其数据说明文件应作相应的修改，并在数据说明文件的第一部分“数据背景”中反映数据档案的变化情况。

（8）日常数据维护工作应建立相应的登记制度，对数据的检查、复制、格式转存、数据迁移、清除等日常工作进行记录，并存档备查。

八、使用与运输

1. 光盘使用

（1）归档光盘不得擦洗、划刻、触摸盘片裸露处，不得弯曲、挤压、摔打盘片，尤其应当保护光盘的内道。

（2）对光盘的背面同样要注意保护，避免出现擦伤或划伤。

（3）防止盘片沾染灰尘和污垢。

（4）光盘正常工作时，不得按光驱上的光盘弹出键。

（5）避免使用劣质光盘。

（6）光盘背面不应粘贴不干胶，可以用光盘打印机打印标识或油笔书写标识。

（7）光盘不用时要及时从光驱或光盘库中取出，并放入光盘盒。

（8）定期对光驱进行清洁保养或请专业人员维护。

2. 磁带使用

（1）在每次使用磁带之前，应检查磁带是否有跌落损坏的痕迹，是否有裂缝、断开、缺少零部件或其他损坏，写保护开关是否可以移动且设置某个位置后是否可保持位置。

（2）不得将有污渍的磁带、已损坏的磁带或异物放入驱动器，以免损坏磁头或其他部件。

（3）任何时候不得将磁带盒拆开，不得将磁带拉出盒外，不得用手或异物触摸磁性载体表面。

（4）在储存前，应该将磁带卷至开始端或末端，写保护开关处于写保护状态。

（5）数据档案的磁带载体不用时，应及时从磁带机或磁带库中取出。

（6）堆叠或搬运磁带时，最多不超过6盒。

（7）确保磁带标签区域只有一个标签，切勿使用非标准标签，切勿在磁带标签区域以外粘贴任何东西。

（8）应定期对磁带机进行清洗，清洗频率可依据使用情况而定。一般地，如果每天都有磁带操作，应每两周至少清洗一次磁带机。

（9）磁带储存应垂直放置，不得重叠堆放。磁带应避免跌落。一旦跌落，如果该磁带上有数据，应将数据拷贝到新磁带上，原磁带应停止使用。

3. 运输要求

（1）数据载体运输时应轻拿轻放，并做好防潮、防尘、防紫外线直射、防震、防重压等措施，建议介质应封装在塑料袋中，再放入容器中运输；或采用专用运输箱运输。运输时，要防止数据载体之间的相互滑动和碰撞。

（2）要保证容器不会对数据载体造成污染，并在容器最外层标明放置方向。磁带，运输环境：对于已使用磁带，温度范围要求为5~32℃，相对湿度范围为20%~80%；对于未被使用磁带，温度范围是-23~49℃，相对湿度范围为20%~80%。同时，运输过程中避免巨大的温度变化。

九、销毁

（1）数据档案在销毁之前应进行鉴定。经鉴定需销毁的数据档案，应按有关规定履行销毁手续。

（2）经数据迁移后废弃的原介质，除数据转存新格式情况外，原数据档案的介质不需鉴定，经审批后直接销毁。销毁数据档案时，应对包括异地储存在内的两份数据档案同时销毁。

（3）当销毁磁带上的数据档案时，如果磁带还有再利用价值，可对磁带进行消磁（如果磁带技术允许）或全容量写操作，不得只进行初始化。如果磁带载体没有利用价值（如已有故障、或已经或将要达到规定的磁带升级期限），则应对磁带载体进行物理销毁。当销毁光盘上的数据档案时，须连同光盘一起销毁。

（4）数据档案逻辑或物理销毁后，应从计算机系统中将其彻底消除。无论是逻辑销毁还是物理销毁，数据档案销毁时应有数据档案管理单位派员监销，防止泄密。

十、基础地理信息数据档案建档检验

基础地理信息数据档案建档检验项目主要包含：数据成果、相关软件、文档材料、目录数据检验。

1. 数据成果检验

（1）载体外观及标识检验；
（2）成果内容完整性检验；
（3）数据有效性检验；
（4）数据内容一致性检验；
（5）数据逻辑立卷检验；
（6）病毒检验。

2. 相关软件检验

（1）载体外观及标识检验；
（2）特定软件完整性检验；
（3）软件运行有效性检验；
（4）说明材料完整性检验。

3. 文档材料检验

（1）文档外观及标识检验；
（2）文档内容完整性检验；
（3）文件有效性检验；
（4）文件内容一致性检验；
（5）文档整理立卷检验。

4. 目录数据检验

（1）目录数据项完整性检验；
（2）数据有效性检验；
（3）病毒检验。

第六节　测绘成果保密措施与生产事故处理

一、建立健全保密管理制度

涉密单位应当建立保密管理领导责任制，加强对本单位保密工作的组织领导，切实履行保密职责和义务；设立保密工作机构，配备保密管理人员。应当根据接触、使用、保管涉密测绘成果的人员情况，区分核心、重要和一般涉密人员，实行分类管理，进行岗前涉密资格审查，签署保密责任书，加强日常管理和监督。

二、强化安全保密措施

（1）涉密单位应当依照国家保密法律、法规和有关规定，对生产、加工、提供、传递、使用、复制、保存和销毁涉密测绘成果，建立严格登记管理制度，加强涉密计算机和存储介质的管理，禁止将涉密载体作为废品出售或处理。

（2）涉密单位要依照国家有关规定，及时确定涉密测绘成果保密要害部门、部位，明确岗位责任，设置安全可靠的保密防护措施。

（3）涉密单位应当对涉密计算机信息系统采取安全保密防护措施，不得使用无安全保密保障的设备处理、传输、存储涉密测绘成果。

三、规范成果提供使用行为

（1）县级以上测绘地理信息行政主管部门要依法履行提供涉密测绘成果的行政审批职能，明确规定申请、受理、审批、提供、使用等环节的具体要求，并向社会公布。

（2）经审批获得的涉密测绘成果只能用于被许可的使用目的和范围。需要用于其他目的的，应另行办理审批手续。任何单位和个人不得擅自复制、转让或转借。

（3）委托第三方承担成果开发、利用任务的，第三方必须具有相应的成果保密条件、承担相关保密责任，委托任务完成后，必须及时回收或监督第三方按保密规定销毁涉密测绘成果及其衍生产品。

（4）涉密测绘成果严格实行“管”、“用”分开，成果保管单位不得擅自使用涉密测绘成果。确因工作需要使用的，必须办理审批手续。

（5）涉密测绘成果及其衍生产品，未经国家测绘地理信息局或者省、自治区、直辖市测绘地理信息行政主管部门进行保密技术处理的，不得公开使用，严禁在公共信息网络上登载发布使用。

四、依法对外提供测绘成果

（1）凡涉及对外提供我国涉密测绘成果的，要依法报国家测绘地理信息局或者省、自治区、直辖市测绘地理信息行政主管部门审批后再对外提供。

（2）外国的组织或者个人经批准在中华人民共和国领域内从事测绘活动的，所产生的测绘成果归中方部门或单位所有，未经国家测绘地理信息局批准不得向外方提供，不得以任何形式将测绘成果携带或者传输出境。

（3）严禁任何单位和个人未经批准擅自对外提供涉密测绘成果。

五、基础地理信息保密措施

根据基础地理信息标准数据基本规定：大地原点，一、二等平面控制点数据，水准原点，一、二等水准点数据，天文点数据，重力点数据，AA 级、A 级和 B 级卫星定位控制点数据，1∶25 000、1∶50 000、1∶100 000、1∶250 000、1∶500 000 和 1∶1 000 000 基础地理信息数据（不含测量控制点数据），重要地理信息数据和国务院测绘行政主管部门依法组织施测的其他基础地理信息数据，由国务院测绘行政主管部门授权的机构认定，或依法律法规规定的程序审核批准。

应当收集积累归档的基础地理信息数据的有重要的原始基础地理信息数据、重大工程项目中形成的控制测量数据成果、基础地理信息数据库的元数据。

基础地理信息数据成果应包括最终数据成果、重要的阶段性数据成果、重要的原始数据成果和数据说明文件。如数据成果包括元数据，应随同数据成果一同归档。

六、测绘生产突发事故应急处理

（1）安全事故报告时限为：泄密事故应在发生或发现后24小时内报告；轻伤事故应在发生或发现后2小时内报告，其他事故应在发生或发现后立即报告。

（2）救援基本方针：统一指挥、分工负责、以人为本、损失最小。

考点试题汇编及参考答案与试题解析

考点试题汇编

一、单项选择题（每题的备选选项中，只有一项最符合题意。）

1. 测绘生产单位应坚持的安全管理方针是(　　)。

A. 提高认识、加强教育、安全管理

B. 生产为主、注意安全、全面管理

C. 安全第一、预防为主、综合治理

D. 生产为主、安全为辅、提高意识

2. 根据《测绘作业人员安全规范》规定，测绘人员在人、车流量大的城镇地区街道上作业时，下列做法中，正确的是(　　)。

A. 与当地交管部门协商，停止该街道车辆通行

B. 现场作业人员佩戴安全防护带和防护帽

C. 穿着色彩醒目的带有安全警示反光的马夹，并设置安全警示标志牌（墩）

D. 保证作业区域50 m内无人员走动

3. 根据《测绘作业人员安全规范》，下列关于水上作业的说法中，错误的是(　　)。

A. 应租用配有救生和通信设备的船只

B. 应租用具有营业许可证的船只

C. 风浪太大的时段不能强行作业

D. 单人上船作业应穿救生衣

4. 根据《测绘作业人员安全规范》，在人烟稀少、条件恶劣地区乘车作业时，下列要求中，错误的是(　　)。

A. 作业车载货不得超重　　　　B. 加固作业车可单车作业

C. 作业车应有双备胎　　　　　D. 气压低时作业车应低速行驶

5. 根据《测绘作业人员安全规范》，下列对业内生产场所的要求中，错误的是(　　)。

A. 各种设备和建（构）筑物之间，应留有满足生产、检修需要的安全距离

B. 作业场所中不得随意拉设电线，防止电线、电源漏电

C. 作业场所禁止使用电器取暖或烧水

D. 面积大于 100 m^2的作业场所应至少布设两个安全出口

6. 根据《测绘作业人员安全管理规范》，测绘人员进行野外地下管线作业时，说法错误的是(　　)。

A. 无向导协助时禁止进入地下管道作业

B. 对规模较大的管道，在下井调查或施放探头，电极导线时，可以用明火照明

C. 作业人员须戴防护帽和安全灯，穿安全警示工作服，佩戴通信设备

D. 禁止选择输送易燃易爆气体管道，作为直接法或充电法作业的充电点

7. 根据《测绘作业人员安全规范》，在戈壁、沙漠和高原等人员稀少、条件恶劣的地区行作业时，下列规定中，错误的是(　　)。

A. 作业车辆载重不得超重

B. 单车行进需加固

C. 作业车辆应配备适宜的轮胎，且每车有双备胎

D. 作业车辆油压、气压低时应低挡行驶

8. 根据《测绘作业人员安全规范》，下列外业出测前的准备工作中，错误的是(　　)。

A. 对进入测区的所有作业人员进行安全意识教育和安全技能培训

B. 对所有作业人员熟练使用通信、导航定位等安全保障设备进行培训

C. 进行专项防疫培训后进入高致病疫区作业

D. 制订行车计划，对车辆进行安全检查

9. 根据《基础地理信息标准数据基本规定》，基础地理信息标准数据生成过程中的质量检查由(　　)完成。

A. 生产单位　　B. 项目主管部门

C. 项目委托单位　　D. 单位质量负责人

10. 根据《基础地理信息数据档案管理与保护规范》规定，磁带与磁场源（永久磁铁、马达、变压器等）之间的距离不得少于(　　)mm。

A. 30　　B. 15

C. 45　　D. 76

11. 用以存放测绘仪器的库房，其室内的温度不能有剧烈的变化，最好保持在(　　)℃。

A. 0～20　　B. 8～10

C. 12～16　　D. 20～25

12. 根据《基础地理信息数据档案管理与保护规范》规定，基础地理信息数据档案的归档要求说法中，错误的是(　　)。

A. 档案形成单位应在项目完成后两个月内完成归档

B. 基础测绘数据成果应与文档材料分开归档

C. 归档的基础地理信息数据应为最终版本

D. 归档的数据和相关软件，一般不压缩、不加密

13. 为使测绘仪器防霉，作业中暂停使用的测绘生产仪器每周至少通电(　　)，同时使各个功能正常运转。

A. 0.5 h　　B. 1 h

C. 1.5 h　　D. 2 h

14. 根据《基础地理信息数据档案管理与保护规范》，关于基础地理信息数据的维护，为了保证数据档案的长期有效性，线性磁带应每(　　)年迁移一次。

A. 2　　B. 3

C. 5　　D. 10

15. 测绘生产突发事故中泄密事故的报告时限为(　　)。

A. 24 h 以内　　B. 即时

C. 2 h 以内　　D. 12 h 以内

16. 根据《基础地理信息数据档案管理与保护规范》，库房内及附近的设备要避免水淹，介质架最低一层搁板应高于地面(　　)cm 以上。

A. 10　　B. 30

C. 50　　D. 76

17. 下列关于测绘仪器防雾的措施，做法正确的是(　　)。

A. 吸潮后的干燥剂也可以使用

B. 调整仪器时，用手心对准光学零件表面

C. 外业测绘仪器一般情况下 1 年须对仪器的光学零件表面进行一次全面擦拭

D. 每次测区作业结束后，应对仪器的光学零件外露表面进行一次擦拭

18. 根据《基础地理信息数据档案管理与保护规定》，在工作之前，放置在储存环境下的基础地理信息数据的磁带必须在工作环境放置至少(　　)h。

A. 1　　B. 2

C. 12　　D. 24

19. 测绘生产突发事故应急处理中事故救援的目标为(　　)。

A. 最低程度影响生产进度

B. 最大限度减少人员伤亡和经济损失

C. 尽可能减少不必要的资源消耗

D. 尽量减少事故对单位及社会的影响程度

二、多项选择题（每题的备选选项中，有 2 项或 2 项以上符合题意，至少有 1 项

是错项。)

1. 测绘外业行车的基本要求包括(　　)。

A. 货运汽车车厢内载人，应按公安交通部门的有关规定执行

B. 驾驶员应严格进行有关交通安全法规、安全操作规程和安全运行的各种要求，具备野外环境下驾驶车辆的技能

C. 车辆必须安装 GPS 导航定位装备

D. 驾驶员应了解所运送物品的性能，保证人员和物品的安全

E. 危险物品与人员混装运送时，人员要注意安全

2. 测绘外业作业人员室内住宿的安全管理注意事项包括(　　)。

A. 外业作业人员应尽量居住民房或招待所，并应对住宿的房屋进行安全检查

B. 应注意用电安全

C. 在有安全隐患的房屋住宿时，要随时注意安全

D. 使用煤油灯应安装防风罩，离开房间或休息时，应及时熄火煤油灯

E. 当使用便携式发电机超负荷运行时，要派专人管理

3. 测绘外业作业环境安全管理的一般要求包括(　　)。

A. 应持有效证件和公函与有关部门进行联系

B. 遇雷电天气应立刻停止作业选择安全地点躲避

C. 外业测绘单人夜间行动，要注意安全

D. 外业作业时，应携带所需的装备以及水和药品等用品

E. 安全人员有空时要检查现场的安全情况，发现安全隐患即时整改

4. 测绘内业生产安全生产管理对作业人员安全操作的要求包括(　　)。

A. 仪器设备的安装、检修和使用，须符合安全要求

B. 仪器设备带故障运行时，作业人员要特别小心

C. 擦拭、检修仪器设备应先断开电源，并注意电闸处挂置明显标志

D. 因故停电时，凡用电的仪器设备，应立即断开电源

E. 作业人员应熟悉操作规程，必须严格按有关规程进行操作

5. 测绘仪器库房应配备消防设备，下列灭火器中，可以作为测绘仪器库房消防设备的是(　　)。

A. 液体 CO_2灭火器　　B. CCL_4灭火器

C. 苏打酸式灭火器　　D. 泡沫灭火器

E. 干粉灭火器

6. 根据《基础地理信息数据档案管理与保护规定》，对归档材料进行检验时，相关软件的检验工作主要包括(　　)。

A. 载体外观及标识检验　　B. 特定软件完整性检验

C. 病毒检验　　D. 软件运行有效性检验

E. 说明材料完整性检验

7. 基础地理信息数据提供单位应当建立数据提供登记管理系统，详细记载的内

容包括(　　)。

A. 使用单位　　B. 数据内容

C. 数据数量　　D. 生产时间

E. 用途和使用方式

8. 根据《基础地理信息数据档案管理与保护规范》，基础地理信息数据成果的数据说明文件包括(　　)。

A. 档案目录数据　　B. 数据背景

C. 数据组织　　D. 应用方式

E. 联系方式

9. 根据《基础地理信息标准数据基本规定》，下列数据中，应当由国务院测绘行政主管部门委托的机构认定的有(　　)。

A. 1：1 万基础地理信息数据　　B. B 级卫星定位控制点数据

C. 1：5 万基础地理信息数据　　D. 二等平面控制点数据

E. 三等水准点数据

10. 根据《基础地理信息数据档案管理与保护规范》，下列数据中，属于应当收集积累归档的基础地理信息数据的有(　　)。

A. 重要的原始基础地理信息数据

B. 各种公开出版的数字地图

C. 基础测绘生产活动中形成的地名数据

D. 重大工程项目中形成的控制测量数据成果

E. 基础地理信息数据库的元数据

11. 根据《基础地理信息数据档案管理与保护规范》，归档的基础地理信息数据成果应包含(　　)。

A. 最终的数据成果　　B. 重要的原始数据成果

C. 文档材料　　D. 相关软件

E. 数据说明文件

参考答案与试题解析

一、单项选择题

1. 【C】测绘生产单位应坚持安全第一、预防为主、综合治理的方针。
2. 【C】必须穿着色彩醒目的带有安全警示反光的马夹，并设置安全警示标志牌(墩)。
3. 【D】作业人员应穿救生衣，避免单人上船作业。
4. 【B】在戈壁、沙漠和高原等人员稀少、条件恶劣的地区应采用双车作业。
5. 【C】使用电器取暖或烧水，不用时要切断电源。
6. 【B】对规模较大的管道，在下井调查或施放探头，电极导线时，严禁用明火照明。

7.【B】在戈壁、沙漠和高原等人员稀少、条件恶劣的地区应采用双车作业。

8.【C】对于发生高致病的疫区，应禁止作业人员进入。

9.【A】基础地理信息标准数据生成过程中的质量检查由生产单位完成。

10.【D】磁带与磁场源（永久磁铁、马达、变压器等）之间的距离不得少于 76 mm。

11.【C】用存放测绘仪器的库房，其室内温度不能有剧烈变化，最好保持在 12～16℃。

12.【B】基础测绘数据成果应与文档材料一同归档。

13.【B】为使测绘仪器防霉，作业中暂停使用的测绘生产仪器每周至少通电 1h。

14.【D】为保证数据档案的长期有效性，对线性磁带应每 10 年迁移一次。

15.【A】安全事故报告时限为：泄密事故应在发生或发现后 24 h 内报告。

16.【B】库房内及附近的设备要避免水淹，介质架最低一层搁板应高于地面 30cm 以上。

17.【D】每次测区作业结束后，应对仪器的光学零件外露表面进行一次擦拭。

18.【D】在工作之前，放置在储存环境下的磁带必须在工作环境中放置至少 24h。

19.【B】测绘生产突发事故救援目标为最大限度减少人员伤亡和经济损失。

二、多项选择题

1.【ABD】运送易燃易爆危险品时，对车辆是否安装 GPS 导航定位装备不作要求。

2.【ABD】禁止入住有安全隐患的房屋；防止发电机漏电和超负荷运行对人员造成伤害。

3.【ABD】严禁单人夜间行动；必须随时要检查现场的安全情况，发现安全隐患立即整改。

4.【ACDE】禁止超负荷用电和仪器设备带故障运行。

5.【AB】库房应有消防设备，宜用液体 CO_2或者 CCl_4及新的灭火器。

6.【ABDE】相关软件检验内容。

7.【ABCE】详细记载的内容包括使用单位、数据内容、数据数量、用途和使用方式。

8.【BCDE】数据说明文件包括数据背景、数据组织、应用方式、联系方式。

9.【BCD】基础地理信息保密措施。

10.【ADE】基础地理信息保密措施。

11.【ABE】基础地理信息保密措施。

第十一章　测绘项目合同管理

合同是平等主体的自然人、法人、其他组织之间设立、变更、终止民事权利义务关系的协议，所以测绘合同的制定，应在平等协商的基础上来对合同的各项条款进行规约。

第一节　合同内容

合同内容主要包括测绘范围、测绘内容、技术依据和质量标准、工程费用及其支付方式、项目实施进度安排、双方的义务、提交成果及验收方式等。

测绘合同的内容如下：

1. 测绘范围

测区地点、面积、测区地理位置等。

2. 测绘内容

测绘项目和工作量等。

3. 执行技术标准

测绘成果必须按照国家的相关技术规范（或规程）来执行。一般情况下，事先确定技术依据和质量标准。

4. 测绘工程费

（1）取费依据为国家颁布的测绘产品价格标准；
（2）取费项目及预算工程总价款。

5. 甲乙双方的义务

（1）甲方应尽义务主要包括：①向乙方提交该测绘项目相关的资料；②完成对乙方提交的技术设计书的审定工作；③保证乙方的测绘队伍顺利进入现场工作，并对乙方进场人员的工作、生活提供必要的条件；④保证工程款按时到位；⑤允许乙方内部使用执行本合同所生产的测绘成果等。

（2）乙方的义务主要包括：①根据甲方的有关资料和本合同的技术要求完成技术设计书的编制，并交甲方审订；②组织测绘队伍进场作业；③根据技术设计书要求确保测绘项目如期完成；④允许甲方内部使用乙方为执行本合同所提供的属乙方所有的测绘成果；⑤未经甲方允许，乙方不得将本合同标的全部或部分转包给第三方。

6. 项目验收

乙方应当于工程完工后书面通知甲方验收，甲方应当组织有关专家，依据合同约定使用的技术标准和技术要求，对乙方所完工的测绘工程完成验收，并出据测绘成果验收报告书。

对乙方所提供的测绘成果的质量有争议的，由测区所在地的省级测绘产品质量监督检验站裁决。其费用由败诉方承担。

7. 甲方违约责任

（1）合同签订后，由于甲方工程停止而终止合同的，乙方未进入现场工作前，甲方无权请求返还定金。双方没有约定定金的，向偿付乙方预算工程费的30%，乙方已进入现场工作，甲方应按完成的实际工作量支付工程价款，并按一定比例的预算工程费向乙方偿付违约金。

（2）乙方进场后，甲方未给乙方提供必要的工作、生活条件而造成停窝工时，甲方应支付给乙方停窝工费，同时工期顺延。

（3）甲方未按要求支付乙方工程费，应按顺延天数和当时银行贷款利息，向乙方支付违约金。影响工程进度的，甲方应承担顺延工期的责任，并按约定向乙方支付停窝工费。

（4）对于乙方提供的图纸等资料以及属于乙方的测绘成果，甲方有义务保密，不得向第三人提供或用于本合同以外的项目，否则乙方有权要求甲方按本合同工程款总额的20%赔偿损失。

8. 乙方违约责任

（1）合同签订后，如乙方擅自中途停止或解除合同，乙方应向甲方双倍返还定金。双方没有约定定金的，乙方向甲方赔偿一定比例已付工程价款，并归还甲方预付的全部工程款。

（2）因天气、交通、政府行为、甲方提供的资料不准确等影响测绘作业的客观原因造成的工作拖期，乙方不承担赔偿责任。乙方提供的测绘成果质量不合格的，乙方应负责无偿予以重测或采取补救措施，以达到质量要求。因测绘成果质量不符合合同要求（而又非甲方提供的图纸资料原因所致）造成后果的，乙方应对因此造成的直接损失负赔偿责任，并承担相应的法律责任。

（3）对于甲方提供的图纸和技术资料以及属于甲方的测绘成果，乙方有保密义务，不得向第三人转让，否则；甲方有权要求乙方按本合同工程款总额20%赔偿损失。

（4）乙方擅自转包本合同标的，甲方有权解除合同，并可要求乙方偿付预算工程费30%的违约金。

9. 附则

合同由双方代表签字，加盖双方公章或合同专用章即生效。全部成果交接完毕测绘工程结算完成后，合同终止。

订立合同有书面形式、口头形式和其他形式。测绘合同书一般是书面形式。书面形式是指合同书、信件和数据电文（包括电报、电传、传真、电子数据交换和电子邮件）等可以有形地表现所载内容的形式。

第二节　合同的评审

一、合同评审的方式

授权审批、会签、会议评审。

二、合同评审的内容

（1）法律法规的要求；
（2）质量技术的要求；
（3）人力资源保障要求；
（4）工程量；
（5）成果（或产品）交付期限；
（6）价款和结算方式；
（7）设备保障情况；
（8）发包单位资信情况。

三、合同的履行

（1）项目承揽方按要求完成测绘工作；
（2）测绘项目委托单位暗示交付项目酬金；
（3）合同约定的附加工作和额外测绘工作及其酬金给付。

四、合同的变更

1. 测绘合同变更的条件

（1）原测绘合同关系的有效存在。

（2）当事人双方协商一致，不损害国家及社会公共利益。任何一方不得采取欺诈、胁迫的方式来欺骗或强制他方当事人变更合同。

（3）合同非要素内容发生变更。合同变更仅指合同的内容发生变化，不包含合同主体的变更。合同变更必须是非实质性内容的变更，变更后的合同关系与原合同关系应当保持同一性。

（4）须遵循法定形式。

2. 合同变更的效力

（1）合同变更的部分发生债权债务关系消灭的后果。

（2）仅对合同未履行部分发生法律效力，即合同变更没有溯及力。合同变更原则上向将来发生效力，未变更的权利义务继续有效，已经履行的债务不因合同的变更而失去合法性。

（3）不影响当事人请求赔偿的权利。

第三节 合同无效、变更或者撤销

一、合同无效

有下列情形之一的，合同无效：

（1）一方以欺诈、胁迫的手段订立合同，损害国家利益；

（2）恶意串通，损害国家、集体或者第三人利益；

（3）以合法形式掩盖非法目的；

（4）损害社会公共利益；

（5）违反法律、行政法规的强制性规定。

二、变更或者撤销合同

下列合同，当事人一方有权请求人民法院或者仲裁机构变更或者撤销：

（1）因重大误解订立的；
（2）在订立合同时显失公平的。

三、合同免责条款无效

合同中的下列免责条款无效：
（1）造成对方人身伤害的；
（2）因故意或者重大过失造成对方财产损失的。

第四节　成本预算

测绘单位取得与甲方签订的测绘合同后，财务部门根据合同规定的指标、项目施工设计书、测绘生产定额、测绘单位的承包经济责任制及有关的财务会计资料等编制测绘项目成本预算。成本预算的分类和内容、构成比例见表 11-1。

表 11-1　**成本预算**

成本预算	方式	依赖于所在单位的机构组织模式、分配机制和相关会计制度
	分类	①项目是生产承包制，由生产成本预算和期间费用预算组成 ②项目是生产经营承包制，由生产成本预算、承包部门费用预算和期间费用预算组成
	内容	生产成本（直接费用）：维持测绘单位正常运作的人工费、直接材料费、交通差旅费、折旧费 项目承包（费用包干）：直接承包费、期间费用
		经营成本（维持运作）：①员工福利及他项费用：福利费、职工教育经费、住房公积金、养老保险金、失业保险等三金一险 ②机构运营费：业务往来费、办公费用、仪器购置、维护及更新费用、工会费、社团活动费用、质量安全控制成本、基建费等反映测绘单位正常运作的费用
	构成比例	①直接费用 82%，间接费用 6%，期间费用 12%
		②测绘项目设计费：1.5%，成果验收费：3%
		③成本费用中不包含折旧费用或修购基金

考点试题汇编及参考答案与试题解析

考点试题汇编

一、单项选择题（每题的备选选项中，只有一项最符合题意。）

1. 根据测绘合同示范文本，甲方按约定结清全部工程费后，乙方应当按照(　　)向甲方交付全部测绘成果。

A. 技术设计书要求　　B. 测绘技术标准要求

C. 测绘法律法规规定　　D. 技术总结说明

2. 下列内容中，不属于测绘项目合同内容的是(　　)。

A. 项目实施进度安排　　B. 甲乙双方的义务

C. 提交成果及验收方式　　D. 合同评审方式的规定

3. 合同生效后，如乙方擅自中途停止或解除合同，乙方应向甲方(　　)倍返还定金。

A. 1　　B. 2

C. 3　　D. 无需返还

4. 合同签订后，乙方未进入现场工作前，由于甲方工程停止而终止合同的，甲方无权请求返还定金。双方没有约定定金的，偿付乙方预算工程费的(　　)。

A. 10%　　B. 20%

C. 30%　　D. 35%

5. 对于乙方提供的图纸等资料以及属于乙方的测绘成果，甲方有义务保密，不得向第三人提供或用于本合同以外的项目，否则乙方有权要求甲方按本合同工程款总额的(　　)赔偿损失。

A. 10%　　B. 20%

C. 30%　　D. 35%

6. 乙方擅自转包本合同标的的，甲方有权解除合同，并可要求乙方偿付预算工程费(　　)的违约金。

A. 10%　　B. 20%

C. 30%　　D. 35%

7. 成本预算时，下列成本中，属于经营成本的是(　　)。

A. 折旧费用　　B. 直接材料费

C. 交通差旅费　　D. 住房公积金

二、多项选择题（每题的备选选项中，有 2 项或 2 项以上符合题意，至少有 1 项是错项。）

1. 根据《测绘合同示范文本》，测绘项目合同的主要内容有(　　)。
A. 测绘范围　　B. 执行技术标准
C. 测绘设备　　D. 测绘内容
E. 测绘工程费

2. 下列内容中，属于合同评审内容的是(　　)。
A. 工程量　　B. 成果交付期限
C. 价款和结算方式　　D. 发包单位资信情况
E. 人员工作履历

3. 测绘合同变更的条件有(　　)。
A. 原测绘合同关系的有效存在
B. 当事人双方协商一致，不损害国家及社会公共利益
C. 合同主体双方发生变更
D. 合同变更要及时进行书面确认和必要的备案
E. 变更的合同必须遵循国家法律

4. 关于合同变更效力，下列说法错误的有(　　)。
A. 合同变更部分发生债权关系消灭的后果
B. 合同变更有溯及力
C. 提出变更的一方当事人对对方当事人因合同变更所受损失不用负赔偿责任
D. 合同变更后，当事人应按变更后的合同内容履行
E. 合同变更原则上向将来发生效力，未变更的权利义务继续有效

5. 测绘项目成本预算有两种情况，一种是项目生产承包制，另一种是项目生产经营承包制的。下列内容中，属于生产经营承包制的生产成本的是(　　)。
A. 直接承包费用　　B. 折旧费
C. 员工福利及它项费用　　D. 机构运行费用
E. 交通差旅费

6. 当事人订立合同，有书面形式、口头形式和其他形式。下列属于书面形式的是(　　)。
A. 合同书　　B. 信件
C. 电子邮件　　D. 电子数字交换
E. 扫描件

7. 合同是指平等主体的(　　)之间设立、变更、终止民事权利义务关系的协议。
A. 成人　　B. 自然人
C. 法人　　D. 其他组织
E. 国外人士

8. 下列情形中，属于合同免责条款无效的是(　　)。
A. 一方以欺诈、胁迫的手段订立合同，损害国家利益
B. 违反法律、行政法规的强制性规定

C. 造成对方人身伤害的

D. 因故意或者重大过失造成对方财产损失的

E. 在订立合同时显失公平的

参考答案与试题解析

一、单项选择题

1.【A】乙方根据技术设计书的要求向甲方交付全部测绘成果。

2.【D】合同评审方式的规定不属于合同内容。

3.【B】合同签订后，如乙方擅自中途停止或解除合同，乙方应向甲方双倍返还定金。

4.【C】由甲方终止合同的，双方没有约定定金的，偿付乙方预算工程费的30%。

5.【B】否则乙方有权要求甲方按本合同工程款总额的20%赔偿损失。

6.【C】乙方擅自转包本合同标的的，甲方可要求乙方偿付预算工程费30%的违约金。

7.【D】住房公积金应属于经营成本费用。

二、多项选择题

1.【ABDE】测绘项目合同内容有：测绘范围、执行技术标准、测绘内容、测绘工程费。

2.【ABCD】人员工作履历不属于合同评审的内容。

3.【ABDE】合同主体双方发生变更不属于测绘合同变更的条件。

4.【BC】参阅合同变更的效力内容。

5.【AB】直接材料费、折旧费属于生产成本（直接费用）。

6.【ABCD】扫描件不属于书面形式。

7.【BCD】合同是自然人、法人、其他组织之间设立、变更、终止民事权利义务的协议。

8.【CD】参见合同免责条款无效。

第十二章　测绘项目技术设计

第一节　概　　述

测绘项目技术设计是将顾客或社会对测绘成果的要求（即明示的、通常隐含的或必须履行的需求或期望）转换成测绘成果（或产品）、测绘生产过程或测绘生产体系规定的特性或规范的一组过程。

其目的是为测绘项目制定切实可行的技术方案，保证测绘成果（或产品）符合技术标准和满足顾客要求，并获取最佳的社会效益和经济效益。

一、测绘技术设计文件

测绘技术设计文件主要包括项目设计书、专业技术设计书及相应的技术设计更改文件。

测绘技术设计文件是为测绘成果（或产品）固有特性和生产过程或体系提供规范性依据的文件，是设计形成的结果。

技术设计文件是测绘生产的主要技术依据，也是影响测绘成果（或产品）能否满足顾客和技术标准的关键因素。

二、测绘技术设计过程

为了保证测绘技术设计文件满足规定要求的适宜性、充分性和有效性，测绘技术设计活动应按照设计策划、设计输入、设计输出、设计评审、设计验证（必要时）、设计审批和设计更改的程序进行。

1. 设计策划

承担设计任务的单位相关技术负责人负责设计策划。设计策划内容主要是：如设计过程中职责、权限的划分，设计评审、验证、审批活动的安排，各设计小组之间的接口以及测绘项目的名称、编号、委托单位、策划依据、策划人员等。应根据需要决定是否进行设计验证。

2. 设计输入（设计依据）

由技术设计负责人确定并形成书面文件，并由设计策划负责人或单位总工程师审核其适宜性和充分性。测绘技术设计输入应根据具体的测绘任务、测绘专业活动而定。通常情况下，测绘技术设计输入包括以下内容：

（1）适用的法律、法规要求。

（2）适用的国际、国家或行业技术标准。

（3）对测绘成果（或产品）功能和性能方面的要求，主要包括测绘任务书或合同的有关要求，顾客书面要求或口头要求的记录，市场的需求或期望。

（4）顾客提供的或本单位收集的测区信息、测绘成果（或产品）资料及踏勘报告等。踏勘报告的内容包括：概述、自然情况、人文情况、人力资源及后勤保障、可利用成果资源、补充作业区信息、结论性建议。

（5）适用时、以往测绘技术设计、测绘技术总结提供的信息以及现有生产过程和成果（或产品）的质量记录和有关数据。

（6）测绘技术设计必须满足的其他要求。

3. 设计输出

设计输出是设计过程的结果，测绘技术设计输出主要包括项目设计书、专业设计书以及相应的技术设计更改单。

4. 设计评审

在技术设计的适当阶段，应依据设计策划的安排对技术设计文件进行评审，以确保达到规定的设计目标。设计评审应确定评审依据、评审目的、评审内容以及评审人员等，其主要内容和要求如下：

（1）评审依据：设计输入的内容。

（2）评审目的：评价技术设计文件满足要求（主要是设计输入要求）的能力；识别问题并提出必要的措施。

（3）评审内容：送审的技术设计文件或设计更改内容及其有关说明。

（4）依据评审的具体内容确定评审的方式，包括传递评审、会议评审以及有关负责人审核等。

（5）参加评审人员：评审负责人、与所评审的设计阶段有关的职能部门的代表，必要时邀请的有关专家等。

5. 设计验证

为了确保技术设计文件满足输入要求，应依据设计策划的安排，必要时对技术设计文件进行验证。主要的设计验证方法有：

（1）将设计输入要求和（或）相应的评审报告与其对应的输出进行比较校检。

（2）试验、模拟或试用，根据其结果验证输出符合其输入的要求。

（3）对照类似的测绘成果（或产品）进行验证。

（4）变换方法进行验证，如采用可替换的计算方法以及其他适用的验证方法。

设计方案采用新技术、新方法和新工艺时，应对技术设计文件进行验证。验证宜采用试验、模拟或试用等方法，根据其结果验证技术设计文件是否符合规定要求。

6. 设计审批

为确保测绘成果（或产品）满足规定的使用要求或已知的预期用途的要求，应根据设计策划的安排对技术设计文件进行审批。

（1）设计审批的依据主要包括设计输入内容、设计评审和验证报告等。

（2）设计审批方法：技术设计文件报批前，承担测绘任务的法人单位必须对其进行全面审核，并在技术设计文件和（或）产品样品上签署意见并签名（或盖章）。技术设计文件经审核签字后，一式二至四份报测绘任务的委托单位审批。

第二节　测绘技术设计的总则

一、测绘技术设计的分类

测绘技术设计分为项目设计和专业技术设计。

1. 项目设计

对测绘项目进行的综合性整体设计。由承担项目的法人单位负责编写。

2. 专业技术设计

对测绘专业活动的技术要求进行设计，由具体承担相应测绘专业任务的法人单位负责编写。

二、测绘技术设计的基本原则

（1）技术设计应依据设计输入内容，充分考虑顾客的要求，引用适用的国家、行业或地方的相关标准，重视社会效益和经济效益。

（2）技术设计方案应先考虑整体而后局部，且顾及发展；要根据作业区实际情况，考虑作业单位的资源条件（如人员的技术能力和软、硬件配置情况等），挖掘潜力，选择最适用的方案。

（3）积极采用适用的新技术、新方法和新工艺。

(4) 认真分析和充分利用已有的测绘成果（或产品）和资料；对于外业测量，必要时应进行实地勘察，并编写踏勘报告。

三、设计人员应满足的基本要求

(1) 具备完成有关设计的能力，具有相关理论知识和生产实践经验。

(2) 明确各项数据输入内容，认真了解分析作业区的实际情况，并积极收集类似设计内容执行的有关情况。

(3) 了解、掌握本单位的资源条件（包括人员技术能力，软、硬件装备情况）生产能力、生产质量状况等基本情况。

(4) 对其设计内容负责，并善于听取各方意见，发现问题。有关程序应该及时处理。

四、技术设计的编写要求

(1) 内容明确，文字简练，对标准或规范中已有明确规定的，一般可直接引用，并根据引用内容的具体情况，标明所引用标准或规范名称、日期以及引用的章、条编号，且应在其引用文件中列出；对于作业生产中容易混淆和忽视的问题，应重点描述。

(2) 名词、术语、公式、符号、代号和计量单位等应与有关法规和标准一致。

(3) 技术设计书的幅面、封面格式和字体、字号符合规定要求。

第三节 测绘技术设计的主要内容

一、项目设计（总体设计）

项目技术设计书的内容主要有：概述、作业区自然地理概况和已有资料情况、引用文件、成果（或产品）主要技术指标和规格、设计方案、上交和归档的成果（或产品）及其资料内容和要求、质量保证措施和要求、进度安排与经费预算以及附录。

1. 概述

说明项目来源、内容和目标、作业区范围和行政隶属、完成期限、项目承担单位和成果（或产品）接收单位等。

2. 作业区自然地理概况和已有资料情况

（1）根据测绘项目的具体内容和特点，根据需要说明与测绘作业有关的作业区自然地理概况，内容可包括：作业区的地形概况、地貌特征；居民地、道路、水系、植被等要素的分布与主要特征，地形类别、困难类别、海拔高度、相对高差等。

（2）作业区的气候情况：气候特征、季节等。

（3）其他需要说明的作业区情况等。

（4）说明已有资料的数量、形式、主要质量情况（包括已有资料的主要技术指标和规格等）和评价；说明已有资料利用的可能性和利用方案等。

3. 引用文件

说明项目设计书编写过程中所引用的标准、规范或其他技术文件。文件一经引用，便构成项目设计书设计内容的一部分。

4. 成果（或产品）主要技术指标和规格

说明成果（或产品）的种类及形式、坐标系统、高程基准，比例尺、分带、投影方法，分幅编号及其空间单元，数据基本内容、数据格式、数据精度以及其他技术指标等。

5. 设计方案

主要有软件和硬件配置要求、技术路线及工艺流程和技术规定。

6. 上交和归档的成果（或产品）及其资料内容和要求

分别规定上交和归档的成果（或产品）内容、要求和数量，以及有关文档资料的类型、数量等。

（1）成果数据

规定数据内容、组织、格式，存储介质，包装形式和标识及其上交和归档的数量等。

（2）文档资料

规定需上交和归档的文档资料的类型（包括技术设计文件、技术总结、质量检查验收报告、必要的文档薄、作业过程中形成的重要记录等）和数量等。

7. 质量保证措施和要求

（1）组织管理措施：规定项目实施的组织管理和主要人员的职责和权限。

（2）资源保证措施：对人员的技术能力或培训的要求；对软、硬件装备的需求等。

（3）质量控制措施：规定生产过程中的质量控制环节和产品质量检查、验收的主要要求。

(4) 数据安全措施：规定数据安全和备份方面的要求。

8. 进度安排和经费预算

进度安排应对以下内容做出规定：

(1) 划分作业区的困难类别。

(2) 根据设计方案，分别计算统计各工序的工作量。

(3) 根据统计的工作量和计划投入的生产实力，参照有关生产定额，分别列出年度进度计划和各工序的衔接计划。

经费预算根据设计方案和进度安排，编制分年度（或分期）经费和总经费计划，并做出必要说明。

9. 附录

附录内容包括需进一步说明的技术要求和有关的设计附图、附表。

二、专业技术设计（分项设计）

专业技术设计由具体承担相应测绘专业任务的法人单位负责。项目设计由承担项目的法人代表单位负责。技术策划、技术设计、设计评审、设计验证等工作由承担项目的法人单位实施。设计审定由测绘任务的委托单位完成。专业技术设计书的内容通常包括概述、测区自然地理概况与已有资料情况、引用文件、成果（或产品）主要技术指标和规格、技术设计方案等部分。

1. 专业技术设计（分项设计）的内容

分项设计的内容见表12-1。

表12-1 分项设计的内容

内容	简要说明
概述	主要说明任务的来源、目的、任务量、测区范围和作业内容、行政隶属以及完成期限等任务基本情况
作业区自然地理概况和已有资料情况	①作业区自然地理概况。说明与测绘作业有关的作业区自然地理概况 ②已有资料情况。说明已有资料的数量、形式、主要质量情况和评价、说明已有资料情况有资料利用的可能性和利用方案等
引用文件	所引用的标准、规范或其他技术文件

续表

内容	简要说明
成果（或产品）主要技术指标和规格	一般包括成果（或产品）类型及形式、坐标系统、高程基准、时间系统，比例尺、分带、投影方法，分幅编号及其空间单元，数据基本内容、数据格式、数据精度以及其他技术指标等
设计方案	①硬件与软件环境； ②作业的技术路线或流程； ③各工序的作业方法、技术要求； ④生产过程中的质量控制和产品质量检查的主要要求； ⑤数据安全、备份或其他特殊要求； ⑥上交和归档成果及其资料的内容和要求； ⑦有关附录，包括设计附图、附表和其他有关内容

2. 专业技术设计书的编写

专业技术设计根据专业测绘活动内容的不同分为大地测量、摄影测量与遥感、野外地形数据采集及成图、地图制图与印刷、工程测量、界线测绘、基础地理信息数据建库等专业技术设计。专业技术设计书的详细编写格式和内容主要参考《测绘技术设计规定》（CH/T 1004—2005）。

下面以基础地理信息数据建库专业技术设计书和地理信息专业技术设计书的主要内容作为示例稍加介绍。

（1）基础地理信息数据建库专业技术设计书

设计书主要内容见表12-2。

表12-2　**基础地理信息数据建库专业技术设计书**

内容	简要说明
设计方案	①规定建库的技术路线和流程，明确其主要过程及其接口； ②系统软件和硬件的设计； ③数据库概念模型设计，规定数据库的系统构成、空间定位参考、空间要素类型及其关系、属性要素类型及其关系等； ④数据库逻辑类型设计：规定要素分类代码、层（块）、属性、值； ⑤数据库物理设计：类型（关系型、文件型），软硬件平台，数据库及其子库的命名规则、类型、位置及数据量； ⑥用户界面形式； ⑦管理与应用； ⑧质检

(2) 地理信息专业技术设计书

设计书的主要内容见表12-3。

表12-3 **地理信息专业技术设计书**

内容	简要说明
系统设计	数据采集与加工、数据检查与入库、数据更新与维护、数据查询与浏览、数据输出与转换、数据发布与共享、元数据管理，以及控制测量成果管理，地名管理等
详细设计说明书	①引言。背景、参考资料、术语和缩编语等； ②程序（模块）系统的组织结构； ③模块（子程序）设计说明

考点试题汇编及参考答案与试题解析

考点试题汇编

一、单项选择题（每题的备选选项中，只有一项最符合题意。）

1. (　　)是将顾客或社会对测绘成果的要求（即明示的，通常隐含的或者必须履行的需求或者期望）转换成测绘成果（或者产品），测绘生产过程或者生产体系规定的特性或者规范的一组过程。

A. 技术设计　　B. 技术总结

C. 技术评审　　D. 技术编写

2. 设计输入又称设计依据，是与成果、生产过程或者生产体系要求有关的，设计输出必须满足的要求或者依据的基础性资料，下列选项中，不是设计输入的是(　　)。

A. 适用的法律法规　　B. 顾客提供的或本单位收集的测区信息

C. 踏勘报告　　D. 技术总结

3. 下列关于测绘技术设计原则，不正确的是(　　)。

A. 技术设计应依据设计内容，充分考虑顾客的要求

B. 技术设计应先考虑局部，而后整体

C. 积极采用适用的新技术、新方法和新工艺

D. 应重视数据安全措施，明确规定数据安全和备份方面的要求

4. 下列内容中，不属于踏勘报告内容的是(　　)。

A. 概述　　B. 自然情况和人文情况

C. 人力资源及后勤保障　　D. 成果主要技术指标和规格

5. 根据《测绘技术设计规定》，技术设计文件中采用新技术、新方法、新工艺的应进行验证。下列验证方法中，不宜采用的是(　　)。

A. 试验　　B. 模拟

C. 试用　　D. 对照类似的测绘成果

6. 根据《测绘技术设计规定》，设计评审的依据是(　　)。

A. 设计输入内容　　B. 技术设计文件

C. 测绘项目价格　　D. 设计验证报告

7. 根据《测绘技术设计规定》，测绘技术设计文件的审批主体是(　　)。

A. 承担测绘任务的单位技术负责人

B. 测绘任务的委托单位

C. 测绘任务的监理单位

D. 承担测绘任务的法人单位

8. 根据《测绘技术设计规定》，下列有关单位中，负责编写测绘专业技术设计的是(　　)。

A. 承担项目的法人单位　　B. 承担相应测绘专业任务的法人单位

C. 项目的监理单位　　D. 项目立项报批单位

9. 根据测绘技术设计规定，设计评审的依据是(　　)。

A. 设计输入内容　　B. 技术设计文件

C. 测绘合同　　D. 设计验收报告

10. 根据《测绘技术设计规定》，下列人员中，负责确定设计输入并形成书面文件的是(　　)。

A. 技术设计负责人　　B. 设计策划负责人

C. 单位总工程师　　D. 技术设计人员

二、多项选择题（每题的备选选项中，有 2 项或 2 项以上符合题意，至少有 1 项是错项。）

1. 根据《测绘技术设计规定》，下列工作中，由承担项目的法人单位负责实施的有(　　)。

A. 技术策划　　B. 技术设计

C. 设计评审　　D. 设计验证

E. 设计审定

2. 根据《测绘技术设计规范》，下列文件中，属于测绘技术设计文件的有(　　)。

A. 项目设计书　　B. 专业技术设计书

C. 设计评审意见　　D. 设计审批意见

E. 技术设计更改单

3. 根据《测绘技术设计规范》，设计方案中质量保证措施有(　　)。

A. 组织管理措施　　　　B. 资源保证措施
C. 质量控制措施　　　　D. 数据安全措施
E. 进度控制措施

4. 根据《测绘技术设计规范》，大地测量中各种测量工作的设计方案有(　　)。
A. 选点埋石　　　　B. GPS 测量
C. 三角测量和导线测量　　　　D. 重力测量
E. 大地测量数据库的建设

5. 下列关于测绘技术设计文件实施的说法中，正确的有(　　)。
A. 专业技术设计书经项目承担单位评审、验证和审批后，即可实施
B. 技术设计更改单报项目委托单位备案后，即可实施
C. 技术设计更改单经项目承担单位评审、验证和审批后，即可实施
D. 专业技术设计书经项目委托单位审批后，即可实施
E. 项目技术设计书经项目委托单位审批后，即可实施

6. 下列内容中，属于基础地理信息数据建库专业技术设计方案的是(　　)。
A. 规定建库的技术路线和流程，明确其主要过程和接口
B. 系统软硬件的设计
C. 数据库的设计
D. 用户界面形式规定
E. 系统安全设计

7. GIS 系统功能设计有(　　)。
A. 软硬件、网络的配置　　　　B. 数据采集加工
C. 元数据管理　　　　D. 地名管理
E. 数据发布与共享

8. 测绘技术设计对设计人员应满足的基本要求有(　　)
A. 明确完成有关设计任务的能力
B. 明确各项设计输入内容
C. 了解掌握本单位的资源条件，同时通过国家注册测绘师考试
D. 具有相关的专业理论知识和生产实践经验
E. 对其设计内容负责，并善于听取各方意见

参考答案与试题解析

一、单项选择题

1.【A】测绘技术设计定义。
2.【D】技术总结不是测绘技术设计输入内容。
3.【B】测绘技术设计应先考虑整体，而后再考虑局部。
4.【D】成果主要技术指标和规格不属于踏勘报告的内容。

5. 【D】对照类似的测绘成果不宜采用。
6. 【A】评审依据是设计输入内容。
7. 【B】技术设计文件经审核签字后，一式二至四份报测绘任务的委托单位审批。
8. 【B】专业技术设计由具体承担相应测绘专业任务的法人单位负责。
9. 【A】设计评审的依据是设计输入内容。
10. 【A】设计输入由技术设计负责人确定并形成书面文件。

二、多项选择题

1. 【ABCD】设计审定由测绘任务的委托单位完成。
2. 【ABE】测绘技术设计文件包括测绘项目设计书、测绘专业技术设计书及相应的技术设计更改文件。
3. 【ABCD】质量保证措施包括：组织管理措施、资源保证措施、质量控制措施、数据安全措施等。
4. 【ABCD】大地测量设计方案包括大地测量数据处理，而不是数据库建设。
5. 【DE】测绘技术设计文件必须经过委托方审批合格，才能实施。
6. 【ABCD】系统安全设计不属于基础地理信息数据建库专业技术设计方案的内容。
7. 【BCDE】软硬件、网络的配置不属于 GIS 系统功能设计的内容。
8. 【ABDE】通过国家注册测绘师考试不属于设计人员应满足的要求。

第十三章　测绘项目组织实施

第一节　项目目标管理

项目目标包括工期目标、成本目标和质量目标。

1. 工期目标

工期目标可以分解为各个工序的工期目标。

2. 成本目标

成本目标（成本预算）可以分解为人工成本、设备折旧或租用成本、消耗材料成本三大类成本。成本费用计算的确定因素主要有：

（1）测绘生产作业期：外业 180 天，内业 220 天。

（2）成本费用构成比例：直接费用 82%，间接费用 6%，期间费用 12%。

（3）成本费用中包含 1.5%的测绘工作项目设计费用和 3%的成果验收费。

（4）成本费用没有包含折旧费用或修购基金。

（5）雪峰测量、国界测绘、地理信息系统建设等特殊项目，根据实际情况进行经费预算。

3. 质量目标

质量目标是期望项目能达到的等级。质量目标分类等级主要有：

（1）质量目标的质量等级：优、良、合格。

（2）单位成果的质量等级：优、良、合格、不合格。

（3）单位成果概查：只评定合格品、不合格品两级。

（4）样本质量评定质量等级：优、良、合格、不合格。

（5）批成果质量判定：批合格（优、良、合格）、批不合格。

第二节　项目资源配置

1. 人员配置

测绘项目人员配置分为项目负责人、生产管理组、技术管理组、质量控制组、后勤服务部门。

（1）项目负责人：

由院长（总经理）担任，全面负责项目生产计划的实施，技术管理、质量控制、资料的安全保密管理等工作。

（2）生产管理组：

①项目生产负责人：由生产院长（项目经理）担任，全面负责项目的生产工作。包括经费控制、进度控制、质量控制、人员管理等工作。

②中队生产负责人：由中队长（部门经理）担任，全面负责整个中队的生产工作。包括经费控制、进度控制、质量控制、人员管理等工作。

③作业组生产负责人：由各生产作业组长担任，只负责作业组的进度、质量和人员管理，一般不负责经费管理。

（3）技术管理组：

①项目技术负责人：由总工担任，测绘项目最高技术主管，负责整个项目的技术工作。

②中队技术负责人：由中队（部门）工程师担任，全面负责整个中队的技术工作。

③作业组技术负责人：由各生产作业组工程师担任。

（4）质量控制组：

由质量控制办公室负责，对每一道工序进行质量检查。

（5）后勤服务部门：

资料管理组、设备管理组、安全保障组、后勤保障组等。

2. 设备配置

目前，测绘设备主要包括经纬仪、水准仪、全站仪、GPS 测量系统、航空摄影机和数字摄影测量工作站、数字成图系统等。其中，外业设备有经纬仪、水准仪、全站仪、GPS 测量系统、航空摄影机。内业设备有数字摄影测量工作站、数字成图系统。另外，还有相应的测绘应用软件，如绘图软件、GPS 数据处理软件等。测绘项目要根据项目类型、范围大小、技术路线、作业方法等配备合适的设备。

第三节 项目实施管理

项目实施管理包括工程进度控制、资金预算控制和质量控制。

一、工程进度控制

1. 工程进度控制的影响因素

工程进度控制主要包括人员按计划落实的控制监督、仪器设备按计划落实的控制监督、完成进度与计划的符合情况检查以及影响生产完成计划的因素等内容。其中，影响生产进度完成计划的因素有：

(1) 在估计项目的特点及项目实现的条件时，过高或过低地估计了有利因素。例如，资金的保障情况、测区内的作业条件等。

(2) 在项目实施过程中各有关方面工作上的失误。例如，项目委托方设计要求的变更、作业顺序的调整等。

(3) 不可预见事件的发生。不可预见事件包括政治、经济及自然等方面。

2. 测绘工程项目进度安排

测绘工程项目进度安排主要包括：

(1) 划分作业区的困难类别；

(2) 根据设计方案，分别计算统计各工序的工作量；

(3) 根据统计的工作量和计划投入生产实力，参照有关生产定额，分别列出年度计划和各工序衔接计划。

二、资金预算控制

(1) 分析测绘项目资金预算的科学合理性。

(2) 检查资金预算执行与工程进度的符合性。

(3) 核查资金预算执行内容的完整性。

三、质量控制

1. 质量控制的重要性

(1) 质量控制是项目委托方投资得以最快收益的前提。

（2）质量控制是保证生产单位提供满足项目委托方要求成果的有利保障。
（3）质量控制有利于生产进度计划的顺利实施。
（4）质量控制是目标控制的核心。

2. 质量控制的基本依据

（1）测绘合同。
（2）经审批的技术设计书或作业指导书。
（3）国家及地方政府颁布的有关测绘的法律、法规和规范性文件。
（4）有关的国家标准、行业标准、地方标准。

3. 质量控制方法

测绘任务实施前，应组织有关人员的技术培训，学习技术设计书及有关的技术标准、操作规程；测绘任务实施前，应对需用的仪器、设备、工具进行检验和校正；在生产中应用的计算机软件及需用的各种物资，应能保证满足产品质量的要求，不合格的不准投入使用。

测绘单位必须建立内部质量审核制度。经成果质量过程检查的测绘产品，必须通过质量检查机构的最终检查，评定质量等级，编写最终检查报告。过程检查、最终检查和质量评定，按《测绘产品检查验收规定》和《测绘产品质量评定标准》执行。具体方法有：

（1）试生产实验；生产开工时要做好“第一幅图”试生产。

（2）工序成果质量控制，该成果可能是测绘最终成果的组成部分，也可能是生产过程的一个过程产品。

（3）二级检查：测绘单位作业部门的过程检查、质量管理部门的最终检查。

（4）一级验收：项目发包单位或其委托的成果质量检验单位对测绘成果质量进行验收。

第四节　项目成本预算

测绘航空摄影工作项目经费预算与航摄区域地理位置和范围、航摄资料用途及成图比例尺和航摄比例尺有关。

一、测绘成本费用的有关系数

涉及测绘成本费用的有关系数按表 13-1 执行。

表 13-1 **测绘成本费用的有关系数**

系数名称	系数(%)	适用专业
长迁系数 1 000~2 000 千米 2 000~3 000 千米 3 000 千米以上	3.0 6.0 8.0	大地测量外业、摄影测量与遥感外业、地形数据采集与编辑外业、界线测绘、工程测绘、海洋测绘与江湖水下测量
高原系数	7.0	同上
高寒、高温系数	5.0	同上
带状系数	30.0(15.0)	图上宽度≤1 分米(1 分米<图上宽度≤2.5 分米)的 1∶500~1∶2 000 比例尺带状地形测绘
小面积系数	标准幅定额×1.3	测区面积不足 1 幅的 1∶500~1∶2 000 比例尺地形图按一个标准幅计算。
修测系数	$\frac{\text{修测面积}}{\text{标准幅面积}}$×标准幅定额×1.3	1∶500~1∶2 000 比例尺地形图修测
面积系数	$\frac{\text{实际面积}-\text{标准面积}}{\text{标准面积}}$×80	工作单位为幅的测绘生产项目

注:

①长迁系数是指测区长距离搬迁(含出测、收测时),成本费用定额增加的比例。

②高原系数是指作业区域平均海拔高度≥3 500 米时,成本费用定额增加的比例。

③高寒、高温系数是指在省、自治区、直辖市人民政府规定的高寒、高温地区作业时,成本费用定额增加的比例。

④带状系数是指进行铁路、公路或其他带状测绘作业时,成本费用定额增加的比例。

⑤小面积系数是指进行面积不足 1 幅的 1∶500~1∶2 000 比例尺地形图测绘时,成本费用定额增加的比例。

⑥修测系数是指进行 1∶500~1∶2 000 比例尺地形图修测时,成本费用定额增加的比例。

⑦面积系数是指施测图幅实际面积大于或小于标准幅面积时,成本费用定额增加或减少的比例。

二、测绘工作项目的图幅标准面积

有关测绘工作项目的图幅标准面积按表 13-2 执行。

表 13-2 **图幅标准面积**

地形图比例尺	分幅方法	实地面积(平方千米)	图上面积(平方分米)	地形图比例尺	分幅方法	实地面积(平方千米)	图上面积(平方分米)
1∶1 000 000	国际分幅		22	1∶10 000	国际分幅	25	25

续表

地形图比例尺	分幅方法	实地面积（平方千米）	图上面积（平方分米）	地形图比例尺	分幅方法	实地面积（平方千米）	图上面积（平方分米）
1∶500 000	国际分幅		22	1∶5 000	国际分幅	6.25	25
1∶250 000	国际分幅		23	1∶2 000	正方形分幅	1	25
1∶100 000	国际分幅	1 600	16	1∶1 000	正方形分幅	0.25	25
1∶50 000	国际分幅	400	16	1∶500	正方形分幅	0.0625	25

考点试题汇编及参考答案与试题解析

考点试题汇编

一、单项选择题（每题的备选选项中，只有一项最符合题意。）

1. 下列文件中，不属于测绘项目质量控制的基本依据的是(　　)。

　A. 测绘合同书　　B. 经审批的作业指导书

　C. 技术验收报告　　D. 有关的行业标准

2. 测绘成果质量“二级检查”指的是(　　)。

　A. 作业员的自检与作业员之间的互检

　B. 作业部门的过程检查与质量管理部门的最终检查

　C. 作业部门质检员的检查与单位技术负责人的抽检

　D. 测绘单位管理部门的检查与验收

3. 根据《测绘生产质量管理规定》，下列不属于生产组织准备过程中的质量管理内容的是(　　)。

　A. 首件产品质量检验　　B. 技术人员培训

　C. 仪器设备检定、检验和校准　　D. 技术设计书的编制

4. 根据《测绘生产质量管理规定》，下列不属于测绘生产作业过程中的质量控制措施的是(　　)。

　A. 首件产品质量检验

　B. 测绘单位进行二级质量检查

　C. 测绘行政主管部门进行质量监督抽查

　D. 项目管理单位委托第三方进行过程质量控制

5. 根据《测绘生产质量管理规定》，下列关于测绘生产作业过程质量控制的说法中，错误的是(　　)。

A. 下工序有权退回不符合质量要求的上工序产品

B. 关键工序、重点工序应设置必要的检验点

C. 不合格品经返工修正后应重新进行质量检查

D. 过程检查完成后应及时编写质量检查报告

6. 下列因素中，不属于测绘项目人力资源配置方案主要决定因素的是(　　)。

A. 工作内容　　B. 项目工期

B. 合同价款　　D. 技术要求

7. 下列因素中，不属于测绘生产进度拖延直接原因的是(　　)。

A. 进度计划编制的失误　　B. 生产实施过程的失误

C. 进度监控方法的变化　　D. 外部环境条件的变化

二、多项选择题（每题的备选选项中，有 2 项或 2 项以上符合题意，至少有 1 项是错项。）

1. 测绘项目目标实际上在规定的工期内尽量降低成本、保证质量地完成项目合同中所要求的测绘任务，主要包括(　　)。

A. 测绘进度目标　　B. 测绘精度目标

C. 测绘质量目标　　D. 测绘工期目标

E. 测绘成本目标

2. 下列内容中，属于测绘工程项目进度设计的是(　　)。

A. 划分作业区的困难类别

B. 根据设计方案，统计各工序的工作量

C. 说明项目实施的主要生产过程

D. 确定项目主要精度指标

E. 根据工作量、生产实力，参照生产定额，列出年度计划和各工序衔接计划

参考答案与试题解析

一、单项选择题

1. 【C】参见测绘生产质量控制的主要依据。
2. 【B】测绘成果质量“二级检查”指的是作业部门的过程检查与质量管理部门的最终检查。
3. 【A】首件产品质量检验属于生产作业过程的质量管理。
4. 【C】测绘行政主管部门进行质量监督抽查属于生产完成后的工作。
5. 【D】过程检查完成后应及时编写质量检查报告不属于测绘生产作业过程质量控制。
6. 【C】项目合同价款不属于测绘项目人力资源配置方案主要决定因素。
7. 【C】进度监控方法的变化不属于测绘生产进度拖延的直接原因。

二、多项选择题

1. 【CDE】测绘项目目标包括测绘工期目标、测绘成本目标和测绘质量目标。
2. 【ABE】说明项目实施的主要生产过程、确定项目主要精度指标不属于测绘工程项目进度设计。

第十四章 测绘成果质量检查验收

为了评定测绘成果质量，须严格按照相关技术细则或技术标准，通过观察、分析、判断和比较，适当结合测量、试验等方法对测绘成果质量进行符合性评价。

第一节 相关术语

（1）单位成果：为实施检查与验收而划分的基本单位。

（2）批成果：同一技术设计要求下生产的同一测区的、同一比例尺（或等级）单位成果集合。

（3）批量：批量成果中单位成果的数量。

（4）样本：从批成果中抽取的用于评定批成果质量的单位成果集合。

（5）样本量：样本中单位成果的数量。

（6）全数检查：对批成果中全部单位成果逐一进行的检查。

（7）抽样检查：从批成果中抽取一定数量样本进行检查。

（8）质量元素：说明质量的定量、定性组成部分。即成果满足规定要求和使用目的的基本特性。质量元素的适用性取决于成果的内容以及成果规范。并非所有的质量元素适用于所有的成果。

（9）质量子元素：质量元素的组成部分，描述质量元素的一个特定方面。

（10）检查项：质量子元素的检查内容。说明质量的最小单位，质量检查和评定的最小实施对象。

（11）详查：对单位成果质量要求的全部检查项进行的检查。

（12）概查：对单位成果质量要求中的部分检查项进行的检查。部分检查项一般是指重要的、特别关注的质量要求或指标，或系统性的偏差、错误。

（13）错漏：检查项的检查结果与要求存在的差异。根据差异的程度，将其分为A，B，C，D四类：A类，极重要检查项的错漏；B类，重要检查项的错漏，或检查项的严重错漏；C类，较重要检查项的错漏，或检查项的较重错漏；D类，一般检查项的轻微错漏。

（14）高精度检测：检测的技术要求高于生产的技术要求。

（15）同精度检测：检测的技术要求与生产的技术要求相同。

（16）简单随机抽样：从批成果中抽取样本时，使每一个单位成果都以相同概率构成样本，可采用抽签、掷骰子、查随机数表等方法。

（17）分层随机抽样：将批成果按作业工序或生产时间段、地形类别、作业方法等分层后，根据样本量分别从各层中随机抽取 1 个或若干个单位成果组成样本。

第二节　检查验收基本规定

一、检查验收制度

“二级检查、一级验收”指测绘地理信息成果应依次通过测绘单位作业部门的过程检查、测绘单位质量管理部门的最终检查和项目管理单位组织的验收或委托具有资质的质量检验机构进行质量验收。其要求如下：

（1）测绘单位实施成果质量的过程检查和最终检查。过程检查采用全数检查。最终检查一般采用全数检查。涉及野外检查项的可采用抽样检查，样本以外的应实施内业全数检查。

（2）验收一般采用抽样检查。质量检验机构应对样本进行详查，必要时可对样本以外的单位成果的重要检查项进行概查。

（3）各级检查验收工作应独立、按顺序进行，不得省略、代替或颠倒顺序。

（4）最终检查应审核过程检查记录，验收应审核最终检查记录，审核中发现的问题作为资料质量错漏处理。

二、检查验收依据

（1）有关法律法规；

（2）有关国家标准、行业标准；

（3）技术设计书；

（4）测绘任务书；

（5）合同书和委托验收文件等。

三、提交检查验收的资料

项目提交的成果资料必须齐全，主要包括：

（1）项目设计书、专业技术设计书、技术总结；

（2）文档簿、质量跟踪卡等；

（3）数据文件，包括图廓内外整饰信息文件、元数据文件等；

(4) 作为数据源使用的原图或复制的二底图;
(5) 图形或影像数据输出的检查图或模拟图;
(6) 技术规定或技术设计书规定的其他文件资料。
提交验收时，还应包括检查报告。

四、数学精度检测

图类单位成果高程精度检测、平面位置精度检测及相对位置精度检测，检测点(边) 应分布均匀、位置明显。检测点(边) 数量视地物复杂程度、比例尺等具体情况确定，每幅图一般各选取 20~50 个。

按单位成果统计数学精度，困难时可以适当扩大统计范围。在允许中误差 2 倍以内(含 2 倍) 的误差值均应参与数学精度统计，超过允许中误差 2 倍的误差视为粗差。同精度检测时，在允许中误差 $2\sqrt{2}$ 倍以内(含) 的误差值均应参与数学精度统计，超过允许中误差 $2\sqrt{2}$ 倍的误差视为粗差。检测点(边) 数量少于 20 时，以误差的算术平均值代替中误差；大于 20 时，按中误差统计。

高精度检测时，中误差按下式计算：

$$M=\sqrt{\frac{\sum_{i=1}^{n}\Delta_i^2}{n}}$$

式中，M 为成果中误差，n 为检测点(边) 总数，Δ_i 为较差。

同精度检测时，中误差计算公式：

$$M=\sqrt{\frac{\sum_{i=1}^{n}\Delta_i^2}{2n}}$$

式中，M 为成果中误差，n 为检测点(边) 总数，Δ_i为较差。

五、质量等级

样本及单位成果质量采用优、良、合格和不合格四级评定。测绘单位评定单位成果质量和批成果质量等级。验收单位根据样本质量等级核定批成果质量等级。

六、检查验收记录与报告

检查验收记录包括质量问题及其处理记录、质量统计记录等。最终检查、验收工作完成后，应分别编写检查、验收报告，并随测绘成果一起归档。

七、质量问题处理

（1）过程检查、最终检查中发现的质量问题应改正。验收中发现有不符合技术标准、技术设计书或其他有关技术规定的成果时，应及时提出处理意见，交测绘单位进行改正。当问题较多或性质较重时，可将部分或全部成果退回测绘单位或部门重新处理，然后再进行验收。

（2）经验收判为合格的批，测绘单位或部门要对验收中发现的问题进行处理，然后进行复查。经验收判为不合格的批，要将检验批全部退回测绘单位或部门进行处理，然后再次申请验收。再次验收时应重新抽样。

（3）过程检查、最终检查工作中，当对质量问题的判定存在分歧时，由测绘单位总工程师裁定；验收工作中，当对质量问题的判定存在分歧时，由委托方或项目管理单位裁定。

第三节　抽样检查程序

抽样检查的程序包括组成批成果、确定样本量、抽取样本、检验、质量评定、编制报告。

一、组成批成果

批成果应由同一技术设计要求下生产的同一测区的、同一比例尺单位成果汇集而成。生产量较大时，可根据生产时间的不同、作业方法不同或作业单位不同等条件分别组成批成果，实施分批检验。

二、确定样本量

抽样检查时根据检验批的批量确定样本量，具体见表 14-1。

表 14-1　　**批量与样本量对照**

批量	样本量	批量	样本量
1～20	3	121～140	12
21～40	5	141～160	13
41～60	7	161～180	14

续表

批量	样本量	批量	样本量
61～80	9	181～200	15
81～100	10	≥201	分批次提交，批次数应最小，各批次的批量应均匀
101～120	11		

注：当样本量不小于批量时，则全数检查。

三、抽取样本

抽取的样本应分布均匀，以“点”“景”“测段”“幢”或“区域网”等为单位在检验批中随机抽取样本，一般采用简单随机抽样，也可根据生产方式或时间、等级等采用分层随机抽样。按样本量从批成果中提取样本，并提取单位成果的全部有关资料。

下列资料按100%提取样本原件或复印件：项目设计书、专业技术设计书、生产过程的补充规定，技术总结、检查报告及检查记录，仪器检定证书和检验资料复印件，其他需要提供的文档资料等。

四、检验

根据成果质量的内容与特性，分别采用详查、概查的方式检验，并统计存在的各种错漏数量、错误率、中误差等。

五、质量评定

质量评定包括单位成果质量评定、样本质量评定和批成果质量评定。

六、编制报告

质量检验报告的内容主要包括：检验工作成果概况、检验依据、抽样情况、检验内容及方法、主要质量问题及处理、质量统计及质量综述、附件（附图、附表）。质量检验报告复印件未加盖“检验单位公章”无效，没有“检验单位公章”及“骑缝章”无效，报告无编制人、审核人、批准人签字无效、报告涂改无效，若对检验报告内容有异议，应于收到报告起15日内向检验单位提出，逾期不予受理；送样委托检验，检验报告仅对来样负责。

第四节　质量评分方法

一、数学精度评分方法

数学精度按表 14-2 的规定采用分段直线内插的方法计算质量分数；多项数学精度评分时，单项数学精度得分均大于 60 分时，取其算术平均值或加权平均。

表 14-2　**数学精度评分标准**

数学精度值	质量分数
$0 \leqslant M \leqslant 1/3 \times M_0$	$S=100$
$1/3 \times M_0 < M \leqslant 1/2 \times M_0$	$90 \leqslant S < 100$
$1/2 \times M_0 < M \leqslant 3/4 \times M_0$	$75 \leqslant S < 90$
$3/4 \times M_0 < M \leqslant M_0$	$60 \leqslant S < 75$

$$M_0 = \sqrt{m_1^2 + m_2^2}$$

式中，M_0为允许中误差的绝对值；m_1为规范或相应技术文件要求的成果中误差，m_2为检测中误差（高精度检测时取 $m_2=0$）。表 14-2 中 M 为成果中误差的绝对值；S 为质量分数（分数值根据数学精度的绝对值所在区间进行内插）。

二、成果质量错漏扣分标准

成果质量错漏扣分标准见表 14-3。

表 14-3　**成果质量错漏扣分标准**

差值类型	扣分值
A 类	42
B 类	$12/t$
C 类	$4/t$
D 类	$1/t$

注：一般情况下取 $t=1$。需要进行调整时，以困难类别为原则，按《测绘生产困难类别细则》进行调整（平均困难类别 $t=1$）。

三、质量子元素评分方法

将质量子元素得分预置为 100 分，根据表 14-3 的要求对相应质量子元素中出现的错漏逐个扣分。S_2的值按下式计算：

$$S_2=100-\left[a_1\cdot(12/t)+a_2\cdot(4/t)+a_3\cdot(1/t)\right]$$

式中，S_2为质量子元素得分；a_1、a_2、a_3为质量子元素中相应的 B 类错漏、C 类错漏、D 类错漏个数；t 为扣分值调整系数。

四、质量元素评分方法

采用加权平均法计算质量元素得分。S_1的值按下式计算：

$$S_1=\sum_{i=1}^{n}(S_{2i}\cdot p_i)$$

式中：S_1、S_{2i}为质量元素、相应质量子元素得分；p_i 为相应质量子元素的权；n 为质量元素中包含的质量子元素个数。

五、单位成果质量评分

采用加权平均法计算单位成果质量得分。S_i的值按下式计算：

$$S_{\mathrm{i}}=\sum_{i=1}^{n}(S_{1i}\cdot p_i)$$

式中：S、S_{1i}为单位成果质量、质量元素得分；p_i 为相应质量元素的权；n 为单位成果中包含的质量元素个数。

第五节　成果质量评定

测绘单位评定单位成果质量和批成果质量等级。验收单位根据样本质量等级核定批成果质量等级。

一、单位成果质量评定

单位成果质量等级分为优、良、合格、不合格，见表 14-4。

表 14-4　　　　单位成果质量等级评定标准

质量等级	质量得分
优	$S \geqslant 90$
良	$75 \leqslant S < 90$
合格	$60 \leqslant S < 75$
不合格	$S < 60$

当单位成果出现以下情况之一时，即判定为不合格：

（1）单位成果中出现 A 类错漏；

（2）单位成果高程精度检测、平面位置精度检测及相对位置精度检测，任一项粗差比例超过 5%；

（3）质量子元素质量得分小于 60 分。

二、样本质量评定

当样本中出现不合格单位成果时，评定样本质量为不合格。

全部单位成果合格后，根据单位成果的质量得分，按算术平均方式计算样本质量得分 S，按表 14-5 评定样本质量等级。

表 14-5　　　　样本质量等级评定标准

质量等级	质量得分
优	$S \geqslant 90$
良	$75 \leqslant S < 90$
合格	$60 \leqslant S < 75$

三、批质量判定

1. 最终检查批成果质量评定

最终检查批成果合格后，按以下原则评定批成果质量等级：

（1）优：优良品率达到 90%以上，其中优级品率达到 50%以上；

（2）良：优良品率达到 80%以上，其中优级品率达到 30%以上；

（3）合格：未达到上述标准的。

2. 验收批成果质量核定

验收单位根据评定的样本质量等级核定批成果质量等级。当测绘单位未评定批成果质量等级，或验收单位评定的样本质量等级与测绘单位评定的批成果质量等级不一致时，以验收单位评定的样本质量等级作为批成果质量等级。

3. 批成果质量判定

批成果质量判定的质量等级分为批合格、批不合格。以下情形均判为批不合格：

（1）生产过程中使用未经计量检定或检定不合格的测量仪器的；

（2）详查和概查未同时合格的；

（3）当详查或概查中发现伪造成果现象或技术路线存在重大偏差的。

第六节　测绘成果的质量元素及检查项

一、大地测量成果

大地测量成果主要包括 GPS 测量成果、三角测量成果、导线测量成果、水准测量成果、光电测距成果、天文测量成果、重力测量成果以及大地测量计算成果。

1. GPS 测量成果

GPS 测量成果的质量元素和检查项见表 14-6。

表 14-6　**GPS 测量成果的质量元素和检查项**

质量元素	质量子元素	检　查　项
数据质量	数学精度	点位中误差与规范及设计书的符合情况；边长相对中误差与规范及设计书的符合情况
	观测质量	仪器检验项目的齐全性，检验方法的正确性；观测方法的正确性，观测条件的合理性；GPS 点水准联测的合理性和正确性；归心元素、天线高测定方法的正确性；卫星高度角、有效观测卫星总数、时段中任一卫星有效观测时间、观测时段数、时段长度、数据采样间隔，PDOP 值、钟漂、多路径效应等参数的规范性和正确性；观测手簿记录和注记的完整性和数字记录、划改的规范性；数据质量检验的符合性；规范和设计方案的执行情况；成果取舍和重测的正确性、合理性
	计算质量	起算点选取的合理性和起始数据的正确性；起算点的兼容性及分布的合理性；坐标改算方法的正确性；数据使用的正确性和合理性；各项外业验算项目的完整性、方法正确性，各项指标符合性

续表

质量元素	质量子元素	检　查　项
点位质量	选点质量	点位布设及点位密度的合理性；点位观测条件的符合情况；点位选择的合理性；点之记内容的齐全、正确性
	埋石质量	埋石坑位的规范性和尺寸的符合性；标石类型和标石埋设规格的规范性；标志类型、规格的正确性；标石质量，如坚固性、规格等；托管手续内容的齐全、正确性
资料质量	整饰质量	点之记和托管手续、观测手簿、计算成果等资料的规整性；技术总结、检查报告格式的规范性；技术总结、检查报告整饰的规整性
	资料完整性	技术总结、检查报告、上交资料的齐全性和完整情况

2. 三角测量成果

三角测量成果的质量元素和检查项见表 14-7。

表 14-7　**三角测量成果的质量元素和检查项**

质量元素	质量子元素	检　查　项
数据质量	数学精度	最弱边相对中误差符合性；最弱点中误差符合性；测角中误差符合性
	观测质量	仪器检验项目的齐全性、检验方法的正确性；各项观测误差的符合性；归心元素的测定方法、次数、时间及投影偏差情况，觇标高的测定方法及量取部位的正确性；水平角的观测方法、时间选择、光段分布，成果取舍和重测的合理性和正确性；天顶距（或垂直角）的观测方法、时间选择，成果取舍和重测的合理性与正确性；记簿计算正确性、注记的完整性和数字记录、划改的规范性
	计算质量	外业验算项目的齐全性，验算方法的正确性；验算数据的正确性及验算结果的符合性；已知三角点选取的合理性和起始数据的正确性
点位质量	选点质量	点位密度的合理性；点位选择的合理性；锁段图形权倒数值的符合性；展点图内容的完整性和正确性；点之记内容的完整性和正确性
	埋石质量	觇标的结构及橹柱与视线关系的合理性；标石的类型、规格和预制的质量情况；标石的埋设和外部整饰情况；托管手续内容的齐全性和正确性
资料质量	整饰质量	选点、埋石及验算资料整饰的齐全性和规整性；成果资料、技术总结、检查报告整饰的规整性
	资料完整性	技术总结、检查报告内容及上交资料的齐全性和完整性

3. 导线测量成果

导线测量成果的质量元素和检查项见表14-8。

表14-8 导线测量成果的质量元素和检查项

质量元素	质量子元素	检查项
数据质量	数学精度	点位中误差、边长相对精度、方位角闭合差、测角中误差的符合性
	观测质量	仪器检验项目的齐全性、检验方法的正确性；各项观测误差的符合性；归心元素的测定方法、次数、时间及投影偏差情况，觇标高的测定方法及量取部位的正确性；水平角和导线测距的观测方法、时间选择、光段分布，成果取舍和重测的合理性与正确性；天顶距（或垂直角）的观测方法、时间选择，成果取舍和重测的合理性与正确性；记簿计算正确性、注记的完整性和数字记录、划改的规范性
	计算质量	外业验算项目的齐全性，验算方法的正确性；验算数据的正确性及验算结果的符合性；已知三角点选取的合理性和起始数据的正确性；上交资料的齐全性
点位质量	选点质量	导线网网形结构的合理性；点位密度的合理性；点位选择的合理性；展点图内容的完整性和正确性；点之记内容的完整性和正确性；导线曲折度
	埋石质量	觇标的结构及柱与视线关系的合理性；标石的类型、规格和预制的规整性；标石的埋设和外部整饰；托管手续内容的齐全性和正确性
资料质量	整饰质量	选点、埋石及验算资料整饰的齐全性和规整性；成果资料、技术总结、检查报告整饰的规整性
	资料完整性	技术总结、检查报告内容及上交资料的齐全性和完整性

4. 水准测量成果

水准测量成果的质量元素和检查项见表14-9。

表14-9 水准测量成果的质量元素和检查项

质量元素	质量子元素	检查项
数据质量	数学精度	每公里偶然中误差的符合性；每公里全中误差的符合性
	观测质量	测段、区段、路线闭合差的符合性；仪器检验项目的齐全性、检验方法的正确性；测站观测误差的符合性；对已有水准点和水准路线联测和接测方法的正确性；观测和检测方法的正确性；观测条件选择的正确、合理性；成果取舍和重测的正确、合理性；记簿计算正确性、注记的完整性和数字记录、划改的规范性
	计算质量	环闭合差的符合性；外业验算项目的齐全性，验算方法的正确性；已知水准点选取的合理性和起始数据的正确性

续表

质量元素	质量子元素	检　查　项
点位质量	选点质量	水准路线布设及点位密度的合理性；路线图绘制的正确性；点位选择的合理性；点之记内容的齐全、正确性
	埋石质量	标石类型的正确性；标石理设规格的规范性：托管手续内容的齐全、正确性
资料质量	整饰质量	观测、计算资料整饰的规整性；成果资料、技术总结、检查报告整饰的规整性
	资料完整性	技术总结、检查报告内容及上交资料的齐全性和完整性

5. 光电测距成果

光电测距成果的质量元素和检查项见表 14-10。

表 14-10　　**光电测距成果的质量元素和检查项**

质量元素	质量子元素	检　查　项
数据质量	数学精度	边长精度超限
	观测质量	仪器检验项目的齐全性、检验方法的正确性；记簿计算正确性、注记的完整性和数字记录、划改的规范性；归心元素测定方法的正确性以及测定时间和投影偏差情况；测距边两端点高差测定方法正确性及精度情况；观测条件选择的正确、光段分配的合理性，气象元素测定情况；成果取舍和重测的正确、合理性；观测误差与限差的符合情况；外业验算的精度指标与限差的符合情况
	计算质量	外业验算项目的齐全性；外业验算方法的正确性；验算结果的正确性；观测成果采用正确性
资料质量	整饰质量	观测、计算资料、成果资料、技术总结、检查报告整饰的规整性
	资料完整性	技术总结、检查报告内容及上交资料的齐全性和完整性

6. 天文测量成果

天文测量成果的质量元素和检查项见表 14-11。

表 14-11 天文测量成果的质量元素和检查项

质量元素	质量子元素	检查项
数据质量	数学精度	经纬度中误差、方位角中误差的符合性；正、反方位角之差的符合性
	观测质量	仪器检验项目的齐全性，检验方法的正确性；记簿计算正确性、注记的完整性和数字记录、划改的规范性；归心元素测定方法的正确性；经纬度、方位角观测方法的正确性；观测条件选择的正确、合理性；成果取舍和重测的正确、合理性；各项外业观测误差与限差的符合性；各项外业验算的精度指标与限差的符合性
	计算质量	外业验算项目的齐全性；外业验算方法的正确性；验算结果的正确性；观测成果采用正确性
点位质量	选点质量	点位选择的合理性
	埋石质量	天文墩结构的规整性、稳定性；天文墩类型及质量符合性；天文墩埋设规格的正确性
资料质量	整饰质量	观测、计算资料整饰的规整性；成果资料、技术总结、检查报告整饰的规整性
	资料完整性	技术总结、检查报告内容及上交资料的齐全性和完整性

7. 重力测量成果

重力测量成果的质量元素和检查项见表 14-12。

表 14-12 天文测量成果的质量元素和检查项

质量元素	质量子元素	检查项
数据质量	数学精度	重力联测中误差、重力点平面位置中误差、重力点高程中误差符合性
	观测质量	仪器检验项目的齐全性、检验方法的正确性；重力测线安排的合理性，联测方法的正确性；重力点平面坐标和高程测定方法的正确性；成果取舍和重测的正确、合理性；记簿计算正确性、注记的完整性和数字记录、划改的规范性；外业观测误差与限差的符合性；外业验算的精度指标与限差的符合性
	计算质量	外业验算项目的齐全性；外业验算方法的正确性；重力基线选取的合理性；起始数据的正确性

续表

质量元素	质量子元素	检　查　项
点位质量	选点质量	重力点布设位密度的合理性；重力点位选择的合理性；点之记内容的齐全、正确性
	埋石质量	标石类型的规范性和标石质量情况；标石埋设规格的规范性；照片资料的齐全性；托管手续的完整性
资料质量	整饰质量	观测、计算资料整饰的规整性；成果资料、技术总结、检查报告整饰的规整性
	资料完整性	技术总结、检查报告内容及上交成果资料的齐全性

8. 大地测量计算成果

大地测量计算成果的质量元素和检查项见表 14-13。

表 14-13　**大地测量计算成果的质量元素和检查项**

质量元素	质量子元素	检　查　项
成果正确性	数学模型	采用基准的正确性；平差方案及计算方法的正确、完备性；平差图形选择的合理性；计算、改算、平差、统计软件功能的完备性
	计算正确性	外业观测数据取舍的合理、正确性；仪器常数及检定系数选用的正确性；相邻测区成果处理的合理性；计量单位、小数取舍的正确性；起算数据、仪器检验参数、气象参数选用的正确性；计算图、表编制的合理性；各项计算的正确性
成果完整性	整饰质量	各种计算资料、成果资料、技术总结、检查报告的规整性
	资料完整性	成果表编辑或抄录的正确、全面性；技术总结或计算说明内容的全面性；精度统计资料的完整性；上交成果资料的齐全性

二、工程测量成果

工程测量成果主要包括平面控制测量成果、高程控制测量成果、大比例尺地形图、线路测量成果、管线测量成果、变形测量成果、施工测量成果以及水下地形测量成果。

1. 平面控制测量成果

平面控制测量成果的质量元素和检查项见表 14-14。

表 14-14 平面控制测量成果的质量元素和检查项

质量元素	质量子元素	检查项
数据质量	数学精度	点位中误差、边长相对中误差与规范及设计书的符合情况
	观测质量	仪器检验项目的齐全性、检验方法的正确性；观测方法的正确性，观测条件的合理性；GPS 点水准联测的合理性和正确性；归心元素、天线高测定方法的正确性；卫星高度角、有效观测卫星总数、时段中任一卫星有效观测时间、观测时段数、时段长度、数据采样间隔、PDOP 值、钟漂、多路径影响等参数的规范性和正确性；观测手簿记录和注记的完整性和数字记录、划改的规范性，数据质量检验的符合性；水平角和导线测距的观测方法，成果取舍和重测的合理性和正确性；天顶距（或垂直角）的观测方法、时间选择，成果取舍和重测的合理性和正确性；规范和设计方案的执行情况；成果取舍和重测的正确性、合理性
	计算质量	起算点选取的合理性和起始数据的正确性；起算点的兼容性及分布的合理性；坐标改算方法的正确性；数据使用的正确性和合理性；各项外业验算项目的完整性、方法正确性，各项指标符合性
点位质量	选点质量	点位布设及点位密度的合理性；点位满足观测条件的符合情况；点位选择的合理性；点之记内容的齐全、正确性
	埋石质量	埋石坑位的规范性和尺寸的符合性；标石类型和标石埋设规格的规范性；标志类型、规格的正确性；托管手续内容的齐全、正确性
资料质量	整饰质量	点之记和托管手续、观测手簿、计算成果等资料的规整性；技术总结、检查报告整饰的规整性
	资料完整性	技术总结、检查报告及上交资料的齐全性和完整情况

2. 高程控制测量成果

高程控制测量成果的质量元素和检查项见表 14-15。

表 14-15 高程控制测量成果的质量元素和检查项

质量元素	质量子元素	检查项
数据质量	数学精度	每公里高差中数偶然中误差的符合性；每公里高差中数全中误差的符合性；相对于起算点的最弱点高程中误差的符合性
	观测质量	仪器检验项目的齐全性、检验方法的正确性；测站观测误差的符合性；测段、区段、路线闭合差的符合性；对已有水准点和水准路线联测和接测方法的正确性；观测和检测方法的正确性；观测条件选择的正确、合理性；成果取舍和重测的正确、合理性；记簿计算正确性、注记的完整性和数字记录、划改的规范性
	计算质量	外业验算项目的齐全性，验算方法的正确性；已知水准点选取的合理性和起始数据的正确性；环闭合差的符合性

续表

质量元素	质量子元素	检　查　项
点位质量	选点质量	水准路线布设、点位选择及点位密度的合理性；水准路线图绘制的正确性；点位选择的合理性；点之记内容的齐全、正确性
	埋石质量	标石类型的规范性和标石质量情况；标石埋设规格的规范性；托管手续内容齐全性
资料质量	整饰质量	观测、计算资料整饰的规整性、各类报告、总结、附图、附表、簿册整饰的完整性，成果资料、技术总结、检查报告整饰的规整性
	资料完整性	技术总结、检查报告编写内容的全面性及正确性；提供成果资料项目的齐全性

3. 大比例尺地形图

大比例尺地形图的质量元素和检查项见表 14-16。

表 14-16　　大比例尺地形图的质量元素和检查项

质量元素	质量子元素	检　查　项
数学精度	数学基础	坐标系统、高程系统的正确性，各类投影计算、使用参数的正确性，图根控制测量精度，图廓尺寸、对角线长度、格网尺寸的正确性；控制点间图上距离与坐标反算长度较差
	平面精度	平面绝对位置中误差；平面相对位置中误差，接边精度
	高程精度	高程注记点高程中误差；等高线高程中误差；接边精度
数据及结构正确性	文件命名、数据组织正确性；数据格式的正确性；要素分层的正确性、完备性；属性代码的正确性；属性接边质量	
地理精度	地理要素的完整性与正确性；地理要素的协调性；注记和符号的正确性；综合取舍的合理性；地理要素接边质量	
整饰质量	符号、线划、色彩质量；注记质量；图面要素协调性；图面、图廓外整饰质量	
附件质量	元数据文件的正确性、完整性；检查报告、技术总结内容的全面性及正确性；成果资料的齐全性；各类报告、附图（接合图、网图）、附表、簿册整饰的规整性；资料装帧	

4. 线路测量成果

线路测量成果的质量元素和检查项见表 14-17。

表 14-17 **线路测量成果的质量元素和检查项**

质量元素	质量子元素	检查项
数据质量	数学精度	平面控制测量、高程控制测量、地形图成果数学精度；点位或桩位测设成果数学精度；断面成果精度与限差的符合情况
	观测质量	控制测量成果
	计算质量	验算项目的齐全性和验算方法的正确性；平差计算及其他内业计算的正确性
点位质量	选点质量	控制点布设及点位密度的合理性；点位选择的合理性
	埋石质量	标石类型的规范性和标石质量情况；标石埋设规格的规范性；点之记、托管手续内容的齐全、正确性
资料质量	整饰质量	观测、计算资料整饰的规整性；技术总结、检查报告整饰的规整性
	资料完整性	技术总结、检查报告内容的全面性；提供项目成果资料的齐全性、各类报告、总结、图、表、簿册整饰的规整性

5. 管线测量成果

管线测量成果的质量元素和检查项见表 14-18。

表 14-18 **管线测量成果的质量元素和检查项**

质量元素	质量子元素	检查项
控制测量精度	数学精度	同“平面控制测量”“高程控制测量”
管线图质量	数学精度	明显管线点量测精度；管线点探测精度；管线开挖点精度；管线点平面、高程精度；管线点与地物相对位置精度
	地理精度	管线数据各管线属性的齐全性、正确性、协调性；管线图注记和符号的正确性；管线调查和探测综合取舍的合理性
	整饰质量	符号、线划质量；图廓外整饰质量；注记质量；接边质量
资料质量	资料完整性	工程依据文件；工程凭证资料；探测原始资料；探测图表、成果表；技术报告书（总结）
	整饰规整性	依据资料、记录图表归档的规整性；各类报告、总结、图、表、簿册整饰的规整性

6. 变形测量成果

变形测量成果的质量元素和检查项见表14-19。

表14-19　**变形测量成果的质量元素和检查项**

质量元素	质量子元素	检　查　项
数据质量	数学精度	基准网精度；水平位移、垂直位移测量精度
	观测质量	仪器设备的符合性，规范和设计方案的执行情况；各项限差与规范或设计书的符合情况；观测方法的规范性，观测条件的合理性；成果取舍和重测的正确性、合理性；观测周期及中止观测时间确定的合理性；数据采集的完整性、连续性
	计算分析	计算项目的齐全性和方法的正确性；平差结果及其他内业计算的正确性；成果资料的整理和整编；成果资料的分析
点位质量	选点质量	基准点、观测点布设及点位密度、位置选择的合理性
	造埋质量	标石类型、标志构造的规范性和质量情况；标石、标志埋设的规范性
资料质量	资料完整性	观测、计算资料整饰的规整性；技术报告、检查报告整饰的规整性
	整饰规整性	技术报告、检查报告内容的全面性；提供成果资料项目的齐全性；计算问题的合理性

7. 施工测量成果

施工测量成果的质量元素和检查项见表14-20。

表14-20　**施工测量成果的质量元素和检查项**

质量元素	质量子元素	检　查　项
数据质量	数学精度	控制测量精度；点位或桩位测设成果数学精度
	观测质量	仪器检验项目的齐全性、检验方法的正确性；技术设计和观测方案的执行情况；水平角、天顶距、距离观测方法的正确性，观测条件的合理性；成果取舍和重测的正确性、合理性；手工记簿计算的正确性、注记的完整性和数字记录、划改的规范性；电子记簿记录程序正确性和输出格式的标准化程度；各项观测误差与限差的符合情况
	计算质量	验算项目的齐全性和验算方法的正确性；平差计算及其他内业计算的正确性

续表

质量元素	质量子元素	检查项
点位质量	选点质量	控制点布设及点位密度的合理性；点位选择的合理性
	埋石质量	标石类型的规范性和标石质量情况；标石埋设规格的规范性；点之记内容的齐全性、正确性；托管手续内容的齐全性
资料质量	整饰质量	观测、计算资料整饰的规整性；技术总结、检查报告整饰的规整性
	资料完整性	技术总结、检查报告内容的全面性；提供成果资料项目的齐全性

8. 水下地形测量成果

水下地形测量成果的质量元素和检查项见表 14-21。

表 14-21 水下地形测量成果的质量元素和检查项

质量元素	质量子元素	检查项
数据质量	观测仪器	仪器选择的合理性；仪器检验项目的齐全性、检验方法的正确性
	观测质量	技术设计和观测方案的执行情况；数据采集软件的可靠性；观测要素的齐全性；观测时间、观测条件的合理性；观测方法的正确性；观测成果的正确性、合理性；岸线修测、陆上和海上具有引航作用的重要地物测量、地理要素表示的齐全性与正确性；成果取舍和重测的正确性、合理性；重复观测成果的符合性
	计算质量	计算软件的可靠性；内业计算验算情况；计算结果的正确性
点位质量	观测点位	工作水准点埋设、验潮站设立、观测点布设的合理性、代表性；周边自然环境
	观测密度	相关断面线布设及密度的合理性；观测频率、采样率的正确性
资料质量	观测记录	各种观测记录和数据处理记录的完整性
	附件及资料	技术总结内容的全面性和规格的正确性；提供成果资料项目的齐全性；成果图绘制的正确性

三、摄影测量与遥感成果

摄影测量与遥感成果主要包括像片控制测量成果、像片调绘成果、空中三角测量成果及中小比例尺地形图。

1. 像片控制测量成果

像片控制测量成果的质量元素和检查项见表 14-22。

表 14-22　　像片控制测量成果的质量元素和检查项

质量元素	质量子元素	检　查　项
数据质量	数学精度	各项闭合差、中误差等精度指标的符合情况
	观测质量	观测手簿的规整性和计算的正确性；计算手簿的规整性和计算的正确性
布点质量	控制点点位布设的正确、合理性；控制点点位选择的正确、合理性	
整饰质量	控制点判、刺的正确性；控制点整饰规范性；点位说明的准确性	
附件质量	布点略图、成果表	

2. 像片调绘成果

像片调绘成果的质量元素和检查项见表 14-23。

表 14-23　　像片调绘成果的质量元素和检查项

质量元素	质量子元素	检　查　项
地理精度	—	地物、地貌调绘的全面性、正确性；地物、地貌综合取舍的合理性；植被、土质符号配置的准确、合理性；地名注记内容的正确性、完整性
属性精度	—	各类地物、地貌性质说明以及说明文字、数字注记等内容的完整性、正确性
整饰质量	—	各类注记的规整性；各类线划的规整性；要素符号间关系表达的正确性、完整性；像片的整洁度
附件质量	—	上交资料的齐全性；资料整饰的规整性

3. 空中三角测量成果

空中三角测量成果的质量元素和检查项见表 14-24。

表 14-24　　空中三角测量成果的质量元素和检查项

质量元素	质量子元素	检　查　项
数据质量	数学基础	大地坐标系、大地高程基准、投影系等
	平面精度	内业加密点的平面位置精度

续表

质量元素	质量子元素	检查项
数据质量	高程精度	内业加密点的高程精度
	接边精度	区域网间接边精度
	计算质量	基本定向点权，内定向、相对定向精度，多余控制点不符值，公共点较差
布点质量		平面控制点和高程控制点是否超基线布控；定向点、检查点设置的合理、正确性；加密点点位选择的正确、合理性
附件质量		上交资料的齐全性；资料整饰的规整性；点位略图

4. 中小比例尺地形图

中小比例尺地形图的质量元素和检查项见表 14-25。

表 14-25 **中小比例尺地形图的质量元素和检查项**

质量元素	质量子元素	检查项
数学精度	数学基础	主要检查格网、图廓点、“三北”方向线
	平面精度	平面绝对位置中误差；接边精度
	高程精度	高程注记点高程中误差；等高线高程中误差；接边精度
数据及结构正确性		文件命名、数据组织正确性；数据格式的正确性；要素分层的正确性、完备性；属性代码的正确性；属性接边正确性
地理精度		地理要素的完整性与正确性；地理要素的协调性；注记和符号的正确性；综合取舍的合理性；地理要素接边质量
整饰质量		符号、线划、色彩质量；注记质量；图面要素协调性；图面、图廓外整饰质量
附件质量		元数据文件的正确性、完整性；检查报告、技术总结的全面性、准确性；成果资料的齐全性；各类报告、附图（接合图、网图）、附表、簿册整饰的规整性

四、地图编制成果

地图编制成果主要包括普通地图的编绘原图和印刷原图、专题地图的编绘原图和印刷原图、地图集、印刷成品以及导航电子地图。

1. 普通地图

普通地图的编绘原图、印刷原图的质量元素和检查项见表14-26。

表14-26　　普通地图的编绘原图、印刷原图的质量元素和检查项

质量元素	检　查　项
数学精度	展点精度（包括图廓尺寸精度、方里网精度、经纬网精度等）；平面控制点、高程控制点位置精度；地图投影选择的合理性
数据完整性与正确性	文件命名、数据组织和数据格式的正确性、规范性；数据分层的正确性、完备性
地理精度	制图资料的现势性、完备性；制图综合的合理性；各要素的正确性；图内各种注记的正确性；地理要素的协调性
整饰质量	地图符号、色彩的正确性；注记的正规性、完整性；图廓外整饰要素的正确性
附件质量	图历簿填写的正确性、完整性；图幅的抄接边正确性；分色参考图（或彩色打印稿）的正确性、完整性

2. 专题地图

专题地图的编绘原图、印刷原图的质量元素和检查项见表14-27。

表14-27　　专题地图的编绘原图、印刷原图的质量元素和检查项

质量元素	检　查　项
数据完整性与正确性	文件命名、数据组织和数据格式的正确性、规范性，数据分层的正确性、完备性
地图内容适用性	地理底图内容的合理性；专题内容的完备性、现势性、可靠性
地图表示的科学性	各种注记表达的合理性、易读性；分类、分级的科学性；色彩、符号与设计的符合性；表示方法选择的正确性
地图精度	图幅选择投影、比例尺的适宜性；制图网精度；地图内容的位置精度；专题内容的量测精度
图面配置质量	图面配置的合理性；图例的全面性、正确性；图廓外整饰正确性、规范性、艺术性
附件质量	设计书质量；分色样图的质量

3. 地图集

地图集的质量元素和检查项见表14-28。

表 14-28 **地图集的质量元素和检查项**

质量元素	质量子元素	检查项
整体质量	图集内容思想性	思想正确性；图集宗旨、主题思想明确程度；要素表示正确性
	图集内容全面、完整性	图集内容的全面性、系统性；图集结构的完整性
	图集内容统一、协调性	图集内容的统一性、互补性；要素表达协调性、可比性
图集内图幅质量	同专题地图质量元素表中各项（见表 14-27）	

4. 地图印刷成品

地图印刷成品的质量元素和检查项见表 14-29。

表 14-29 **印刷成品的质量元素和检查项**

质量元素	检查项
印刷质量	套印精度；网线、线划粗细变形率；印刷质量；图形质量
拼接质量	拼贴质量；折叠质量
装订质量	平装；折页、配页质量；订本质量；封面质量；裁切质量
	精装：折页、配页、锁线或无线胶粘质量；图芯脊背、环衬粘贴质量；封面质量；图壳粘贴质量；订本、裁切质量；版心规格

5. 导航电子地图

导航电子地图的质量元素和检查项见表 14-30。

表 14-30 **导航电子地图的质量元素和检查项**

质量元素	检查项
位置精度	平面位置精度
属性精度	属性结构、属性值的正确性
逻辑一致性	道路网络连通性；拓扑关系的正确性；节点匹配的正确性；要素间关系的正确性；要素接边的一致性

续表

质量元素	检　查　项
完整性与正确性	安全处理符合性；地图内容的现势性；兴趣点完整性；数学基础、数据格式文件命名、数据组织和数据分层的正确性；要素的完备性
图面质量	各种注记表达的合理性、易读性；色彩、符号与设计的符合性；图形质量
附件质量	附件的正确、全面性；成果资料齐全性

五、地籍测绘成果

地籍测绘成果主要包括地籍控制测量、地籍细部测量、地籍图和宗地图。

1. 地籍控制测量成果

地籍控制测量成果的质量元素和检查项见表 14-31。

表 14-31　　**地籍控制测量成果的质量元素和检查项**

质量元素	质量子元素	检　查　项
数据质量	起算质量	起算点坐标的正确性；相关控制资料的可靠性
	数学精度	基本控制点精度符合性
	观测质量	仪器检验项目的齐全性，检验方法的正确性；观测方法的正确性；各种记录的规整性；成果取舍和重测的正确性、合理性；各项观测误差的符合性
	计算质量	平差计算的正确性
点位质量	选点质量	控制网布设的合理性；点位选择的合理性；点之记内容的齐全性、清晰性
	埋设质量	标石类型的正确性；标志设置的规范性；标石埋设的规整性
资料质量	整饰质量	观测和计算资料整饰的规整性；成果资料整饰的规整性；技术总结的规整性；检查报告的规整性
	资料完整性	成果资料的完整性；技术总结内容的完整性；检查报告内容的完整性

2. 地籍细部测量成果

地籍细部测量成果的质量元素和检查项见表 14-32。

表 14-32 地籍细部测量成果的质量元素和检查项

质量元素	质量子元素	检 查 项
界址点测量	观测质量	测量方法的正确性；观测手簿记录、属性记录和草图绘制的正确性、完整性；界址点测量方法的正确性；各项观测误差与限差的符合正确性
	数学精度	界址点相对位置精度；界址点绝对位置精度；宗地面积量算精度
地物点测量	观测质量	测量方法的正确性；观测手簿记录、属性记录和草图绘制的正确性、完整性；地物、地类测量精度；各项观测误差与限差的符合情况
	数学精度	地物点相对位置精度；地物点绝对位置精度
资料质量	整饰质量	观测和计算资料整饰的规整性；成果资料整饰的规整性；技术总结、检查报告的规整性
	资料完整性	成果资料的完整性；技术总结、检查报告内容的完整性

3. 地籍图

地籍图的质量元素和检查项见表 14-33。

表 14-33 地籍图的质量元素和检查项

质量元素	质量子元素	检 查 项
数学精度	数学基础	图廓边长与理论值之差；公里网点与理论值之差；展点精度；两对角线较差；图廓对角线与理论之差
	平面位置	界址点、线平面位置精度；地物点平面位置精度；地类界的平面位置精度
要素质量	地籍要素	地籍要素表示的正确性
	其他要素	地物要素的正确性；综合取舍的合理性；各要素的协调性；图幅接边的正确性
资料质量	整饰质量	注记和符号的正确性；整饰的规整性、正确性
	资料完整性	结合图、编图设计和总结正确性、全面性

4. 宗地图

宗地图的质量元素和检查项见表 14-34。

表 14-34　**宗地图的质量元素和检查项**

质量元素	质量子元素	检　查　项
数学精度	界址点精度	界址点平面位置精度；界址边长精度
	面积精度	宗地面积正确性
数学精度	地籍要素	宗地号、宗地名称、界址点符号及编号、界址线、相邻宗地表示的正确性
	其他要素	地物、地类号等表示正确性
资料质量	整饰质量	注记和符号的正确性；注记和符号的规范性
	资料完整性	设计和总结全面性

六、测绘航空摄影成果

测绘航空摄影成果主要包括航空摄影成果、航空摄影扫描数据和卫星遥感影像。

1. 航空摄影成果

航空摄影成果的质量元素和检查项见表 14-35。

表 14-35　**航空摄影成果的质量元素和检查项**

质量元素	检　查　项
飞行质量	航摄设计；像片重叠度（航向和旁向）；最大和最小航高之差；旋偏角；像片倾斜角；航迹；航线弯曲度；边界覆盖保证；像点最大位移值
影像质量	最大密度 D_{max}；最小密度 D_{min}；灰雾密度 Do；反差（ΔD）；冲洗质量；影像色调；影像清晰度；框标影像
数据质量	数据的完整性；数据的正确性
附件质量	摄区完成情况图、摄区分区图、分区航线接合图、摄区分区航线及像片接合图、航摄鉴定表的完整性、正确性；航摄仪技术参数鉴定报告的正确性；航摄仪压平检测报告的正确性；各类注记、图表填写的完整性、正确性；航摄胶片感光特性测定及航摄底片冲洗记录的正确性和完整性；成果包装

2. 航空摄影扫描数据

航空摄影扫描数据的质量元素和检查项见表 14-36。

表 14-36 航空摄影扫描数据的质量元素和检查项

质量元素	检查项
影像质量	影像分辨率的正确性；影像色调是否均匀、反差是否适中；影像清晰度；影像外观质量（噪声、云块、划痕、斑点、污迹等）；框标影像质量
数据正确性和完整性	原始数据的正确性；文件命名、数据组织和数据格式的正确性、规范性；存储数据的介质和规格的正确性；数据内容的完整性
附件质量	元数据文件的正确性、完整性；上交资料的齐全性

3. 卫星遥感影像

卫星遥感影像的质量元素和检查项见表 14-37。

表 14-37 卫星遥感影像的质量元素和检查项

质量元素	检查项
数据质量	数据格式的正确性，影像获取时的“侧倾角”等主要技术指标
影像质量	影像反差；影像清晰度；影像色调
附件质量	影像参数文件内容的完整性

七、地理信息系统

地理信息系统的质量元素及检查项见表 14-38。

表 14-38 地理信息系统的质量元素和检查项

质量元素	检查项
资料质量	技术方案的完整性；数据处理与质量检查资料的齐全性；数据字典的规范性和齐全性；评审报告、检查验收报告、技术总结等资料的齐全性
运行环境	硬件平台的符合性；软件平台（操作系统、数据库软件平台、GIS 软件平台、中间件、应用软件等）的符合性；网络环境的符合性
数据（库）质量	数据组织的正确性；数据库结构的正确性；空间参考系的正确性；数据质量；各类基础地理数据的一致性
系统结构与功能	系统结构的正确性；数据库管理方式的符合性；系统功能的符合性；服务器、客户端功能划分的正确性；系统效率的符合性；系统的稳定性
系统管理与维护	安全保密管理情况；权限管理情况；数据备份情况；系统维护情况

第七节　数字测绘成果的质量元素及其检查方法

数字测绘成果主要包括数字线划图、数字高程模型、数字正射影像图、数字栅格地图。

一、数字测绘成果的质量元素

1. 数字线划图

数字线划图包括建库数据和制图数据，二者的质量元素相同，质量子元素部分有差异。数字线划图成果的质量元素见表 14-39。

表 14-39　**数字线划图成果的质量元素**

质量元素	质量子元素
空间参考系	大地基准、高程基准、地图投影
位置精度	平面精度、高程精度、地图投影
属性精度	建库数据、属性项的完整性、分类的正确性、属性的正确性
	制图数据、分类的正确性、属性的正确性
完整性	建库数据、数据层的完整性、数据层内部文件的完整性、要素的完整性
	制图数据、要素的完整性
逻辑一致性	概念的一致性、格式的一致性、拓扑的一致性
时间准确度	数据更新、数据采集
元数据质量	元数据的完整性、元数据的准确性
表征质量	建库数据、几何表达、地理表达
	制图数据、几何表达、符合的正确性、地理表达、注记的正确性、图廓整饰的准确性
附件质量	图历簿质量、附属文档质量

2. 数字高程模型

数字高程模型成果的质量元素见表 14-40。

表 14-40　　数字高程模型成果的质量元素

质量元素	质量子元素
空间参考系	大地基准、高程基准、地图投影
位置精度	平面精度、高程精度、地图投影
逻辑一致性	格式的一致性
时间准确度	数据更新、数据采集
栅格质量	格网参数
元数据质量	元数据的完整性、元数据的准确性
附件质量	图历簿质量、附属文档质量

3. 数字正射影像图

数字正射影像图成果的质量元素见表 14-41。

表 14-41　　数字正射影像图成果的质量元素

质量元素	质量子元素
空间参考系	大地基准、高程基准、地图投影
位置精度	平面精度
逻辑一致性	格式一致性、数据采集
时间准确度	数据更新
影像质量	影像分辨率、影像特性
元数据质量	元数据的完整性、元数据的准确性
表征质量	图廓整饰准确性
附件质量	图历簿质量、附属文档质量

4. 数字栅格地图

数字栅格地图成果的质量元素见表 14-42。

表 14-42　　数字栅格地图成果的质量元素

质量元素	质量子元素
空间参考系	地图投影
逻辑一致性	格式一致性

续表

质量元素	质量子元素
栅格质量	影像分辨率、影像特性
元数据质量	元数据完整性、元数据准确性
附件质量	图历簿质量、附属文档质量

二、数字测绘成果质量检查验收方法

1. 检查方法

主要检查方法见表 14-43。

表 14-43　**数字测绘成果质量检查验收的主要检查方法**

检查方法	简要说明
参考数据比对	与高精度数据、专题数据、生产中使用的原始数据、可收集到的国家各级部门公布、发布、出版的资料数据等各类参考数据对比，确定被检数据是否错漏或者获取被检数据与参考数据的差值
	该方法主要适用于室内方式检查矢量数据，如检查各类错漏、计算各类中误差等，也可用于实测方式检查影像数据、栅格数据，如计算各类中误差等
野外实测	与野外测量、调绘的成果对比，确定被检数据是否错漏或者获取被检数据与野外实测数据的差值
	该方法主要适用于实测方式检查矢量数据，如检查各类错漏、计算各类中误差等，也可用于实测方式检查影像数据、栅格数据，如计算各类中误差等
内部检查	检查被检数据的内在特性
	该方法可用于室内方式检查矢量数据、影像数据、栅格数据。如逻辑一致性中的绝大多数检查项，接边检查，栅格数据的数据范围，影像数据的色调均匀，内业加密保密点检查中误差等

2. 质量检查方式

质量检查的方式包括：计算机自动检查（通过软件自动分析和判断结果）；计算机辅助检查（人机交互检查）；人工检查。优先选用软件自动检查、人机交互检查。

考点试题汇编及参考答案与试题解析

考点试题汇编

一、单项选择题（每题的备选选项中，只有一项最符合题意。）

1. 根据《测绘成果质量检查与验收》，下列质量检查项中，属于平面控制测量成果数学精度质量子元素检查项的是(　　)。

A. 归心元素、天线高测定方法的正确性

B. 起算点的兼容性及分布的合理性

C. 点位满足观测条件的符合情况

D. 边长相对中误差与设计书的符合情况

2. 根据《测绘成果质量检查与验收》，单位成果质量要求中的全部检查项检查指的是(　　)。

A. 全数检查　　B. 详查

C. 概查　　D. 抽查

3. 根据《测绘成果质量检查与验收》，过程检查采用的方法是(　　)。

A. 简单随机抽样　　B. 分层随机抽样

C. 全数检查　　D. 概查

4. 根据《测绘成果质量检查与验收》，下列关于批成果质量核定的要求中，正确的是(　　)。

A. 验收单位根据批成果质量等级，核定样本质量等级

B. 测绘单位未评定批成果质量等级的，以验收单位评定的样本质量等级作批成果质量等级

C. 验收单位评定的样本质量等级与测绘单位评定的批成果质量等级不一致时，以测绘单位评定的批成果质量等级作为批成果质量等级

D. 批成果质量等级根据测绘单位的样本质量等级和批成果质量等级共同核定

5. 根据《测绘成果质量检查与验收》规定，成果质量错漏扣分标准的错漏类型共分(　　)类。

A. 2　　B. 3

C. 4　　D. 5

6. 根据《测绘成果质量检查与验收》规定，管线测量成果质量错漏中，当隐蔽管线点开挖平面位置埋深超限达(　　)（按全测区计算）时，成果质量为A类错漏。

A. 3%　　B. 5%

C. 10%　　D. 20%

7. 根据《测绘成果质量检查与验收》规定，某测绘成果的某质量子元素分别出现B、C、D类错漏个数各1个，一般情况下该成果的该质量子元素得分为(　　)分。

A. 75　　B. 83

C. 90　　D. 100

8. 根据《测绘成果质量检查与验收》，下列高程控制测量成果错漏中，不属于A类错漏的是(　　)。

A. 每千米全中误差超限　　B. 测段往返高差不符值超限

C. 每千米偶然中误差超限　　D. GPS 拟合高程精度超限

9. 测绘产品验收工作应当在(　　)后进行。

A. 经最终检查合格　　B. 经委托方同意

C. 经过程检查合格　　D. 经测绘行政主管部门同意

10. 测绘产品检查过程中，当检查人员与被检查单位（或人员）在质量问题的处理上有分歧时，负责裁定质量分歧的是(　　)。

A. 测绘单位质量管理机构　　B. 测绘单位法定代表人

C. 测绘单位总工程师　　D. 测绘行政主管部门质量管理机构

11. 根据《测绘成果质量检查与验收》，下列内容中，不属于GPS测量成果质量A类错漏的是(　　)。

A. 原始记录中连环涂改　　B. 数字修约严重不符合规定

C. 起算数据错误　　D. GPS 网布设严重不符合设计要求

12. 根据《测绘成果质量检查与验收》，下列内容中，不属于空中三角测量成果质量元素检查项的是(　　)。

A. 内业加密点的平面位置精度　　B. 内业加密点的高程精度

C. 区域网间的接边精度　　D. 空三加密点埋石质量

13. 根据《数字测绘成果质量检查与验收》，下列方法中，不属于数字测绘成果质量检查的主要检查方法是(　　)。

A. 外业巡查　　B. 参考数据对比

C. 内部检查　　D. 野外实测

14. 根据《测绘成果质量检查与验收》，下列内容中，不属于地籍图成果质量元素的是(　　)。

A. 平面精度　　B. 高程精度

C. 地籍要素质量　　D. 整饰质量

15. 根据《测绘成果质量检查与验收》，实施测绘项目成果精度检测时，点（边）最大数量少于(　　)个（条）时，以误差的算术平均值代替中误差。

A. 15　　B. 20

C. 25　　D. 30

16. 根据《测绘成果质量检查与验收》，下列质量元素中，不属于线路测量成果质量元素的是(　　)。

A. 数据质量　　B. 点位质量

C. 地理精度　　D. 观测质量

二、多项选择题（每题的备选选项中，有 2 项或 2 项以上符合题意，至少有 1 项是错项。）

1. 根据《数字测绘成果质量检查与验收》，数字测绘成果质量检查的方法有(　　)。

A. 首幅图检查　　B. 参考数据比对

C. 野外实测　　D. 内部检查

E. 过程检查

2. 下列内容中，属于航空摄影测量成果飞行质量检查项的有(　　)。

A. 航摄设计　　B. 航迹

C. 像点最大位移值　　D. 灰度密度

E. 框标影像

3. 下列质量元素中，属于数字测绘成果质量元素的是(　　)。

A. 空间参考系　　B. 完整性

C. 整饰质量　　D. 属性精度

E. 表征质量

4. 根据《测绘成果质量检查与验收》规定，地图集的整体质量的主要检查项有(　　)。

A. 图集内容的思想性　　B. 图集内容的全面性、完整性

C. 图集内容的统一性、协调性　　D. 图集内图幅质量

E. 印刷质量

参考答案与试题解析

一、单项选择题

1. 【D】平面控制测量成果数学精度子元素检查项：边长相对中误差与规范及设计书的符合情况。
2. 【B】详查是对单位成果质量要求的全部检查项进行的检查。
3. 【C】测绘单位实施成果质量的过程检查和最终检查。过程检查采用全数检查。
4. 【B】测绘单位未评定批成果质量等级的，以验收单位评定的样本质量等级作批成果质量等级。
5. 【C】成果质量错漏扣分标准的错漏类型共分 A、B、C、D 四类。
6. 【C】当隐蔽管线点开挖平面位置埋深超限达 10%（按全测区计算）时，成果质量为 A 类错漏。
7. 【B】参见成果质量错漏扣分标准。
8. 【D】每千米全中误差超限、测段往返高差不符值超限、每千米偶然中误差超限属

于 A 类错误。

9.【A】测绘产品验收工作应当在经最终检查合格后进行。

10.【C】当检查人员与被检查单位在质量问题上有分歧时，负责裁定质量分歧的是测绘单位总工程师。

11.【B】数字修约严重不符合规定属于 B 类错漏。

12.【D】空三加密点埋石质量不属于空中三角测量成果质量元素检查项。

13.【A】数字测绘成果质量检查的主要检查方法是①参考数据对比；②野外实测；③内部检查。

14.【B】地籍测量成果质量元素主要有数学精度、平面精度、地籍要素质量、整饰质量、资料完整性。

15.【B】检测点（边）数量少于 20 时，以误差的算术平均值代表中误差；大于 20 时，按中误差。

16.【C】地理精度不是线路测量成果质量元素。

二、多项选择题

1.【BCD】质量检查的主要方法是：①参考数据对比；②野外实测；③内部检查。

2.【ABC】灰度密度和框标影像不是航空摄影测量飞行质量检查项。

3.【ABDE】整饰质量不是数字测绘成果的质量元素。

4.【ABC】图集内图幅质量和印刷质量不是地图集的整体质量主要检查项。

第十五章　测绘项目技术总结

第一节　基本规定

一、测绘项目技术总结的概念

测绘项目技术总结是在测绘任务完成后，对测绘技术设计文件和技术标准、规范等的执行情况，技术设计方案实施中出现的主要技术问题和处理方法，成果（或产品）质量、新技术的应用等进行分析研究、认真总结，并作出客观描述和评价。

测绘项目技术总结为用户（或下工序）对成果（或产品）的合理使用提供方便，为测绘单位持续质量改进提供依据，同时也为测绘技术设计、有关技术标准、规定的定制提供资料。

测绘项目技术总结是与测绘成果（或产品）有直接关系的技术性文件，是长期保存的重要技术档案。

二、测绘项目技术总结的分类

测绘项目技术总结分为专业技术总结和项目总结。

专业技术总结是测绘项目中所包含的各测绘专业活动在其成果（或产品）检查合格后，分别总结撰写的技术文档。

项目总结是一个测绘项目在其最终成果（或产品）检查合格后，在各专业技术总结的基础上，对整个项目所作的技术总结。

对于工作量较小的项目，可根据需要将项目总结和专业技术总结合并为项目总结。

三、测绘项目技术总结的编写及审核

1. 测绘项目技术总结的编写

项目总结由承担项目的法人单位负责编写或组织编写；专业技术总结由具体承担

相应测绘专业任务的法人单位负责编写。具体的编写工作通常由单位的技术人员承担。

2. 测绘技术总结的审核

技术总结编写完成后，单位总工程师或技术负责人应对技术总结编写的客观性、完整性等进行审查并签字，并对技术总结编写的质量负责。

四、测绘项目技术总结的编写依据

测绘项目技术总结的编写依据主要包括：

（1）测绘任务书或合同的有关要求，顾客书面要求或口头要求的记录，市场的需求或期望；

（2）测绘技术设计文件、相关法律、法规、技术标准和规范；

（3）测绘成果（或产品）的质量检查报告；

（4）以往测绘技术设计、技术总结提供的信息以及现有生产过程和产品的质量记录和有关数据；

（5）其他有关文件和资料。

五、测绘项目技术总结的编写要求

（1）内容真实全面，重点突出。说明和评价技术要求的执行情况时，不应简单抄录设计书的有关技术要求；应重点说明作业过程中出现的主要技术问题和处理方法、特殊情况的处理及其达到的效果、经验、教训和遗留问题等。

（2）文字应简明扼要，公式、数据和图表应准确，名词、术语、符号和计量单位等均应与有关法规和标准一致。

（3）测绘项目技术总结的幅面、封面格式以及字体、字号等应符合相关要求。

第二节　测绘项目技术总结的主要内容

测绘项目技术总结通常由概述、技术设计执行情况、成果（或产品）质量说明和评价、上交和归档的成果（或产品）及其资料清单四部分组成。

一、项目总结的组成内容

项目总结的组成内容见表 15-1。

表 15-1 项目总结的组成内容

内容	简要说明
概述	①项目来源、内容、目标、工作量，专业测绘任务的划分、内容和相应任务的承担单位．成果（产品）交付与接收情况等； ②项目执行情况：说明生产任务的安排与往常情况，统计有关的作业定额和作业率，经费执行情况等； ③作业区概况和已有资料的利用情况
技术设计执行情况	①说明生产所依据的技术性文件，包括项目设计书、专业技术设计书、技术设计更改文件以及有关的技术标准和规范等； ②说明项目总结所依据的各专业技术总结； ③说明项目设计书和有关的技术标准、规范的执行情况，并说明项目设计书的技术更改情况； ④重点描述出现的主要技术问题和处理方法、特殊情况的处理及其达到的效果等； ⑤说明项目实施中质量保障措施的执行情况； ⑥当生产过程中采用新技术、新方法、新材料时，应详细描述和总结其应用情况； ⑦总结项目实施中的经验、教训和遗留问题，并对今后生产提出改进意见和建议
测绘成果质量说明与评价	说明和评价项目最终测绘成果的质量情况，产品达到的技术指标，并说明最终测绘成果的质量检查报告的名称和编号
上交和归档测绘成果及资料清单	①测绘成果（或产品）的名称、数量、类型等，上交成果的数量、范围有变化时需附成果分布图； ②文档资料，包括项目设计书及其有关的设计更改文件，项目总结，质量检查报告，必要的专业技术设计书及其更改文件和专业技术总结，文档簿（图历簿）和其他作业过程中形成的重要记录； ③其他需上交和归档的资料

二、专业技术总结的组成内容

专业技术总结的组成内容见表 15-2。

表 15-2　　专业技术总结的组成内容

内容	简 要 说 明
概述	①测绘项目的名称、专业测绘任务的来源，专业测绘任务的内容、任务量和目标，产品交付与接收情况等； ②计划与设计完成的情况、作业率的统计； ③作业区概况和已有资料的利用情况
技术设计执行情况	①说明专业活动所依据的技术性文件，包括：专业技术设计书及其有关的技术设计更改文件，必要的项目设计书及其更改文件，有关的技术标准和规范； ②说明和评价专业技术活动过程中专业技术设计文件的执行情况，重点说明专业技术设计更改的内容、原因； ③描述专业测绘生产过程中出现的主要技术问题和处理方法、特殊情况的处理及其达到的效果等； ④当作业过程中采用新技术、新方法、新材料时，应详细描述和总结其应用情况； ⑤总结专业测绘生产中的经验、教训和遗留问题，并对今后生产提出改进意见和建议
测绘成果质量说明与评价	说明和评价测绘成果（或产品）的质量情况（包括必要的精度统计），产品达到的技术指标，并说明测绘成果（或产品）的质量检查报告的名称和编号
上交和归档测绘成果及资料清单	①测绘成果（或产品）的名称、数量、类型等。上交成果的数量、范围有变化时需附成果分布图； ②文档资料。专业技术设计文件、专业技术总结、检查报告，必要的文档簿（图历簿）和其他作业过程中形成的重要记录； ③其他需上交和归档的资料

第三节　测绘专业技术总结的主要内容

一、大地测量

1. 平面控制测量

平面控制测量的专业技术总结内容见表 15-3。

表 15-3 平面控制测量专业技术总结具体内容

内容	简要说明
概述	①任务来源、目的，生产单位，生产起止时间，生产安排概况； ②测区名称、范围，行政隶属，自然地理特征，交通情况和困难类别； ③锁、网、导线段（节）、基线（网）或起始边和天文点的名称与等级，分布密度，通视情况，边长（最大、最小、平均）和角度（最大、最小）等； ④作业技术依据； ⑤计划与实际完成工作量的比较，作业率的统计
利用已有资料情况	①采用的基准和系统； ②起算数据及其等级； ③已知点的利用及联测； ④资料中存在的主要问题和处理方法
作业方法、质量和有关技术数据	①使用的仪器、仪表、设备和工具的名称、型号、检校情况及其主要技术数据等； ②觇标和标石的情况，施测方法，照准目标类型，观测权数与测回数，光段数，日夜比，重测数与重测率，记录方法，记录程序来源和审查意见，归心元素的测定方法、次数、概算情况与结果； ③新技术、新方法的采用及其效果； ④执行技术标准的情况，出现的主要问题和处理方法，保证和提高质量的主要措施，各项限差与实际测量结果的比较，外业检测情况及精度分析等； ⑤重合点及联测情况，新、旧成果的分析比较； ⑥为测定国家级水平控制点高程而进行的水准联测与三角高程的施测情况，概算方法和结果
技术结论	①对本测区成果质量、设计方案和作业方法等的评价； ②重大遗留问题的处理意见； ③经验、教训和建议
附图、附表	①利用已有资料清单； ②测区点、线、锁、网的分布图； ③精度统计表； ④仪器、基线尺检验结果汇总表； ⑤上交测绘成果清单等

2. 高程控制测量

高程控制测量的专业技术总结内容见表 15-4。

表 15-4　　高程控制测量专业技术总结具体内容

内容	简要说明
概述	①任务来源、目的，生产单位，生产起止时间，生产安排情况； ②测区名称、范围、行政隶属，自然地理特征，沿线路面和土质植被情况，路坡度（最大、最小、平均），交通情况和困难类别； ③路线和网的名称、等级、长度，点位分布密度，标石类型等； ④作业技术依据； ⑤计划与实际完成工作量的比较，作业率的统计
利用已有资料情况	①采用基准和系统； ②起算数据及其等级； ③已知点的利用和联测； ④资料中存在的主要问题和处理方法
作业方法、质量和有关技术数据	①使用的仪器、标尺、记录计算工具和尺承的型号、规格、数量、检校情况及主要数据； ②埋石情况，施测方法，视线长度（最大、最小、平均），各分段中上、下午测站不对称数与总站数的比，重测测段及数量，记录和计算方法及程序来源，审查或验算结果； ③新技术、新方法的采用及其效果； ④跨河水准测量的位置，实施方案，实测结果与精度等； ⑤联测和支线的施测情况； ⑥执行技术标准的情况，保证和提高质量的主要措施，各项限差与实际测量结果的比较，外业检测情况及精度分析等
技术结论	①对本测区成果质量、设计方案和作业方法等的评价； ②重大遗留问题的处理意见； ③经验、教训和建议
附图、附表	①利用已有资料清单； ②测区点、线、网的水准路线图； ③仪器、标尺检验结果汇总表； ④精度统计表； ⑤上交测绘成果清单等

3. 重力测量

重力测量的专业技术总结内容见表 15-5。

表 15-5 重力测量专业技术总结具体内容

内容	简要说明
概述	①任务来源、目的，生产单位，生产起止时间，生产安排概况； ②测区名称、范围、行政隶属、自然地理特征、交通情况等； ③路线的名称、等级，布点方案，分布密度，点距（最大、最小、平均）等； ④作业技术依据； ⑤计划与实际完成工作量的比较，作业率的统计
利用已有资料情况	①采用基准和系统； ②起算数据及其等级； ③已知点的利用和联测； ④资料中存在的主要问题和处理方法
作业方法、质量和有关技术数据	①使用的仪器、仪表的名称、型号、检校情况及其主要技术数据； ②埋石情况，施测方法，施测路线与所用时间（最长、平均），测回数，重测数与重测率，概算公式与结果； ③联测点的联测情况，平面坐标与高程的施测和计算情况； ④新技术、新方法的采用及其效果； ⑤执行技术标准的情况，出现的主要问题和处理方法，保证和提高质量的主要措施，各项限差与实际测量结果的比较，实地检测情况及精度分析等
技术结论	①对本测区成果质量、设计方案和作业方法等的评价； ②重大遗留问题的处理意见； ③经验、教训和建议
附图、附表	①利用已有资料清单； ②重力点位和联测路线略图； ③平面坐标与高程施测图； ④仪器检验结果汇总表； ⑤精度统计表； ⑥上交测绘成果清单等

4. 大地测量计算

大地测量计算的专业技术总结内容见表 15-6。

表 15-6 **大地测量计算专业技术总结具体内容**

内容	简要说明
概述	①任务来源、目的，生产单位，生产起止时间，生产安排情况； ②计算区域名称、等级、范围、行政隶属； ③作业技术依据； ④计划与实际完成工作量的比较，作业率的统计
利用已有资料情况	①采用的基准和系统； ②起算数据及其等级、来源和精度情况； ③重合点的质量分析； ④前工序存在的主要问题及其在计算中的处理方法和结果
计算方法、质量和有关技术数据	①作业过程简述，保证质量的主要措施； ②使用计算工具的名称、型号、性能及其说明，采用程序的名称、来源、编制和审核单位、编制者，程序的基本功能及其检验情况； ③计算的原理、方法、基本公式，改正项，小数取位等； ④新技术、新方法的采用及其效果； ⑤数据和信息的输入、输出情况，内容与符号说明； ⑥计算结果的验算，精度统计分析与说明； ⑦计算过程中出现的主要问题及处理结果等
计算结论	①对本计算区成果质量、计算方案、计算方法等的评价； ②重大遗留问题的处理意见； ③经验、教训和建议
附图、附表	①利用已有资料清单； ②计算区域的线、锁、网图； ③计算机源程序目录（含编制单位、编者、审核单位及其时间等）； ④精度检验分析统计表； ⑤上交测绘成果清单等

二、工程测量

1. 控制测量

参照大地测量的有关内容，结合工程测量的特点进行撰写。

2. 地形测图

地形测图包括摄影测量方法测图和平板仪、全站型速测仪测图。摄影测量方法测图参照摄影测量与遥感的有关内容，结合工程测量的特点进行撰写。这里主要介绍平板仪、全站型速测仪测量，具体专业技术总结内容见表 15-7。

表15-7 地形测图专业技术总结具体内容

内容	简要说明
概述	①任务来源、目的，测图比例尺，生产单位，生产起止日期，生产安排概况； ②测区名称、范围、行政隶属、自然地理特征、交通情况等； ③作业技术依据，采用的等高距，图幅分幅和编号的方法； ④计划与实际完成工作量的比较，作业率的统计
利用已有资料情况	①资料的来源和利用情况； ②资料中存在的主要问题和处理方法
作业方法、质量和有关技术数据	①图根控制测量：各类图根点的布设，标志的设置，观测使用的仪器和方法，各项限差与实际测量结果的比较； ②平板仪测图：测图方法，使用的仪器，每幅图上解析图根点与地形点的密度和分布，特殊地物、地貌的表示方法，接边情况等； ③全站型速测仪测图：测图方法，仪器型号、规格、特性及检校情况，外业采集数据的内容、密度、记录的特征，数据处理和成图工具的情况等； ④测图精度分析与统计、检查验收的情况，存在的主要问题和处理结果等； ⑤新技术、新方法、新材料的采用及其效果
技术结论	①对本测区成果质量、设计方案和作业方法等的评价； ②重大遗留问题的处理意见； ③经验、教训和建议
附图、附表	①利用已有资料清单； ②图幅分布和质量评定图； ③控制点分布略图； ④精度统计表； ⑤上交测绘成果清单等

3. 施工测量

施工测量的专业技术总结内容见表15-8。

表15-8 施工测量专业技术总结具体内容

内容	简要说明
概述	①任务来源、目的，生产单位，生产起止时间，生产安排概况； ②工程名称，测设项目，测区范围，自然地理特征，交通情况，有关工程地质与水文地质的情况，建设项目的复杂程度和发展情况等； ③作业技术依据； ④计划与实际完成工作量的比较，作业率的统计

续表

内容	简 要 说 明
利用已有资料情况	①资料的来源和利用情况； ②资料中存在的主要问题和处理方法
作业方法、质量和有关技术数据	①控制点系统的建立，埋石情况，使用的仪器和施测方法及其精度； ②施工放样方法和精度； ③各项误差的统计，实地检测的项目、数量和方法，检测结果与实测结果的比较等； ④新技术、新方法、新材料的采用及其效果； ⑤作业中出现的主要问题和处理方法
技术结论	①对本测区成果质量、设计方案和作业方法等的评价； ②重大遗留问题的处理意见； ③经验、教训和建议
附图、附表	①施工测量成果种类及其说明； ②采用已有资料清单； ③精度统计表； ④上交测绘成果清单等

4. 线路控制测量

线路控制测量参照大地测量的有关内容；线路测图参照地形测图的有关内容，结合线路测量的特点进行撰写，并需在“作业方法、质量和有关技术数据”条款中撰写专业内容。线路控制测量专业特点技术总结内容见表15-9。

表15-9　**线路控制测量专业技术总结中的专业特点要求**

铁路、公路测量	①与已有控制点的联测方法和精度； ②交点、转点、中桩桩位及曲线等的测设情况； ③中线测量，横断面测量的方法与精度； ④中桩复测与原测成果的比较
架空索道测量	①方向点间距及方向点偏离直线的情况； ②断面测量（加测断面及断面点）的情况
自流和压力管线测量	①施测情况与结果； ②定线的误差
架空送电线路测量	①定线测量与方向点偏离直线的情况； ②实地排定杆位时的检核情况

5. 竣工总图编绘与实测

竣工总图编绘与实测的专业技术总结内容见表15-10。

表15-10　**竣工总图编绘与实测专业技术总结具体内容**

内容	简要说明
概述	①任务来源、目的，生产单位，生产起止时间，生产安排概况； ②工程名称，测区范围、面积，工程特点等； ③作业技术依据； ④完成工作量，作业率的统计
利用已有资料情况	①施工图件和资料的实测与验收情况； ②图件、资料（特别是其中地下管线及隐蔽工程的）现势性和使用情况； ③资料中存在的主要问题和处理方法
作业方法、质量和有关技术数据	①竣工总图的成图方法，控制点的恢复与检测，地物的取舍原则，成图的质量等； ②新技术、新方法、新材料的采用及其效果； ③作业中出现的主要问题和处理方法
技术结论	①对本测区成果质量、设计方案、作业方法等的评价； ②重大遗留问题的处理意见； ③经验、教训和建议
附图、附表	①利用已有资料清单； ②上交测绘成果清单； ③建筑物、构筑物细部点成果表等

6. 变形测量

变形测量的专业技术总结内容见表15-11。

表15-11　**变形测量专业技术总结具体内容**

内容	简要说明
概述	①项目名称、来源、目的、内容，生产单位，生产起止时间，生产安排概况； ③测区地点、范围，建筑物（构筑物）分布情况及观测条件，标志的特征； ③作业技术依据； ④完成任务量

续表

内容	简要说明
利用已有资料情况	①测量资料的分析与利用； ②起算数据的名称、等级及其来源； ③资料中存在的主要问题和处理方法
作业方法、质量和有关技术数据	①仪器的名称、型号和检校情况； ②标志的布设和密度，标石或观测墩的规格及其埋设质量，变形控制网（点）的建立、施测及其稳定性的分析，变形观测点的施测情况，观测周期，计算方式和方法等； ③重复观测结果的分析比较和数据处理方法； ④新技术、新方法、新材料的采用及其效果； ⑤执行技术标准的情况，出现的主要问题和处理方法，保证和提高质量的主要措施，各项限差与实际测量结果的比较
技术结论	①变形观测的结论和评价； ②对本测区成果质量、设计方案、作业方法等的评价； ③重大遗留问题的处理意见； ④经验、教训和建议
附图、附表	①变形控制网布设略图； ②利用已有资料清单； ③变形观测资料的归纳与分析报告； ④上交测绘成果清单等

7. 库区淹没测量

库区淹没测量的专业技术总结内容见表 15-12。

表 15-12　**库区淹没测量专业技术总结具体内容**

内容	简要说明
概述	①任务来源、目的，生产单位，生产起止时间，生产安排概况； ②水库名称、行政隶属，成图比例尺，库区淹没范围、面积，淹没田地、村庄数量，搬迁人口数等； ③作业技术依据； ④计划与实际完成工作量比较
利用已有资料情况	①起算数据及其等级、系统等； ②坝顶高程及其等级、系统等； ③资料中存在的主要问题和处理方法

续表

内容	简要说明
作业方法、质量和有关技术数据	①标石埋设情况、分布与数量； ②使用仪器名称、型号、检验情况及其主要技术参数； ③施测与成图方法，点位布设密度、等级、联测方案与精度等； ④新技术、新方法、新材料的采用及其效果； ⑤最高淹没面和最低淹没面的高程； ⑥淹没区面积量算的方法和精度； ⑦执行技术标准的情况，出现的主要问题和处理方法，保证和提高质量的主要措施，各项限差与实际测量结果的比较，实地检测情况与精度等
技术结论	①对本测区成果质量、设计方案、作业方法等的评价； ②重大遗留问题的处理意见； ③经验、教训和建议
附图、附表	①控制点分布略图； ②库区淹没图及质量评定图； ③测量精度统计表； ④淹没区分类统计表； ⑤利用已有资料清单； ⑥上交测绘成果清单等

三、摄影测量与遥感

1. 航空摄影

航空摄影的专业技术总结内容见表15-13。

表15-13　**航空摄影专业技术总结具体内容**

内容	简要说明
概述	①任务来源、目的，摄影比例尺、航摄单位，摄影起止时间； ②摄区名称、地理位置、面积、行政隶属、摄区地形和气候对摄影工作的影响； ③作业技术依据； ④完成的作业项目、数量
利用已有资料情况	编制航摄计划用图的比例尺、作业年代及接边资料等

续表

内容	简 要 说 明
作业方法、质量和有关技术数据	①航摄仪和附属仪器的类型及其主要技术数据； ②航线敷设情况和飞行质量； ③底片和相纸的类型、特性、冲洗和处理方法，主要技术数据； ④航摄质量及航摄底片复制品的质量情况； ⑤新技术、新方法、新材料的采用及其效果； ⑥执行技术标准的情况，出现的主要问题和处理方法，保证和提高质量的主要措施
技术结论	①对本摄区成果质量、设计方案、作业方法等的评价； ②重大遗留问题的处理意见； ③经验、教训和建议
附图、附表	①摄影分区略图； ②航摄鉴定表； ③上交航摄成果清单等

2. 航空摄影测量外业

航空摄影测量外业的专业技术总结内容见表 15-14。

表 15-14　　**航空摄影测量外业的专业技术总结具体内容**

内容	简 要 说 明
概述	①任务来源、目的，摄影比例尺，成图比例尺，生产单位，生产起止日期，生产安排概况； ②测区地理位置、面积、行政隶属，自然地理特征，交通情况和困难类别等； ③作业技术依据，采用的投影、坐标系、高程系和等高距； ④计划与实际完成工作量的比较，作业率的统计
利用已有资料情况	①航摄资料的来源，仪器的类型及其主要技术数据，像片的质量和利用情况； ②其他资料的来源、等级、质量和利用情况； ③资料中存在的主要问题和处理方法
作业方法、质量和有关技术数据	①控制测量包括：像片控制点的布设方案，刺点影像；基础控制点和像片控制点测定的仪器、方法二扩展次数及各种误差；检查的方法和质量情况； ②像片调绘与综合法测图包括：调绘像片的比例尺和质量，调绘的方法，使用简化符号的说明；新增地物、地貌及云影、阴影地区的补测方法和质量；综合法测绘地貌的方法和质量；地理调查和地名译音的情况；检查的方法和质量情况； ③新技术、新方法的采用及其效果

续表

内容	简要说明
技术结论	①对本测区成果质量、设计方案、作业方法等的评价； ②重大遗留问题的处理意见； ③经验、教训和建议
附图、附表	①测区地形类别及质量评定图； ②利用已有资料清单； ③控制点分布略图； ④精度统计表； ⑤上交测绘成果清单等

3. 航空摄影测量内业

航空摄影测量内业的技术总结内容见表15-15。

表15-15 **航空摄影测量内业的技术总结具体内容**

内容	简要说明
概述	①任务来源、目的，摄影比例尺，成图比例尺，生产单位，生产起止日期，生产安排概况； ②测区地理位置、面积、行政隶属，地形的主要特征和困难类别； ③作业技术依据，采用的投影、坐标系、高程系和等高距； ④计划与实际完成工作量的比较，作业率的统计
利用已有资料情况	①摄影资料的来源，仪器的类型及其主要技术数据； ②对外业控制点和调绘成果进行分析； ③其他资料的来源、质量和利用情况； ④资料中存在的主要问题和处理方法
作业方法、质量和有关技术数据	①解析空中三角测量：加密方法，刺点影像，使用仪器等情况；加密点的精度及其接边情况； ②影像平面图的编制：纠正和复制的方法，仪器类型，影像质量及精度情况；采用正射投影仪作业时断面数据点采集的密度、扫描缝隙长度等有关技术参数；成图精度和图幅接边精度； ③航测原图的测绘和编绘：采用的方法和使用的仪器；成图的质量和精度；与已成图的接边情况； ④新技术、新方法、新材料的采用及其效果
技术结论	①对本测区成果质量、设计方案、作业方法等的评价； ②重大遗留问题的处理意见； ③经验、教训和建议

续表

内容	简要说明
附图、附表	①测区图幅接合表； ②航测内业成图方法及质量评定图； ③利用已有资料清单； ④精度统计表； ⑤野外检测统计表； ⑥上交测绘成果清单等

4. 近景摄影测量

近景摄影测量的专业技术总结内容见表15-16。

表15-16　近景摄影测量的专业技术总结具体内容

内容	简要说明
概述	①任务来源、目的，摄影比例尺，成图比例尺，生产单位，生产起止日期，生产安排概况； ②目标的类型和概况； ③作业技术依据； ④完成的作业项目与工作量
利用已有资料情况	①摄影和测量仪器类型及检校情况； ②其他资料的来源、质量和利用情况； ③资料中存在的主要问题和处理方法
作业方法、质量和有关技术数据	①物方控制包括：物方控制布设情况、测量方法和精度； ②近景图像的获取：摄站布设、摄影方式、摄影参数；感光材料的型号和影像质量情况； ③近景图像的处理：处理的方法，仪器类型，成果形式；成果质量和精度的评定方法； ④新技术、新方法、新材料的采用及其效果
技术结论	①对本测区成果质量，设计方案、作业方法等的评价； ②重大遗留问题的处理意见； ③经验、教训和建议
附图、附表	①利用已有资料清单； ②成果的质量统计； ③精度统计表； ④野外检测统计表； ⑤上交测绘成果清单等

5. 遥感

遥感的专业技术总结内容见表 15-17。

表 15-17　**遥感专业技术总结具体内容**

内容	简要说明
概述	①任务来源、目的，图像比例尺，成图比例尺，生产单位，生产起止时间，生产安排概况； ②测区概况； ③作业技术依据和作业方案； ④完成的作业项目与工作量
利用已有资料情况	①遥感资料的来源、形式，主要技术参数，质量和利用情况； ②资料中存在的主要问题和处理方法
作业方法、质量和有关技术数据	①遥感图像处理：采用的仪器及其主要技术参数；地面控制点选取的方法、点数及分布情况；处理方法，基本工作程序框图，影像质量及有关误差； ②遥感图像的解译：采用的资料；标志的形态、影像、色调特征等；解译的方法； ③解译结果的检验：解译结果检验的方法；野外取样情况，验证成果的准确率； ④编制专业图件：利用遥感影像图、地形图、解译草图和其他资料编制专业图件的方法及有关误差； ⑤新技术、新方法、新材料的采用及其效果
技术结论	①对本测区成果质量、设计方案、作业方法等的评价； ②重大遗留问题的处理意见； ③经验、教训和建议
附图、附表	①测区图幅接合表； ②利用已有资料清单； ③精度统计表； ④野外检测统计表； ⑤上交测绘成果清单等

四、野外地形数据采集及成图

野外地形数据采集及成图专业技术总结的具体内容见表 15-18。

表 15-18　　野外地形数据采集及成图专业技术总结具体内容

内容	简要说明
概述	①任务来源、目的、内容，成图比例尺，生产单位，生产起止时间，生产安排概况； ②测区范围、行政隶属，自然地理和社会经济的特征，困难类别等； ③作业技术依据； ④计划与实际完成工作量的比较，作业率的统计
利用已有资料情况	①采用的基准和系统； ②起算数据和资料的名称、等级、系统、来源和精度情况； ③资料中存在的主要问题和处理方法
作业方法、质量和有关技术数据	①使用的仪器和主要测量工具的名称、型号、主要技术参数和检校情况； ②各类图根点的布设、标志的设置，施测方法和重测情况； ③野外地形数据的采集方法、要素代码、精度要求，属性等； ④DEM 的数据采集、分层设色的要求； ⑤测制地形图的方法和精度，新增的图式符号； ⑥新技术、新方法、新材料的采用及其效果； ⑦执行技术标准的情况，出现的主要问题和处理方法，保证和提高质量的主要措施，实地检测和检查的情况与结果等
技术结论	①对本测区成果质量、设计方案和作业方法等的评价； ②重大遗留问题的处理意见； ③经验、教训和建议
附图、附表	①利用已有资料清单； ②测区图幅结合表； ③控制点布设图； ④仪器、工具检验结果汇总表； ⑤精度统计表； ⑥成果质量评定统计表； ⑦上交测绘成果清单等

五、地图制图和印刷

1. 地图制图

地图制图的专业技术总结内容见表 15-19。

表 15-19　　地图制图专业技术总结具体内容

内容	简要说明
概述	①任务名称、目的、来源、数量、类别和规格，成图比例尺，生产单位，生产起止日期，生产安排概况； ②制图区域范围、行政隶属，困难类别； ③作业技术依据，采用的投影、坐标系、高程系和等高距等； ④计划与实际完成工作量的比较，作业率的统计
利用已有资料情况	①基本资料的比例尺，测制单位，出版年代，现势性和精度； ②补充资料的比例尺，测制单位，出版年代，现势性，使用程度及方法； ③参考资料的使用程度
作业方法、质量和有关技术数据	①编绘原图制作方法； ②印刷原图制作方法； ③数学基础的展绘精度，资料拼贴精度； ④地图内容的综合及描绘质量； ⑤执行技术标准的情况，出现的主要问题和处理方法，保证和提高质量的主要措施； ⑥新技术、新方法、新材料的采用及其效果
技术结论	①对本制图区域成果质量、设计方案和作业方法等的评价； ②重大遗留问题的处理意见； ③经验、教训和建议
附图、附表	①制图区域图幅接合表； ②资料分布略图； ③利用已有资料清单； ④成果质量评定统计表； ⑤上交测绘成果清单等

2. 地图印刷

地图印刷的专业技术总结内容见表 15-20。

表 15-20　　地图印刷的专业技术总结具体内容

内容	简要说明
概述	①任务名称、目的、来源、数量、类别和规格，地图比例尺，承印单位，印刷日期，生产安排概况； ②制图区域范围、行政隶属； ③印刷色数、材料和印数； ④印刷技术依据； ⑤完成任务情况

续表

内容	简 要 说 明
利用已有资料情况	①印刷原图的种类、分版情况、制作单位、精度和质量； ②分色参考图的质量
印刷方法、质量和有关技术数据	①制版、照相、翻版、修版、拷贝、晒版的方法、精度和质量； ②印刷、打样的质量和数量，印刷的设备，印刷图的套合精度、印色、图形及线划的质量，油墨和纸张等的质量； ③装帧的方法、形式及质量； ④执行技术标准的情况，保证和提高质量的主要措施； ⑤新技术、新方法、新材料的采用及其效果； ⑥实施工艺方案中出现的主要问题及处理方法
技术结论	①对印刷成果质量、工艺方案等的评价； ②总结经验、教训和建议
附图、附表	①工艺设计流程框图； ②印刷区域图幅接合表； ③成果、样品及其清单等

六、界线测绘

界线测绘的专业技术总结内容见表 15-21。

表 15-21　**界线测绘的专业技术总结具体内容**

内容	简 要 说 明
概述	①任务名称、来源、目的、内容，生产单位，生产起止时间，生产安排概况等； ②界线测绘范围、界线测绘的等级，自然地理和社会经济的特征； ③作业技术依据； ④计划与实际完成工作量的比较，作业率的统计
利用已有资料情况	①采用的基准和系统； ②起算数据和资料的名称、等级、系统、来源和精度情况； ③资料中存在的主要问题和处理方法

续表

内容	简 要 说 明
作业方法、质量和有关技术数据	①使用的仪器和主要测量工具的名称、型号、主要技术参数和检校情况； ②控制网、锁、线、点的布设、等级、密度，埋石情况，施测方法和重测情况； ③界桩点的布设、形状、密度、编号方法和点位精度，界桩点方位物测绘的原则和测定情况； ④边界点的布设、测量与编号； ⑤边界线的命名、编号与标绘； ⑥界桩登记表的填写； ⑦边界地形图、边界线情况图、边界主张线图、边界协议书附图以及行政区域边界协议书附图集的方法和精度； ⑧新技术、新方法、新材料的采用及其效果
技术结论	①对本测区成果质量、设计方案和作业方法等的评价； ②重大遗留问题的处理意见； ③经验、教训和建议
附图、附表	①利用已有资料清单； ②控制点布设图； ③仪器、工具检验结果汇总表； ④边界协议书附图； ⑤精度统计表； ⑥上交测绘成果清单等

七、基础地理信息数据建库

基础地理信息数据建库的专业技术总结内容见表 15-22。

表 15-22　　**基础地理信息数据建库的专业技术总结具体内容**

内容	简 要 说 明
概述	①说明任务来源、管理框架、建库目标、系统功能，预期成果，生产单位，生产起止时间，生产安排概况； ②作业技术依据； ③计划与实际完成工作量的比较，作业率的统计
利用已有资料情况	①采用的基准和系统； ②数据来源、范围、产品类型、格式、精度、组织、质量情况； ③资料中存在的主要问题和处理方法

续表

内容	简要说明
作业方法、质量和有关技术数据	①使用的系统软件及硬件的功能、型号、主要技术指标； ②数据库数据的内容、格式、位置精度、属性精度、现势性等情况； ③数据库的基本功能情况； ④数据库的概念模型设计、逻辑设计、物理设计的情况； ⑤新技术、新方法的采用及其效果； ⑥执行技术标准的情况，出现的主要问题和处理方法，保证和提高质量的主要措施等
技术结论	①对本数据库成果质量、设计方案等的评价； ②重大遗留问题的处理意见； ③经验、教训和建议
附图、附表	①利用已有资料清单； ②数据库数据要素分类与代码、层（块）、属性项表； ③上交数据建库成果清单等

八、地理信息系统

地理信息系统的专业技术总结内容见表 15-23。

表 15-23　**地理信息系统的专业技术总结具体内容**

内容	简要说明
引言	说明编写目的、背景、定义及参考资料等
实际开发结果	①产品。说明程序系统中各个程序的名字，它们之间的层次关系，程序系统版本、文件名称、数据库等； ②主要功能和性能。逐项列出本软件产品实际具有的主要功能和性能，并与开发目标对比； ③基本流程； ④进度。列出原定计划进度与实际进度的对比并分析原因； ⑤费用。列出原定计划费用与实际支出费用的对比并分析原因
开发工作评价	①对生产效率的评价。列出程序、文件的实际平均生产效率并与原定计划对比； ②对产品质量的评价。说明在测试中检查出来的错误发生率并与质量保证计划对比； ③对技术方法的评价。说明对开发中所使用的技术、方法、工具、手段的评价； ④出错原因的分析。分析开发过程中出现错误的原因
经验与教训	列出从开发工作中所得到的主要经验与教训，以及对今后项目开发的建议

考点试题汇编及参考答案与试题解析

考点试题汇编

一、单项选择题共 10 题（每题的备选选项中，只有一项最符合题意。）

1. 下列关于测绘技术总结作用的说法中，错误的是(　　)。

A. 为用户合理使用成果提供方便　B. 为测绘单位持续质量改进提供依据

C. 为测绘技术标准制定提供资料　D. 为测绘市场监管提供依据

2. 根据《测绘技术总结编写规定》，下列技术人员中，对技术总结编写质量负责的是(　　)。

A. 技术总结编写人员　　B. 技术总结审核人员

C. 技术设计编写人员　　D. 技术设计审核人员

3. 根据《测绘技术总结编写规定》，"任务的安排与完成情况" 应在技术总结的(　　)部分说明。

A. 概述　　B. 技术设计执行情况

C. 成果质量说明和评价　　D. 上交成果及清单

4. 根据《测绘技术总结编写规定》，下列文件中，在总结技术设计执行情况时，不作为说明专业测绘活动所依据的技术性文件的是(　　)。

A. 测绘合同　　B. 专业技术设计书

C. 项目设计书　　D. 有关技术标准和规范

5. 编写技术总结时，"技术设计执行情况" 中不必说明的内容是(　　)。

A. 技术标准和技术设计文件执行情况

B. 出现的主要技术问题和处理方法

C. 产品达到的技术指标

D. 经验教训和遗留问题

6. 某测绘项目技术总结包括了概述、技术设计执行情况及上交和归档测绘成果(或产品) 及其资料清单，该项目技术总结缺少的内容是(　　)。

A. 任务来源　　B. 已有成果资料利用情况

C. 任务工作量　　D. 测绘成果质量说明与评价

7. 测绘生产过程中，若采用了新技术、新方法、新材料，应在(　　)中详细描述和总结其应用情况。

A. 概述　　B. 技术设计执行情况

C. 成果质量说明和评价　　　　D. 上交成果及其用途

8. 根据《测绘技术总结编写规定》，下列关于测绘专业技术总结的编写说法中，正确的是(　　)。

A. 测绘专业技术总结由测绘单位技术人员编写

B. 测绘专业技术总结由测绘单位技术负责人编写

C. 测绘专业技术总结由测绘单位负责人审核

D. 测绘专业技术总结由项目委托单位审核

9. 下列内容中，不属于测绘项目技术总结概述所要表述的是(　　)。

A. 项目的来源、内容、目标　　　　B. 项目的工作量大小

C. 项目的组织与实施　　　　D. 项目成果质量说明与评价

10. 测绘项目总结编写要求的表述中错误的是(　　)。

A. 内容应真实全面，重点突出

B. 说明执行情况可简单抄录设计书有关技术要求

C. 文字应简明扼要，公式、数据准确

D. 幅面、封面格式以及字体、字号应符合要求

二、多项选择题（每题的备选选项中，有2项或2项以上符合题意，至少有1项是错项。）

1. 根据《测绘技术总结编写规定》，测绘技术总结的主要组成内容有(　　)。

A. 概述　　　　B. 技术设计执行情况

C. 检查验收意见　　　　D. 成果质量说明和评价

E. 上交和归档的成果和资料清单

2. 根据《测绘技术总结编写规定》，下列内容中，属于测绘技术总结编写的主要依据有(　　)。

A. 市场的需求或期望　　　　B. 测绘技术设计文件

C. 测绘项目财务验收报告　　　　D. 测绘成果质量检查报告

E. 顾客的书面要求

3. 根据《测绘技术总结编写规定》，下列关于测绘项目总结的说法中，错误的有(　　)。

A. 测绘项目总结由承担项目的法人单位负责编写

B. 测绘项目总结应统计有关作业定额和作业率

C. 测绘项目总结是在一个测绘项目最终成果（或产品）生产结束后编写的

D. 测绘项目总结需单位法人代表审核签字

E. 测绘项目总结通常由单位的技术人员编写

4. 根据《测绘技术总结编写规定》，编写专业技术总结时，测绘“成果（或产品）质量与评价”的内容应包括(　　)。

A. 说明和评价项目最终测绘成果（或成果）的质量情况

B. 测绘成果（或产品）完成的数量情况

C. 产品达到的技术指标

D. 说明项目实施中质量保障措施

E. 说明最终测绘成果（或产品）的质量检查报告的名称和编号

5. 根据《测绘技术总结编写规定》，专业技术总结上交的测绘成果和资料主要有（　　）。

A. 专业技术设计文件　　B. 专业技术总结

C. 作业过程中形成的重要记录　　D. 设计输入文件

E. 作业规范技术依据

6. 根据《测绘技术总结编写规定》，地理信息系统专业技术总结，开发工作评价的主要内容有（　　）。

A. 生产效率的评价　　B. 产品质量的评价

C. 技术方法的评价　　D. 出错原因的分析

E. 系统集成基础软件的评价

参考答案与试题解析

一、单项选择题

1. 【D】为测绘市场监管提供依据不是测绘技术总结的作用。
2. 【B】技术总结审核人员对技术总结编写的质量负责。
3. 【A】“任务的安排与完成情况”应在技术总结的概述部分说明。
4. 【A】测绘合同不能作为生产所依据的技术性文件。
5. 【C】产品达到的技术指标属于“成果（或产品）质量说明和评价”的主要内容。
6. 【D】该项目技术总结缺少的内容是成果（或产品）质量说明和评价。
7. 【B】应在技术设计执行情况中详细描述和总结其应用情况。
8. 【A】具体编写工作通常由单位的技术人员承担。
9. 【D】不属于测绘项目技术总结概述所要表述的是项目成果质量说明与评价。
10. 【B】说明和评价技术要求的执行情况时，不应简单地抄录设计书的有关技术要求。

二、多项选择题

1. 【ABDE】检查验收意见不属于测绘技术总结的主要组成内容。
2. 【ABDE】测绘项目财务验收报告不属于测绘技术总结编写的主要依据。
3. 【BCD】测绘项目总结由项目的法人单位负责编写或组织编写，测绘项目总结由法人单位负责编写。
4. 【ACE】测绘成果完成的数量情况、说明项目实施中质量保障措施不属于测绘“成果（或产品）质量与评价”的内容。

5. 【ABC】设计输入文件、作业规范技术依据不属于上交测绘成果（或产品）主要内容和形式。
6. 【ABCD】系统集成基础软件的评价不属于开发工作评价的主要内容。

第二部分　试 题 解 析

（一）2011 年注册测绘师资格考试测绘管理与法律法规试卷与参考答案及解析

一、单项选择题（每题 1 分，每题的备选选项中，只有 1 项符合题意。）

1. 从事测绘活动的单位应当取得(　　)。
   A. 测绘许可证　　B. 测绘资质证书
   C. 测绘资格证书　　D. 测绘作业证
2. 关于行政许可设定的说法，正确的是(　　)。
   A. 法规、规章对实施上违法设定的行政许可作出的具体规定，不得增设行政许可
   B. 行政许可只能由法律、行政法规设定
   C. 地方性法规不得设定行政许可
   D. 法规、规章对实施上违法设定的行政许可作出具体的规定，可以增设行政许可
3. 关于行政机关受理行政许可申请后，做出行政许可决定的说法，错误的是(　　)。
   A. 申请人提交的申请材料齐全，符合法定形式，行政机关能够当场做出决定的，应当当场做出书面的行政许可决定
   B. 除可以当场做出行政许可决定的外，行政机关应当自受理行政许可申请之日起 30 日内做出行政许可决定
   C. 行政机关做出准予行政许可的决定，应当自做出决定之日起 10 日内向申请人颁发送达行政许可证件，或者加贴标签加盖检验、检测、检疫印章
   D. 自然人的申请符合法定条件标准的，行政机关应当依法做出准予行政许可的书面决定
4. 关于申请测绘资质的说法，错误的是(　　)。
   A. 测绘资质受理机关应当自收到申请材料之日起 5 日内作出受理决定
   B. 申请单位涉嫌违法测绘被立案调查的，应当受理其测绘资质申请，但结案后再审批
   C. 申请单位涉嫌违法测绘被立案调查的，案件结案前不受理其测绘资质申请
   D. 初次申请测绘资质原则上不得超过乙级

5. 某测绘单位的测绘资质证书载明的业务范围为工程测量，对于大地测量项目招标邀请，该单位正确的做法是(　　)。

A. 使用本单位测绘资质证书投标　B. 借用其他单位的测绘资质证书投标

C. 不参与投标　D. 从中标单位分包部分大地测量业务

6. 关于注册测绘师应履行的义务的说法，错误的是(　　)。

A. 应当履行岗位职责，保证执业活动成果质量，并承担相应责任

B. 可以同时受聘于两个测绘单位执业

C. 不准他人以本人名义执业

D. 应当更新专业知识，提高专业技术水平

7. 关于中华人民共和国注册测绘师资格证书初始注册申请期限的说法，正确的是(　　)。

A. 3 个月内　B. 6 个月内

C. 1 年内　D. 2 年内

8. 关于注册测绘师在一个注册期内接受继续教育学时的说法，正确的是(　　)。

A. 必修课 60 学时，选修课 30 学时

B. 必修课和选修课均为 50 学时

C. 必修课和选修课均为 60 学时

D. 必修课 50 学时，选修课 30 学时

9. 关于测绘人员调离或退休后，其测绘作业证处理的做法，错误的是(　　)。

A. 收回调离人员的测绘作业证

B. 自调离或退休人员自行销毁

C. 收回退休人员测绘作业证

D. 对调离人员，由其新调入单位为其申领测绘作业证

10. 关于测绘作业证的说法，错误的是(　　)。

A. 由国家测绘地理信息局统一规定式样

B. 由省、自治区、直辖市测绘行政主管部门审核发放

C. 在本省、自治区、直辖市区域内使用

D. 测绘人员从事测绘活动应当持有测绘作业证件

11. 中外合资合作企业申请测绘资质应当向(　　)提交申请材料。

A. 国务院测绘行政主管部门和其所在地的省、自治区、直辖市人民政府测绘行政主管部门

B. 所在地的省自治区直辖市人民政府测绘行政主管部门

C. 国务院测绘行政主管部门

D. 军队测绘主管部门

12. 关于外国组织或者个人携带我国测绘成果出境的说法，正确的是(　　)。

A. 可以携带出境

B. 不可以携带出境

C. 未经依法批准，不得以任何形式携带出境

D. 经中方合作单位同意后可以携带出境

13. 关于从事测绘活动的中外合资企业股权构成的说法，正确的是(　　)。

A. 由中方控股　　B. 外方股权比例不受任何限制

C. 由外方控股　　D. 外方股份应当为 50%

14. 下列合同订立情形中，不属于合同法规定的合同无效的情形是(　　)。

A. 一方以欺诈胁迫的手段订立合同，损害国家利益

B. 恶意串通，损害国家集体或者第三人利益

C. 订立合同时显失公平

D. 损害公共利益

15. 投标人的下列投标行为中不违反招标投标法的是(　　)。

A. 相互串通投标报价

B. 以其他人名义投标

C. 投标人以低于成本的报价竞标

D. 法人联合体以一个投标人的身份共同投标

16. 关于当事人订立合同形式的说法，错误的是(　　)。

A. 订立合同可以采用书面形式

B. 订立合同必须采用书面形式

C. 订立合同可以采用口头形式

D. 法律规定采用书面形式的应当采用书面形式

17. 关于订立国家订货任务合同的说法，符合合同规定的是(　　)。

A. 甲乙双方自主确定合同内容

B. 依照有关法律、行政法规规定的权利和义务订立合同

C. 有关行政主管部门直接下达订货任务

D. 以国家订货任务的组织方的要求确定合同内容

18. 测绘法规定，批准全国统一的大地基准、高程基准、深度基准和重力基准数据的机构是(　　)。

A. 国务院　　B. 国务院测绘行政主管部门

C. 军队测绘主管部门　　D. 国务院发展计划主管部门

19. 某中等城市拟于 2011 年启动建立城市 GPS 控制网基础测绘项目，其城市坐标系统应当基于(　　)建立。

A. 1954 年北京标系　　B. 2000 国家大地坐标系

C. 1980 西安坐标系　　D. 城市独立坐标系

20.《国家基本比例尺地形图修测规范》规定，当地形要素变化率超过(　　)时不得进行修测，应当重新进行测绘。

A. 30%　　B. 40%

C. 50%　　D. 60%

21.《测绘计量管理暂行办法》规定，测绘产品质量监督检验机构必须向(　　)申请计量认证。

A. 省级以上测绘行政主管部门　B. 国务院测绘行政主管部门
C. 省级以上计量行政主管部门　D. 国务院计量行政主管部门

22. 根据《测绘生产质量管理规定》，实施测绘任务时首先应当坚持的原则是(　　)。

A. 先设计后生产　B. 无设计就生产
C. 边设计边生产　D. 先生产后设计

23.《测绘质量监督管理办法》规定，测绘产品质量监督检查的主要方式为(　　)。

A. 对首件产品检验　B. 抽样检验
C. 全部产品检验　D. 对末件产品检验

24. 测绘单位拒绝接受测绘行政主管部门组织的测绘产品监督检验的，其产品按(　　)处理。

A. 批不合格　B. 不合格
C. 批次不合格　D. 合格

25. 测绘产品质量监督检验结果由(　　)审定后，对社会公布。

A. 委托测绘项目的单位　B. 完成测绘成果的单位
C. 监督检验机构　D. 下达监督检验计划的部门

26. 汇交测绘成果目录和副本的方式是(　　)。

A. 无偿汇交　B. 按政府指导价汇交
C. 按成本价汇交　D. 按工本费汇交

27. 外国的组织或者个人与我国有关部门、单位合作测绘时，由(　　)在测绘任务完成后两个月内，向国务院测绘行政主管部门提交全部测绘成果副本一式两份。

A. 中方合作者　B. 外方合作者
C. 中方合作者或者外方合作者　D. 项目批准单位

28. 利用涉及国家机密的测绘成果开发生产的产品，未经国务院测绘行政主管部门或者省、自治区、直辖市人民政府测绘行政主管部门(　　)的，其秘密等级不得低于所用测绘成果的秘密等级。

A. 批准　B. 进行论证
C. 进行保密技术处理　D. 进行评审

29. 法人或者其他组织需要利用属于国家秘密的基础测绘成果的，应当提出明确的利用目的和范围，报(　　)批准。

A. 国务院测绘行政主管部门
B. 测绘成果所在地的测绘行政主管部门
C. 测绘成果保管单位
D. 测绘成果所在地省级测绘行政主管部门

30. 测绘成果管理条例规定，测绘行政主管部门在审批对外国组织提供属于国家保密测绘成果前，应当征求(　　)的意见。

A. 保密工作部门　　B. 军队有关部门

C. 上级测绘行政主管部门　　D. 国家安全部门

31. 向国务院测绘行政主管部门申请使用涉密测绘成果的，下列材料中，申请者无须提供的是(　　)。

A. 国家秘密基础测绘成果资料使用证明函

B. 国家秘密测绘成果使用申请表

C. 属于各级财政投资项目的项目批准文件

D. 相关省级测绘行政主管部门的介绍函

32. 下列地理信息数据中，不需要国务院测绘行政主管部门审核就能向社会公布的是(　　)。

A. 涉及国家主权的地理信息数据　　B. 国界线长度

C. 国家海岸线长度　　D. 沿海省的滩涂面积

33. 国务院批准公布的重要地理信息数据，由(　　)公布。

A. 提出审核重要地理信息数据的建议人

B. 省级测绘行政主管部门

C. 国务院或者国务院授权的部门

D. 重要地理信息数据所在地省级人民政府或其授权的部门

34. 中华人民共和国国界线测绘执行的依据是(　　)。

A. 中华人民共和国和相邻国家缔结的边界条约或者协定

B. 中华人民共和国参与的有关国际公约

C. 与中华人民共和国相邻国家的现行法律

D. 中华人民共和国承认的国际惯例

35. 拟定省、自治区、直辖市和自治州、县、自治县、市行政区域线的标准画法图的部门是(　　)。

A. 国务院民族部门和外交部

B. 国务院测绘行政主管部门

C. 外交部和国务院测绘行政主管部门

D. 国务院民政部门和国务院测绘行政主管部门

36. 测绘法规定，编制全国地籍测绘规划的部门是(　　)。

A. 国务院测绘行政主管部门会同国务院发展计划主管部门

B. 国务院土地行政主管部门会同国务院发展计划主管部门

C. 国务院发展计划主管部门会同国务院财政部门

D. 国务院测绘行政主管部门会同国务院土地行政主管部门

37. 测量土地的权属界址线，应当按照(　　)确定的权属界线的界址点、界址线或者提供的有关登记资料和附图进行。

A. 县级以上地方人民政府　　B. 县级以上人民政府

C. 县级以上测绘行政主管部门　　D. 县级以上土地行政主管部门

38.《行政区域界线管理条例》规定，经批准变更行政区域界线的，毗邻的各有关人民政府应当按照(　　)进行测绘，埋设界桩，签订协议。

A. 基础测绘规范　　B. 相邻人民政府之间达成的协议

C. 勘界测绘技术规范　　D. 地籍测绘规范

39. 测绘法规定，建筑物、构筑物的权属界址线发生变化时，有关当事人应当及时进行(　　)测绘。

A. 工程　　B. 变更

C. 竣工　　D. 地形

40. 测绘法规定，与房屋产权、产籍相关的房屋面积测量，应当执行由(　　)负责组织编制的测量技术规范。

A. 国务院建设行政主管部门、国务院标准化行政主管部门

B. 国务院测绘行政主管部门、国务院土地行政主管部门

C. 国务院测绘行政主管部门、国务院标准化行政主管部门

D. 国务院建设行政主管部门、国务院测绘行政主管部门

41. 房屋权利人申请房屋产权初始登记的，应当由(　　)委托房产测绘单位进行房产测绘。

A. 房屋权利人　　B. 房地产行政主管部门

C. 土地行政主管部门　　D. 产权登记机关

42. 测绘法规定，采用不符合国家标准的基础地理信息数据建立地理信息系统的，依法可以并处(　　)的罚款。

A. 1 万元以上 10 万元以下　　B. 5 万元以上 10 万元以下

C. 10 万元以上　　D. 10 万元以下

43. 关于公开出版、发行或者展示地图的说法，错误的是(　　)。

A. 保密地图经批准后可以公开出版、发行或者展示

B. 保密地图不得以任何形式公开出版、发行或者展示

C. 内部地图不得以任何形式公开出版、发行或者展示

D. 保密地图和内部地图不得以任何形式公开出版、发行或者展示

44. 下列内容中，可以在公开地图上表示的是(　　)。

A. 国防、军事设施及军事单位

B. 输电线路电压的精确数据

C. 航道水深、水库库容的精确数据

D. 国务院公布的重要地理信息数据

45. 下列地图中，由省级测绘行政主管部门负责审核的是(　　)。

A. 涉及两个以上省级行政区域的地图

B. 全国性和省、自治区、直辖市地方性中小学教学地图

C. 引进的境外地图

D. 省、自治区、直辖市行政区域范围内的地方性地图

46. 关于地图送审的说法，正确的是(　　)。

A. 直接使用国务院测绘行政主管部门提供的标准画法地图，未对其地图内容进行编辑改动的应当送审，并在地图上注明地图制作单位名称

B. 直接使用省级测绘行政主管部门提供的标准画法地图，未对其地图内容进行编辑改动的应当送审，并在地图上注明地图制作单位名称

C. 直接使用国务院测绘行政主管部门或者省级测绘行政主管部门提供的标准画法地图，未对其地图内容进行编辑改动的，可以不送审，但应当在地图上注明地图制作单位名称

D. 直接使用国务院测绘行政主管部门或者省级测绘行政主管部门提供的标准画法地图，未对其地图内容进行编辑改动的，使用单位自主决定是否送审

47. 根据《测量标志保护条例》，下列工作中，不属于测量标志保管人员义务的是(　　)。

A. 收取测量标志有偿使用费

B. 制止、检举和控告移动、损毁、盗窃测量标志的行为

C. 发现测量标志有被移动或者损毁的情况时，及时向当地乡级人民政府报告

D. 经常检查保管的测量标志

48. 拆迁永久性测量标志或者使永久性测量标志失去效能的，依法应当经(　　)批准。

A. 测量标志建设单位

B. 测量标志所在地市级测绘行政主管部门

C. 测量标志保管单位

D. 省级以上测绘行政主管部门

49. 野外测绘人员沿铁路、公路区域作业，尤其是在电气化铁路附近作业时，下列设备中，禁止使用的是(　　)。

A. 安全警示牌　　B. 铝合金标尺、镜杆

C. 导航定位设备　　D. 带有安全警示反光的马夹

50. 根据《测绘作业人员安全规范》规定，测绘人员在人、车流量大的城镇地区街道上作业时下列做法中，正确的是(　　)。

A. 与当地交管部门协商，停止该街道车辆通行

B. 现场作业人员配戴安全防护带和防护帽

C. 穿着色彩醒目的带有安全警示反光的马夹，并设置安全警示标志牌(墩)

D. 保证作业区域50 m内无人员走动

51. 根据《测绘作业人员安全规范》规定，野外测绘人员在人烟稀少的地区或者林区、草原地区作业时，必须携带的装备是(　　)。

A. 手持导航定位仪器及地形图　B. 帐篷

C. 汽车　D. 安全警示标志牌

52. 下列内容中，不属于《测绘技术总结编写规定》的“概述”中的主要内容的是(　　)。

A. 工作目标和工作量

B. 任务安排与完成情况

C. 作业区概况和已有资料利用情况

D. 执行的技术标准和规范

53. 根据《房产测量规范》规定，下列设施中，不计入共有建筑面积的是(　　)。

A. 独立使用的地下室、车棚、车库

B. 公共门厅、过道、地下室

C. 套与公共建筑之间的分隔墙

D. 为整幢楼服务的公共用房和管理用房

54. 下列标准中，属于获取与处理类标准的是(　　)。

A. 电子地图图式

B. 测绘产品检查验收规定

C. 基础地理信息数字产品 1 : 10 000、1 : 50 000 数字高程模型

D. 全球定位系统（GPS）测量规范

55. 在编写测绘技术总结过程中，测绘单位需要对测绘成果质量进行说明和评价。下列内容中，不属于“质量说明和评价”中应包含的内容是(　　)。

A. 简要说明、评价测绘成果的质量情况

B. 上交成果资料目录清单

C. 成果质量精度统计分析

D. 成果达到的技术质量指标

56. 《测绘质量监督管理办法》规定，从事测绘产品质量检验工作的测绘产品质量检验人员应当通过任职资格考核，达到合格标准，取得(　　)。

A. 注册测绘师资格证　B. 测绘计量检定人员资格证

C. 测绘专业技术任职资格证　D. 测绘产品质量检验员证

57. 根据《测绘生产质量管理规定》，下列职责中，属于测绘单位质量主要负责人职责的是（　　）。

A. 建立本单位的质量保证体系并保证其有效运行

B. 编制年度质量计划，贯彻技术标准及质量文件

C. 组织实施内部质量审核工作

D. 处理生产过程中的重大技术问题和质量争议

58. 测绘产品验收工作应当在(　　)后进行。

A. 经最终检查合格　　B. 经委托方同意

C. 经过程检查合格　　D. 经测绘行政主管部门同意

59. 测绘产品检查过程中，当检查人员与被检查单位（或人员）在质量问题的处理上有分歧时，负责裁定质量分歧的是(　　)。

A. 测绘单位质量管理机构　　B. 测绘单位法定代表人

C. 测绘单位总工程师　　D. 测绘行政主管部门质量管理机构

60. 根据《测绘产品检查验收规定》，下列水准测量产品的一级质量特性权重划分中，正确的是(　　)。

A. 选点 0.1 埋石 0.2 观测 0.4 验算 0.3

B. 选点 0.2 埋石 0.3 观测 0.3 验算 0.2

C. 选点 0.3 埋石 0.2 观测 0.2 验算 0.3

D. 选点 0.4 埋石 0.1 观测 0.1 验算 0.4

61. 某地计划开展测绘航空摄影工作，下列内容中，与项目经费预算无关的是(　　)。

A. 航摄区域地理位置与范围　　B. 航摄资料用途及成图比例尺

C. 航摄单位资质等级　　D. 航摄比例尺

62. 《测绘工程产品价格》规定，以“图幅”为工作量单位的测绘生产项目成本费用核算的“面积系数”计算公式是(　　)。

A. （实际面积-标准面积）/ 标准面积×70%

B. （实际面积-标准面积）/ 标准面积×80%

C. （实际面积-标准面积）/ 标准面积×90%

D. （实际面积-标准面积）/ 标准面积×120%

63. 《测绘工程产品价格》规定，1∶100～1∶2 000 比例尺带状地形测绘项目成本费用核算的“带状系数”为(　　)。

A. 20%（图上宽度≤10 cm），10%（10 cm<图上宽度≤25 cm）

B. 25%（图上宽度≤10 cm），12%（10 cm<图上宽度≤25 cm）

C. 30%（图上宽度≤10 cm），15%（10 cm<图上宽度≤25 cm）

D. 35%（图上宽度≤10 cm），18%（10 cm<图上宽度≤25 cm）

64. 下列单位中，负责测绘项目技术设计的是(　　)。

A. 承担项目的法人单位　　B. 项目质检单位

C. 项目委托单位　　D. 项目监理单位

65. 关于测绘项目技术设计文件实施条件的说法，正确的是(　　)。

A. 报项目委托单位备案　　B. 报项目委托单位审批

C. 报项目设计负责人审批　　D. 报项目承担单位批准

66. 根据《测绘技术设计规定》，下列内容中，属于测绘技术设计应遵照的基本原则的是(　　)。

A. 充分考虑顾客的要求，引用适用的国家、行业或地方相关标准

B. 优先采用成本最低、经济效益最高的设计方案

C. 优先采用纯内业作业的设计方案

D. 优先采用作业单位最熟悉的设计方案

67. 某市 1∶2 000 地形图数字航空摄影测量成图项目，其数字航空摄影地面分辨率应设计为(　　)m。

A. 0. 09　　　　B. 0. 18

C. 0. 26　　　　D. 0. 32

68. 关于大比例尺地形图数字产品的质量特性构成内容的说法，正确的是(　　)。

A. 数学精度、数据及结构正确性、地理精度、整饰质量、附件质量

B. 平面精度、高程精度、数据及结构正确性、整饰质量、附件质量

C. 平面精度、高程精度、要素精度、整饰质量、附件质量

D. 平面精度、要素精度、整饰质量、数据及结构正确性、附件质量

69. 关于水准测量成果计算质量主要检查项的说法，正确的是(　　)。

A. 外业手簿计算正确性、起算数据正确性、平差模型选择

B. 环闭合差、外业手簿计算正确性、已知水准点选取合理性、平差模型选择

C. 环闭合差、外业手簿计算正确性、已知水准点选取合理性、数学模型设计

D. 环闭合差、外业手簿计算正确性、已知水准点选取合理性、起算数据正确性

70. 某单位承担了某丘陵地区 10 000 $km^2$1∶5 000 比例尺彩色数字正射影像地图生产任务，下列测绘技术方案中，不需要外业控制测量的是(　　)。

A. IMU/GPS 辅助数字航空摄影+像控测量+空三加密+数字摄影测量 DEM、DOM 生产

B. 无人机低空摄影+像控测量+空三加密+数字摄影测量 DEM、DOM 生产

C. 1 m 分辨率多光谱卫星影像订购+像控测量+1∶1 万地形图数字化产生 DEM、DOM 生产

D. 1 m 分辨率多光谱卫星影像订购+像控测量+卫星影像立体测图 DEM、DOM 生产

71. 《测绘科学技术档案管理规定》规定，凡在相当长的时期内具有查考、利用、凭证作用的策划科技档案，其保管期限为(　　)年。

A. 5～10　　　　B. 10～15

C. 15～20　　D. 20～30

72. 关于测绘成果质量不合格给用户造成损失，测绘成果完成单位责任承担的说法，正确的是(　　)。

A. 不承担赔偿责任　　B. 承担部分损失额赔偿责任

C. 承担主要赔偿责任　　D. 依法承担赔偿责任

73. 测绘单位生产的测绘产品经最终检查并按照《测绘产品质量评定标准》评定产品质量后，负责最终测绘产品质量核定的机构是(　　)。

A. 测绘行政主管部门　　B. 测绘单位

C. 验收单位　　D. 监理单位

74. 精度优于 10 mm+3 ppm 的 GPS 接收机的检定周期是(　　)年。

A. 1　　B. 1.5

C. 2　　D. 2.5

75.《测绘产品检查验收规定》规定，测绘产品验收工作的组织实施机构是(　　)。

A. 项目承担单位　　B. 所在地测绘行政主管部门

C. 项目委托单位　　D. 项目验收委员会

76. 下列使用涉密测绘成果的行为中，正确的是(　　)。

A. 经审批获得的涉密测绘成果，复制后存放于单位涉密资料室

B. 经审批获得的涉密测绘成果，压缩处理后在公共信息网络上免费发布

C. 使用目的完成后，用于后续涉密测绘项目

D. 使用目的完成后，由专人及时核对、清点、登记造册、报批、监督销毁

77. 下列情形中，对地理信息数据安全造成不利影响最大的是(　　)。

A. 异地备份　　B. 数据复制

C. 数据转存　　D. 硬盘损坏

78. 根据《国家基本比例尺地形图分幅和编号》，下列地形图图幅编号中，属于 1∶10 000 比例尺地形图图幅编号的是(　　)。

A. J50B001001　　B. J50C001001

C. J50D015010　　D. J50E004003

79. 根据《测绘生产质量管理规定》，下列职责中，不属于测绘单位法定代表人质量管理职责的是(　　)。

A. 签发质量手册　　B. 确定本单位的质量方针

C. 确定本单位的质量目标　　D. 签发作业指导书

80. 根据《测绘技术设计规定》，下列内容中，不属于测绘项目技术设计书内容的是(　　)。

A. 进度安排和经费预算　　B. 引用文件

C. 质量评价　　D. 设计方案

二、多项选择题（每题 2 分。每题的备选选项中，有 2 项或 2 项以上符合题意，至少有 1 项是错项。错选，本题不得分；少选，所选的每个选项得 0.5 分。）

81. 根据《测绘资质分级标准》，关于测绘单位质量管理的说法，正确的有(　　)。

A. 甲级测绘单位应当通过 ISO 9000 系列质量保证体系认证或者通过国务院测绘行政主管部门考核

B. 甲级测绘单位应当通过 ISO 9000 系列质量保证体系认证

C. 乙级测绘单位应当通过 ISO 9000 系列质量保证体系认证或者通过省级测绘行政主管部门考核

D. 丙级测绘单位应当通过 ISO 9000 系列质量保证体系认证或者通过设区的市（州）级以上测绘行政主管部门考核

E. 丁级测绘单位应当通过县级以上测绘行政主管部门考核

82. 中外合资企业申请测绘资质应当具备的条件有(　　)。

A. 符合测绘法以及外商投资的法律法规的有关规定

B. 符合《测绘资质管理规定》的有关要求

C. 中方控股

D. 已经依法进行企业登记，并取得中华人民共和国法人资格

E. 申请的测绘业务涉及其他有关部门的须取得相应部门的批准

83. 合同法规定，中外合资企业的当事人订立、履行合同应当(　　)。

A. 遵守法律、行政法规　　B. 尊重社会公德

C. 不得扰乱社会经济秩序　　D. 不得损害社会公共利益

E. 适用外方所在国法律解决纠纷

84. 地图编制出版管理条例规定，编制地图应当符合的要求有(　　)。

A. 选用最新的地图资料作为编制基础，并及时补充或者更改现势变化的内容

B. 正确反映各要素的地理位置、形态、名称及相互关系

C. 按照同一种表示方法绘制

D. 具备符合地图使用目的的有关数据和专业内容

E. 地图的比例尺符合国家规定

85. 某城市建立相对独立的平面坐标系统，申请人应当依法向测绘行政主管部门提交的申请材料有(　　)。

A. 建立相对独立的平面坐标系统申请书

B. 立项批准文件

C. 申请建立相对独立的平面坐标系统的区域内及周边地区现有坐标系统的情况

D. 该市人民政府同意建立该系统的文件

E. 工程项目申请人的有效身份证明

86. 根据《测绘标准化工作管理办法》，下列情形中，可以制定测绘标准化指导性技术文件的有(　　)。

A. 国家基本比例尺地图、公众版地图及其测绘的方法、过程、质量、检验和管理等方面的技术要求

B. 采用国际标准化组织以及其他国际组织技术报告的

C. 国家基础测绘项目及有关重大专项实施中，没有国家标准和行业标准而又需要统一的技术要求

D. 技术尚在发展中，需要有相应的标准文件引导其发展或者具有标准化价值，尚不能制定为标准的

E. 测绘术语、分类、模式、代号、代码、符号、图式、图例等技术要求

87. 《测绘计量管理暂行办法》规定，测绘单位使用未经检定或者检定不合格或者超过检定周期的测绘计量器具进行测绘生产的，测绘行政主管部门可以采取的处理措施有(　　)

A. 测绘成果不予验收　　B. 没收测绘成果

C. 测绘成果不准使用　　D. 没收测绘仪器

E. 成果质量监督检验时作不合格处理

88. 根据《测绘生产质量管理规定》，下列测绘单位中，应当设立质量管理或者质量检查机构的有(　　)。

A. 甲级测绘资质单位　　B. 乙级测绘资质单位

C. 丙级测绘资质单位　　D. 丁级测绘资质单位

E. 测绘监理单位

89. 下列情形中，应当无偿提供测绘成果的有(　　)。

A. 基础测绘成果用于国家机关决策的

B. 国家投资完成的非基础测绘成果用于国家机关决策的

C. 基础测绘成果用于社会公益性事业的

D. 国家投资完成的非基础测绘成果用于社会公益性事业的

E. 基础测绘成果用于导航电子地图制作的

90. 下列地理信息数据中，属于国家重要地理信息数据的有(　　)。

A. 国家版图的地势、地貌分区位置

B. 领土、领海、毗连区、专属经济区面积

C. 国家版图的重要特征点

D. 国家岛礁数量和面积

E. 经依法批准的相邻的设区市（州）之间的界线长度

91. 地方人民政府建议审核公布重要地理信息数据时，应当向国务院测绘行政主管部门提交的书面材料有(　　)。

A. 建议人基本情况

B. 重要地理信息数据的详细数据成果资料

C. 重要地理信息数据获取的技术方案

D. 重要地理信息数据验收评估的有关材料

E. 所提供资料真实性的证明

92. 建设永久性测量标志，应当遵守的基本规定有(　　)。

A. 使用国家规定的测绘基准和测绘标准

B. 选择有利于测量标志长期保护的管理的点位

C. 地面标志占用土地的范围不超过 500 m^2

D. 应当对永久性测量标志设立明显标记

E. 委托当地有关单位指派专人负责保管

93. 根据《测绘作业人员安全规范》，测绘人员应当事先征得有关部门同意，了解当地民情和社会治安等情况后，方可进入作业的地区有(　　)。

A. 军事要地　　B. 边境、少数民族地区

C. 城市建成区　　D. 林区、自然保护区

E. 基本农田保护区

94. 根据《测绘技术总结编写规定》，测绘技术总结的主要组成内容有(　　)。

A. 概述　　B. 技术设计执行情况

C. 检查验收意见　　D. 成果质量说明和评价

E. 上交和归档的成果和资料清单

95. 根据《测绘产品检查验收规定》，可以作为测绘产品检查验收依据的文件有(　　)。

A. 有关的测绘任务书

B. 有关法规和技术标准

C. 测绘项目承担单位的质量管理制度

D. 技术设计书和有关技术规定

E. 测绘项目合同书或委托检查验收文件

96. 根据《测绘技术总结编写规定》，下列内容中，属于上交和归档的测绘成果及其资料清单内容的有(　　)。

A. 测绘成果名称、数量、类型　　B. 测绘项目技术设计书

C. 测绘资质证书复印件　　D. 质量检查报告

E. 测绘人员测绘作业复印证件

97. 1∶2 000 地形图数字航空摄影测量任务，一般应编制的专业技术设计有(　　)。

A. 航空摄影测量内业专业技术设计

B. 基础控制测量专业技术设计

C. 数字航空摄影专业技术设计

D. 权属调查专业技术设计

E. 航空摄影测量外业专业技术设计

98. 下列内容中，属于常规胶片航空摄影主要检查项的有(　　)。

A. 飞行质量　　B. 影像质量

C. 压平检测　　D. 像片数量

E. 摄影面积

99. 关于测绘计量仪器检定的说法，正确的有(　　)。

A. 测绘单位使用的测绘仪器经周期检定合格，方可用于测绘生产

B. 教学示范用测绘仪器可以免检，无须向测绘主管部门登记，即可使用

C. 教学示范用测绘仪器经检定合格后可用于测绘生产

D. 测绘仪器只要经周期检定，无论是否合格，均可用于测绘生产

E. 测绘仪器经国家权威科研机构检测合格后即可用于测绘生产

100. 2000 版 ISO 9000 质量管理体系标准的质量管理原则有(　　)

A. 经济原则　　B. 以顾客为关注焦点原则

C. 强制管理原则　　D. 全员参与原则

E. 持续改进原则

参考答案及解析

一、单项选择题

1.【B】国家对从事测绘活动的单位实行测绘资质管理制度。

2.【A】法规、规章对实施上违法设定的行政许可做出的具体规定，不得增设行政许可；对行政许可条件做出的具体规定，不得增设违反上位法的其他条件。

3.【B】除可以当场做出行政许可决定的外，行政机关应当自受理行政许可申请之日起 20 日内作出行政许可决定。

4.【B】申请单位涉嫌违法测绘被立案调查前，案件结案前，不受理其测绘资质的申请。

5.【C】从事测绘活动的单位，应当依法申请取得测绘资质证书，并在测绘资质等级许可的范围内从事测绘活动。严禁超资质等级许可的范围从事测绘活动。

6.【B】注册测绘是只能受聘于一家有测绘资质的单位，以注册测绘师名义执业。

7.【C】初始注册者可自取得中华人民共和国注册测绘师资格证书之日起 1 年内提出注册申请。

8.【C】注册测绘师继续教育分必修课和选修课，在一个注册期内必修课和选修课均为 60 课时。

9.【B】测绘人员离（退）休或调离工作单位的，必须由原所在测绘单位收回测绘作业证，并及时上交发证单位。

10. 【C】测绘作业证件是测绘人员从事测绘活动的法定的测绘证明，在全国通用。
11. 【A】合资、合作企业申请测绘资质，应当向国务院测绘行政主管部门和其所在地的省、自治区、直辖市人民政府测绘行政主管部门提交申请材料。
12. 【C】来华测绘成果归中方部门或者单位所有的，未经依法批准，不得以任何形式将测绘成果携带或者传输出境。
13. 【A】合资、合作企业须中方控股。
14. 【C】订立合同时显失公平不属于合同无效的情形。
15. 【D】招标投标法规定，对投标人组成联合体共同投标是允许的。
16. 【B】当事人订立合同，有书面形式、口头形式和其他形式。法律行政法规规定采用书面形式的，应当采用书面形式。
17. 【B】国家根据需要下达指令性任务或者国家订货任务的，有关法人、其他组织之间应当依照有关法律、行政法规规定的权利和义务订立合同。
18. 【A】测绘基准必须经国务院批准后才能实施。
19. 【B】我国自 2008 年 7 月 1 日，经国务院批准正式开始启用 2000 国家大地坐标系。
20. 【C】当地形要素变化率大于 50%时，不得进行修测，应进行重新测绘。
21. 【C】测绘产品质量监督检验机构必须向省级以上政府计量行政主管部门申请计量认证。
22. 【A】应坚持先设计后生产，不允许边设计边生产，禁止没有设计进行生产。
23. 【B】测绘产品质量监督检查的主要方式为抽样检验。
24. 【A】测绘产品质量监督检验的结果，按“批合格”“批不合格”判定。
25. 【D】测绘产品质量监督检验结果，由下达监督检验计划的测绘主管部门或技术监督行政部门审定后，对社会公布。省级监督检验结果，报国务院测绘行政主管部门备案。
26. 【A】测绘成果目录和副本实行无偿汇交的制度。
27. 【A】由中方部门或者单位向国务院测绘行政主管部门汇交测绘成果副本。
28. 【C】未经国务院测绘行政主管部门或者省、自治区、直辖市人民政府测绘行政主管部门进行保密技术处理的，其秘密等级不得低于所用测绘成果的秘密等级。
29. 【B】法人或者其他组织需要利用属于国家秘密的基础测绘成果的，应当提出明确的利用目的和范围，报测绘成果所在地的测绘行政主管部门审批。
30. 【B】测绘主管部门在审批对外提供秘密测绘成果前，应征求军队有关部门的意见。
31. 【D】申请者无须提供的相关省级测绘行政主管部门的介绍函。
32. 【D】沿海省的滩涂面积不属于重要地理信息数据。
33. 【C】重要地理信息数据的审核由国务院或者国务院授权的部门以公告的形式公布。
34. 【A】国界线测绘按照中华人民共和国和相邻国家缔结的边界条约或者协定进行。

35.【D】省、自治区、直辖市和自治州、县、自治县、市行政区域界线的标准画法图，由国务院民政部门和国务院测绘行政主管部门拟定。
36.【D】国务院测绘行政主管部门会同国务院土地行政主管部门编制全国地籍测绘规划。
37.【B】测量土地、建筑物、构筑物和地面其他附着物的权属界址线，应当按照县级以上人民政府确定的权属界线的界址点、界址线或者提供的有关登记资料和附图进行。
38.【C】经批准变更行政区域界线的，毗邻的各有关人民政府应当按照勘界测绘技术规范进行测绘，埋设界桩，签订协议书，并将协议书报批准变更该行政区域界线的机关备案。
39.【B】权属界址线发生变化时，有关当事人应当及时进行变更测绘。
40.【A】城市建设领域的工程测量活动，与房屋产权、产籍相关的房屋面积的测量，应当执行由国务院建设行政主管部门、国务院测绘行政主管部门负责组织编制的测量技术规范。
41.【A】房屋权利人委托房产测绘单位对申请产权初始登记的房屋进行房产测绘。
42.【D】采用不符合国家标准的基础地理信息数据建立地理信息系统可处十万元以下罚款。
43.【A】保密地图和内部地图不得以任何形式公开出版、发行或者展示。
44.【D】国务院公布的重要地理信息数据可在公开地图和地图产品上表示。
45.【D】省级测绘行政主管部门负责审核本行政区域内的地图。
46.【C】直接使用国务院测绘行政主管部门或者省级测绘主管部门提供的标准画法地图，未对其地图内容进行编辑改动的，可以不送审，但应当在地图上注明地图制作单位名称。
47.【A】国家对测量标志实行义务保管制度。
48.【D】拆迁部门专用的永久性测量标志或使部门专用的永久性测量标志失去使用效能的，需经省、自治区、直辖市人民政府管理测绘工作的部门批准。
49.【B】野外测绘人员沿铁路、公路区域作业，禁止使用铝合金标尺、镜杆，防止触电。
50.【C】测绘人员在人、车流量大的城镇地区街道上作业时，必须穿着色彩醒目的带有安全警示反光的马夹，并设置安全警示标志牌（墩），必要时还应安排专人担任安全警示员。
51.【A】野外测绘人员在人烟稀少的地区或者林区、草原地区作业时，应配备必要的判定方位的工具，如导航定位仪器、地形图等。
52.【D】“概述”应概要说明测绘任务总的情况，例如：任务来源、目标、工作量等，任务的安排和完成情况，以及作业区概况和已有资料利用情况等。
53.【A】独立使用的地下室、车棚、车库、为多幢服务的警务室，管理用房，作为人防工程的地下室都不计入共有建筑面积。

54.【D】《全球定位系统（GPS）测量规范》属于获取与处理类标准。

55.【B】上交成果资料目录清单不属于“质量说明和评价”中应包含的内容。

56.【D】取得测绘产品质量检验员证的，方可从事测绘产品质量检验工作。

57.【D】测绘单位的质量主管负责人负责处理生产过程中的重大技术问题和质量争议。

58.【A】单位成果最终检查全部合格后才能验收。

59.【C】检查、验收人员与被检查单位在质量问题的处理上有分歧时，属检查中的，由测绘单位总工程师裁定。

60.【B】水准测量产品的一级质量特性权重划分中选点 0.2，埋石 0.3，观测 0.3，验算 0.2。

61.【C】经费预算与测绘单位资质无关。

62.【B】“面积系数”计算公式是（实际面积-标准面积）/ 标准面积×80%。

63.【C】1 : 500 ~ 1 : 10 000 带状地形测绘项目成本费用核算的“带状系数”为 30%。

64.【A】项目设计一般由承担项目的法人单位负责编写，专业技术设计一般由具体承担相应测绘任务的法人单位负责编写。

65.【B】设计文件编写完成后，承担测绘任务的法人单位必须对其全面审核，并在技术设计文件和（或）产品样品上签署意见并签名（或盖章）。

66.【A】技术设计应依据设计输入内容，充分考虑顾客的要求，引用适用的国家、行业或地方相关标准，重视社会效益和经济效益。

67.【B】1 : 2 000 地形图数字航空摄影的地面分辨率至少应设置为 0.2 m，即 0.000 1×$M_{图}$。

68.【A】大比例尺地形图的质量元素包括数学精度、数据及结构正确性、地理精度、整饰质量、附件质量。

69.【D】水准测量成果计算质量主要检查项有环闭合差的符合性、外业验算项目的齐全性、验算方法的正确性、已知水准点选取的合理性、起算数据的正确性。

70.【D】卫星影像立体测图 DEM、DOM 生产不需要外业控制测量。

71.【C】测绘档案的保管期限分为永久、长期和短期。在相当长的时期内（15 年至 20 年）具有查考、利用、凭证作用的测绘科技档案应列为长期保存。

72.【D】违反本法规定，测绘成果质量不合格的，给用户造成损失的，依法承担赔偿责任。

73.【C】产品经最终检查后，生产单位按照《测绘产品质量评定标准》评定产品质量，验收单位予以核定。

74.【A】J_2级以上经纬仪、S_3级以上水准仪、GPS 接收机、精度优于 $5mm+5\times10^{-6}D$ 的测距仪、全站仪、微伽级重力仪，以及尺类等仪器设备的检定周期为一年。

75.【C】验收工作由任务的委托单位组织实施或由该单位委托有检验资格的检验机构验收。

76.【D】使用目的完成后，用户要按照有关规定及时销毁涉密测绘成果，由专人核对、清点、登记、造册、报批、监销，并报提供成果的单位备案；也可请提供成果的单位核对、回收，统一销毁。

77.【D】一个硬盘驱动器的物理损坏意味着数据丢失。设备的运行损耗、存储介质失效、运行环境及人为的破坏等，都能对硬盘驱动器设备造成影响。

78.【C】比例尺代码规定 D 项是 1：100 000 代码。

79.【D】测绘单位的法定代表人确定本单位的质量方针和质量目标，签发质量手册；建立本单位的质量体系并保证其有效运行；对提供的测绘产品承担产品质量责任。

80.【C】项目设计书的内容：概述、作业区自然地理概况和已有资料情况、引用文件、成果（或产品）主要技术指标和规格、设计方案、进度安排和经费预算、附录。

二、多项选择题

81.【BCDE】甲级测绘单位或者通过国务院测绘行政主管部门考核显然不正确。

82.【ABCD】申请的测绘业务涉及其他有关部门的须取得相应部门的批准不是申请测绘资质应当具备的条件。

83.【ABCD】订立合同应遵循以下原则：①当事人法律地位平等；②自愿的原则；③公平的原则；④诚实信用的原则；⑤遵守法律和不得损害社会公共利益的原则。

84.【ABDE】地图有很多表示方法，按照同一种表示方法绘制显然不符合要求。

85.【ABDE】申请建立相对独立的平面坐标系统的区域内及周边地区现有坐标系统的情况不属于申请相对独立的平面坐标系统应提交的材料。

86.【BCD】符合下列情形之一，可以制定测绘标准化指导性技术文件：①技术尚在发展中，尚不能制定为标准的；②采用国际标准化组织以及其他国际组织技术报告的；③国家基础测绘项目及有关重大专项实施中，没有国家标准和行业标准而又需要统一的技术要求。

87.【ACE】所测成果成图不予验收并不准使用，产品质量监督检验时作不合格处理；给用户造成损失的，按合同约定赔偿损失；情节严重的，由测绘主管部门吊销其测绘资格证书。

88.【AB】甲级、乙级测绘资格单位应当设立质量管理或质量检查机构；丙级、丁级测绘资格单位应当设立专职质量管理或质量检查人员。

89.【ABCD】基础测绘成果用于导航电子地图制作的，依法实行有偿使用制度。

90.【ABCD】经依法批准的相邻的设区市之间的界线长度不属于重要地理信息数据。

91.【BCD】建议人基本情况和所提供资料真实性的证明不是应提交的书面资料。

92.【ABDE】地面标志占用土地的范围为 36～100m^2，地下标志占用土地的范围为

$26\sim36m^2$。

93. 【ABD】应当事先征得有关部门同意，了解当地民情和社会治安等情况后，再进入军事要地、边境、少数民族地区、林区、自然保护区或其他特殊防护地区进行作业。

94. 【ABDE】测绘技术总结（包括项目总结和专业技术总结）通常由概述、技术设计执行情况、成果（或产品）质量说明和评价、上交和归档的成果和资料清单四部分组成。

95. 【ABDE】测绘成果质量的检查验收依据有关的测绘任务书、合同书中有关测量产品元素的摘录文件或委托检查验收文件、有关法规和技术标准及技术设计书和有关技术规定等。

96. 【ABD】测绘资质证书复印件和测绘人员测绘作业复印证件不属于上交和归档的测绘成果及其资料清单包括的内容。

97. 【ACE】摄影测量与遥感专业包括航空摄影、航空摄影测量外业、航空摄影测量内业、近景摄影测量和遥感。

98. 【ABC】航空摄影成果质量元素包括：飞行质量、影像质量、数据质量（数字摄影测量、GPS 辅助空中三角测量有，常规摄影测量无）、附件质量（含压平检测）。

99. 【AC】测绘单位使用的测绘仪器经周期检定合格，方可用于测绘生产；教学示范用测绘仪器经检定合格后可用于测绘生产；说法正确。

100. 【BDE】经济原则和强制管理原则不是质量管理的八项原则。

（二）2012年注册测绘师资格考试测绘管理与法律法规试卷与参考答案及解析

一、单项选择题（每题1分，每题的备选选项中，只有1项最符合题意。）

1. 根据测量保护标志条例，永久性测量标志委托保管的委托方是(　　)。
   A. 永久性测量标志设置地的乡级人民政府
   B. 设置永久性测量标志的部门
   C. 省级人民政府测绘行政主管部门
   D. 县级人民政府测绘行政主管部门

2. 测绘法规定，进行工程建设时，拆迁永久性测量标志所需的迁建费用由(　　)承担。
   A. 工程建设单位　　B. 设置永久性测量标志的部门
   C. 批准进行工程建设的部门　　D. 保管永久性测量标志的部门

3. 下列关于测绘人员使用永久性测量标志的说法，正确的是(　　)。
   A. 向永久性测量标志所在县级人民政府测绘行政主管部门提出申请，经批准后方可使用
   B. 使用永久性测量标志，应当持有测绘作业证件，并保证测量标志完好
   C. 使用永久性测量标志，涉及军用控制点的，应当征得军队测绘主管部门同意
   D. 使用永久性测量标志，应当向测量标志保管员支付有偿使用费用

4. 根据《城市地理信息系统设计规范》，下列原则中，不属于城市地理信息系统设计的基本原则是(　　)。
   A. 普适性原则　　B. 可行性原则
   C. 标准化原则　　D. 先进性原则

5. 下列地理信息数据中，需要由国务院测绘行政主管部门审核并报国务院批准才能公布的是(　　)。
   A. 某省的森林面积　　B. 县级行政区域界线长度
   C. 某市自然保护区的位置　　D. 沿海省海岸线长度

6. 重要地理信息数据获取公布，应当以(　　)形式公布。
   A. 法规　　B. 公告

C. 新闻　　D. 通知

7. 根据《测绘成果质量监督抽查管理办法》，对于质量监督抽查不合格的测绘单位，组织实施质量监督抽查的测绘行政主管部门应当(　　)。

A. 给予警告　　B. 给予5万元以下罚款

C. 向其下达整改通知书　　D. 给予通报批评

8. 下列关于涉密信息系统的保密制度的说法中，错误的是(　　)。

A. 按照涉密程度实行分级保护

B. 按照国家保密标准配备保密设施、设备

C. 保密设施、设备应当在系统建设完成后及时配备

D. 按照规定，经检查合格后，方可投入使用

9. 测绘成果的秘密范围和秘密等级，由(　　)确定。

A. 国务院测绘行政主管部门商军队测绘主管部门

B. 国务院测绘行政主管部门商国家保密行政管理部门

C. 国家保密行政管理部门商国务院测绘行政主管部门

D. 国家保密行政管理部门、国务院测绘行政主管部门商军队测绘主管部门

10. 根据基础测绘条例，按照国家规定需要有关部门批准或者核准的测绘项目，有关部门在批准或者核准前应当书面征求(　　)的意见。

A. 同级发展改革部门　　B. 同级财政部门

C. 同级测绘行政主管部门　　D. 省级以上测绘行政主管部门

11. 《测绘质量监督管理办法》规定，按照监督检查的需要，测绘单位应当向测绘产品质量监督检验机构(　　)检验样品。

A. 有偿提供　　B. 无偿提供

C. 部分无偿提供　　D. 部分有偿提供

12. 下列关于测绘生产作业过程中的质量管理的说法，错误的是(　　)。

A. 生产作业中的工序产品必须达到规定的质量要求，经作业人员自查、互检，如实填写质量记录，达到合格标准后，方可转入下一道工序

B. 测绘单位应当在关键工序、重点工序设置必要的检验点，实施现场检查，现场检验点的设置，由测绘单位自行确定

C. 对检查发现的不合格品，应及时进行跟踪处理，做出质量记录，采取纠正措施

D. 经成果质量过程检查的测绘产品，可不进行单位成果质量和批成果质量等级评定，直接交付用户

13. 《测绘成果质量监督抽查管理办法》规定，对测绘成果质量监督抽查结论有异议需要复检的，应当(　　)。

A. 另行制定技术方案并抽取样本

B. 用原样本，但需另行制定技术方案

C. 按原技术方案组织，另行抽取样本

D. 按原技术方案、原样本组织

14. 基础测绘条例规定，负责编制全国基础测绘年度计划部门的是(　　)。

A. 财政部会同国务院测绘行政主管部门

B. 国务院发展改革部门会同国务院测绘行政主管部门

C. 国务院测绘行政主管部门会同军队测绘部门

D. 国务院测绘行政主管部门会同其他有关部门

15. 根据基础测绘条例，对基础测绘项目质量负责的是(　　)。

A. 主管部门　　B. 发包单位

C. 承担单位　　D. 验收单位

16. 根据测绘法，国家对基础测绘成果实行(　　)更新制度。

A. 及时　　B. 定期

C. 适时　　D. 按需

17. 根据《测绘市场管理暂行办法》，下列关于测绘市场的合同管理的说法中，错误的是(　　)。

A. 测绘项目当事人应当签订书面合同

B. 签订书面合同应当使用统一的测绘合同文本

C. 在合同中应当明确合同标的和技术标准

D. 发生纠纷应当报测绘行政主管部门解决

18. 根据招标投标法，招标人采用邀请招标方式的，应当向(　　)个以上具备承担招标项目能力、资信良好的特定的法人或者其他组织发出投标邀请书。

A. 2　　B. 3

C. 4　　D. 5

19. 根据反不正当竞争法，下列属于正当竞争行为的是(　　)。

A. 经营者利用广告、对商品的质量做引人误解的虚假宣传

B. 具有独占地位的经营者，限定他人购买其指定商品

C. 政府利用行政权力，限制外地商品进入本地市场

D. 经营者以低于成本的价格处理有效期即将到期的商品

20. 下列关于招标代理机构的说法中，正确的是(　　)。

A. 依法必须进行招标的项目，招标必须通过招标代理机构办理

B. 如果招标人具有编制招标文件和组织评标能力的，可以自行办理招标事宜，不必通过招标代理机构办理

C. 如果招标人不具有编制招标文件和组织评标能力的，则由相关主管部门为其制定招标代理机构办理

D. 依法必须进行的招标项目，招标人委托招标代理机构须报相关主管部门批准

21. 下列关于某中外合资企业拟申请乙级测绘资质的说法中，正确的是(　　)。

A. 由省、自治区、直辖市人民政府测绘行政主管部门审批，报国务院测绘

主管部门备案

B. 由省、自治区、直辖市人民政府测绘行政主管部门初审，报军队测绘主管部门审批

C. 由国务院测绘行政主管部门初审，报军队测绘主管部门审批

D. 由省、自治区、直辖市人民政府测绘行政主管部门初审，报国务院测绘主管部门会同军队测绘主管部门审批

22. 根据《外国的组织或者个人来华测绘管理暂行办法》，合资、合作测绘企业不得从事的活动是(　　)。

A. 地方性教学地图编著　　B. 互联网地图服务

C. 房产图测绘　　D. 地籍图测绘

23. 下列关于测绘资质的说法中，错误的是(　　)。

A. 初次申请测绘资质原则上不得超过乙级

B. 取得测绘资质满 3 年后自动升级

C. 申请的专业只设甲级的，可以直接申请甲级

D. 申请升级之日前 2 年内有出租、出借测绘资质证书行为的，不予升级

24. 下列关于测绘资质证书有效期的说法中，正确的是(　　)。

A. 测绘资质证书有效期最长不超过 8 年

B. 申请延续测绘资质证书有效期的，应当在有效期满 30 日前提出

C. 测绘资质证书有效期需要延续的，应向国务院测绘行政主管部门申请办理延续手续

D. 符合条件的经批准，测绘资质证书有效期延续 5 年

25. 某承担国家投资的测绘项目单位未依法汇交测绘成果资料，下列关于其法律责任的说法，错误的是(　　)。

A. 自暂扣该测绘资质证书之日起 3 个月内仍不汇交的，降低该单位测绘资质等级

B. 暂扣该单位测绘资质证书

C. 对该单位处以 1 万元以上 5 万元以下的罚款

D. 自暂扣该测绘资质证书之日起 6 个月内仍不汇交的吊销测绘资质证书

26. 测绘资质实行年度注册，对予以缓期注册处理的，其缓期注册的期限为(　　)日。

A. 20　　B. 30

C. 60　　D. 80

27. 下列关于在注册有效期内注册测绘师变更执业单位的说法中，错误的是(　　)。

A. 变更注册后，注册测绘师的中华人民共和国注册测绘师注册证和执业章不再有效

B. 注册测绘师应当按照规定程序办理变更注册手续

C. 注册测绘师应当与原有聘用单位解除劳动合同

D. 注册测绘师应当与变更后的执业单位签订劳动合同

28. 中华人民共和国注册测绘师注册证每一注册有效期为( )年。

A. 1　　B. 2

C. 3　　D. 4

29. 下列关于注册测绘师执业活动的说法中，错误的是( )。

A. 修改经注册测绘师签字盖章的测绘文件，应当该注册测绘师本人进行

B. 在测绘活动中形成的测绘成果质量文件，必须由注册测绘师签字后方可生效

C. 注册测绘师从事执业活动，由其所在单位接收委托并统一收费

D. 注册测绘师应在一个具有测绘资质的单位，开展与该单位测绘资质等级和业务许可范围相应的测绘执业活动

30. 测绘作业证每次注册核准的有效期为( )年。

A. 1　　B. 2

C. 3　　D. 4

31. 下列标准编号中属于强制性国家标准的是( )。

A. CH×××× — ××××　　B. GB××××× — ××××

C. CH/T×××× — ××××　　D. GB/T×××××× — ××××

32. 测绘法规定，未经批准擅自建立相对独立的平面坐标系统的，给予警告，责令改正，可以并处( )的罚款。

A. 1 万元以上 5 万元以下　　B. 5 万元以上 10 万元以下

C. 10 万元以下　　D. 10 万元以上

33. 根据《关于汇交测绘成果目录和副本的实施办法》，下列内容不包含在地籍测绘成果目录中的是( )。

A. 质量等级　　B. 成果类型

C. 坐标系统　　D. 测区名称

34. 根据《测绘标准化工作管理办法》，标准复审结论由国务院测绘行政主管部门负责审批的标准化文件是( )。

A. 测绘国家标准

B. 测绘行业标准

C. 测绘国家标准化指导性技术文件

D. 测绘地方标准

35. 《测绘标准化工作管理办法》规定，测绘标准复审的周期一般不超过( )年。

A. 2　　B. 3

C. 4　　D. 5

36. 根据《基础地理信息数据档案管理与保护规范》，数据档案管理单位在数据

档案介质维护过程中，每年读检的数据档案应不低于(　　)。

A. 1%　　　　B. 5%

C. 10%　　　　D. 15%

37. 根据测绘成果管理条例，下列测绘成果中不属于基础测绘成果的是(　　)。

A. 工程测量数据和图件

B. 1∶500 比例尺地形图

C. 基础航空摄影所获取的影像资料

D. 基础地理信息系统的数据、信息

38. 下列关于许可使用人使用涉密基础测绘成果的说法中，错误的是(　　)。

A. 被许可使用人必须根据涉密基础测绘成果密级按国家有关测绘、保密法律法规的要求使用

B. 所领取的涉密基础测绘成果仅限于被许可使用人本单位及其上级部门使用

C. 被许可使用人应当在使用涉密基础测绘成果所形成的成果的显著位置注明基础测绘成果版权的所有者

D. 被许可使用人主体资格变化时，应向原受理审批的测绘行政主管部门重新提出使用申请

39. 在省级行政区域界线勘定过程中，在三省边界线交会点按规定应当树立的界桩是(　　)。

A. 三面大型界桩　　　　B. 双面大型界桩

C. 双面小型界桩　　　　D. 简易界桩

40. 《行政区域界线管理条例》规定，因建设、开发等原因需要移动或者增设界桩的，行政区域界线毗邻的各有关人民政府应当协商一致，共同测绘，增补档案资料，并报(　　)备案。

A. 国务院　　　　B. 省级人民政府

C. 该行政区域界线的批准机关　　D. 国务院民政部门

41. 当事人对房产测绘成果有异议的，可委托的鉴定机构是(　　)。

A. 测绘主管部门　　　　B. 建设行政主管部门

C. 测绘产品质量监督检验机构　　D. 国家认定的房产测绘成果鉴定机构

42. 根据物权法规定，当事人签订买卖房屋或者其他不动产物权的协议，为保障将来实现物权，按照约定可以向登记机构申请(　　)。

A. 变更登记　　　　B. 预告登记

C. 转让登记　　　　D. 物权登记

43. 下列关于测绘计量标准的说法中，错误的是(　　)。

A. 省级以上测绘主管部门建立的各项最高登记的测绘计量标准，必须有计量溯源，并向同级政府计量行政主管部门申请建标考核

B. 取得计量标准证书后，属于社会公用的计量标准的，有组织建立该项标

准的政府计量行政主管部门审批核发社会公用计量标准证书，方可使用，并向同级测绘行政主管部门备案

C. 取得计量标准证书后，属于最高等级计量标准的，由省级测绘主管部门批准使用，并向国务院测绘行政主管部门备案

D. 社会公用计量标准、部门最高等级的测绘计量标准，应按国务院计量行政主管部门规定的检定周期，向同级政府计量行政主管部门申请周期检定

44. 根据《公开地图内容表示补充规定（试行）》，公开地图位置精度不得高于(　　)m。

A. 10　　B. 20

C. 50　　D. 100

45. 根据《地图审核管理规定》，地图审核申请被批准后，申请人应当在地图出版发行、销售前向(　　)报送地图样图一式两份备案。

A. 国务院测绘行政主管部门　　B. 省级以上测绘行政主管部门

C. 地图审核部门　　D. 申请单位上级主管部门

46. 下列地图中，不属于国务院测绘行政主管部门可以委托省级测绘行政主管部门审核的地图是(　　)。

A. 涉及国界线的历史地图

B. 涉及国界线的省级行政区域地图

C. 世界性和全国性示意地图

D. 省、自治区、直辖市地方性中小学教学地图

47. 根据地图编制出版管理条例，制定中国历史疆界标准样图和世界各国间边界标准样图的部门是(　　)。

A. 外交部

B. 国务院测绘行政主管部门

C. 外交部和国务院测绘行政主管部门

D. 外交部和军队测绘主管部门

48. 根据测绘成果管理条例，在行政管理、新闻传播、对外交流、教学等对社会公众有影响的活动中，需要使用重要地理信息数据中，应当使用(　　)的重要地理信息数据。

A. 符合国家标准　　B. 依法公布

C. 经解密公开　　D. 经过批准

49. 下列关于测绘技术设计原则的说法中，错误的是(　　)。

A. 技术设计持续改进原则

B. 引用适用的国家和行业技术标准

C. 积极采用新技术、新工艺、新方法原则

D. 考虑顾客的要求和市场的需求

50. 根据《测绘技术设计规定》，下列内容中，不属于大地测量专业技术设计内容的是(　　)。

A. 测区自然地理概况和已有资料情况

B. 选点、埋石设计方案

C. 平面控制测量设计方案

D. 大地测量数据质量检查报告

51. 根据国家财政和测绘主管部门颁布的《测绘生产成本费用定额》，测绘项目成果验收费用占项目总成本费用的(　　)。

A. 1%　　B. 2%

C. 3%　　D. 5%

52. 根据《测绘生产质量管理规定》，测绘单位的下述质量目标中，错误的是(　　)。

A. 产品交付合格品率 99%　　B. 产品按期交付率 95%

C. 顾客满意度 90%　　D. 产品交付优良品率 80%

53. 测绘成果质量“二级检查”是指(　　)。

A. 作业员的自检与作业员之间的互检

B. 作业部门的过程检查与质量部门管理部门的最终检查

C. 作业部门质检员的检查与单位技术负责人的抽检

D. 测绘单位管理部门的检查与验收

54. 根据《测绘成果质量检查与验收》，下列内容中，不属于 GPS 测量成果质量 A 类错漏的是(　　)。

A. 原始记录中连环涂改　　B. 数字修改严重不符合规定

C. 起算数据错误　　D. GPS 网布设严重不符合设计要求

55. 根据《测绘成果质量检查与验收》，下列内容中，不属于空中三角测量成果质量元素检查项的是(　　)。

A. 内业加密点的平面位置精度　　B. 内业加密点的高程精度

C. 区域网间的接边精度　　D. 空三加密点埋石质量

56. 根据《数字测绘成果质量检查与验收》，下列方法中，不属于数字测绘成果质量检查的主要检查方法是(　　)。

A. 外业巡查　　B. 参考数据对比

C. 内部检查　　D. 野外实测

57. 根据《测绘成果质量检查与验收》，下列内容中，不属于地籍图成果质量元素的是(　　)。

A. 平面精度　　B. 高程精度

C. 地籍要素质量　　D. 整饰质量

58. 根据《测绘成果质量检查与验收》，单位成果质量等级分为(　　)。

A. 优、良、合格和不合格　　B. 优、良、中和差

C. 甲、乙、丙、丁四级　　D. 合格、不合格两级

59. 下列关于行政许可的实施机关说法中，正确的是(　　)。

A. 法律、法规授权的具有管理公共事务职能的组织，可以实施行政许可

B. 行政机关在其法定职权范围内，可以将行政许可授权期下级行政机关实施

C. 受委托实施行政许可的行政机关，以自己的名义实施行政许可

D. 行政机关可以依照规章的规定，委托其下属事业单位实施行政许可

60. 根据《测绘成果质量检查与验收》，图类单位成果数学精度检测采用同精度检测时，超过允许中误差(　　)倍的误差视为粗差。

A. 2　　B. 3

C. $2\sqrt{2}$　　D. $\sqrt{2}$

61. 根据《测绘成果质量检查与验收》，某幅图类单位成果数学精度检测采用高精度检测，选取检测点（边）15个，该图幅成果的数学精度检测中误差计算公式为(　　)（式中：$n=15$，Δ 为较差）。

A. $\dfrac{\sum_{i=1}^{n}|\Delta|}{n}$　　B. $\pm\sqrt{\dfrac{\sum_{i=1}^{n}\Delta_i^2}{n-1}}$

C. $\dfrac{\sum_{i=1}^{n}|\Delta|}{2n}$　　D. $\pm\sqrt{\dfrac{\sum_{i=1}^{n}\Delta_i^2}{n}}$

62. 根据保守国家秘密法，下列关于涉密人员的说法，错误的是(　　)。

A. 任用、聘用涉密人员应当按照有关规定进行审查

B. 对核心涉密人员、重要涉密人员和一般涉密人员，实行统一管理

C. 涉密人员应当具有胜任涉密岗位所需要的工作能力

D. 涉密人员应当具有良好的政治素质和品行

63. 下列行政机关对申请人提出的行政许可申请的做法中，错误的是(　　)。

A. 发现申请事项不需要取得行政许可，即时告知申请人不受理

B. 发现申请事项不属于本行政机关职权范围，即时做出不予受理决定

C. 发现申请材料错误，可以当场更正，允许申请当场进行更正

D. 发现申请材料不齐全，5日内分两次告知申请人需要补正的全部内容

64. 测绘工程项目投标时工程费用确定的主要依据标准是(　　)。

A. 测绘项目资金渠道　　B. 测绘工程产品价格

C. 测绘单位的性质、组织形式　　D. 测绘单位资质等级

65. 测绘项目出资人或者承担国家投资的测绘项目的单位，应当自测绘项目验收完成之日起(　　)个月内，向测绘行政主管部门汇交测绘成果副本或目录。

A. 1　　B. 2

C. 3　　D. 6

66. 根据《基础地理信息数据档案管理与保护规范》，下列关于基础地理信息数据存储格式的说法中，错误的是(　　)。

A. 应采用国家标准格式　　B. 应采用通用格式

C. 严禁采用非通用格式　　D. 采用非通用格式，应附操作软件

67. 下列因素中，不属于测绘单位中确定测绘工程项目中投入的主要测绘仪器设备和品种（指标）时应考虑的因素是(　　)。

A. 项目的规模、内容和困难程度 B. 项目的技术要求

C. 项目的工期要求　　D. 项目的经费来源

68. 根据《测绘作业人员安全规范》，下列关于水上作业的说法中，错误的是(　　)。

A. 应租用配有救生和通信设备的船只

B. 应租用具有营业许可证的船只

C. 风浪太大的时段不能强行作业

D. 单人上船作业应穿救生衣

69. 根据《测绘作业人员安全规范》，内业作业区面积大于 100 m^2的作业场所的安全出口应不少于(　　)个。

A. 1　　B. 2

C. 3　　D. 6

70. 在下列进入林区测绘作业的行为中，违反《森林防火条例》的是(　　)。

A. 防火期内持有有关部门核发的进入林区证明

B. 防火戒严期内在汽车驾驶室内吸烟

C. 防火戒严期内不在室内用柴草做饭

D. 防火期内汽车排气管安装了防火罩

71. 根据《基础地理信息数据档案管理与保护规范》，基础地理信息数据异地存储的最佳距离为(　　)km 以上。

A. 200　　B. 300

C. 400　　D. 500

72. 根据《测绘成果质量检查与验收》，下列检验方法中，不属于成果质量检查与验收方法的是(　　)。

A. 概查检查　　B. 全数检查

C. 抽样检查　　D. 联合检查

73. 根据《测绘成果质量检查与验收》，下列要素中，不属于图类单位测绘成果数学精度检测项的是(　　)。

A. 地理精度　　B. 平面位置精度

C. 相对位置精度　　D. 高程精度

74. 根据《测绘科学技术档案管理规定》，具有批准提供属机密（含机密）以下

的测绘科技档案权限的是(　　)。

A. 省级以上档案行政主管部门　B. 省级以上保密行政管理部门

C. 省级以上测绘行政主管部门　D. 测绘科技档案馆领导

75. 根据《测绘科学技术档案管理规定》，下列不属于测绘科技档案范畴的是(　　)。

A. 测绘生产技术档案　B. 测绘科学研究档案

C. 测绘生产项目费用支出档案　D. 测绘基建档案

76. 下列涉及国家秘密的基础测绘成果数据传递方法中，错误的是(　　)。

A. 机要邮寄　B. 专网传输

C. 特快专递　D. 专人送达

77. 根据《质量管理体系要求》，下列内容中，不属于质量手册的内容是(　　)

A. 质量管理体系范围

B. 为质量管理体系编制的形成文件的程序或对其作用

C. 质量管理体系过程之间的相互作用的表达

D. 体系所要求的形成文件的程序和记录

78. 根据《测绘生产质量管理规定》，下列不属于生产组织准备过程中的质量管理内容的是(　　)。

A. 首件产品质量检验　B. 技术人员培训

C. 仪器设备检定、检验和校准　D. 技术设计书的编制

79. 根据《测绘生产质量管理规定》，下列不属于测绘生产作业过程中的质量控制措施的是(　　)。

A. 首件产品质量检验

B. 测绘单位进行二级质量检查

C. 测绘行政主管部门进行质量监督抽查

D. 项目管理单位委托第三方进行过程质量控制

80. 根据《质量管理体系要求》，测绘单位质量管理体系评审的主要负责人是(　　)。

A. 最高管理者　B. 管理者代表

C. 技术负责人　D. 质量负责人

二、多项选择题（每题2分。每题的备选选项中，有2项或2项以上符合题意，至少有1项是错项。错选，本题不得分；少选，所选的每个选项得0.5分。）

81. 测绘法规定，测绘单位从事测绘活动应当取得测绘资质证书，并且不得(　　)。

A. 在本省、自治区、直辖市行政区域范围外从事测绘活动

B. 以其他测绘单位名义从事测绘活动

C. 允许其他测绘单位以单位名义从事测绘活动

D. 超越其资质等级许可范围从事测绘活动

E. 从事涉密的测绘活动

82. 下列关于外国的组织或者个人来华进行一次性测绘活动的说法中，正确的有(　　)。

A. 可以不设立合资、合作企业，但必须经国务院测绘行政主管部门会同军队测绘主管部门批准

B. 必须与中华人民共和国的有关单位和单位共同进行

C. 保证中方测绘人员全程参与具体测绘活动

D. 经批准可以从事涉密的测绘活动

E. 可以不执行测绘成果汇交的相关规定

83. 根据合同法，属于当事人可以解除合同的情形有(　　)。

A. 当事人一方发生名称变更、法定代表人或者负责人变动

B. 因不可抗力致使不能实现的合同

C. 合同规定的履行期限不明确

D. 当事人协商一致同意解除合同

E. 当事人一方有违约行为致使不能实现合同目的

84. 下列关于测绘项目承包方的说法中，正确的有(　　)。

A. 承包测绘项目的单位，可以借用其他单位的设备、技术和劳力完成所承揽项目主要部分

B. 承包测绘项目的单位，不得将测绘项目转包

C. 承包测绘项目的单位，可以将测绘项目分包，单分包量不大于总承包量的 40%

D. 承包测绘项目的单位将测绘项目分包的，由分包方向发包方负责

E. 发包单位不得将测绘项目发包给不具有相应资质等级的单位

85. 根据基础测绘条例，属于国家安排基础测绘设施建设资金优先考虑的项目有(　　)。

A. 永久性测量标志保护　　B. 卫星遥感

C. 基础测绘应急保障　　D. 航空摄影测量

E. 数据传输

86. 某测绘单位的测绘成果不合格，下列关于其法律责任的说法正确的是(　　)。

A. 对该单位处以测绘约定报酬 1 倍以上 2 倍以下的罚款

B. 责令该单位补测或者重测

C. 给用户造成损失的，由该单位依法承担赔偿责任

D. 没收该单位的测绘成果和测绘工具

E. 降低该单位的测绘资质等级直至吊销测绘资质证书

87. 测量标志受国家保护，下列行为中属于法律法规禁止的有(　　)。

A. 在测量标志占地范围内烧荒、耕作、取土、挖沙

B. 在距永久性测量标志 50 m 范围内采石、爆破、射击、架设高压电线

C. 在测量标志占地范围内，建设建筑物不影响测量标志使用效能

D. 在建筑物上建设永久性测量标志

E. 在测量标识上架设通信设施

88. 下列基础地理信息中，不得公开表示的有(　　)。

A. 比例尺等于或大于 1∶50 万比例尺地图的坐标网线

B. 库区水库的实时库容

C. 用于地质勘探的探井、探槽、钻孔

D. 科学观测台（站）的水位观测信息

E. 航海雷达站

89. 下列基础测绘成果中，应当向国务院测绘行政主管部门提出使用申请的有(　　)。

A. 1∶5 000 国家基本比例尺地图

B. 三、四等高程控制网数据、图件

C. 1∶50 000 国家基本比例尺地图

D. 国家基础地理信息数据

E. 全国统一的一、二等平面控制网数据、图件

90. 根据《数字城市地理空间信息公共技术平台规范》，公共平台的构成主要包括(　　)

A. 数据集　　　　B. 管理服务软件系统

C. 支撑环境　　　　D. 标准体系

E. 政策法规体系

91. 下列情形中，应当制定强制性测绘或者强制性条款的情形有(　　)。

A. 长期采用国际标准化组织以及其他国际组织技术报告的

B. 国家基本比例尺地图测绘与更新必须遵守的技术要求

C. 测绘行业范围内必须统一的技术属于、符号、代码、生产与检验方法等

D. 建立和维护测绘基准与系统必须遵守的技术要求

E. 需要控制的重要测绘成果质量技术要求

92. 下列关于建立相对独立的平面坐标系统的申请人义务的说法中，正确的有(　　)。

A. 系统建设完成后首先与国家坐标系统建立联系

B. 系统建设完成后将系统转换参数向社会公布

C. 系统建设后保证其更新维护

D. 按国家有关规定及时向用户提供使用

E. 系统建设完成后依法汇交成果资料

93. 下列关于测绘技术设计文件实施的说法中，正确的有(　　)。

A. 专业技术设计书经项目承担单位评审、验证和审批后，即可实施

B. 技术设计更改单报项目委托单位备案后，即可实施

C. 技术设计更改单经项目承担单位评审、验证和审批后，即可实施

D. 专业技术设计书经项目委托单位审批后，即可实施

E. 项目技术设计书经项目委托单位审批后，即可实施

94. 根据《测绘技术总结编写规定》，下列内容中，属于测绘技术总结编写的主要依据有(　　)。

A. 市场的需求或期望　　B. 测绘技术设计文件

C. 测绘项目财务验收报告　　D. 测绘成果质量检查报告

E. 顾客的书面要求

95. 根据《测绘资质分级标准》，下列测量工作中，需要配备 0.5 秒级精度以上全站仪和 S05 级精度以上水准仪的有(　　)。

A. 规划检测测量　　B. 精密工程测量

C. 隧道测量　　D. 变形（沉降）观测

E. 形变测量

96. 根据保密法，在涉密岗位工作的人员按照涉密程度可分为(　　)。

A. 聘用涉密人员　　B. 任用涉密人员

C. 重要涉密人员　　D. 一般涉密人员

E. 核心涉密人员

97. 按照《质量管理体系要求》，质量管理体系文件主要包括(　　)。

A. 质量手册

B. 形成文件的质量方针和质量目标

C. 形成文件的程序和记录

D. 文件采用的形式或类型的媒介

E. 组织确定的为确保其过程有效策划运行和控制所需的文件

98. 下列情形中，测绘成果质量科直接判定为批不合格的情形有(　　)。

A. 伪造成果　　B. 重要成果资料不全

C. 测绘仪器未经计量检定　　D. 未提供质量检验报告

E. 技术设计存在严重错误

99. 根据《测绘成果质量检验报告编写基本规定》，测绘成果质量检验报告的主要内容包括(　　)。

A. 检验工作概况　　B. 受检成果概况

C. 抽样情况、检验内容及方法　　D. 生产过程中质量问题的处理情况

E. 受检成果存在的主要问题及处理意见

100. 根据计量法实施细则，计量标准器具的使用必须具备的条件有(　　)。

A. 经计量检定合格
B. 具有测绘计量检定人员
C. 具有完善的管理制度
D. 具有称职的保存、维护、使用人员
E. 具有正常工作所需要的环境条件

参考答案及解析

一、单项选择题

1.【B】设置永久性测量标志的部门应当将永久性测量标志委托测量标志设置地的有关单位或者人员负责保管，签订测量标志委托保管书。
2.【A】永久性测量标志所需迁建费用由工程建设单位承担。
3.【B】测绘人员使用永久性测量标志，应当持有测绘作业证件，保证标志的完好。
4.【A】设计原则包括：实用性原则，标准化，规范化原则，可行性原则，可扩充性原则，成本效益优化原则，先进性原则。
5.【D】沿海省海岸线长度不属于重要地理信息数据。
6.【B】重要地理信息数据由国务院或者国务院授权的部门以公告的形式公布。
7.【C】质量监督抽查不合格的测绘单位，组织实施质量监督抽查的测绘行政主管部门应当向其下达整改通知书，责令其自整改通知书下发之日起 3 个月内进行整改。
8.【C】保密设施、设备应当与涉密信息系统同步规划，同步建设，同步运行。
9.【D】国家保密工作部门、国务院测绘行政主管部门应当商军队测绘主管部门，依照有关保密法律、行政法规的规定，确定测绘成果的秘密范围和秘密等级。
10.【C】按照国家规定需要有关部门批准或者核准的测绘项目，有关部门在批准或者核准前应当书面征求同级测绘行政主管部门的意见。
11.【B】测绘单位必须接受测绘主管部门和技术监督行政部门的质量监督管理，按照监督检查的需要，向测绘产品质量监督检验机构无偿提供检验样品。
12.【D】测绘单位必须建立内部质量审核制度。经成果质量过程检查的测绘产品，必须通过质量检查机构的最终检查，评定质量等级，编写最终检查报告。
13.【D】组织实施质量监督抽查的测绘行政主管部门收到受检单位书面异议报告，需要进行复检的，应当按原技术方案、原样本组织。
14.【B】国务院发展改革部门会同国务院测绘行政主管部门，编制全国基础测绘年度计划。
15.【C】基础测绘项目承担单位应当建立健全基础测绘成果质量管理制度，严格执行国家规定的测绘技术规范和标准，对其完成的基础测绘成果质量负责。
16.【B】基础测绘成果应当定期进行更新，国民经济、国防建设和社会发展急需的基础测绘成果应当及时更新。更新周期根据不同地区国民经济和社会发展的需要确定。

17. 【D】当事人双方应当全面履行测绘合同。测绘合同发生纠纷时，当事人双方应当依照《中华人民共和国经济合同法》的规定解决。
18. 【B】招标人采用邀请招标方式的，应当向三个以上具备承担招标项目的能力、资信良好的特定的法人或者其他组织发出投标邀请书。
19. 【D】处理有效期限即将到期的商品或者其他积压的商品属于正当竞争行为。
20. 【B】招标人具有编制招标文件和组织评标能力的，可以自行办理招标事宜。
21. 【D】中外合资企业申请测绘资质由省、自治区、直辖市人民政府测绘行政主管部门初审，报国务院测绘主管部门会同军队测绘主管部门审批。
22. 【A】合资、合作测绘企业不得从事地形图、世界政务地图、全国政区地图、省级及以下政区地图、全国性教学地图、地方性教学地图和真三维地图的编制。
23. 【B】测绘单位自取得测绘资质之日起，原则上 3 年后方可申请升级。初次申请测绘资质原则上不得超过乙级。申请的测绘专业只设甲级的，不受前款限制。
24. 【D】对在测绘资质证书有效期内遵守有关法规、技术标准，信用档案无不良记录且继续符合测绘资质的单位，经测绘资质审批机关批准，测绘资质证书有效期延续 5 年。
25. 【A】自暂扣该测绘资质证书之日起 3 个月内仍不汇交的，降低该单位测绘资质等级是错误的。
26. 【C】缓期注册的期限为 60 日。
27. 【A】变更注册后，注册测绘师的中华人民共和国注册测绘师注册证和执业章不再有效是错误的。
28. 【C】中华人民共和国注册测绘师注册证每一注册有效期为 3 年。
29. 【B】在测绘活动中形成的技术设计和测绘成果质量文件，必须由注册测绘师签字并加盖执业印章后方可生效。
30. 【C】测绘作业证每次注册核准的有效期为 3 年。
31. 【B】推荐性国家标准的代号为“GB/T”，强制性国家标准的代号为“GB”。
32. 【C】测绘法对未经批准，擅自建立相对独立的平面坐标系统的，设定了严格的法律责任，主要包括给予警告、责令改正，可以并处 10 万元以下罚款。
33. 【A】地籍、房产测量成果目录，须包含以下内容：测区名称、密级、比例尺、面积（km^2）、成果形式、坐标系统、施测单位、施测时间、成果保存单位。
34. 【B】国家测绘地理信息局负责管理全国测绘标准化工作，其职责是组织制定、修订、审批、发布和复审测绘行业标准和测绘行业标准化指导性技术文件。
35. 【D】标准复审周期一般不超过五年。
36. 【B】数据管理单位每年读检的数据档案应不低于 5%的数据档案。
37. 【A】工程测量数据和图件不属于基础测绘成果。
38. 【B】被许可使用人所领取的基础测绘成果仅限于在本单位的范围内，不得扩展到所属系统和上级、下级或者同级其他单位。
39. 【A】界桩分为三面型（用于三省边界线交会点）和两面型（用于两省边界线）。

40. 【C】因建设、开发等原因需要移动或者增设界桩的，行政区域界线毗邻的各有关人民政府应当协商一致，共同测绘，增补档案资料，并报该行政区域界线的批准机关备案。
41. 【D】房产测绘项目委托人对房产测绘成果有争议的，可以委托由国家认定的房产测绘成果鉴定机构鉴定。
42. 【B】当事人签订买卖房屋或者其他不动产物权的协议，为保障将来实现物权，按照约定可以向登记机构申请预告登记。
43. 【C】属部门最高等级计量标准的，由主管部门批准使用，并向国务院测绘主管部门备案。
44. 【C】公开地图位置精度不得高于50米，等高距不得小于50米。
45. 【C】在出版发行、销售前向地图审核部门报送样图（样品、光盘等）一式两份备案。
46. 【A】涉及国界线的历史地图不属于国务院测绘主管部门委托省级测绘主管部门审核的图。
47. 【C】中华人民共和国地图国界线标准样图、中国历史疆界标准样图、世界各国间边界标准样图，由外交部和国务院测绘行政主管部门制定，报国务院批准发布。
48. 【B】在行政管理、新闻传播、对外交流、教学等对社会公众有影响的活动中，需要使用重要地理信息数据的，应当使用依法公布的重要地理信息数据。
49. 【A】技术设计持续改进原则不是技术设计应遵循基本原则。
50. 【D】大地测量数据质量检查报告不属于大地测量专业技术设计书的内容。
51. 【C】成果验收费占项目总成本费用的3%。
52. 【A】测绘单位所交付的测绘产品，必须保证是合格品。
53. 【B】测绘成果应依次通过测绘作业部门过程检查、测绘单位质量管理部门最终检查。
54. 【B】数字修改严重不符合规定不属于GPS测量成果质量A类错漏。
55. 【D】空中三角测量成果质量元素包含：数据质量（数学基础、平面位置精度、高程精度、接边精度、计算精度）、布点质量、附件质量。
56. 【A】数字测绘成果质量检查的主要检查方法有：参考数据比对、野外实测、内部检查。
57. 【B】地籍图成果质量元素包含数学精度（数学基础、平面位置）、要素质量（地籍要素、其他要素）、资料质量（整饰质量、资料完整性）。
58. 【A】样本及单位成果质量采用优、良、合格和不合格四级评定。
59. 【A】法律、法规授权的具有管理公共事务职能的组织，在法定授权范围内，以自己的名义实施行政许可。
60. 【C】同精度检测时，在允许中误差$2\sqrt{2}$倍以内（含$2\sqrt{2}$）的误差值均应参与数学精度统计，超过$2\sqrt{2}$倍的误差视为粗差。

61.【D】高精度检测时，中误差公式。
62.【B】按照涉密程度分为核心涉密人员、重要涉密人员和一般涉密人员，实行分类管理。
63.【D】申请材料不齐全或者不符合法定形式的，应当当场或者在五日内一次告知申请人需要补正的全部内容，逾期不告知的，自收到申请材料之日起即为受理。
64.【B】测绘工程项目投标时工程费用确定的主要依据标准是测绘工程产品价格。
65.【C】测绘项目出资人或者承担国家投资的测绘项目的单位，应当自测绘项目验收完成之日起三个月内，向测绘行政主管部门汇交测绘成果副本或目录。
66.【C】基础地理信息数据应采用国家标准格式或通用格式。非通用格式基础地理信息数据归档时，应同时归档操作软件。
67.【D】测绘工程项目投入仪器设备和品种不需要考虑项目经费的来源。
68.【D】水上作业规定：作业人员应穿救生衣，避免单人上船作业。
69.【B】面积大于 $100m^2$ 的作业场所应不少于两个安全出口，通道、楼梯等应保持畅通并设有明显标志和应急照明设施。
70.【B】《森林防火条例》第二章。
71.【D】数据档案管理单位可根据实际情况确定异地储存的距离。本标准推荐：异地储存的距离应大于 100km，最佳距离为 500km 以上。
72.【D】联合检查不属于成果质量检查与验收方法。
73.【A】普通地图的编绘原图、印刷原图的质量元素包括：数学精度、数据完整性与正确性、地理精度、整饰质量和附件质量。
74.【D】提供测绘科技档案的批准权限：属机密（含机密）以下的由测绘科技档案馆的领导批准，属绝密级的由主管局领导批准。
75.【C】本规定所指的测绘科技档案包括：①测绘管理档案；②测绘生产技术档案；③测绘科学研究档案；④测绘教育档案；⑤测绘仪器档案；⑥测绘基建档案。
76.【C】《基础测绘成果保密制度》三（五）规定。
77.【D】质量手册包括：质量管理体系的范围，包括任何删减的细节和正当的理由；为质量管理体系编制的形成文件的程序或对其引用；质量管理体系过程之间的相互作用的表述。
78.【A】首件产品质量检验属于生产作业过程的质量管理的内容。
79.【C】测绘行政主管部门进行质量监督抽查不属于生产组织准备过程中的质量管理内容。
80.【A】最高管理者应按策划的时间间隔评审质量管理体系，以确保其持续的适宜性、充分性和有效性。

二、多项选择题

81.【BCD】测绘单位不得超越其资质等级许可的范围从事测绘活动或者以其他测绘

单位的名义从事测绘活动，并不得允许其他单位以本单位的名义从事测绘活动。

82. 【ABC】经批准可从事涉密的测绘活动和可不执行测绘成果汇交的相关规定是错误的。

83. 【BDE】当事人一方发生名称变更、法定代表人或者负责人变动，合同规定的履行期限不明确，当事人不能解除合同。

84. 【BCE】承包方须以自己的设备、技术和劳力完成项目的主要部分；可分包，但分包量不得大于该项目总承包量的百分之四十。分包出的任务由总承包方向发包方负完全责任。

85. 【BCDE】国家安排基础测绘设施建设资金，应当优先考虑航空摄影测量、卫星遥感、数据传输以及基础测绘应急保障的需要。

86. 【BCE】测绘成果质量不合格的，责令测绘单位补测或者重测；情节严重的，责令停业整顿，降低资质等级直至吊销测绘资质证书；给用户造成损失的，依法承担赔偿责任。

87. 【ABE】在测量标志占地范围内，建设建筑物不影响测量标志使用效能；在建筑物上建设永久性测量标志；不属于法律法规禁止。

88. 【ABD】用于地质勘探的探井、探槽、钻孔，航海雷达站能公开表示。

89. 【CDE】1∶5 000 国家基本比例尺地图，三、四等高程控制网数据、图件不需要向国务院测绘行政主管部门提出使用申请。

90. 【ABC】公共平台由数据集、管理服务软件系统和支撑环境三部分组成。

91. 【BCDE】长期采用国际标准化组织以及其他国际组织技术报告的不需要制定强制性测绘标准或者强制性条款。

92. 【ACDE】建立相对独立的平面坐标系统，应当与国家坐标系统相联系。

93. 【DE】测绘技术设计文件必须经过委托方审批合格，才能实施。

94. 【ABDE】测绘项目财务验收报告不是测绘技术总结编写的主要依据。

95. 【BDE】从事专业范围精密工程测量、变形（沉降）观测、形变测量的，要求配备 0.5 秒级精度以上全站仪和 S05 级精度以上水准仪各不少于 1 台。

96. 【CDE】在涉密岗位工作的人员，按照涉密程度分为核心涉密人员、重要涉密人员和一般涉密人员，实行分类管理。

97. 【ABCE】文件采用的形式或类型的媒介不属于质量管理体系文件的内容。

98. 【ABCE】未提供质量检验报告不能判为不合格。

99. 【ABCE】测绘成果质量检验报告的内容：检验工作概况、受检成果概况、抽样情况、检验内容及方法、存在的主要问题及处理意见、质量综述及样本质量统计、附件。

100. 【ACDE】计量标准器具的使用，必须具备下列条件：①经计量检定合格；②具有正常工作所需要的环境条件；③具有称职的保存、维护、使用人员；④具有完善的管理制度。

（三）2013年注册测绘师资格考试测绘管理与法律法规试卷与参考答案及解析

一、单项选择题（每题1分，每题的备选选项中，只有1项最符合题意。）

1. 根据《测绘资质管理规定》，我国测绘资质的专业范围共分（　　）类。

A. 10　　　　B. 11

C. 12　　　　D. 13

2. 下列关于房产测绘资质的说法中，错误的是(　　)。

A. 房产测绘资质的审批，应当征求房地产行政主管部门的意见

B. 甲级房产测绘资质，由国务院测绘行政主管部门审批发证

C. 申请房产测绘资质，应当向所在地省级测绘行政主管部门提出

D. 乙级房产测绘资质单位可承担规划总建筑面积200万m^2以下的居住小区的房产测绘项目

3. 根据测绘法，降低测绘资质等级、暂扣测绘资质证书、吊销测绘资质证书的行政处罚，由(　　)决定。

A. 国务院测绘行政主管部门　　　　B. 省级测绘行政主管部门

C. 县级以上测绘行政主管部门　　　　D. 颁发资质证书的部门

4. 根据行政许可法，行政许可申请材料不齐全或者不符合法定形式的，行政机关应当当场或者在(　　)日内一次告知申请人需要补正的全部内容。

A. 3　　　　B. 5

C. 7　　　　D. 10

5. 根据《注册测绘师制度暂行规定》，负责注册测绘师资格审查工作的机构是(　　)。

A. 国务院测绘行政主管部门

B. 省级测绘行政主管部门

C. 省级人事行政部门

D. 聘用单位所在地的市级测绘行政主管部门

6. 下列关于注册测绘师执业活动的说法中，正确的是(　　)。

A. 在测绘活动中形成的技术设计文件，必须由注册测绘师签字并加盖执业印章后方可生效

B. 修改经注册测绘师签字盖章的测绘文件，应由该注册测绘师所在单位法定代表人进行

C. 注册测绘师从事执业活动，由注册测绘师所在地测绘行政主管部门统一接受委托并收费

D. 因特殊情况，注册测绘师不能修改经其本人签字盖章的测绘文件的，应当由所在单位法定代表人或总工程师修改，并签字、加盖印章

7. 注册测绘师执业过程中，因测绘成果质量问题造成的经济损失，应当由(　　)承担赔偿责任。

A. 注册测绘师　　B. 接受委托的单位

C. 测绘成果质量负责人　　D. 测绘成果完成人

8. 外国的组织或者个人依法与我国有关部门或者组织合资、合作，经批准在我国从事测绘活动的，汇交测绘成果的主体是(　　)。

A. 中方部门或者单位　　B. 外国的组织或者个人

C. 合资、合作企业　　D. 成果所在地省级测绘行政主管部门

9. 根据《外国的组织或者个人来华测绘管理暂行办法》，外国的组织或者个人在我国只申请互联网地图服务测绘资质的，必须依法设立合资企业，且外方投资者在合资企业中的出资比例，最终不得超过(　　)。

A. 49%　　B. 50%

C. 51%　　D. 60%

10. 根据《测绘作业证管理规定》，测绘单位申报材料不真实，虚报冒领测绘作业证的，由省、自治区、直辖市人民政府测绘行政主管部门收回冒领的证件，并根据其情节给予（　　）。

A. 通报批评　　B. 责令改正

C. 警告　　D. 行政处分

11. 根据合同法，合同当事人既约定违约金，又约定定金的，一方违约时，对方可以(　　)。

A. 适用违约金条款　　B. 适用定金条款

C. 选择适用违约金或者定金条款　　D. 一并适用违约金和定金条款

12. 经营者采取不正当竞争手段，因侵权给经营者乙造成了损害，但乙的损失难以计算。经查，甲在侵权期间的营业额为 6 000 万元，利润为 1 000 万元，因侵权所获得的利润为 600 万元。根据反不正当竞争法，甲应赔偿(　　)万元。

A. 600　　B. 1 000

C. 1 200　　D. 6 000

13. 根据招标投标法，投标人少于(　　)个时，招标人应当依法重新招标。

A. 2　　B. 3

C. 5　　D. 7

14. 根据测绘法，下列关于测绘项目的说法中，错误的是(　　)。

A. 测绘单位必须以自己的设备、技术和劳动力完成所承保项目的主要部分

B. 测绘项目的发包方应当检验承包方的测绘资质证书

C. 测绘单位不得将承包的测绘项目转包

D. 测绘项目的承包方不得分包测绘项目

15. 下列关于建立相对独立的平面坐标系统的说法中，错误的是(　　)。

A. 一个城市只能建立一个相对独立的平面坐标系统

B. 建立相对独立的平面坐标系统，应当与国家坐标系统相联系

C. 建立相对独立的平面坐标系统，是指以任意点和正北方向起算建立的平面坐标系统

D. 建立城市相对独立的平面坐标系统，应当经该市人民政府同意

16. 湖北省武汉市洪山区一家单位要利用国家 A、B 级 GPS 点成果，应当依法提出明确的利用目的和范围，报(　　)审批。

A. 洪山区测绘行政主管部门　　B. 武汉市测绘行政主管部门

C. 湖北省测绘行政主管部门　　D. 国务院测绘行政主管部门

17. 根据基础测绘条例，基础测绘工作应当遵循的原则是(　　)。

A. 统筹规划、分级管理、及时更新

B. 分级管理、实时更新、安全保密

C. 综合规划、分级管理、及时更新、安全保密

D. 统筹规划、分级管理、定期更新、保障安全

18. 根据基础测绘条例，下列内容中，不属于基础测绘应急保障预案内容的是(　　)。

A. 应急保障经费投入　　B. 应急装备和器材配备

C. 应急响应　　D. 基础地理信息数据的应急测制和更新

19. 根据标准化法，企业对有国家标准或者行业标准的产品，可以向国务院标准化行政主管部门或者国务院标准化主管部门授权的部门申请(　　)。

A. 产品质量检查　　B. 产品标准检验

C. 产品质量认证　　D. 产品质量检定

20. 国家法定计量检定机构的测绘计量检定人员，必须经(　　)考核合格。

A. 国务院计量行政部门

B. 省级以上人民政府计量行政部门

C. 县级以上人民政府计量行政部门

D. 省级以上人民政府测绘行政主管部门

21. 下列关于标准的说法中，错误的是(　　)。

A. 国家标准由国务院有关部门制定、国务院标准化行政主管部门发布

B. 国家鼓励积极采用国际标准

C. 国家鼓励企业自愿采用推荐性标准

D. 国家保障人体健康和人身、财产安全的标准是强制性标准

22. 根据《测绘资质分级标准》，甲级测绘资质单位的质量保证体系应当通过(　　)。

A. 国务院测绘行政主管部门审核

B. 省级测绘行政主管部门审核

C. 所在地市级测绘行政主管部门审核

D. ISO 9000 系列质量保证体系认证

23. 某甲级测绘资质单位在一次依法开展的 1∶1 万国家基本比例尺地形图质量监督验收中，拒绝接受监督验收，根据《测绘成果质量监督抽查管理办法》，受检的测绘项目成果质量应按照(　　)处理。

A. 批合格　　B. 批不合格

C. 合格　　D. 不合格

24. 根据《关于加强测绘质量管理的若干意见》，负责基础测绘项目的质量监督管理部门是(　　)。

A. 国务院测绘行政主管部门

B. 省级测绘行政主管部门

C. 项目所在地的测绘行政主管部门

D. 组织实施该项目的测绘行政主管部门

25. 下列关于测绘成果汇交和保管的说法中，错误的是(　　)。

A. 外国的组织或者个人与中华人民共和国有关部门或者单位合资、合作从事测绘活动，由中方部门或者单位向国务院测绘行政主管部门汇交测绘成果

B. 测绘单位或者测绘项目出资人汇交测绘成果资料的范围，由国务院测绘行政主管部门制定并公布

C. 测绘成果保管单位应当采取必要的措施，确保测绘成果资料的安全

D. 测绘成果资料的存放设施与条件，应当符合国家保密、消防及档案管理的有关规定和要求

26. 根据《测绘科学技术档案管理规定》，凡是几个单位分工协作完成的测绘项目或工程，由主办单位保存一份完整档案，协作单位可以保存与自己承担任务相关的(　　)。

A. 档案副本　　B. 档案复制本

C. 档案正本　　D. 档案索引

27. 根据测绘成果管理条例，利用涉密测绘成果开发生产的产品未经过保密技术处理的，其秘密等级确定原则是(　　)。

A. 按所用测绘成果等级定密　　B. 不得低于所用测绘成果的秘密等级

C. 按最高等级定密　　D. 由测绘行政主管部门依法确定

28. 根据保密法，确定测绘活动中生产的和涉密测绘成果或其衍生产品的密级、保密期限知悉范围的部门或单位是(　　)。

A. 生产涉密测绘成果的部门或单位

B. 测绘单位所在地的市级测绘行政主管部门

C. 为测绘单位颁发测绘资质证书的测绘行政主管部门

D. 测绘单位所在地的省级保密行政主管部门

29. 根据保密法，下列关于定密权限的说法中，错误的是(　　)。

A. 重要国家机关、省级机关及其授权的机关、单位可以确定绝密级、机密级和秘密级国家秘密

B. 设区的市、自治区一级机关及其授权的机关、单位可以确定机密级和秘密级国家机密

C. 下级机关、单位认为本机关、本单位产生的有关定密事项属于上级机关、单位的定密权限，应当现行定密，再报上级机关、单位批准

D. 没有上级机关、单位的，应当立即提请有相应定密权限的业务主管部门或者保密行政管理部门确定

30. 根据《关于加强涉密地理信息数据应用安全监管的通知》，使用涉密地理信息数据的建设项目可以委托(　　)承担。

A. 外商独资企业　　B. 中外合资企业

C. 中外合作企业　　D. 国有独资企业

31. 根据《基础测绘成果提供使用管理暂行办法》，提供方应根据测绘行政主管部门的批准文件，及时向使用方提供基础地理信息数据，同时提供相应的(　　)。

A. 技术文件　　B. 数据说明

C. 版本信息　　D. 保密要求

32. 根据《重要地理信息数据审核公布管理规定》，负责受理单位和个人提出的审核公布重要地理信息数据的建议的部门是(　　)。

A. 国务院测绘行政主管部门

B. 省级测绘行政主管部门

C. 国务院或省级测绘行政主管部门

D. 省级民政或建设行政主管部门

33. 根据《省级行政区域界线测绘规范》，下表中，边界控制点相对临近基础控制点的点位中误差错误的是(　　)。

边界控制点相对临近基础控制点的点位中误差（m）	A	B	C	D
	(±0.05)	(±0.10)	(±0.20)	(±1.00)
边界点精度等级	一	二	三	四

34. 中华人民共和国地图的国界线样图标准，由(　　)拟定。

A. 外交部和国务院民政部

B. 外交部和军队测绘主管部门

C. 外交部和国务院测绘行政主管部门

D. 民政部和国务院测绘行政主管部门

35. 下列关于土地管理的说法中，错误的是(　　)。

A. 国家所有土地的所有权由国务院土地行政主管部门代表国家行使

B. 依法改变土地权属和用途的，应当办理土地变更登记手续

C. 国家为了公共利益的需要，可以依法对集体所有的土地实行征用

D. 国家实行土地用途管理制度

36. 根据物权法，不动产权属证书记载的事项与不动产登记簿不一致时，一般以(　　)为准。

A. 不动产权属证书　　B. 不动产登记簿

C. 不动产登记机构认定的　　D. 在先记载或登记的

37. 根据物权法，下列关于不动产登记的说法中，错误的是(　　)。

A. 当事人申请不动产登记，登记机构可以要求对不动产进行评估

B. 权利人、利害关系人可以申请查询、复制登记资料，登记机构应当提供

C. 依法属于国家所有的自然资源，所有权可以不登记

D. 当事人之间订立有关设立、变更、转让和消灭不动产物权的合同，未办理物权登记的，不影响合同效力

38. 根据城市房产管理法，以出让或者划拨方式取得土地使用权，应当向县级以上地方人民政府土地管理部门申请登记，经县级以上地方人民政府土地管理部门核实，由(　　)颁发土地使用权证书。

A. 县级以上地方人民政府土地管理部门

B. 县级以上地方人民政府

C. 县级人民政府

D. 县级以上地方人民政府有关部门

39. 根据《房产测绘管理办法》，房产测绘单位在房产测绘过程中不执行国家标准、规范和规定的，可以对其做出处罚的部门是(　　)。

A. 县级以上测绘行政主管部门　B. 县级以上房地产行政主管部门

C. 省级以上测绘行政主管部门　D. 省级以上房地产行政主管部门

40. 根据《公开地图内容表示补充规定（试行）》，公开地图确需表示大型水利、电力、通信等设施的位置时，其位置精度不得高于(　　)m。

A. 20　　B. 50

C. 100　　D. 200

41. 根据地图编制出版管理条例，出版或者展示未出版的绘有国界线或者省、自治区、直辖市行政区域界线的历史地图、世界地图和时事宣传图，应当报(　　)审核。

A. 国务院测绘行政主管部门

B. 外交部和国务院出版行政主管部门

C. 外交部和国务院测绘行政主管部门

D. 外交部和军队测绘主管部门

42. 根据《公开地图内容表示若干规定》，时事宣传图、旅游图、书刊插图和互联网上登载使用的各类示意性地图，其位置精度不能高于(　　)国家基本比例尺地图的精度。

A. 1∶10 万　　B. 1∶25 万

C. 1∶50 万　　D. 1∶100 万

43. 根据《公开地图内容表示若干规定》，中国全图必须表示南海诸岛、钓鱼岛、赤尾屿等重要岛屿，并用相应的符号绘出(　　)。

A. 南海诸岛归属范围线　　B. 南海诸岛轮廓线

C. 南海诸岛边界线　　D. 南海诸岛领海基线

44. 根据《地图审核管理规定》，伪造或者冒用地图审核批准文件和地图审图号的，由国务院测绘行政主管部门或者省级测绘行政主管部门给予警告、并处(　　)的罚款。

A. 3 000 元以上 1 万元以下　　B. 5 000 元以上 1 万元以下

C. 1 万元以上 2 万元以下　　D. 2 万元以上 3 万元以下

45. 根据《遥感影像公开使用管理规定（试行）》，公开使用的遥感影像地面分辨率不得优于(　　)m。

A. 0. 1　　B. 0. 5

C. 1. 0　　D. 2. 5

46. 根据测量标志保护条例，负责永久性测量标志重建工作的部门或单位是(　　)。

A. 损毁测量标志的单位　　B. 标志所在地测绘行政主管部门

C. 收取测量标志迁建费用的部门　　D. 标志所在地县级人民政府

47. 根据测量标志保护条例，下列关于测量标志迁建费用的说法中，错误的是(　　)。

A. 基础性测量标志迁建费用，由工程建设单位依法向省级测绘行政主管部门支付

B. 部门专用的测量标志迁建费用，由工程建设单位依法向设置测量标志的部门支付

C. 工程建设单位拒绝按照国家有关规定支付迁建费用的，测绘行政主管部门应当依法给予行政处罚

D. 设置部门专用的测量标志的部门查找不到，工程建设部门应当向当地县级人民政府支付迁建费用

48. 拆迁基础性测量标志或者使基础性测量标志失去使用效能的，应当由(　　)批准。

A. 国务院测绘行政主管部门

B. 省级测绘行政主管部门

C. 标志所在地的市级测绘行政主管部门

D. 国务院测绘行政主管部门或者省级测绘行政主管部门

49. 根据《测绘成果质量检查与验收》，在抽样检查情况下，样本质量得分 S 为(　　)。

A. 单位成果质量得分的加权平均值

B. 单位成果质量得分的算术平均值

C. 单位成果质量得分的最小值

D. 单位成果质量得分的最大值

50. 根据《数字测绘成果质量检查与验收》，下列检查项中，属于“地理表达”质量子元素检查内容的是(　　)。

A. 要素关系　　B. 注记配置

C. 符号配置　　D. 几何异常

51. 根据《数字测绘成果质量检查与验收》，单位成果质量评定等级为良级的，其质量得分 S 的分值应为(　　)。

A. 65分 $\leq S<90$ 分　　B. 70分 $\leq S<90$ 分

C. 75分 $\leq S<90$ 分　　D. 80分 $\leq S<90$ 分

52. 根据《国家基本比例尺地形图更新规范》，原图内的地物要素变化率为(　　)时，宜进行修测更新。

A. 5%~30%　　B. 10%~40%

C. 15%~50%　　D. 20%~50%

53. 根据《测绘管理工作国家秘密范围的规定》，下列事项中，属于机密级国家秘密范围的是(　　)。

A. 公开或泄露会使保护国家秘密的措施可靠性降低或者失效的

B. 公开或泄露会削弱国家局部军事防御能力和重要武器装备克敌效能的

C. 公开或泄露会对国家军事设施、重要工程安全造成威胁的

D. 公开或泄露会对国家安全警卫目标、设施的安全造成重要威胁的

54. 根据《基础测绘成果提供使用管理暂行办法》，下列说法中，不属于使用基础测绘成果申请条件的是(　　)。

A. 有明确、合法的使用目的

B. 申请的基础测绘成果范围、种类、精度与使用目的相一致

C. 符合国家的保密法律法规及政策

D. 有相应的测绘资质

55. 根据《基础地理信息数据档案管理与保护规范》，基础地理信息数据档案的存储环境要求是(　　)。

A. 温度选定范围为-5~0℃，相对湿度选定范围为15%~25%

B. 温度选定范围为10~15℃，相对湿度选定范围为25%~35%

C. 温度选定范围为17~20℃，相对湿度选定范围为35%~45%

D. 温度选定范围为20~23℃，相对湿度选定范围为35%~45%

56. 根据《基础地理信息数据档案管理与保护规范》，基础地理信息数据磁带应放在距钢筋房柱或类似结构物(　　)cm以外处。

A. 5　　B. 10

C. 20　　D. 30

57. 测绘工程费结算的主要依据是(　　)。

A. 测绘生产成本费用定额　　B. 测绘工程产品价格

C. 测绘合同　　D. 测绘工程成本预算

58. 按照测绘合同示范文本，乙方向甲方交付全部测绘成果的时间是(　　)。

A. 测绘生产工作完成后　　B. 测绘成果验收通过后

C. 测绘成果整理结束后　　D. 测绘工程费结清后

59. 根据《质量管理体系要求》，下列关于管理者代表职责、权限的说法中，错误的是(　　)。

A. 确保组织内的职责、权限得到规定和沟通

B. 确保质量管理体系所需的过程得到建立、实施和保持

C. 确保在整个组织内提高满足顾客要求的意识

D. 向最高管理者报告质量管理体系的绩效和任何改进的需求

60. 根据《质量管理体系要求》，下列内容中，不属于质量手册必要组成部分的是(　　)。

A. 质量管理体系的范围

B. 为质量管理体系编制的形成文件的程序或对其引用

C. 质量管理体系过程之间的相互作用的表述

D. 质量管理体系审核与认证材料

61. 下列项目目标中，不属于测绘项目承担单位目标管理内容的是(　　)。

A. 成本目标　　B. 工期目标

C. 质量目标　　D. 投资目标

62. 根据《基础地理信息城市数据库建设规范》，下列数据中，不属于三维建筑模型数据组成部分的是(　　)。

A. 空间几何数据　　B. 影像纹理数据

C. 相关属性数据　　D. 地名地址数据

63. 根据《公开版地图质量评定标准》，下列地图质量差错中，属于大差错的是(　　)。

A. 符号（等级）、注记（字体、字号）的设计不合理，造成关系不清

B. 重要专题内容的分区、分类、分级等出现重大科学性的差错

C. 普通居民地符号、注记的差错

D. 境界线综合不当、描绘变形超限

64. 根据《测绘生产成本费用定额计算细则》，下列测绘生产成本费用中，不属于直接生产成本的是(　　)。

A. 期间费　　B. 运输费

C. 材料费　　D. 工资

65. 根据《测绘技术设计规定》，下列文件中，不属于设计审批依据的是(　　)。

A. 设计策划文件　　B. 设计输入文件

C. 设计评审报告　　D. 设计验证报告

66. 根据《测绘技术设计规定》，下列项目设计书组成要素中，属于“设计方案”内容的是(　　)。

A. 已有资料情况　　B. 质量保证措施和要求

C. 引用文件　　D. 成果主要技术指标与规格

67. 下列单位中，负责测绘技术设计文件审核的是(　　)。

A. 承担测绘生产任务验收的单位

B. 测绘任务的委托单位

C. 承担测绘技术设计任务的单位

D. 承担测绘任务的法人单位

68. 在为大比例尺地形图全野外数字测图项目配置生产设备资源时，下列测绘仪器设备中，通常不会选择的是(　　)。

A. 全站仪　　B. 水准仪

C. GPS 测量系统　　D. 数字摄影测量系统

69. 测绘单位为实施测绘项目质量管理进行质量管理岗位配置时，质量检查员岗位分(　　)级设置。

A. 1　　B. 2

C. 3　　D. 4

70. 下列因素中，不属于测绘项目人力资源配置方案主要决定因素的是(　　)。

A. 工作内容　　B. 项目工期

C. 合同价款　　D. 技术要求

71. 下列因素中，不属于测绘生产进度拖延直接原因的是(　　)。

A. 进度计划编制的失误　　B. 生产实施过程的失误

C. 进度监控方法的变化　　D. 外部环境条件的变化

72. 下列因素中，不属于测绘生产质量控制基本依据的是(　　)。

A. 技术标准和规范　　B. 项目合同文件

C. 技术设计文件　　D. 技术总结文件

73. 根据《测绘生产质量管理规定》，下列关于测绘生产作业过程质量控制的说法中，错误的是(　　)。

A. 下工序有权退回不符合质量要求的上工序产品
B. 关键工序、重点工序应设置必要的检验点
C. 不合格品经返工修正后应重新进行质量检查
D. 过程检查完成后应及时编写质量检查报告

74. 根据《测绘作业人员安全规范》，在人烟稀少，条件恶劣地区乘车作业时，下列要求中，错误的是(　　)。

A. 作业车载货不得超重　　B. 加固作业车可单车作业
C. 作业车应有双备胎　　D. 气压低时作业车应低速行驶

75. 根据《测绘作业人员安全规范》，下列常见病中，在高海拔地区作业时不必一经发现立即采取治疗措施的是(　　)。

A. 紫外线灼伤　　B. 感冒
C. 高原反应　　D. 冻伤

76. 根据《测绘成果质量监督抽查与数据认定规定》，下列内容中，不属于基础地理信息标准数据认定内容的是(　　)。

A. 生产单位的合法性　　B. 数据基础的符合性
C. 数据资料的完整性　　D. 数据内容的符合性

77. 根据《测绘技术总结编写规定》，下列技术人员中，对技术总结编写质量负责的是(　　)。

A. 技术总结编写人员　　B. 技术总结审核人员
C. 技术设计编写人员　　D. 技术设计审核人员

78. 根据《测绘技术总结编写规定》，“任务的安排与完成情况”应在技术总结的(　　)部分说明。

A. 概述　　B. 技术设计执行情况
C. 成果质量说明和评价　　D. 上交成果及清单

79. 下列关于测绘技术总结作用的说法中，错误的是(　　)。

A. 为用户合理使用成果提供方便
B. 为测绘单位持续质量改进提供依据
C. 为测绘技术标准制定提供资料
D. 为测绘市场监管提供依据

80. 根据《测绘成果质量检查与验收》，下列关于质量问题处理的说法中，正确的是(　　)。

A. 经验收判为合格的批，测绘单位对验收中发现的问题进行处理，不许复查
B. 过程检查、最终检查中发现的质量问题应改正，直至检查无误为止
C. 验收工作中，当对质量问题的判定存在分歧时，由测绘单位总工程师裁定
D. 经验收判为不合格的批，要将检验批全部退回测绘单位处理，再次验收

时不需重新抽样

二、多项选择题（每题 2 分。每题的备选选项中，有 2 项或 2 项以上符合题意，至少有 1 项是错项。错选，本题不得分；少选，所选的每个选项得 0.5 分。）

81. 依据《基础地理信息城市数据库建设规范》，数据入库前检查的依据包括(　　)。

A. 数据库设计中对数据的技术要求
B. 数据生产技术设计书
C. 数据生产技术总结
D. 数据生产的数据检查报告
E. 数据库测试报告

82. 根据《测绘技术设计规范》，下列文件中，属于测绘技术设计文件的有(　　)。

A. 项目设计书　　B. 专业技术设计书
C. 设计评审意见　　D. 设计审批意见
E. 技术设计更改单

83. 根据《测绘作业人员安全规范》，下列内业生产作业场所的安全措施中，正确的有(　　)。

A. 配置必要的安全警示标志　　B. 按消防规定配备灭火器具
C. 划设专门的吸烟区域　　D. 保持安全出口和通道畅通
E. 配备专人管理和检修用电设施

84. 编写专业技术总结时，下列文档资料中，应当在“上交测绘成果（或产品）和资料清单”中说明的有(　　)。

A. 测绘项目合同　　B. 项目设计书
C. 专业技术设计书　　D. 专业技术总结
E. 质量检查报告

85. 根据《测绘成果质量检查与验收》，单位成果质量评定为不合格的情况有(　　)。

A. 单位成果中出现 A 类错漏
B. 质量子元素质量得分小于 60 分
C. 高程精度检测粗差比例超过 5%
D. 平面位置精度检测粗差比例超过 3%
E. 相对位置精度检测粗差比例超过 3%

86. 根据《测绘成果质量检查与验收》，下列空中三角测量成果质量错漏中，属于 B 类的有(　　)。

A. 基本定向点残差超限　　　　B. 像点量测误差超限

C. 内定向超限　　　　　　　　D. 控制点的布设不符合要求

E. 高程多余控制点误差超限

87. 根据《公开地图内容表示若干规定》，下列关于公开地图比例尺规定的说法中，正确的有(　　)。

A. 中国地图比例尺等于或小于 1：100 万

B. 省、自治区地图比例尺等于或小于 1：50 万

C. 直辖市地图比例尺等于或小于 1：25 万

D. 辖区面积小于 10 万平方千米的省、自治区、直辖市地图比例尺等于或小于1：20万

E. 香港、澳门特别行政区和台湾省地图比例尺不限

88. 下列标准中，属于 2000 版 ISO 9000 族核心标准的有(　　)。

A. ISO 9000 质量管理体系基础和术语

B. ISO 9001 质量管理体系要求

C. ISO 9002 质量体系-生产和安装的质量保证模式

D. ISO 9004 质量管理体系业绩改进指南

E. ISO 9011 质量和（或）环境管理体系审核指南

89. 根据测绘法，测绘单位转包测绘项目应当承担的法律责任有(　　)。

A. 责令改正

B. 没收违法所得

C. 处测绘约定报酬 1 倍以上 2 倍以下的罚款

D. 可以责令停业整顿或者降低资质等级

E. 情节严重的，吊销营业执照

90. 根据《建立相对独立的平面坐标系统管理办法》，审批建立相对独立的平面坐标系统申请时，下列情形中，应当不予批准的有(　　)。

A. 申请材料不齐全的

B. 申请材料虚假的

C. 国家坐标系统能够满足需要的

D. 申请材料不符合规定形式要求的

E. 已依法建有相关的相对独立的平面坐标系统的

91. 根据基础测绘条例，确定基础测绘成果的更新周期应当考虑的因素有(　　)。

A. 不同地区国民经济和社会发展的需要

B. 测绘科学技术水平和测绘生产能力

C. 基础地理信息变化情况

D. 国家基础测绘规划

E. 省级基础测绘年度计划

92. 根据计量法，下列对计量标准器具中，县级以上人民政府计量行政部门需要对其实行强制检定的有(　　)。

A. 社会公用计量标准器具

B. 企业使用的计量标准器具

C. 企业使用的最高计量标准器具

D. 国务院各级检定部门使用的计量标准器具

E. 各级人民政府事业单位和企业使用的计量标准器具

93. 根据测绘法，测绘单位测绘成果质量不合格的，测绘行政主管部门可以依法对测绘单位做出的行政处罚有(　　)。

A. 责令补测或者重测

B. 情节严重的，责令停业整顿

C. 给用户造成损失的，依法承担赔偿责任

D. 情节严重的，降低资质等级直至吊销测绘资质证书

E. 处测绘约定报酬 2 倍以下的罚款

94. 根据测绘成果管理条例，法人或其他组织需要利用属于国家秘密的基础测绘成果，经成果所在地测绘行政主管部门审查同意后，测绘行政主管部门应当书面告知测绘成果的(　　)。

A. 技术规定　　B. 使用标准

C. 秘密等级　　D. 保密要求

E. 著作权保护要求

95. 根据《基础地理信息公开表示内容的规定（试行）》，下列基础地理信息及相关要素中，可以公开表示的有(　　)。

A. 地下河段　　B. 海岸线

C. 拦水坝的材质、长度、宽度　　D. 城区急救点

E. 桥墩结构

96. 根据测量标志保护条例，下列行为中，属于测量标志保管人员权利和义务的有(　　)。

A. 对所保管的测量标志进行检查

B. 发现移动和损毁情况，及时报告当地乡级人民政府

C. 制止、检举和控告移动、损毁、盗窃测量标志的行为

D. 查询使用永久性测量标志测绘人员的测绘工作证件

E. 收取测量标志有偿使用费

97. 申请互联网地图服务甲级测绘资质的条件有(　　)。

A. 具有独立的地图引擎

B. 具有 20 名以上的相关专业技术人员

C. 具有 15 名以上的地图安全审核人员

D. 地图数据服务器设在我国境内

E. 具有事业单位法人或企业法人资格

98. 根据《外国的组织或者个人来华测绘管理暂行办法》，下列关于外国的组织或者个人超出一次性测绘批准文件的内容从事测绘活动的法律责任的说法中，正确的有(　　)。

A. 撤销批准文件，责令停止测绘活动

B. 处 3 万元以下罚款

C. 对中方直接责任人员依法给予行政处分

D. 构成犯罪的，依法追究刑事责任

E. 责令限期离境

99. 下列关于测绘作业证的说法中，正确的有(　　)。

A. 过期不注册核准的测绘作业证无效

B. 测绘作业证只限本人使用，不得转借他人

C. 遗失测绘作业证的，测绘人员应立即向发证机关书面报告情况

D. 测绘人员调往其他测绘单位的，原测绘作业证可变更使用

E. 进入军事禁区从事测绘活动不能单纯持有测绘作业证

100. 根据《测绘市场管理暂行办法》，测绘合同承揽方的义务有(　　)。

A. 遵守有关的法律、法规，全面履行合同，遵守职业道德

B. 按合同约定向委托方提交成果资料

C. 根据各省、自治区、直辖市的有关规定，向测绘主管部门备案登记测绘项目

D. 按合同约定，享有测绘成果的所有权和使用权

E. 按合同约定，不向第三方提供受委托完成的测绘成果

参考答案及解析

一、单项选择题

1. 【C】测绘资质的专业划分为：大地、测摄、摄测、工测、地籍测绘、房产测绘、界线测绘、地理信息工程、海洋测绘、地图编制、导航电子地图制作、互联网地图服务。
2. 【A】《关于调整房产测绘资质审批程序的通知》房产测绘单位的年度注册和复审换证依据《测绘资质管理规定》办理，不再送房地产行政主管部门征求意见。
3. 【D】降低资质等级、暂扣测绘资质证书、吊销测绘资质证书的行政处罚，由颁发资质证书的部门决定；其他行政处罚由县级以上人民政府测绘行政主管部门决定。
4. 【B】申请材料不齐全或者不符合法定形式的，应当当场或者在 5 日内一次告知申请人需要补正的全部内容，逾期不告知的，自收到申请材料之日起即为受理。

5. 【B】国家测绘地理信息局为注册测绘师资格的注册审批机构。各省、自治区、直辖市人民政府测绘行政主管部门负责注册测绘师资格的注册审查工作。
6. 【A】在测绘活动中形成的技术设计和测绘成果质量文件，必须由注册测绘师签字并加盖执业印章后方可生效。
7. 【B】因测绘成果质量问题造成的经济损失，接受委托的单位应承担赔偿责任。
8. 【A】外国的组织或者个人依法与中华人民共和国有关部门或者单位合资、合作，经批准在中华人民共和国领域内从事测绘活动的，测绘成果归中方部门或者单位所有。
9. 【B】须依法设立合资企业，且外方投资者在合资企业中的出资比例，不得超过50%。
10. 【A】测绘单位申报材料不真实，虚报冒领测绘作业证的，由省、自治区、直辖市人民政府测绘行政主管部门收回冒领的证件，并根据其情节给予通报批评。
11. 【C】一方违约时，对方可以选择适用违约金或者定金条款。
12. 【A】被侵害经营者的损失是难以计算的，赔偿额为侵权人在侵权期间因侵权所获得的利润。
13. 【B】通过资格预审的申请人少于 3 个的，应当重新招标。
14. 【D】测绘项目的主体部分、关键部分不可分包给他人，其他的部分可以分包。
15. 【C】以任意点和方向起算建立的平面坐标系统或者在全国统一的坐标系统基础上，进行中央子午线投影变换以及平移、旋转等而建立的平面坐标系统。
16. 【D】国家测绘地理信息局负责审批的基础测绘成果：全国统一的一、二等平面控制网、高程控制网和国家重力控制网的数据、图件；A、B 级 GPS 网点用于建立国家一、二等平面控制网。
17. 【D】基础测绘工作应当遵循统筹规划、分级管理、定期更新、保障安全的原则。
18. 【A】基础测绘应急保障预案的内容包括：应急保障组织体系，应急装备和器材配备，应急响应，基础地理信息数据的应急测制和更新等应急保障措施。
19. 【C】企业对有国家标准或者行业标准的产品，可以向国务院标准化行政主管部门或者国务院标准化行政主管部门授权的部门申请产品质量认证。
20. 【C】国家法定计量检定机构的计量检定人员，必须经县级以上人民政府计量行政部门考核合格，并取得计量检定证件。其他单位的计量检定人员，由其主管部门考核发证。
21. 【A】对需要在全国范围内统一的技术要求，应当制定国家标准。国家标准由国务院标准化行政主管部门制定。
22. 【D】甲级测绘单位应当通过 ISO 9000 系列质量保证体系认证。
23. 【B】拒绝接受监督检验的，受检的测绘项目成果质量按照“批不合格”处理。
24. 【D】基础测绘项目的质量，由组织实施该项目的测绘行政主管部门监督管理。
25. 【B】汇交测绘成果资料的范围由国务院测绘主管部门会商国务院有关部门制定并公布。

26.【C】主办单位保存一套完整档案。协作单位可保存与自己承担任务有关的档案正本。

27.【B】利用涉及国家秘密的测绘成果开发生产的产品，未进行保密技术处理的，其秘密等级不得低于所用测绘成果的秘密等级。

28.【D】国家秘密及其密级的具体范围，由国家保密行政管理部门分别会同外交、公安、国家安全和其他中央有关机关规定。

29.【C】下级机关、单位认为本机关、本单位产生的有关定密事项属于上级机关、单位的定密权限，应当先行采取保密措施，并立即报请上级机关、单位确定。

30.【D】用户在涉及加工、处理、集成等使用涉密地理信息数据的建设项目招投标中，必须委托给国内具有相应测绘资质的单位承担。

31.【B】提供方的责任和义务是提供方应当根据测绘行政主管部门的批准文件，及时向使用方提供基础地理信息数据，同时提供相应数据说明。

32.【A】国务院测绘主管部门负责受理单位和个人提出的审核公布重要地理信息数据建议。

33.【C】三等界址点相对于临近基础控制点的点位中误差不超过±0.50 m。

34.【C】国界线标准样图，由外交部和国务院测绘主管部门拟订，报国务院批准后公布。

35.【A】中华人民共和国实行土地的社会主义公有制，即全民所有和劳动群众集体所有制。全民所有，即国家所有土地的所有权由国务院代表国家行使。

36.【B】不动产权属证书记载的事项，应当与不动产登记簿一致；记载不一致的，除有证据证明不动产登记簿确有错误外，以不动产登记簿为准。

37.【A】登记机构不得有下列行为：①要求对不动产进行评估；②以年检等名义进行重复登记；③超出登记职责范围的其他行为。

38.【B】以出让或划拨方式取得土地使用权，经县级以上地方人民政府土地管理部门核实，由同级人民政府颁发土地使用权证书。

39.【B】在房产面积测算中不执行国家标准、规范和规定的，由县级以上人民政府房地产行政主管部门给予警告并责令限期改正，罚款，降级或者取消其房产测绘资格。

40.【C】公开地图不得表示大型水利、电力、通信等设施的具体形状及属性，确需表示位置时其位置精度不得高于100 m。

41.【C】出版或者展示未出版的绘有国界线或者省、自治区、直辖市行政区域界线地图的，在地图印刷或者展示前，应当依照规定报外交部和国务院测绘行政主管部门审核。

42.【C】时事宣传图、旅游图、书刊插图和互联网上登载使用的各类示意性地图，其位置精度不能高于1∶50万国家基本比例尺地图的精度。

43.【A】中国全图必须表示南海诸岛、钓鱼岛、赤尾屿等重要岛屿，并用相应的符号绘出南海诸岛归属范围线。

44. 【D】伪造或者冒用地图审核批准文件和地图审图号的，由国务院测绘行政主管部门或者省级测绘行政主管部门给予警告、并处 2 万元以上 3 万元以下的罚款。
45. 【B】公开使用的遥感影像位置精度不得高于 50 m；影像地面分辨率不得优于 0.5 m；不标注涉密信息、不处理建筑物、构筑物等固定设施。
46. 【C】永久性测量标志的重建工作，由收取测量标志迁建费用的部门组织实施。
47. 【D】设置部门专用的测量标志的部门查找不到的，工程建设单位应当按照国家有关规定向省、自治区、直辖市人民政府管理测绘工作的部门支付迁建费用。
48. 【D】拆迁基础性测量标志或者使基础性测量标志失去使用效能的，由国务院测绘行政主管部门或者省、自治区、直辖市人民政府管理测绘工作的部门批准。
49. 【B】按算术平均方式计算样本质量得分 S。
50. 【A】“地理表达”质量子元素检查内容：要素取舍、图形概括、要素关系、方向特征。
51. 【C】单位成果质量评定等级规定：90 分≤S≤100 分，优级品；75 分≤S<90 分，良级品；60 分≤S<75 分，合格品；不合格品。
52. 【B】出现下列情况之一时，宜进行修测更新：①地物要素变化率超过 10%，但小于 40%；②原图内某种重要地物位置发生变化。
53. 【D】机密级范围：①公开或泄露会对国家重要军事设施的安全造成严重威胁的；②公开或泄露会对国家安全警卫目标、设施的安全造成严重威胁的。
54. 【D】申请使用基础测绘成果应当符合下列条件：①有明确、合法的使用目的；②申请的基础测绘成果范围、种类、精度与使用目的相一致；③符合国家的保密法律法规及政策。
55. 【C】温度选定范围：17℃～20℃；相对湿度选定范围：35%～45%。
56. 【B】磁带应放在距钢筋房柱或类似结构物 10cm 以外处，以防雷电经钢筋传播时产生的磁场损坏载体上的信息。
57. 【C】测绘工程结算的主要依据是测绘合同。
58. 【D】自测绘工程费全部结清之日起 3 日内，乙方根据技术设计书的要求向甲方交付全部测绘成果。
59. 【A】确保组织内的职责、权限得到规定和沟通不属于管理者代表职责、权限。
60. 【D】质量管理体系审核与认证材料不属于质量手册包括的内容。
61. 【D】测绘目标包括工期目标、成本目标和质量目标。
62. 【D】城市三维模型数据主要包括三维建筑模型数据。三维建筑模型数据可由空间几何数据、影像纹理数据和相关属性数据组成。
63. 【A】地图产品的重要质量特性不符合规定，属于大差错的有：符号（等级）、注记（字体、字号）的设计不合理，造成关系不清。
64. 【A】直接生产成本包括直接工资、直接材料、折旧费及生产人员的交通差旅费等。
65. 【A】设计审批的依据主要包括设计输入内容、设计评审和验证报告等。

66. 【B】设计方案包括：软件和硬件配置要求、技术路线及工艺流程、技术规定、上交和归档成果内容及其资料内容和要求、质量保证措施和要求、进度安排和经费预算。
67. 【D】技术设计文件报批之前，承担测绘任务的法人单位必须对其全面审核。
68. 【D】摄影测量工作站和数字成图系统等属于测绘内业设备。
69. 【C】为实施测绘项目质量管理进行质量管理岗位配置时，质量检查员岗位分二级设置。
70. 【C】测绘项目人力资源配置方案的主要决定因素是工作内容项目工期技术要求。
71. 【C】进度控制方法的变化不属于测绘生产进度拖延直接原因。
72. 【D】技术总结文件不属于测绘生产质量控制基本依据。
73. 【D】测绘单位必须建立内部质量审核制度。经成果质量过程检查的测绘产品，必须通过质量检查机构的最终检查，评定质量等级，编写最终检查报告。
74. 【B】在戈壁、沙漠和高原等人员稀少、条件恶劣的地区应采用双车作业。作业车辆应加固，配备适宜的轮胎，每车应有双备胎。
75. 【A】在高海拔区域发生高原反应、感冒、冻伤等疾病时，应立即采取有效的治疗措施。
76. 【C】认定内容包括：生产单位的合法性、数学基础的符合性、生产过程的符合性。
77. 【B】技术总结编写完成后，单位总工程师或技术负责人应对技术总结编写的客观性、完整性等进行审核并签字，并对技术总结编写的质量负责。
78. 【A】概述的主要内容：概要说明测绘任务总的情况，例如，任务来源、目标、工作量等，任务的安排与完成情况，以及作业区概况和已有资料利用情况等。
79. 【D】测绘技术总结为用户对成果（或产品）的合理使用提供方便，为测绘单位持续质量改进提供依据，同时也为测绘技术设计、有关技术标准、规定的制定提供资料。
80. 【B】过程检查、最终检查中发现的质量问题要进行改正。

二、多项选择题

81. 【ABCD】数据入库前检查的依据包括：数据库设计中对数据的技术要求、数据生产技术设计书和有关规定、数据生产技术总结、数据生产的数据检查报告。
82. 【ABE】测绘技术设计文件主要包括：项目设计书、专业技术设计书以及相应的技术设计更改文件。
83. 【ABDE】禁止在作业场所吸烟以及使用明火取暖，禁止超负荷用电，使用电器取暖或烧水，不用时要切断电源。严禁携带易燃易爆物品进入作业场所。
84. 【CDE】测绘项目合同和项目设计书不属于上交测绘成果（或产品）和资料。
85. 【ABC】成果高程精度、平面位置精度及相对位置检测，任一项粗差比例超过

5%，即判为不合格。

86. 【BDE】基本定向点残差超限；内定向超限；不属于 B 类错误。

87. 【ABCE】公开地图的比例尺、开本应符合以下规定：直辖市地图及辖区面积小于 10 万平方千米的省、自治区地图，比例尺等于或小于 1∶25 万。

88. 【ABDE】ISO 9002 质量体系-生产和安装的质量保证模式不属于 2000 版 ISO 9000 族标准四大核心标准。

89. 【ABCD】违反本法规定，测绘单位将测绘项目转包的，责令改正，没收违法所得，处罚款，并可责令停业整顿或者降低资质等级；情节严重的，吊销测绘资质证书。

90. 【BCE】有以下情况之一的，对申请不予批准：①申请材料内容虚假的；②国家坐标系统能够满足需要的；③已依法建有相关的相对独立的平面坐标系统的。

91. 【ABC】基础测绘成果更新周期应当根据不同地区国民经济和社会发展的需要、测绘科学技术水平和测绘生产能力、基础地理信息变化情况等因素确定。

92. 【AC】县级以上人民政府计量行政部门对社会公用计量标准器具、部门和企业、事业单位使用的最高计量标准器具，实行强制检定。

93. 【ABCD】处测绘约定报酬 2 倍以下的罚款不是测绘成果质量不合格的法律责任。

94. 【CDE】法人或者其他组织应当提出明确的利用目的和范围。审查同意的，应当以书面形式告知测绘成果的秘密等级、保密要求以及相关著作权保护要求。

95. 【ABD】拦水坝的材质、长度、宽度，桥墩结构可以公开表示。

96. 【ABCD】收取测量标志有偿使用费不属于测量标志保管人员的职责。

97. 【ABDE】具有 15 名以上的地图安全审核人员不是互联网地图服务资质申请的条件。

98. 【ABCD】责令限期离境不属于外国的组织或者个人超出一次性测绘批准文件的内容从事测绘活动的法律责任。

99. 【ABE】测绘人员调往其他测绘单位的，由新调入单位重新申领测绘作业证。遗失测绘作业证的，测绘单位办理遗失证件的补证。

100. 【ACE】按合同约定向委托方提供资料。不享有测绘成果的所有权和使用权。

（四）2014 年注册测绘师资格考试测绘管理与法律法规试卷与参考答案及解析

一、单项选择题（每题 1 分，每题的备选选项中，只有 1 个最符合题意。）

1. 根据《测绘资质分级标准》，下列专业范围中，设立丁级测绘资质业务范围的是(　　)。

A. 大地测量　　B. 摄影测量与遥感

C. 海洋测绘　　D. 地理信息系统工程

2. 某乙级测绘的单位具有工程测量资质，资质证书上载明的业务范围包括控制测量、地形测量等。该单位承接 1∶500 比例尺地形图的面积不应超过(　　)km^2。

A. 15　　B. 20

C. 30　　D. 50

3. 根据《测绘资质分级标准》，乙级测绘单位申请升级为甲级的。其近 2 年完成的测绘服务总值应不少于(　　)万元。

A. 500　　B. 800

C. 1 000　　D. 1 600

4. 根据《注册测绘师制度暂行规定》，注册申请人以不正当手段取得注册的，在(　　)年内不得再次申请注册。

A. 1　　B. 2

C. 3　　D. 5

5. 张三、李四是同一家测绘资质单位的注册测绘师，根据《注册测绘师制度暂行规定》，下列关于他们执业活动的说法中，错误的是(　　)。

A. 张三、李四可以开展与单位测绘资质等级和业务范围相应的测绘执业活动

B. 修改经张三签字盖章的测绘文件，应当由张三本人进行

C. 因特殊情况，李四修改经张三签字盖章的测绘文件，应由李四对修改部分承担责任

D. 其所在单位可以统一保管张三、李四的注册测绘师注册证和执业印章

6. 根据《外国的组织或者个人来华测绘管理暂行办法》，经批准在我国境内从事一次性测绘的，应申请人送达批准文件的部门是(　　)。

A. 外交部　　B. 国务院测绘行政主管部门

C. 省级测绘行政主管部门　　　　D. 军队测绘主管部门

7. 根据《外国的组织或者个人来华测绘管理暂行办法》，下列材料中，申请一次性测绘活动时不必提交的材料是(　　)。

A. 国务院及有关部门或者省级人民政府的批准文件

B. 外国的组织或者个人的身份证明和有关资格证明

C. 测绘活动住宿地、车辆牌照和有关随从人员情况

D. 使用测绘仪器、软件和设备的清单和情况说明

8. 根据《测绘作业证管理规定》，下列关于使用测绘作业证的说法中，错误的是(　　)。

A. 测绘人员进入机关、企业、住宅小区等进行测绘，应当主动出示测绘作业证

B. 测绘人员持测绘作业证可进入军事禁区进行测绘活动

C. 测绘人员不得利用测绘作业证从事与其测绘工作身份无关的活动

D. 测绘人员遗失测绘作业证，应当立即向本单位报告并说明情况

9. 根据《测绘作业证管理规定》，下列人员中，应当领取测绘作业证的是(　　)。

A. 注册测绘师　　　　B. 测绘行业技师

C. 测绘外业作业人员　　　　D. 测绘内业作业人员

10. 根据《测绘生产成本费用定额》，下列费用中，不列入成本费用的是(　　)。

A. 直接费用　　　　B. 间接费用

C. 期间费用　　　　D. 折旧费用

11. 根据反不正当竞争法，下列行为中，不属于不正当竞争行为的是(　　)。

A. 串通投标抬高价格

B. 串通投标压低价格

C. 招标者与投标者相互勾结，排除竞争对手

D. 投标人组成联合体共同投标

12. 根据《测绘生产成本费用定额》，测绘工作项目设计费用占成本费用的比例为(　　)。

A. 1%　　　　B. 1.5%

C. 2%　　　　D. 3%

13. 根据反不正当竞争法，滥用行政权力限制市场竞争的主体是(　　)。

A. 公用企业　　　　B. 专卖企业

C. 具有独占地位的经营者　　　　D. 政府及其所属部门

14. 根据合同法，当事人采用合同书形式订立合同的，自(　　)时合同成立。

A. 双方当事人制作合同书　　　　B. 双方当事人表示合同约束

C. 双方当事人签字、盖章　　　　D. 双方当事人达成一致意见

15. 根据《建立相对独立的平面坐标系统管理办法》，河北省石家庄建立相对独立的平面坐标系统，应当由(　　)批准。

A. 国务院测绘行政主管部门　　B. 河北省测绘行政主管部门

C. 石家庄市测绘行政主管部门　　D. 军队测绘主管部门

16. 根据测绘法，全国统一的大地基准、高程基准、深度基准和重力基准，其数据由(　　)批准。

A. 国务院

B. 国务院测绘行政主管部门

C. 国务院测绘行政主管部门会同国务院其他有关部门

D. 军队测绘主管部门

17. 对乙级房产测绘单位在房产测绘活动过程中，由于房产面积测算失误，造成重大损失，情节严重，根据《房产测绘管理办法》，依法予以降级或者取消其房产测绘资质的机关是(　　)。

A. 所在地省级测绘行政主管部门

B. 所在地市级测绘行政主管部门

C. 所在地省级房地产行政主管部门

D. 所在地市级房地产行政主管部门

18. 基础测绘中长期规划师政府对基础测绘在时间和空间上的战略部署及其具体安排，其规划一般至少为(　　)年。

A. 5　　B. 10

C. 15　　D. 20

19. 根据《测绘成果质量监督检查管理办法》，质量监督抽查不合格的测绘单位整改完成后，必须向组织实施抽查的测绘行政主管部门报送整改情况，并申请(　　)。

A. 监督抽查　　B. 监督复检

C. 监督复查　　D. 监督检查

20. 根据《测绘标准化工作管理办法》，测绘国家和行业标准化指导性技术文件发布后(　　)年必须复审。

A. 1　　B. 2

C. 3　　D. 4

21. 根据标准化法，下列关于国家标准公布后相应行业标准效力的说法中，正确的是(　　)。

A. 行业标准继续有效　　B. 行业标准应当及时修订

C. 行业标准应当及时复审　　D. 行业标准即行废止

22. 根据《测绘计量管理暂行办法》，下列关于测绘计量器具的说法中，错误的是(　　)。

A. 必须经测绘计量检定机构或测绘计量标准检定合格

B. 超过检定周期的测绘计量器具不得使用

C. 必须经周期检定合格才能用于测绘生产

D. 教学示范用测绘计量器具经依法登记后可用于测绘生产

23. 根据标准化法，测绘标准《导航电子地图安全处理技术基本要求》属于(　　)。

A. 强制性国家标准　　B. 推荐性国家标准

C. 强制性行业标准　　D. 推荐性行业标准

24. 根据《测绘质量监督管理办法》，编制测绘产品质量监督检查计划的部门是(　　)。

A. 国务院测绘行政主管部门　　B. 省级以上测绘行政主管部门

C. 省级以上技术监督管理部门　　D. 县级以上测绘行政主管部门

25. 根据《测绘质量监督管理办法》，测绘产品质量检验人员应当通过任职资格考核合格，并取得(　　)后，方可从事测绘产品质量检验工作。

A. 测绘作业证　　B. 测绘产品质量检验员证

C. 测绘质量监督检查证　　D. 测绘质量检验上岗证

26. 根据《测绘生产质量管理规定》，测绘单位的下列人员中，对测绘项目的产品质量负直接责任的是(　　)。

A. 项目质量负责人　　B. 法定代表人

C. 质量检查机构负责人　　D. 质量检查人员

27. 根据《测绘生产质量管理规定》，下列关于质量检查的说法中，错误的是(　　)。

A. 不合格品经返工修正后，可直接交付使用

B. 因质量问题造成下道工序损失的，应承担相应的经济责任

C. 对检查发现的不合格品应及时跟踪处理，做出质量记录，采取纠正措施

D. 经成果质量过程检查的测绘产品，必须通过质量检查机构的最终检查

28. 根据《测绘成果质量监督抽查管理办法》，下列文件中，不作为质量监督抽查时质量判定依据的是(　　)。

A. 国家法律法规，国家标准　　B. 行业标准，地方标准

C. 测绘单位明示的企业标准　　D. 质量记录文件

29. 根据测绘成果管理条例，下列关于测绘成果汇交的说法中，错误的是(　　)。

A. 财政投资完成的测绘项目，由项目承担单位负责汇交

B. 使用其他资金完成的测绘项目，由项目出资人负责汇交

C. 基础测绘成果汇交副本，非基础测绘成果汇交目录

D. 测绘成果的副本和目录实行有偿汇交

30. 根据保密法，机关、单位应当将涉及绝密级或者较多机密级、秘密级国家秘密的机构确定为(　　)。

A. 保密要害部门　　B. 重要涉密部门

C. 核心秘密部门　　D. 重点防护部门

31. 根据测绘成果管理条例，对外提供属于国家秘密的测绘成果，应当按照国务院和中央军事委员会规定的审批程序，报(　　)审批。

A. 国务院测绘行政主管部门

B. 军队测绘主管部门

C. 国务院测绘行政主管部门会同军队测绘主管部门

D. 国务院测绘行政主管部门或者省级测绘行政主管部门

32. 根据《关于进一步加强涉密测绘成果管理工作的通知》，下列关于涉密测绘成果管理与使用的说法中，错误的是(　　)。

A. 涉及国家机密的测绘航空摄影成果应当按规定先送审后再提供使用

B. 涉密测绘成果应当按照先归档入库再提供使用的规定进行管理

C. 未经依法审批，任何单位和个人不得擅自提供使用涉密测绘成果

D. 经批准使用涉密成果的单位，应当在多个项目中利用该成果，提高使用效率

33. 南京市一家测绘资质单位要使用江苏省域内 1：5 万国家基本比例尺地图和数字化产品，根据《基础测绘成果提供使用管理暂行办法》，应当由(　　)审批。

A. 国务院测绘行政主管部门　　B. 江苏省测绘行政主管部门

C. 南京市测绘行政主管部门　　D. 江苏省军区测绘主管部门

34. 根据测绘成果管理条例，下列关于测绘成果使用的说法中，错误的是(　　)。

A. 测绘成果依法实行有偿使用制度

B. 基础测绘成果和财政投资完成的其他测绘成果应当无偿使用

C. 政府部门因防灾、减灾等公共利益需要可以无偿使用测绘成果

D. 依法有偿使用测绘成果应当签订书面协议

35. 根据测绘成果管理条例，外国公司与中方公司共同组建合资公司，合资公司经批准在我国从事测绘活动的，由(　　)负责汇交测绘成果。

A. 外国公司　　B. 中方公司

C. 合资公司　　D. 中方公司的主管部门

36. 根据《重要地理信息数据审核公布管理规定》，地方人民政府建议审核公布重要地理信息数据时，不必提交的材料是(　　)。

A. 建议人基本情况

B. 重要地理信息数据的详细数据或者资料

C. 重要地理信息数据获取的技术方案

D. 重要地理信息数据公布的必要性说明

37. 根据《地图审核管理规定》，下列地图中，国务院测绘行政主管部门可以委托省级测绘行政主管部门审核的是(　　)。

A. 世界性和全国性地图

B. 省、自治区、直辖市地方性中小学教学图

C. 涉及两个以上省级行政区域的地图

D. 涉及国界线的省、自治区、直辖市历史地图

38. 根据《地图审核管理规定》，下列地图审查内容中，国务院测绘行政主管部门不需要审查的是(　　)。

A. 保密审查

B. 国界线，省、自治区、直辖市行政区域界线

C. 重要地理要素及名称等内容

D. 公开地图的比例尺、开本、经纬线等

39. 根据测绘法，县级以上人民政府测绘行政主管部门组织管理地籍测绘时，应当按照(　　)进行。

A. 基础测绘规划　　B. 土地利用总体规划

C. 地籍测绘规划　　D. 国民经济和社会发展规划

40. 根据物权法，权利人利害关系人认为不动产登记记载的事项是错误的，可以申请(　　)。

A. 变更登记　　B. 更正登记

C. 异议登记　　D. 重新登记

41. 根据土地管理法，国家为了公共利益需要，可以依法对集体所有权的土地实行(　　)。

A. 征用　　B. 收购

C. 划拨　　D. 征收

42. 根据《测绘市场管理暂行办法》，测绘项目的承包方依法分包时，分包量不得大于该项目总承包量的(　　)。

A. 20%　　B. 30%

C. 40%　　D. 50%

43. 根据物权法，国家对不动产实行(　　)登记制度。

A. 强制　　B. 自愿

C. 统一　　D. 分级

44. 根据《房地产管理办法》，对用于房产管理的房产测绘成果，房地产行政主管部门不审核的内容是(　　)。

A. 施测单位的资格　　B. 测绘成果的适用性

C. 面积测算依据与方法　　D. 施测人员的资格

45. 根据《基础地理信息标准数据基本规定》，1∶1 000 基础地理信息标准数据由(　　)认定。

A. 数据表现地的省级测绘行政主管部门

B. 数据表现地的省级测绘行政主管部门委托的机构

C. 数据表现地的市级测绘行政主管部门

D. 数据表现地的市级测绘行政主管部门委托的机构

46. 根据《房地产管理办法》，下列关于房产测绘委托的说法中，错误的是（　　）。

A. 房产管理中需要的房产测绘，由房地产行政主管部门委托房产测绘单位进行

B. 委托房产测绘的，应当签订书面房产测绘合同

C. 房产测绘单位与委托人不得有利害关系

D. 房产测绘所需费用由房屋产权人支付

47. 根据《公开地图内容表示补充规定（试行）》，数字高程模型格网不得小于（　　）m。

A. 50　　B. 100

C. 150　　D. 200

48. 根据《地图审核管理规定》，审核使用国家秘密成果编制的地图时，申请人应当提交经(　　)进行保密技术处理和使用保密插件的证明文件。

A. 国务院保密行政管理部门　　B. 国务院测绘行政主管部门

C. 军队测绘主管部门　　D. 国务院测绘行政主管部门有关机构

49. 根据测量标志保护条例，永久性测量标志的重建工作，由(　　)组织实施。

A. 国务院测绘行政主管部门

B. 省级测绘行政主管部门

C. 测量标志所在地的县级人民政府

D. 收取测量标志迁建费用的部门

50. 根据测量标志保护条例，全国测量标志的维修规划，由(　　)制定。

A. 国务院测绘行政主管部门

B. 军队测绘行政主管部门

C. 国务院测绘行政主管部门会同国务院其他有关部门

D. 国务院测绘行政主管部门会同军队测绘主管部门

51. 测绘单位确定开展贯标工作，一般应选择(　　)帮助建立适合特性、可操作性的质量管理体系。

A. 测绘行政主管部门　　B. 认证认可监督委员会

C. 质量管理咨询机构　　D. 质量技术监督部门

52. 根据《测绘生产困难类别细则》，在居民小区、工厂区进行管线探测，其困难类别为(　　)类。

A. Ⅰ　　B. Ⅱ

C. Ⅲ　　D. Ⅳ

53. 根据《测绘资质分级标准》，下列专业范围中，设置测绘监理专业子项的是（　　）。

A. 大地测量　　　　B. 摄影测量与遥感

C. 地图编制　　　　D. 互联网地图服务

54. 根据《地图审核管理规定》，地图审核申请材料的原始图件保管期为(　　)年。

A. 1　　　　B. 3

C. 5　　　　D. 8

55. 根据《测绘合同》示范文本，下列关于测绘合同的说法中，错误的是(　　)。

A. 合同由双方代表签字，加盖双方公章或合同专用章即生效

B. 合同执行过程中的未尽事宜，双方可协商签订补充协议

C. 因合同发生争议，未能达成调解和书面仲裁协议的，双方可向人民法院起诉

D. 测绘项目全部成果交接完毕后，合同终止

56. 根据《测绘技术设计规定》，下列工序中，不属于摄影测量工序的是(　　)。

A. 控制测量　　　　B. 空中三角测量

C. 数据编辑　　　　D. 电子地图制作

57. 根据《测绘技术设计规定》，测绘项目设计书中的“质量保证措施和要求”不包括(　　)。

A. 组织管理措施　　　　B. 工期保障措施

C. 质量控制措施　　　　D. 数据安全措施

58. 根据《测绘技术设计规定》，下列人员中，负责确定设计输入并形成书面文件的是(　　)。

A. 技术设计负责人　　　　B. 设计策划负责人

C. 单位总工程师　　　　D. 技术设计人员

59. 根据《测绘资质分级标准》，甲、乙级测绘资质单位的注册测绘师数量，应当自标准施行之日起满(　　)年后达到考核要求。

A. 1　　　　B. 2

C. 3　　　　D. 5

60. 某省测绘产品质量监督检验站进行监督检验时，对全部抽样进行检验，样品达标率 100%，检验结果应为(　　)。

A. 优秀　　　　B. 良好

C. 批合格　　　　D. 批优秀

61. 根据《测绘成果质量检查与验收》，在测绘项目成果最终检查过程中，对质量问题的判定存在分歧时，应由(　　)裁定。

A. 项目委托方

B. 监理单位

C. 省级测绘产品质量监督检验机构

D. 测绘单位总工程师

62. 根据《测绘作业人员安全规范》，下列内业生产安全操作要求中，错误的是(　　)。

A. 所有用电动力设备，应埋设接地网，保持接地良好

B. 因故停电时，凡用电的仪器设备应保持原状，不得改变开关状态

C. 作业前要认真检查所要操作的仪器设备是否处于安全状态

D. 由于特殊情况带电修理仪器设备时，须有两名电工现场作业

63. 根据《测绘生产质量管理规定》，测绘单位的质量方针和质量目标由(　　)确定。

A. 总工程师　　B. 管理者代表

C. 法定代表人　　D. 质量主管负责人

64. 根据《测绘成果质量监督抽查与数据认定规定》，质量监督抽查工作总结中不需要的内容是(　　)。

A. 概述　　B. 抽查结果的综合分析与评价

C. 监督抽查实施情况　　D. 参与监督抽查的人员及设备情况

65. 根据《测绘作业人员安全规范》，下列对外业作业人员的操作要求中，错误的是(　　)。

A. 进入单位、居民宅院测绘时，应先出示相关证件，说明情况后进行作业

B. 遇雷电天气应立刻停止作业，禁止在斜坡、大树下躲避

C. 迁站时要拆除安全警示标志牌，应将仪器横向肩扛行进，防止意外发生

D. 在电气化铁路附近作业时，应使用绝缘性好的标尺、镜杆

66. 根据《测绘技术总结编写规定》，下列文件中，在总结技术设计执行情况时，不作为说明专业测绘活动所依据的技术性文件的是(　　)。

A. 测绘合同　　B. 专业技术设计书

C. 项目设计书　　D. 有关技术标准和规范

67. 根据《测绘成果质量检查与验收》，判定最终检查批成果质量为优级等级的标准是(　　)。

A. 优良品率达到90%以上，其中优级品率达到50%以上

B. 优良品率达到80%以上，其中优级品率达到30%以上

C. 优良品率达到80%以上，其中优级品率达到50%以上

D. 优良品率达到90%以上，其中优级品率达到30%以上

68. 根据《测绘作业人员安全规范》，下列对业内生产场所的要求中，错误的是(　　)。

A. 各种设备和建（构）筑物之间，应留有满足生产、检修需要的安全距离

B. 作业场所中不得随意拉设电线，防止电线、电源漏电

C. 作业场所禁止使用电器取暖或烧水

D. 面积大于 100 m^2的作业场所应至少布设两个安全出口

69. 根据《测绘成果质量检查与验收》，下列平面控制测量成果错漏中，不属于 A 类错漏的是(　　)。

A. 边长相对中误差超限　　B. 测距相对中误差超限

C. 测角中误差超限　　D. 方位角闭合差超限

70. 根据《测绘成果质量检查与验收》，某测绘成果数学精度允许中误差为 ±20 cm，用高精度检测得到的成果中误差为 ±10 cm，则该成果的数学精度得分为(　　)分。

A. 75　　B. 80

C. 90　　D. 100

71. 根据《测绘成果质量检验报告编写基本规定》，下列关于质量检验报告的说法中，正确的是(　　)。

A. 检验报告的批准日期应手工签署

B. 检验报告的复印件有效

C. 若对检验报告有异议，应于收到报告起 10 日内向检验单位提出

D. 送样委托检验，检验报告对批质量负责

72. 根据《测绘管理工作国家秘密范围的规定》，下列测绘成果中，属于机密级成果的是(　　)。

A. 涉及军事禁区的大于或等于 1：1 万国家基本比例尺地形图

B. 重力加密点成果

C. 1：50 万、1：25 万、1：1 万国家基本比例尺地形图

D. 1：1 万、1：5 万全国高精度数字高程模型

73. 根据《测绘资质分级标准》，下列测绘专业中，不属于不动产测绘专业子项的是(　　)。

A. 地籍测绘　　B. 行政区域界线测绘

C. 房产测绘　　D. 工程测量

74. 根据《基础地理信息数据档案管理与保护规范》，下列关于归档介质的要求中，正确的是(　　)。

A. 同一项目的数据档案存储在不同的载体介质上

B. 归档的两份数据档案应采用不同类型和型号的归档介质

C. 档案管理单位同时认可磁带和光盘作为归档介质时，两份数据应分别采用磁带和光盘为归档介质

D. 归档介质应有标识，至少应标注档号、条形码和密级

75. 根据《基础地理信息数据档案管理与保护规范》，对归档材料进行检验时，对数据成果的检验内容不包括(　　)的检验。

A. 成果内容完整性　　B. 成果内容正确性

C. 数据有效性　　D. 病毒

76. 根据测绘合同示范文本，如果甲乙双方签订合同后，发现乙方擅自转包合同标的，甲方有权解除合同，并可要求乙方偿付的违约金数额为(　　)。

A. 预算工程费的 30%　　B. 定金的 2 倍

C. 工程款总额的 20%　　D. 已付工程款的 2 倍

77. 根据测绘合同示范文本，对于乙方提供的图纸等资料及属于乙方的测绘成果，甲方有义务保密，不得向第三方提供或用于本合同以外的项目，否则乙方有权要求甲方按本合同工程款总额的(　　)赔偿损失。

A. 10%　　B. 20%

C. 25%　　D. 30%

78. 根据《质量管理体系 要求》，下列关于不合格品控制的说法中，正确的是(　　)。

A. 不合格品得到纠正后即可交付使用

B. 经有关授权人员批准，适用时经顾客批准，让步使用、放行或接收不合格品

C. 不合格品的销毁可不做记录

D. 不合格品在交付或开始使用后发现，确保收回时可不做记录

79. 根据《质量管理体系 要求》，下列措施中，不属于质量预防措施的是(　　)。

A. 确定不合格的原因　　B. 评价防止不合格发生的措施的需求

C. 确定并实施所需的措施　　D. 评审所采取的预防措施的有效性

80. 根据《质量管理体系 要求》，下列质量控制措施中，不属于"监视和测量设备的控制"措施的是(　　)。

A. 水准仪每年校准或检定

B. 水准仪在使用前进行 i 角检验

C. 水准仪在使用前晾置半小时，使仪器与外界温度一致

D. 水准仪使用者定期培训

二、多项选择题（每题 2 分。每题的备选选项中，有 2 项或 2 项以上符合题意，至少有 1 项是错项。错选，本题不得分；少选，所选的每个选项得 0.5 分。）

81. 根据《注册测绘师制度暂行规定》，下列关于注册测绘师执业的说法中，正确的有(　　)。

A. 注册测绘师应当在一个测绘资质单位开展相应的执业活动

B. 测绘活动中形成的测绘成果质量文件，由注册测绘师签字盖章后生效

C. 注册测绘师可以个人名义接受委托从事执业活动

D. 因测绘成果质量问题造成的经济损失，注册测绘师所在单位应承担赔偿

责任

E. 注册测绘师所在单位承担赔偿责任后，可依法向相关的注册测绘师追偿

82. 根据《测绘作业证管理规定》，测绘人员的下列行为中，应当由所在单位收回其测绘作业证并及时交回发证机关的有(　　)。

A. 将测绘作业证转借他人的

B. 擅自涂改测绘作业证的

C. 利用测绘作业证损害他人利益的

D. 利用测绘作业证从事与测绘工作无关的活动的

E. 利用测绘作业证进行欺诈违法活动的

83. 根据招标投标法，下列关于招标的说法中，正确的有(　　)。

A. 国务院发展改革部门确定的国家重点项目必须公开招标

B. 招标方式分为公开招标和邀请招标

C. 招标代理机构必须具备相应的法定条件

D. 招标人有能力时可以自行办理招标事宜

E. 招标人不能自行选择招标代理机构

84. 根据《测绘生产成本费用定额》，确定测绘工作项目“定额工日”的因素包括(　　)。

A. 生产技术方法　　B. 工作内容

C. 产品形式　　D. 技术装备水平

E. 工期要求

85. 根据《测绘标准化工作管理办法》，下列技术要求中，应当制定测绘国家标准的有(　　)。

A. 尚在发展中，需有相应标准引导其发展的技术要求

B. 地理信息系统建设的技术要求

C. 测绘术语、符号、图式等技术要求

D. 国家大地基准、高程基准的技术参数

E. 基础航空摄影的技术指标

86. 根据《测绘生产质量管理规定》，测绘单位的法定代表人的质量管理职责包括(　　)。

A. 确定本单位的质量方针和质量目标

B. 建立本单位的质量体系并保证其有效运行

C. 签发有关的质量文件及作业指导书

D. 对提供的测绘产品承担产品质量责任

E. 处理生产过程中的重大技术问题和质量争议

87. 根据保密法，下列关于保密行为的说法中，错误的是(　　)。

A. 使国家秘密被不应知悉者知悉的，属于泄露国家秘密行为

B. 音像制品涉及国际秘密的，应当按照涉密资料进行保管

C. 将手机连接到涉密计算机上充电，不会发生泄密

D. U 盘上的涉密信息，只要执行删除程序就不可恢复

E. 两人出差同行，可以携带密件到购物、餐饮等公共场所

88. 根据《重要地理信息数据审核公布管理规定》，审核建议人提交的重要地理信息数据时，应当审核的内容有(　　)。

A. 重要地理信息数据发布的必要性

B. 提交的有关资料的真实性和完整性

C. 重要地理信息数据获取技术方案的合理性

D. 重要地理信息数据是否符合国家利益，是否影响国家安全

E. 获取重要地理信息数据的单位是否有相应的资质条件

89. 根据《房产测绘管理办法》，下列房屋中，应当依法委托进行房产测绘的有(　　)。

A. 申请产权初始登记的房屋

B. 自然状况发生变化的房屋

C. 房屋权利人或者其他利害关系人要求测绘的房屋

D. 产权发生流转的房屋

E. 办理抵押登记的房屋

90. 根据《地图审核管理规定》，下列地图无明确审核标准和依据时，应当由国务院测绘行政主管部门受理，外交部进行审查的有(　　)。

A. 引进的境外地图　　B. 世界性地图

C. 世界性示意地图　　D. 时事宣传地图

E. 历史地图

91. 根据测量标志保护条例，下列关于测量标志迁建的说法中，正确的有(　　)。

A. 进行工程建设，应当避开永久性测量标志，确需拆迁须依法履行批准手续

B. 拆迁基础测量标志，由国务院测绘行政主管部门或者省级测绘行政主管部门批准

C. 拆迁部门专用的永久性测量标志，直接向设置测量标志的部门批准

D. 拆迁永久性测量标志，应当通知负责保管测量标志的有关单位和个人

E. 经批准迁建基础性测量标志的，工程单位应当依法支付迁建费用

92. 根据测绘法，下列违反测量标志管理规定的行为中，应当承担相应法律责任的有(　　)。

A. 未持有测绘作业证使用永久性测量标志的

B. 侵占永久性测量标志用地的

C. 在测量标志占地范围内建设影响标志效能建筑物的

D. 擅自拆除永久性测量标志的

E. 违反规程使用永久性测量标志的

93. 根据《基础地理信息数据库基本规定》，基础地理信息数据库的组成部分有（　　）。

A. 技术标准　　B. 基础地理信息数据

C. 管理系统　　D. 支撑环境

E. 运行维护制度

94. 根据《测绘技术设计规定》，下列工作中，由承担项目的法人单位负责实施的有（　　）。

A. 技术策划　　B. 技术设计

C. 设计评审　　D. 设计验证

E. 设计审定

95. 根据《测绘生产质量管理规定》，下列质量管理职责中，属于单位质量主要负责人职责的有（　　）。

A. 签发质量手册

B. 签发有关的质量文件及作业指导书

C. 组织编制测绘项目技术设计书

D. 处理生产过程中的质量争议

E. 审定测绘产品的交付验收

96. 根据《测绘安全生产管理暂行规定》，测绘队（院）安全生产委员会的职责有（　　）。

A. 制定安全生产管理工作规划

B. 组织建立并落实安全生产责任制

C. 组织开展安全生产大检查，阻止事故及职业病的发生

D. 对存在事故隐患的单位，发出《事故隐患整改意见书》，责令限期整改

E. 组织对伤亡事故的调查和处理

97. 根据《测绘技术总结编写规定》，下列关于测绘项目总结的说法中，错误的有（　　）。

A. 测绘项目总结由承担项目的法人单位负责编写

B. 测绘项目总结应统计有关作业定额和作业率

C. 测绘项目总结是在一个测绘项目最终成果（或产品）生产结束后编写的

D. 测绘项目总结需单位法人代表审核签字

E. 测绘项目总结通常由单位的技术人员编写

98. 根据《测绘成果质量检查与验收》，下列水准测量成果错漏中，属于 A 类错漏的有（　　）。

A. 原始记录中划改“毫米”　　B. 对结果影响达到毫米级的计算错误

C. 仪器测前测后未进行检验　　D. 标石规格极不符合规定

E. 成果取舍、重测不合理

99. 根据《基础地理信息数据档案管理与保护规范》，基础地理信息数据成果的数据说明文件包括( )。

A. 档案目录数据　　B. 数据背景

C. 数据组织　　D. 应用方式

E. 联系方式

100. 根据《质量管理体系 要求》，持续改进质量管理体系的有效性，应采取的措施包括( )。

A. 质量方针和目标　　B. 数据分析

C. 纠正措施　　D. 预防措施

E. 外部文件

参考答案及解析

一、单项选择题

1. 【C】海洋测绘专业设立了甲级、乙级、丙级和丁级。
2. 【C】乙级工程测量资质，地形测量面积要求：1∶500 比例尺，$30km^2$以下。
3. 【D】申请晋升甲级测绘资质的，近 2 年内完成的测绘服务总值不少于 1 600 万元。
4. 【C】注册申请人以不正当手段取得注册的，应当予以撤销，并由国家测绘地理信息局依法给予行政处罚；当事人在 3 年内不得再次申请注册；构成犯罪的，依法追究刑事责任。
5. 【D】注册测绘师保管和使用本人的“中华人民共和国注册测绘师注册证”和执业印章。
6. 【B】由国务院测绘行政主管部门依法向申请人送达批准文件。
7. 【C】申请一次性测绘，测绘活动住宿地、车辆牌照和有关随从人员情况，不需提交。
8. 【B】进入保密单位、军事禁区和法律法规规定的需经特殊审批的区域进行测绘活动时，还应当按照规定持有关部门的批准文件。
9. 【C】测绘外业作业人员和需要持测绘作业证的其他人员（以下简称测绘人员）应当领取测绘作业证。进行外业测绘活动时应当持有测绘作业证。
10. 【D】成本费用构成。成本费用构成比例：直接费用 82%，间接费用 6%，期间费用 12%。
11. 【D】投标者不得串通投标，抬高标价或者压低标价；投标者和招标者不得相互勾结，以排挤竞争对手的公平竞争；投标人可组成联合体共同投标。
12. 【B】成本费用中包含 1.5%的测绘工作项目设计费和 3%的成果验收费。
13. 【D】监督检查部门的工作人员滥用职权、玩忽职守、徇私舞弊或者泄露调查过程中知悉的商业秘密的，依法给予处分。

14.【C】当事人采用合同书形式订立合同的，自双方当事人签字或者盖章时合同成立。

15.【A】50 万人口以上的城市，确需建立相对独立的平面坐标系统的，由国家测绘地理信息局负责审批。

16.【A】国家设立和采用全国统一的大地基准、高程基准、深度基准和重力基准，其数据由国务院测绘行政主管部门审核，报国务院批准。

17.【A】乙级测绘资质，即所在地省级测绘行政主管部门为发证机关。

18.【A】基础测绘中长期规划的规划期应当根据基础测绘工作特点、经济建设、社会发展和国防建设的实际需要合理确定，一般至少为五年。

19.【C】测绘单位整改完成后，必须向组织实施抽查的测绘行政主管部门报送整改情况，申请监督复查。

20.【C】测绘国家和行业标准化指导性技术文件发布后三年内必须复审，以决定是否继续有效、转化为标准或者撤销。

21.【D】行业标准由国务院有关行政主管部门制定，并报国务院标准化行政主管部门备案，在公布国家标准之后，该项行业标准即行废止。

22.【D】教学示范用测绘计量器具可以免检，但须向省级测绘主管部门登记，并不得用于测绘生产。在测绘计量器具检定周期内，可由使用者依据仪器使用状况自行检校。

23.【A】《导航电子地图安全处理技术基本要求》属于强制性国家标准。

24.【B】测绘产品质量监督检查计划，由省级以上人民政府测绘主管部门编制，报同级人民政府技术监督行政部门审批。

25.【B】测绘产品质量检验人员应当通过任职资格考核。达到合格标准，取得“测绘产品质量检验员证”的，方可从事测绘产品质量检验工作。

26.【A】测绘单位可以按照测绘项目的实际情况实行项目质量负责人制度。项目质量负责人对该测绘项目的产品质量负直接责任。

27.【A】不合格品经返工修正后，应重新进行质量检查。

28.【D】质量监督抽查的质量判定依据是国家法律法规、国家标准、行业标准、地方标准，以及测绘单位明示的企业标准、项目设计文件和合同约定的各项内容。

29.【D】测绘成果属于基础测绘成果的，应当汇交副本；属于非基础测绘成果的，应当汇交目录。测绘成果的副本和目录实行无偿汇交。

30.【A】保密要害部门是指本单位涉及绝密级或较多机密级、秘密级国家秘密的内设机构。

31.【D】对外提供属于国家秘密的测绘成果，应当按照国务院和中央军事委员会规定的审批程序，报国务院测绘行政主管部门或者省、自治区、直辖市人民政府测绘主管部门审批。

32.【D】使用目的或项目完成后，使用单位必须按照有关规定及时销毁涉密测绘成果。如需要用于其他目的的，应另行办理审批手续。

33.【A】提供使用1∶50万、1∶25万、1∶10万、1∶5万、1∶2.5万国家基本比例尺地图、影像图和数字化产品由国家测绘地理信息局受理审批。

34.【B】基础测绘成果和财政投资完成的其他测绘成果，用于国家机关决策和社会公益性事业的，应当无偿提供。测绘成果依法实行有偿使用制度。

35.【B】外国的组织或者个人依法从事测绘活动的，测绘成果归中方部门或者单位所有，并由中方部门或者单位向国务院测绘行政主管部门汇交测绘成果副本。

36.【A】建议人为各级地方人民政府、国务院各部门的，可不提供建议人基本情况资料。

37.【B】省、自治区、直辖市地方性中小学教学地图，国务院测绘行政主管部门可委托省级测绘行政主管部门审核。

38.【D】公开地图的比例尺、开本、经纬线等不需要审查。

39.【C】县级以上人民政府测绘行政主管部门按照地籍测绘规划，组织管理地籍测绘。

40.【B】权利人、利害关系人认为不动产登记簿记载的事项错误的，可以申请更正登记。

41.【A】国家为了公共利益的需要，可以依法对集体所有的土地实行征用。

42.【C】测绘项目的承包方，可以向其他具有测绘资格的单位分包，但分包量不得大于该项目总承包量的40%。

43.【C】国家对不动产实行统一登记制度。

44.【D】房地产行政主管部门应当对施测单位的资格、测绘成果的适用性、界址点准确性、面积测算依据与方法等内容进行审核。

45.【B】1∶500、1∶1000、1∶2 000、1∶500、1∶5 000、1∶10 000基础地理信息数据（不含测量控制点数据），由数据表现所在地的省级测绘行政主管部门授权的机构认定。

46.【D】房产测绘所需费用由委托人支付。

47.【B】公开地图位置精度不得高于50 m，等高距不得小于50 m，数字高程模型格网不得小于100 m。

48.【D】申请人应当提交经国务院测绘行政主管部门有关机构进行保密技术处理和使用保密插件的证明文件。

49.【D】永久性测量标志的重建工作，由收取测量标志迁建费用的部门组织实施。

50.【C】全国测量标志维修规划，由国务院测绘主管部门会同国务院其他有关部门制定。

51.【C】测绘单位确定开展贯标工作，一般应选择咨询机构帮助建立适合特性、可操作性的质量管理体系。

52.【C】在居民小区、工厂区进行管线探测，其困难类别为Ⅲ类。

53.【B】摄影测量与遥感、地理信息系统工程、工程测量、不动产测绘、海洋测绘这 5 个市场化程度较高的专业范围下设置相应的甲、乙级测绘监理专业子项。

54. 【C】申请材料的原始图件保管期为五年，备案样图保管期为三年。
55. 【D】本合同由双方代表签字，加盖双方公章或合同专用章即生效。全部成果交接完毕和测绘工程费结算完成后，本合同终止。
56. 【D】摄影测量工序包括控制测量、调绘、碎布点测量、影像扫描、空中三角测量、数据采集和编辑。
57. 【B】质量保证措施和要求内容主要包括：组织管理措施、资源保证措施、质量控制措施、数据安全措施。
58. 【A】设计输入应由技术设计负责人确定并形成书面文件，并由设计策划负责人或单位总工程师对其适宜性和充分性进行审核。
59. 【C】自本标准施行之日起满 3 年后，甲、乙级测绘资质单位的注册测绘师数量应当达到本标准的考核要求。
60. 【C】测绘产品质量监督检验的结果，按“批合格”、“批不合格”判定。
61. 【D】过程检查、最终检查工作中，当对质量问题的判定存在分歧时，由测绘单位总工程师裁定。
62. 【B】因故停电时，凡用电的仪器设备，应立即断开电源。
63. 【C】测绘单位的法定代表人确定本单位的质量方针和质量目标，签发质量手册；建立本单位的质量体系并保证其有效运行；对提供的测绘产品承担产品质量责任。
64. 【D】质量监督抽查工作总结的内容至少应包括：概述、监督抽查实施情况、抽查结果的综合分析与评价、质量保证能力检查结果及其分析和综合整治建议。
65. 【C】“迁站时要拆除安全警示标志牌，应将仪器横向肩扛行进，防止意外发生”为错误的操作方法。
66. 【A】测绘合同不是测绘技术总结编写的主要依据。
67. 【A】优级：优良品率达到 90%以上，其中优级品率达到 50%以上。
68. 【C】作业场所中不得随意拉设电线，防止电线、电源漏电。通风、取暖、空调、照明等用电设施要有专人管理、检修。
69. 【B】“测距相对中误差超限”不属于平面控制测量成果 A 类错漏。
70. 【C】根据《测绘成果质量检查与验收》规定，该成果的数学精度得分为 90 分。
71. 【A】检验报告的批准日期应手工签署的说法正确。
72. 【A】涉及军事禁区的大于或等于 1∶1 万国家基本比例尺地形图属于机密级成果。
73. 【D】不动产测绘专业子项：地籍测绘、房产测绘、行政区域界线测绘、不动产测绘监理。
74. 【D】归档的介质应有标识，可视标签大小依次选标档号、条形码、密级、题名、运行环境等，但至少应标注档号、条形码和密级。
75. 【B】数据成果的检验内容包括：载体外观及标识检验、成果完整性检验、数据有效性检验、数据内容一致性检验、数据逻辑立卷检验、病毒检验。

76.【A】乙方擅自转包本合同标的，甲方有权解除合同，并可要求乙方偿付预算工程费的30%的违约金。

77.【B】对于乙方提供的图纸等资料以及属于乙方的测绘成果，不得向第三方提供或用于本合同以外的项目，否则乙方有权要求甲方按本合同工程款总额的20%赔偿损失。

78.【B】通过一种或集中途径处置不合格品，如经有关授权人员批准，适用时经顾客批准，让步使用、放行或接收不合格品。

79.【A】预防措施：①确定潜在不合格及其原因；②评价防止不合格发生的措施的需求；③确定并实施所需的措施；④记录所采取措施的结果；⑤评审所采取的预防措施的有效性。

80.【D】水准仪使用者定期培训不属于“监视和测量设备的控制”措施。

二、多项选择题

81.【ABDE】注册测绘师应在一个具有测绘资质的单位，开展与该单位测绘资质等级和业务许可范围相应的测绘执业活动。

82.【ABCE】利用测绘作业证从事与测绘工作无关的活动的不需要负法律责任。

83.【BCD】国务院发展计划部门确定的国家重点项目和省级人民政府确定的地方重点项目不适宜公开招标的。招标人有权自行选择招标代理机构，委托其办理招标事宜。

84.【ACD】各个测绘工作日的“定额工日”是根据当前测绘生产技术方法、产品形式和技术装备水平确定的。

85.【BCDE】“技术尚在发展中，需要有相应的标准文件引导其发展或者具有标准化价值，尚不能制定为标准的”，应制定测绘标准化指导性技术文件。

86.【ABD】测绘单位的法定代表人确定本单位的质量方针和质量目标，签发质量手册；建立本单位的质量体系并保证其有效运行；对提供的测绘产品承担产品质量责任。

87.【CDE】使国家秘密被不应知悉者知悉的，属于泄露国家秘密行为；音像制品涉及国际秘密的，应当按照涉密资料进行保管；说法正确。

88.【BD】审核主要包括：提交的有关资料的真实性与完整性；重要地理信息数据是否符合国家利益，是否影响国家安全，等等。

89.【ABC】委托房产测绘单位进行房产测绘的情形：①申请产权初始登记的房屋；②自然状况发生变化的房屋；③房屋权利人或者其他利害关系人要求测绘的房屋。

90.【BDE】历史地图、世界性地图、时事宣传地图等地图无明确的审核标准和依据时，由国务院测绘主管部门受理会商外交部进行地图内容审查。

91.【ABDE】拆迁部门专用的永久性测量标志或使部门专用的永久性测量标志失去使用效能的，应经设置测量标志的部门同意，并经省级人民政府管理测绘工作的部门批准。

92.【BCD】未持有测绘作业证使用永久性测量标志的，违反规程使用永久性测量标志的，不需要承担法律责任。

93.【BCD】基础地理信息数据库由基础地理信息数据、管理系统和支撑环境三部分组成。

94.【CDE】项目设计由承担项目的法人代表单位负责。测绘技术的设计活动应按照策划、设计输入、设计输出、审评、验证（必要时）、审批的程序进行。

95.【BCDE】签发质量手册不属于单位质量主要负责人职责。

96.【BCE】制定安全生产管理工作规划，对存在事故隐患的单位，发出《事故隐患整改意见书》，责令限期整改不属于队（院）安全生产委员会的职责。

97.【BCD】项目总结由承担项目的法人单位负责编写或组织编写；专业技术总结由具体承担相应的专业任务的法人单位负责编写。具体的编写工作通常由单位的技术人员承担。

98.【AD】水准测量成果质量 A 类错漏包含：原始记录中连环涂改或划改“毫米”；标石规格极不符合规定，等等。

99.【BCDE】数据说明文件应包含：数据背景；数据组织；应用方式；联系方式。

100.【ABCD】组织应利用质量方针、质量目标、审核结果、数据分析、纠正措施和预防措施以及管理评审，持续改进质量管理体系的有效性。

（五）2015 年注册测绘师资格考试测绘管理与法律法规试卷与参考答案及解析

一、单项选择题（每题 1 分，每题的备选选项中，只有 1 个最符合题意。）

1. 根据《测绘资质分级标准》，下列测绘专业范围中，只设立了甲级测试资质等级的是（　　）。

A. 大地测量　　B. 工程测量

C. 导航电子地图制作　　D. 不动产测绘

2. 某公司申请乙级测绘资质，根据《测绘资质管理规定》，该申请由（　　）审批。

A. 国务院测绘行政主管部门　　B. 所在地省级测绘行政主管部门

C. 所在地市级测绘行政主管部门　　D. 县级测绘行政主管部门

3. 某单位拟申请工程测量甲级测绘资质。根据《测绘资质管理规定》和《测绘资质分级标准》，下列关于该单位必须具备的条件的说法中，错误的是（　　）。

A. 该单位应当已取得工程测量乙级测绘资质满 2 年

B. 该单位近 2 年完成的测绘服务总值不少于 400 万元

C. 该单位的办公场所面积不得少于 600 m^2

D. 该单位应当通过 ISO 9000 系列质量保证体系认证

4. 根据《注册测绘师制度暂行规定》，下列测绘活动中，不属于注册测绘师执业范围的是（　　）。

A. 测绘项目技术设计　　B. 测绘项目技术咨询和技术评估

C. 测绘项目组织管理与实施　　D. 测绘成果质量检验、审查、鉴定

5. 注册测绘师王某在一家测绘资质单位工作，在其执业过程中因测绘成果质量问题给他人造成了经济损失，根据《注册测绘师制度现行规定》，该经济损失的赔偿责任应当由（　　）承担。

A. 王某所在的测绘资质单位

B. 王某

C. 王某所在的测绘资质的单位负责人

D. 测绘成果实际完成人

6. 根据《注册测绘师执业管理办法（试行）》，下列关于注册测绘师执业活动

的说法中，错误的是(　　)。

A. 注册测绘师只能在一个测绘资质单位办理注册手续

B. 注册单位与注册测绘师人事关系所在单位或聘用单位必须一致

C. 修改经注册测绘师签字盖章的文件原则上由注册测绘师本人进行

D. 注册测绘师应恪守职业道德，严守国家秘密和委托单位的商业、技术秘密

7. 根据《测绘成果质量监督抽查管理办法》，测绘成果质量监督抽查的检验结论，由(　　)负责审定。

A. 检验负责人　　B. 检验单位

C. 被检验单位　　D. 测绘行政主管部门

8. 根据测绘成果管理条例，外国组织或者个人依法在我国合资、合作从事社会活动的，测绘成果归(　　)所有。

A. 外国的组织或者个人　　B. 合资合作企业

C. 中方部门或者单位　　D. 测绘行政主管部门

9. 根据《测绘作业证管理规定》，下列关于测绘作业证的说法中，错误的是(　　)。

A. 所有测绘人员都应当领取测绘作业证

B. 进入机关、企业、住宅小区进行测绘作业时，应当主动出示测绘作业证

C. 进入测量标志或者接受监督检查时，应当主动出示测绘作业证

D. 遗失测绘作业证，应当立即向所在单位报告并说明情况

10. 下列投标行为中，招标投标法没有禁止的是(　　)。

A. 相互串通投标报价　　B. 以低于成本的报价竞标

C. 低于测绘产品收费标准报价　　D. 向招标人行贿

11. 根据《测绘地理信息质量管理办法》，测绘地理信息项目通过验收后，测绘单位应将项目质量信息报送(　　)。

A. 委托单位

B. 测绘产品质量监督检验单位

C. 项目所在地测绘地理信息行政主管部门

D. 项目所在地省级测绘地理信息行政主管部门

12. 甲乙双方签订了一份测绘合同，根据合同法，下列关于该合同变更的说法中，正确的是(　　)。

A. 经双方协商一致，可以变更

B. 任何情况下，双方都不能变更

C. 一方不履行合同，另一方可以变更

D. 需要变更的，双方必须协商一致，并报主管部门审批

13. 甲乙测绘公司约定采用合同书形式订立测绘项目合同，但在合同签字盖章前，乙已经履行了主要义务，甲也接受了测绘成果，根据合同法，甲乙公司之间的测绘项目合同(　　)。

A. 可变更　　B. 可撤销

C. 成立　　D. 无效

14. 根据测绘法，下列测绘项目承发包做法中，正确的是(　　)。

A. 向不具有相应测绘资质等级的单位发包

B. 迫使测绘单位以低于测绘成本承包

C. 将承包业务量的 1/3 分包给具有相应测绘资质的单位

D. 承包的测绘项目转包给具有相应测绘资质的单位

15. 根据测绘法，全国统一的大地基准、高程基准、深度基准和重力基准，其数据由(　　)审批。

A. 国务院

B. 军队测绘主管部门

C. 国务院测绘行政主管部门

D. 国务院测绘行政主管部门会同有关部门

16. 根据《建立相对独立的平面坐标系统管理办法》，江苏省南京市建立相对独立的平面坐标系统，应当由(　　)负责审批。

A. 国务院测绘行政主管部门　　B. 江苏省测绘行政主管部门

C. 南京市测绘行政主管部门　　D. 军队测绘主管部门

17. 根据基础测绘条例，测制和更新 1∶1 万至 1∶5 000 国家基本比例尺地图，应当由(　　)组织实施。

A. 国务院测绘行政主管部门　　B. 省级测绘行政主管部门

C. 市级测绘行政主管部门　　D. 县级测绘行政主管部门

18. 根据测绘法，全国基础测绘规划应当报(　　)批准。

A. 国务院

B. 国务院发展改革主管部门

C. 国务院测绘行政主管部门

D. 国务院测绘行政主管部门会同军队测绘主管部门

19. 根据《测绘标准化工作管理办法》，对需要在全国范围内统一的测绘技术要求，应当制定测绘(　　)标准。

A. 行业　　B. 国家

C. 通用　　D. 专业

20. 根据标准化法，测绘行业标准实施后，国务院测绘行政主管部门应当根据科学技术的发展和经济建设的需要适时进行(　　)。

A. 复审　　B. 验证

C. 评估　　D. 修订

21. 根据测绘法，城市建设领域的工程测量活动，与房屋产权、产籍及相关的房屋面积的测量，应当执行由(　　)负责组织编制的测量技术规范。

A. 国务院建设行政主管部门，国务院计量行政主管部门

B. 国务院测绘行政主管部门，国务院计量行政主管部门

C. 国务院建设行政主管部门，国务院土地行政主管部门

D. 国务院建设行政主管部门，国务院测绘行政主管部门

22. 根据《测绘成果质量监督抽查管理办法》，测绘成果质量检验开始时，检验单位应当组织召开(　　)，向受检单位出示测绘行政主管部门开具的监督抽查通知单，并告知检验依据、方法、程序等。

A. 调度会　　B. 培训会

C. 首次会　　D. 通报会

23. 根据《注册测绘师执业管理办法（试行）》，在一个注册有效期内，注册测绘师继续教育的必修内容和选修内容均不得少于(　　)学时。

A. 30　　B. 40

C. 60　　D. 80

24. 根据《测绘生产质量管理规定》，对重大测绘项目的技术设计进行验证的方法是(　　)。

A. 检验全部产品的质量　　B. 检验部分产品的处理

C. 检验首件产品的质量　　D. 检验随机抽样产品的质量

25. 根据测绘法，对测绘成果质量负责的单位是(　　)。

A. 委托测绘任务的单位　　B. 质量监督检验单位

C. 完成测绘任务的单位　　D. 监理单位

26. 根据测绘成果管理条例，外国的组织或者个人依法在中华人民共和国领域内从事测绘活动的，应当向(　　)汇交测绘成果。

A. 国务院测绘行政主管部门　　B. 省级测绘行政主管部门

C. 市级测绘行政主管部门　　D. 军队测绘主管部门

27. 根据测绘成果管理条例，利用涉及国家秘密测绘成果开发生产的产品，未经(　　)进行保密技术处理的，其秘密等级不得低于所用测绘成果的秘密等级。

A. 省级以上测绘行政主管部门　　B. 省级以上保密管理部门

C. 县级以上测绘行政主管部门　　D. 县级以上保密管理部门

28. 根据保守国家秘密法，国家秘密的保密期限，除另有规定外，绝密级不得超过(　　)年。

A. 10　　B. 15

C. 20　　D. 30

29. 根据《遥感影像公开使用管理规定（试行）》，公开使用的遥感影像空间位置精度最高不得高于(　　)m。

A. 5　　B. 10

C. 25　　D. 50

30. 某测绘资质单位要利用基础测绘成果，已经测绘行政主管部门审查同意，根据测绘成果管理条例，下列有关测绘成果说明的内容中，测绘行政主管部门可不书面

告知的是(　　)。

A. 测绘成果的秘密等级　　B. 测绘成果的保密要求

C. 测绘成果的著作权保护要求　　D. 测绘成果的生产单位及技术指标

31. 广州市一家测绘资质单位要使用广东省域内，1∶5万国家基本比例尺地图和数字化产品，根据《基础测绘成果提供使用管理暂行办法》，负责审批该社会成果的部门是(　　)。

A. 国务院测绘行政主管部门　　B. 广东省测绘行政主管部门

C. 广州市测绘行政主管部门　　D. 军队测绘主管部门

32. 根据测绘成果管理条例，测绘成果的秘密范围和秘密等级由(　　)依法确定。

A. 国家保密工作部门

B. 国务院测绘行政主管部门

C. 国务院测绘行政主管部门会同军队测绘主管部门

D. 国家保密工作部门，国务院测绘行政主管部门商军队测绘主管部门

33. 某甲级测绘资质单位依法承担了一项省级财政投资的基础测绘项目，根据测绘成果管理条例，下列关于该项目测绘成果汇交的说法中错误的是(　　)。

A. 应当由该测绘单位负责汇交成果

B. 应当向国务院测绘行政主管部门汇交成果

C. 应当汇交测绘成果副本

D. 应当无偿汇交测绘成果

34. 根据测绘法，中华人民共和国地图的国界线的标准样图由(　　)拟订。

A. 国务院民政部门和国务院测绘行政主管部门

B. 外交部和国务院测绘行政主管部门

C. 国务院测绘行政主管部门

D. 外交部和国务院民政部门

35. 根据测绘法，权属界址线发生变化时，应当及时进行(　　)。

A. 变更测绘　　B. 权属测绘

C. 地籍测绘　　D. 更新测绘

36. 根据物权法，下列有关材料中申请不动产登记时不提供的是(　　)。

A. 不动产权属证明　　B. 不动产界址资料

C. 不动产面积资料　　D. 不动产登记簿

37. 根据物权法，下列关于不动产登记费收取标准的说法中正确的是(　　)。

A. 按件收取　　B. 按不动产面积收取

C. 按不动产体积收取　　D. 按不动产价值比例收取

38. 根据房产测绘管理办法，当事人对房产测绘成果有异议时，可以委托(　　)鉴定。

A. 法院

B. 测绘行政主管部门

C. 国家认定的房产测绘成果鉴定机构

D. 房地产行政主管部门

39. 根据测绘地理信息业务档案管理规定，建档单位向项目组织实施部门所属的档案保管机构移交测绘地理信息业务档案，应当自项目验收完成之日起(　　)个月内完成。

A. 1　　B. 2

C. 3　　D. 6

40. 根据土地管理法，国家建立全国土地管理信息系统，对(　　)状况动态监测。

A. 土地权属　　B. 土地利用

C. 土地宗地面积　　D. 土地污染

41. 某甲级测绘资质单位申报建立地理信息系统，根据测绘法，其数据应采用符合(　　)的基础地理信息数据。

A. 国际标准　　B. 国家标准

C. 行业标准　　D. 地方标准

42. 根据地图审核管理规定，下列内容中，测绘行政主管部门进行地图审查时，不必审查的是(　　)。

A. 保密审查　　B. 重要地理要素名称

C. 国界线、省级区域界线　　D. 居民地与道路等公共设施的相互关系

43. 根据《遥感影像公开使用管理规定（试行）》，卫星遥感影像提供或销售机构向影像测绘行政主管部门报送客户登记信息备案，备案的周期为每(　　)一次。

A. 2 月　　B. 3 月

C. 半年　　D. 1 年

44. 根据地图审核管理规定，涉及两个以上省级行政区的地图，应当由(　　)审核。

A. 国务院测绘行政主管部门

B. 省级测绘行政主管部门

C. 涉及两个省的省级测绘行政主管部门

D. 涉及两个省的省级民政部门

45. 根据公开地图内容表示若干规定，下列设施和内容中，不得在公共地图和地图产品上表示的是(　　)。

A. 民用机场　　B. 国家经济运行数据

C. 港湾港口性质　　D. 国防军事设施

46. 根据测量标志保护条例，建设永久性测量标志需要占用土地的，地面标志占用土地的范围为(　　)m^2。

A. 20～50　　B. 36～100

C. 100~200　　D. 200~300

47. 根据测量标志保护条例，下列关于测量标志保护制度的说法中，错误的是(　　)。

A. 国家对测量标志实行义务保管制度

B. 国家对测量标志实行有偿使用制度

C. 从事军事测绘任务可无偿使用测量标志

D. 设置永久性测量标志的，应当设立统一监制的专门标牌

48. 某建筑公司因工程建设，需要拆迁一座国家二等水准点，该水准点的拆迁应当由(　　)批准。

A. 国务院测绘行政主管部门

B. 省级测绘行政主管部门

C. 测量标志所在地的市级测绘行政主管部门

D. 测量标志所在地的县级测绘行政主管部门

49. 根据测绘生产困难类别细则，地形图更新修测中，当更新修测工作量比例大于(　　)时，按重测对待。

A. 30%　　B. 50%

C. 60%　　D. 70%

50. 某测绘单位承担了 0.8 km^2的工业区域 1∶2 000 地形图测绘项目，根据测绘生产成本费用定额，该项目报价应为(　　)元，（工业区域成本费用为 38 899.39 元/km^2，小面积系数为 1.3%）。

A. 31 119.51　　B. 31 625.20

C. 38 899.39　　D. 40 455.36

51. 某测绘单位拟委托开展测绘航空摄影工作，根据测绘生产成本费用定额，影响该项目经费预算的主要因素是(　　)。

A. 该测绘单位的资质等级　　B. 航摄范围及比例尺

C. 航摄单位资质等级　　D. 航摄仪型号

52. 根据《省级行政区域界线勘界测绘技术规定（试行）》，边界协议书附图比例尺的选择，以清晰反映边界线走向为原则，一般地区边界线地形图的比例尺应当选用(　　)。

A. 1∶1 万　　B. 1∶2.5 万

C. 1∶5 万　　D. 1∶10 万

53. 根据《数字城市地理空间信息公共平台技术规范》，下列原则中，不属于数字城市地理空间信息公共平台建设原则的是(　　)。

A. 唯一性原则　　B. 通用性原则

C. 安全性原则　　D. 法定性原则

54. 根据测绘技术设计规定，设计评审的依据是(　　)。

A. 设计输入内容　　B. 技术设计文件

C. 测绘合同　　　　D. 设计验收报告

55. 根据《重要地理信息数据审核公布管理规定》，重要地理信息数据公布时，应当说明(　　)。

A. 批准机关　　　　B. 审核公布部门

C. 数据类别　　　　D. 审核公布时间

56. 某测绘单位承担了某市1∶2 000地形图数字航空摄影测量任务，下列测绘技术设计内容中，不包含在该项目技术设计范围内的是(　　)。

A. 项目设计　　　　B. 基础控制专业技术设计

C. 数字航空摄影专业技术设计　　　　D. 权属调查专业技术设计

57. 决定测绘项目设备资源配置方案的主要因素不包括(　　)。

A. 测区状况　　　　B. 作业方法

C. 项目工期　　　　D. 合同价款

58. 根据行政区域界线测绘规范，当界桩点的平面坐标采用GPS定位测量时，应与高等级GPS控制网进行联测，联测控制点点数最少应不少于(　　)个。

A. 3　　　　B. 4

C. 5　　　　D. 6

59. 根据《测绘计量检定人员资格认证办法》，计量检验员证的有效期为(　　)年。

A. 2　　　　B. 3

C. 4　　　　D. 5

60. 下列测绘项目组织管理活动中，与测绘项目承担单位无关的是(　　)。

A. 成本控制　　　　B. 进度控制

C. 质量控制　　　　D. 投资控制

61. 根据《测绘作业人员安全管理规范》，测绘人员进行野外地下管线作业时，说法错误的是(　　)。

A. 无向导协助时禁止进入地下管道作业

B. 对规模较大的管道，在下井调查或施放探头，电极导线时，可以用明火照明

C. 作业人员须戴上防护帽和安全灯，穿安全警示工作服，佩戴通信设备

D. 禁止选择输送易燃易爆气体管道，作为直接法或充电法作业的充电点

62. 根据《测绘仪器防雾防霉防锈》，下列三防措施中，错误的是(　　)。

A. 仪器野外作业应避免阳光直接暴晒

B. 仪器箱内应投入适当防霉剂

C. 仪器润滑防锈剂应符合挥发性低、流散性高的要求

D. 仪器保管室的相对湿度应控制在70%以下

63. 根据测绘地理信息业务档案管理规定，全野外数字测图的仪器设备检定资料保管期限为(　　)年。

A. 5　　B. 10

C. 15　　D. 30

64. 编写技术总结时，“技术设计执行情况”中不必说明的内容是(　　)。

A. 技术标准和技术设计文件执行情况

B. 出现的主要技术问题和处理方法

C. 产品达到的技术指标

D. 经验教训和遗留问题

65. 某测绘项目技术总结包括了概述、技术设计执行情况及上交和归档测绘成果(或产品)及其资料清单，根据《测绘技术总结编写规定》，该项目技术总结缺少的内容是(　　)。

A. 任务来源　　B. 已有成果资料利用情况

C. 任务工作量　　D. 测绘成果质量说明与评价

66. 下列内容中，不属于 GPS 测量内业技术总结内容的是(　　)。

A. 误差检验及相关参数和平差结果的精度估计

B. 外业观测数据质量分析与野外数据检核情况

C. 上交成果中尚存问题和需要说明的其他问题、建议或改进意见

D. 各种附表与附图

67. 测绘生产过程中，若采用了新技术、新方法、新材料，应在(　　)中详细描述和总结其应用情况。

A. 概述　　B. 技术设计执行情况

C. 成果质量说明和评价　　D. 上交成果及其用途

68. 根据《测绘成果质量检查与验收》，测绘成果应通过(　　)的最终检查。

A. 作业组　　B. 作业队（室）

C. 测绘单位　　D. 项目管理单位

69. 根据《测绘成果质量检查与验收》，下列关于成果单位的划分中，错误的是(　　)。

A. 相片控制测量成果以区域网、景为单位

B. 影像平面图以幅为单位

C. 水准测量成果以点或测段为单位

D. 房屋面积测量以套为单位

70. 根据《测绘成果质量检查与验收》，在测绘项目成果同精度检测时，参与数学精度统计的误差值，应不大于(　　)倍中误差。

A. $\sqrt{2}$　　B. 2

C. $2\sqrt{2}$　　D. 3

71. 根据测绘成果质量检查与验收，实施测绘项目数学精度检测时，点（边）最大数量少于(　　)个（条）时，以误差的算术平均值代替中误差。

A. 15　　B. 20

C. 25　　　　D. 30

72. 根据测绘地理信息质量管理办法，测绘质检机构取得注册测绘师资格的人员经(　　)后，以注册测绘师名义开展工作。

A. 批准　　　　B. 登记

C. 考核合格　　　　D. 注册

73. 根据《基础地理信息数据档案管理与保护规范》，归档材料的完整性和准确性由(　　)总负责。

A. 单位项目负责人　　　　B. 归档当事人

C. 单位质量负责人　　　　D. 单位技术负责人

74. 根据基础地理信息数据档案管理与保护条例，下列关于成果归档的说法中正确的是(　　)。

A. 数据说明文件应与文档材料放在同一目录

B. 文档材料和数据成果应一式两份

C. 档案形成单位应在项目完成后一个月内完成归档

D. 归档内容包含档案目录数据

75. 根据《基础地理信息数据档案管理与保护规范》，下列目录数据检验项目中，基础地理信息数据档案归档时不检验的是(　　)。

A. 目录数据项正确性　　　　B. 数据有效性

C. 目录数据项完整性　　　　D. 计算机病毒

76. 根据测绘法，测量土地、建筑物、构筑物和地面其他附着物的权属界址线，应当按照(　　)确定权属界线的界址点，界址线或者提供的有关登记资料和附图进行。

A. 县级以上人民政府　　　　B. 县级不动产行政主管部门

C. 县级测绘行政主管部门　　　　D. 不动产所有人

77. 根据测绘合同示范文本，甲方按约定结清全部工程费后，乙方应当按照(　　)向甲方交付全部测绘成果。

A. 技术设计书要求　　　　B. 测绘技术标准要求

C. 测绘法律法规规定　　　　D. 技术总结说明

78. 根据质量管理体系要求，下列质量改进措施中，不属于纠正措施的是(　　)。

A. 记录所采取措施的结果　　　　B. 确定不合格的原因

C. 清除发现的不合格　　　　D. 确定和实施所需的措施

79. 根据质量管理体系要求，下列质量管理内容中，不属于最高管理者管理职责的是(　　)。

A. 处理质量争议　　　　B. 确保质量目标的制定

C. 制定质量方针　　　　D. 进行管理评审

80. 根据测绘生产成本费用定额，作业区域平均海拔高度最低不低于(　　)米时，成本费用定额中可增加高原系数。

A. 1 500　　B. 2 200

C. 3 000　　D. 3 500

二、多项选择题（每题2分。每题的备选选项中，有2项或2项以上符合题意，至少有1项是错项。错选，本题不得分；少选，所选的每个选项得0.5分。）

81. 根据测绘地理信息业务档案管理规定，下列业务档案中，档案管理时间为10年的有(　　)。

A. 确定高程基准的水准路线观测手簿

B. 海岸地形测量观测记录

C. 工程测量观测记录手簿、观测数据

D. GNSS大地控制网外业观测手簿、观测数据

E. 全野外数字测图的控制点观测手簿

82. 根据《外国的组织或者个人来华测绘管理暂行办法》，下列测绘活动中，合资合作测绘不得从事的是(　　)。

A. 大地测量　　B. 测绘航空摄影

C. 摄影测量与遥感　　D. 海洋测量

E. 导航电子地图制作

83. 甲乙双方签订了一份测绘合同，根据合同法，下列情形发生时，甲方可以解除合同的有(　　)。

A. 因不可抗力致使不能实现合同目的

B. 在履行期限届满之前，乙方明确表示不履行合同主要内容

C. 乙方延迟履行合同内容，将催告后在合理期限内仍未履行

D. 乙方有违法行为致使测绘资质证书被依法吊销

E. 乙方管理层发生重大人事变动

84. 根据基础测绘条例，基础测绘工作应当遵循的原则有(　　)。

A. 高效便民　　B. 分级管理

C. 定期更新　　D. 保障安全

E. 统筹规划

85. 根据测绘标准化工作管理办法，下列测绘标准中属于强制性国家标准的有(　　)。

A. 中国山脉山峰名称代码　　B. 基础地理信息标准数据基本规定

C. 国家大地测量基本技术规定　　D. 测绘技术总结编写规定

E. 导航电子地图安全处理技术基本要求

86. 根据测绘生产质量管理规定，下列工作内容中属于测绘单位质量主管负责人

的职责有(　　)。

A. 确定本单位的质量方针和质量目标，签发质量手册

B. 组织编制测绘项目技术设计书

C. 处理生产过程中的重大技术问题和质量争议

D. 审核技术总结

E. 审定测绘产品的交付验收

87. 根据测绘地理信息业务档案管理规定，下列工作环节中，应当同步提出测绘地理信息业务档案建档工作要求的有(　　)。

A. 项目计划　　B. 库房建设

C. 管理程序　　D. 质量控制

E. 经费预算

88. 根据《关于进一步加强涉密测绘成果管理工作的通知》，下列关于涉密成果使用的说法中正确的有(　　)。

A. 航空摄影成果必须先送审后提供使用

B. 涉密测绘成果必须先归档入库再提供使用

C. 如需要用于其他目的应当向测绘行政主管部门备案

D. 必须依据经审批同意的目的和范围使用涉密测绘成果

E. 严格执行涉密测绘成果提供使用审批制度

89. 根据测绘成果管理条例，下列地理信息数据中属于重要地理信息数据的有(　　)。

A. 石家庄市的行政区域面积　　B. 重庆市行政区域面积

C. 我国陆地国土面积　　D. 我国专属经济区面积

E. 我国海岸滩涂面积

90. 根据《房产测绘管理办法》，用于房屋权属登记等房产管理的房产测绘成果，房地产行政主管部门应当对其(　　)进行审核。

A. 施测单位的资格　　B. 适用性

C. 界址点准确性　　D. 面积测算依据与方法

E. 档案管理情况

91. 下列关于地图编制出版活动的说法中正确的有(　　)。

A. 保密地图不得以任何形式公开出版和发行

B. 公开地图不得表示任何国家秘密事项和内部事项

C. 内部地图在质量检查合格后，可以公开出版

D. 地图的比例尺应当符合国家规定

E. 公开出版或者展示的地图应当依法送审

92. 根据测量标志保护条例，下列行为中，依法应当受到行政处罚的有(　　)。

A. 设立永久性测量标志，未设立明显标记

B. 违反测绘操作规程进行测绘，使永久性测量标志受到损坏

C. 损毁永久性测量标志

D. 建设永久性测量标志未使用国家规定的测绘标准

E. 工程建设单位擅自拆迁永久性测量标志

93. 根据《基础地理信息标准数据基本规定》，下列数据中，应当由国务院测绘行政主管部门委托的机构认定的有(　　)。

A. 1∶1 万基础地理信息数据　　B. B 级卫星定位控制点数据

C. 1∶5 万基础地理信息数据　　D. 二等平面控制点数据

E. 三等水准点数据

94. 根据测绘合同示范文本，测绘项目合同的主要内容有(　　)。

A. 测绘范围　　B. 执行技术标准

C. 测绘设备　　D. 测绘内容

E. 测绘工程费

95. 根据《测绘生产质量管理规定》，测绘单位应在关键工序重点工序设置必要的检验点，设置现场检验点应当考虑的主要因素有(　　)。

A. 测绘任务工作量　　B. 测绘任务进度安排

C. 作业人员水平　　D. 降低质量成本

E. 测绘任务的性质

96. 根据《测绘作业人员安全规范》，下列关于测绘内业作业场所安全生产管理的说法中，正确的有(　　)。

A. 不得随意拉设电线

B. 面积大于 100 km^2的作业场所的安全出口应不少于 4 个

C. 作业场所应按有关规定配备灭火器具

D. 作业场所应配置必要的安全警示标志

E. 禁止超负荷用电

97. 根据《测绘技术总结编写规定》，下列关于测绘技术总结的说法中正确的有(　　)。

A. 测绘技术总结分项目总结和专业技术总结

B. 项目总结要有承担项目的法人单位负责或组织编写

C. 测绘技术总结由项目承担单位归档，无须上交

D. 测绘技术总结应由项目承担单位总工或技术负责人审核签字

E. 测绘技术总结可根据需要使用项目设置的术语、符号和计量单位

98. 根据《测绘成果质量检查与验收》，下列质量特性中属于大比例尺地形图成果 A 类质量错误的有(　　)。

A. 数据组织不正确

B. 地物点平面绝对位置中误差超限

C. 录有内容的层或数据层名称错

D. 行政村及以上行政名称错误

E. 文件命名数据格式错误

99. 根据《基础地理信息数据档案管理与保护规范》，下列数据中，属于应当收集积累归档的基础地理信息数据的有(　　)。

A. 重要的原始基础地理信息数据

B. 各种公开出版的数字地图

C. 基础测绘生产活动中形成的地名数据

D. 重大工程项目中形成的控制测量数据

E. 基础地理信息数据库的元数据

100. 下列内容中，属于质量管理体系质量管理原则的有(　　)。

A. 效益优先　　B. 持续改进

C. 成本控制　　D. 过程方法

E. 领导作用

参考答案及解析

一、单项选择题

1.【C】大地测量设置了甲级和乙级测绘资质。工程测量和不动产测绘专业设置了甲级、乙级、丙级和丁级测绘资质。导航电子地图制作只设置了甲级测绘资质。

2.【B】省级测绘地理信息行政主管部门是乙、丙、丁级测绘资质审批机关，负责受理、审查乙、丙、丁级测绘资质申请并作出行政许可决定。

3.【B】申请晋升甲级测绘资质的，近 2 年内完成的测绘服务总值不少于 1600 万元。

4.【C】测绘项目组织管理与实施不属于注册测绘师的执业范围。

5.【A】注册测绘师从事执业活动。因测绘成果质量问题造成的经济损失，接受委托的单位应承担赔偿责任。

6.【B】注册单位与注册测绘师人事关系所在单位或聘用单位可以不一致。

7.【D】测绘行政主管部门负责审定检验结论，依法向社会公布质量监督抽查结果，确属不宜向社会公布的，应当依法抄告有关行政主管部门、有关权利人和利害相关人。

8.【C】外国的组织或者个人依法在我国合资、合作从事社会活动的，测绘成果归中方部门或者单位所有，并由中方部门或者单位向国务院测绘行政主管部门汇交测绘成果副本。

9.【A】测绘外业作业人员和需要持测绘作业证的其他人员（以下简称测绘人员）应当领取测绘作业证。进行外业测绘活动时应当持有测绘作业证。

10.【C】低于测绘产品收费标准报价不属于禁止的行为。

11.【C】测绘单位应将项目质量信息报送项目所在地测绘地理信息行政主管部门。

12.【A】当事人协商一致，可以变更合同。

13.【C】法律、行政法规规定或者当事人约定采用书面形式订立合同，当事人未采用书面形式但一方已经履行主要义务，对方接受的，该合同成立。

14.【C】测绘项目的承包方可以向其他具有测绘资质的单位分包，但分包量不得大于该项目总承包量的40%。

15.【A】国家设立和采用全国统一的大地基准、高程基准、深度基准和重力基准，其数据由国务院测绘行政主管部门审核，报国务院批准。

16.【A】50万人口以上的城市需建立相对独立的平面坐标系统由国家测绘地理信息局负责审批。

17.【B】测制和更新本行政区1∶1万至1∶5 000国家基本比例尺地图、影像图和数字化产品，由省、自治区、直辖市人民政府测绘行政主管部门组织实施。

18.【A】国务院测绘行政主管部门会同国务院其他有关部门、军队测绘主管部门，组织编制全国基础测绘规划，报国务院批准后组织实施。

19.【B】测绘领域内，需在全国范围内统一的技术要求，应当制定国家标准。

20.【A】标准实施后，制定标准的部门应当根据科学技术的发展和经济建设的需要适时进行复审，以确认现行标准继续有效或者予以修订、废止。

21.【D】城市建设领域的工程测量活动，与房屋产权、产籍相关的房屋面积的测量，应当执行由国务院建设行政主管部门、国务院测绘行政主管部门负责组织编制的测量技术规范。

22.【C】检验开始时，检验单位应当组织召开首次会，向受检单位出示测绘行政主管部门开具的监督抽查通知单，并告知检验依据、方法、程序等。

23.【C】注册测绘师继续教育分为必修内容和选修内容，在一个注册有效期内，必修内容和选修内容均不得少于60学时。

24.【C】重大测绘项目应实施首件产品的质量检验，对技术设计进行验证。首件产品质量检验点的设置，由测绘单位根据实际需要自行确定。

25.【C】测绘单位应当对其完成的测绘成果质量负责。县级以上人民政府测绘行政主管部门应当加强对测绘成果质量的监督管理。

26.【A】外国的组织或者个人依法从事测绘活动的，测绘成果归中方部门或者单位所有，并由中方部门或者单位向国务院测绘行政主管部门汇交测绘成果副本。

27.【A】利用涉及国家秘密的测绘成果开发生产的产品，未经国务院测绘主管部门或者省级人民政府测绘主管部门进行保密技术处理的，其秘密等级不得低于所用测绘成果的秘密等级。

28.【D】绝密级不超过三十年，机密级不超过二十年，秘密级不超过十年。

29.【D】公开使用的遥感影像空间位置精度不得高于50米；影像地面分辨率不得优于0.5米；不标注涉密信息、不处理建筑物、构筑物等固定设施。

30. 【D】测绘行政主管部门审查同意的，应当以书面形式告知测绘成果的秘密等级、保密要求以及相关著作权保护要求。
31. 【A】1∶50 万、1∶25 万、1∶10 万、1∶5 万、1∶2.5 万国家基本比例尺地图、影像图和数字化产品由国家测绘地理信息局受理审批。
32. 【D】国家保密工作部门、国务院测绘行政主管部门应会商军队测绘主管部门，依照有关保密法律、行政法规的规定，确定测绘成果的秘密范围和秘密等级。
33. 【B】地方财政投资完成的测绘项目，由承担测绘项目的单位向测绘项目所在地的省级人民政府测绘行政主管部门汇交测绘成果资料。
34. 【B】中华人民共和国地图的国界线标准样图，由外交部和国务院测绘主管部门拟订，报国务院批准后公布。
35. 【A】权属界址线发生变化时，有关当事人应当及时进行变更测绘。
36. 【D】不动产登记簿不属于申请不动产登记提供的申请材料。
37. 【A】不动产登记费按件收取，不得按照不动产的面积、体积或者价款的比例收取。具体收费标准由国务院有关部门会同价格主管部门规定。
38. 【C】当事人对房产测绘成果有异议的，可委托国家认定的房产测绘成果鉴定机构鉴定。
39. 【B】建档单位应当在测绘地理信息项目验收完成之日起 2 个月内，向项目组织部门所属的档案保管机构移交测绘地理信息业务档案，办理归档手续。
40. 【B】国家建立全国土地管理信息系统，对土地利用状况进行动态监测。
41. 【B】建立地理信息系统，必须采用符合国家标准的基础地理信息数据。
42. 【D】居民地与道路等公共设施的相互关系不属于要审查的地图内容。
43. 【C】从事提供或销售分辨率高于 10m 的卫星遥感影像活动的机构，每半年一次向所在地省级以上测绘地理信息行政主管部门报送备案。
44. 【A】涉及两个以上省级行政区域的地图由国务院测绘地理信息行政主管部门审核。
45. 【D】公开地图和地图产品上不得表示国防、军事设施，及军事单位。
46. 【B】建设永久性测量标志需要占用土地的，地面标志占用土地的范围为 $36m^2$～$100m^2$，地下标志占用土地的范围为 $16m^2$～$36m^2$。
47. 【D】设置永久性测量标志的，应当对永久性测量标志设立明显标记；设置基础性测量标志的，还应当设立由国务院测绘行政主管部门统一监制的专门标牌。
48. 【A】国家二等水准点属于基础性测量标志。
49. 【D】更新修测工作量比例>70%时，按重测对待。
50. 【B】若超过一幅图面积用 0.8×单价+单价×小面积系数，若不到一幅用 1×单价+单价×小面积系数，即 0.8×38899.39+38899.39×1.3%。
51. 【B】影响项目经费预算的主要因素是航摄范围及比例尺。
52. 【C】边界线地形图的比例尺一般为 1∶5 万，荒漠戈壁地区可用 1∶10 万比例尺。

53.【D】建设原则包含：通用性、先进性、唯一性和安全性。

54.【A】评审依据：设计输入的内容。

55.【B】重要地理信息数据公布时，应当注明审核、公布部门。

56.【D】权属调查专业技术设计不属于测绘技术设计的内容。

57.【D】决定测绘项目设备资源配置方案的主要因素不包括合同价款。

58.【A】联测控制点点数应不少于 3 个。

59.【D】计量检定员证有效期为五年。

60.【D】测绘目标包括工期目标、成本目标和质量目标。

61.【B】对规模较大的管道，在下井调查或施放探头、电极导线时，严禁明火。

62.【C】仪器润滑防锈剂应符合挥发性低、流散性小的要求。

63.【B】全野外数字测图的仪器设备检定资料保管期限为 10 年。

64.【C】产品达到的技术指标属于“成果（或产品）质量说明和评价”的主要内容。

65.【D】测绘技术总结（包括项目总结和专业技术总结）通常由概述、技术设计执行情况、成果（或产品）质量说明和评价、上交和归档的成果和资料清单四部分组成。

66.【B】外业观测数据质量分析与野外数据检核情况属于 GPS 测量外业技术总结内容。

67.【B】测绘生产过程中，若采用了新技术、新方法、新材料，应在技术设计执行情况中详细描述和总结其应用情况。

68.【C】测绘成果应依次通过测绘单位作业部门的过程检查、测绘单位质量管理部门的最终检查。

69.【D】房屋面积测量以幢为单位。

70.【C】同精度检测时，在允许中误差 $2\sqrt{2}$ 倍以内（含 $2\sqrt{2}$）的误差值均应参与数学精度统计，超过 $2\sqrt{2}$ 的误差视为粗差。

71.【B】检测点（边）数量少于 20 个时，以误差的算术平均值代替中误差；大于 20 个时，按中误差统计。

72.【B】测绘质检机构取得注册测绘师资格的人员经登记后，以注册测绘师名义开展工作。登记工作参照《注册测绘师执业管理办法（试行）》规定的注册程序进行。

73.【A】基础地理信息数据档案形成单位应指定专人负责归档材料的积累和整理工作，归档材料的完整性和准确性由单位项目负责人总负责。

74.【D】档案形成单位应在项目完成后两个月内完成归档。文档材料归档一份，数据成果拷贝归档两份。归档内容包含档案目录数据。

75.【A】目录数据项正确性在基础地理信息数据档案归档时是不检验的。
76.【A】应当按照县级以上人民政府确定的权属界线的界址点、界址线或者提供的有关登记资料和附图进行。
77.【A】自测绘费全部结清之日起，乙方根据技术设计书要求向甲方交付全部测绘成果。
78.【C】清除发现的不合格不属于纠正措施。
79.【A】处理质量争议是总工的责任。
80.【D】高原系数指作业区域平均海拔高度≥3500m 时，成本费用定额中可增加高原系数。

二、多项选择题

81.【BCDE】确定高程基准的水准路线观测手簿档案管理时间不是 10 年。
82.【ABDE】合资、合作测绘可以从事摄影测量与遥感。
83.【ABC】乙方有违法行为致使测绘资质证书被依法吊销，乙方管理层发生重大人事变动，不能解除合同。
84.【BCDE】基础测绘工作应当遵循统筹规划、分级管理、定期更新、保障安全的原则。
85.【BCE】中国山脉山峰名称代码，测绘技术总结编写规定不需要制定强制性测绘标准或者强制性条款。
86.【BCDE】确定本单位的质量方针和质量目标，签发质量手册，不属于测绘单位的质量主管负责人职责。
87.【ACDE】库房建设不属于应当同步提出测绘地理信息业务档案建档工作要求。
88.【ABDE】如需要用于其他目的的，应另行办理审批手续。
89.【DE】我国陆地国土面积和其他产生行政区域面积不属于重要地理信息数据。
90.【ABCD】房地产行政主管部门应当对施测单位的资格、测绘成果的适用性、界址点准确性、面积测算依据与方法等内容进行审核。
91.【ABDE】保密地图和内部地图不得以任何形式公开出版和发行。
92.【BCE】设立永久性测量标志，未设立明显标记；建设永久性测量标志未使用国家规定的测绘标准；不应当受到行政处罚。
93.【BCD】1∶1 万基础地理信息数据，三等水准点数据不属于国务院测绘行政主管部门授权的机构认定的基础地理信息标准数据。
94.【ABDE】测绘项目合同的主要内容有：测绘范围、测绘内容、执行技术标准、测绘工程费、甲方的义务、乙方的义务、测绘项目完完工期等。
95.【CDE】现场检验点的设置，可以根据测绘任务的性质、作业人员水平、降低质量成本等因素，由测绘单位自行确定。

96.【ACDE】面积大于 $100m^2$ 的作业场所的安全出口应不少于两个安全出口、通进、楼梯等应保持畅通并设有明显标志和应急照明设施。

97.【ABD】测绘技术总结经审核、签字后，随测绘成果、测绘技术设计文件和成果检查报告一并上交和归档。测绘技术总结要用标准化的术语、符号和计量单位。

98.【BCE】数据组织不正确，行政村及以上行政名称错误，不属于 A 类错误。

99.【ADE】基础地理信息数据成果应包含最终数据成果、重要的阶段性数据成果、重要的原始数据成果和数据说明文件。如数据成果包含元数据，应随同数据成果一起归档。

100.【BDE】效益优先；成本控制不属于质量管理的八项原则。

（六）2016年注册测绘师资格考试测绘管理与法律法规试卷与参考答案及解析

一、单项选择题（每题1分，每题的备选选项中，只有1个最符合题意。）

1. 根据《注册测绘师制度暂行规定》，下列行为中，属于注册测绘师依法享有的权利是(　　)。

A. 允许他人以本人名义执业

B. 获得与执业责任相应的劳动报酬

C. 对本单位的成果质量进行监管

D. 以个人名义从事测绘活动，承担测绘业务

2. 某单位初次申请测绘资质，按照《测绘资质管理规定》，下列专业范围中，可以受理甲级测绘资质申请的是(　　)。

A. 工程测量　　B. 地图编制

C. 导航电子地图　　D. 互联网地图服务

3. 某测绘公司，持有乙级测绘资质，在一次测绘获得中擅自将持有的1：5万比例尺地形图进行复制，提交给外资公司使用，被该市国家安全部门查处。测绘资质审批机关应给予其(　　)的处罚。

A. 降为丙级资质　　B. 核减专业范围

C. 注销资质证书　　D. 暂扣资质证书6个月

4.《测绘地理信息行业信用管理办法》规定，测绘资质单位受到测绘地理信息监管部门行政处罚的，计入单位的(　　)信息。

A. 基本　　B. 严重失信

C. 一般失信　　D. 轻微失信

5. 负责注册测绘师资格注册审查工作的部门是(　　)。

A. 省级测绘行政主管部门　　B. 国家测绘地理信息局

C. 受聘测绘单位　　D. 县级以上人力资源主管部门

6. 根据合同法，下列合同中，属于有效合同的是(　　)。

A. 损害社会公共利益的合同

B. 限制民事行为能力人订立的纯获利益的合同

C. 以合法形式掩盖非法目的的合同

D. 以威迫手段强制订立的合同

7. 根据招标投标法，招标人对已发出的招标文件进行必要的澄清时，应按招标文件要求提交投标文件截止时间至少(　　)日前，以书面形式通知所有标书收受人。

A. 七　　B. 十

C. 十五　　D. 二十

8. 某开发区将本区的不动产测绘业务发包给具备不动产测绘业务资质的 A 公司，根据工作需要，A 公司依法将部分不动产测绘业务分包给具有甲级测绘资质的 B 公司。项目完成后，经质量抽查，由 B 公司完成的项目中存在部分质量不合格产品。根据《测绘地理信息质量管理办法》，下列说法正确的是(　　)。

A. B 公司负责　　B. A 公司负完全责任

C. A、B 公司共同负责　　D. A 公司负次要责任，B 公司负主要责任

9. 根据测绘法有关规定，测绘资质单位测制的测绘成果质量不合格，情节严重的，可给予的行政处罚是(　　)。

A. 责令重测

B. 没收违法所得

C. 降低资质等级直至吊销测绘资质证书

D. 责令补测，赔偿用户损失

10. 注册测绘师延续注册、重新申请注册和逾期初始注册的必要条件是(　　)。

A. 脱产培训　　B. 考试合格

C. 继续教育　　D. 技术水平

11. 下列关于基础测绘年度计划的说法中，正确的是(　　)。

A. 海南基础测绘年度计划由海南省测绘地理信息局负责编制，并报经国家测绘地理信息局批准

B. 国务院发展改革部门会同国家测绘地理信息局编制全国基础测绘年度计划

C. 陕西省铜川市测绘地理行政主管部门负责编制本市基础测绘年度计划，并报铜川市人民政府备案

D. 海南省基础测绘年度计划由海南省发展计划部门编制，并报海南省政府部门备案

12. 中华人民共和国注册测绘师注册证的注册有效期为(　　)年。

A. 2　　B. 3

C. 5　　D. 10

13. 下列行为中，属于不正当竞争行为的是(　　)。

A. 季节性降价　　B. 以降低成本的价格销售商品来占有市场

C. 处理有效期即将到期的商品　　D. 转产降价销售商品

14. 下列代码中，表示行业标准的是(　　)。

A. GD　　B. GB/T

C. CH/T　　D. GBJ

15. 根据《测绘地理信息质量管理办法》实施测绘地理信息项目应坚持的原则是(　　)。

A. 先设计后生产　　B. 边设计边生产

C. 先生产再设计　　D. 根据需要确定设计与生产的关系

16. 根据测绘法，下列部门中，可作出暂扣测绘资质证书的行政处罚决定的部门是(　　)。

A. 县级以上测绘地理信息行政主管部门

B. 颁发测绘资质证书的部门

C. 当地工商行政管理部门

D. 违法行为发生地测绘地理信息行政主管部门

17. 测绘作业证的注册核准有效期为(　　)年。

A. 2　　B. 3

C. 5　　D. 8

18. 国家对从事测绘活动的单位实行测绘资质管理制度，根据《测绘资质管理规定》，测绘资质的等级分为(　　)级。

A. 综甲、甲、乙、丙、丁五级　　B. 甲、乙、丙、丁四级

C. 特甲、甲、乙、丙、丁五级　　D. 甲、乙、丙三级

19. 某公司申请了工程测量、不动产测量两个专业范围的测绘资质证书，根据对该公司人员数量的要求是(　　)。

A. 两个专业要求人员数量之和　　B. 达到其中一个专业人员数量的 1.5 倍

C. 对人员数量不累加计算　　D. 根据实际，酌情处理

20. 外国的组织或个人在我国领域从事测绘活动，必须依法采取的形式(　　)。

A. 委托、合资　　B. 合资、合作

C. 委托、合作　　D. 投资、协作

21. 根据测绘成果管理条例，使用财政资金以外的其他资金完成的测绘项目，负责汇交测绘成果资料的是(　　)。

A. 测绘项目出资人　　B. 测绘项目承担企业

C. 测绘项目监理单位　　D. 测绘项目管理部门

22. 根据测绘成果管理条例，下列测绘成果中，不属于基础测绘成果的是(　　)。

A. 基础航空摄影所获得的数据、影像资料

B. 国家基本比例尺地图

C. 正式印刷的教学地图

D. 基础地理信息系统的数据、信息等

23. 根据测绘成果管理条例，测绘行政主管部门自收到汇交的测绘成果副本或者目录之日起(　　)个工作日内，应当将其移交给测绘成果保管单位。

A. 5　　B. 10

C. 15　　D. 20

24. 根据测绘成果管理条例，对外提供属于国家秘密的测绘成果，测绘行政主管部门在审批前应征求(　　)的意见。

A. 省级以上保密行政主管部门　　B. 省级以上国家安全机关

C. 军队有关部门　　D. 外交部门

25. 根据涉密测绘地理信息安全管理相关规定，使用单位应在涉密测绘成果使用完成(　　)个月内，销毁申请使用的涉密测绘成果。

A. 1　　B. 2

C. 3　　D. 6

26. 根据涉密测绘成果管理相关规定，涉密测绘成果必须按照被许可的(　　)使用。

A. 使用目的和范围　　B. 使用范围和时间

C. 使用目的和时间　　D. 使用时间和保证

27. 根据《基础测绘成果提供使用管理暂行办法》，提供、使用不涉及国家秘密的基础测绘成果的相应管理办法由(　　)制定。

A. 县级以上测绘行政主管部门　　B. 测绘成果资料保管单位

C. 测绘项目的出资人　　D. 省级以上测绘行政主管部门

28. 根据测绘成果管理条例，国家要对重要的地理信息数据实行(　　)制度。

A. 统一监督与管理　　B. 统一审核与管理

C. 统一公布与监督　　D. 统一审核与公布

29. 根据测绘成果管理条例，在建立以地理信息数据为基础的信息系统过程中，对利用不符合国家标准的基础地理信息数据的行为，除责令改正、给予警告外，可以处(　　)万元以下的罚款。

A. 50　　B. 10

C. 5　　D. 1

30. 根据测绘法，省级行政区域界线的标准画法图，由(　　)拟订。

A. 国务院民政部门

B. 国务院测绘行政主管部门

C. 相邻省级人民政府

D. 国务院民政部门和国务院测绘行政主管部门

31. 根据行政区域界线管理条例，负责编制省级行政区域界线详图的部门是(　　)。

A. 国务院测绘行政主管部门　　B. 省级测绘行政主管部门

C. 国务院民政部门　　D. 省级民政部门

32. 根据测绘法，组织管理地籍测绘的部门是(　　)。

A. 省级以上测绘行政主管部门　　B. 省级以上土地行政主管部门

C. 县级以上测绘行政主管部门　　D. 县级以上土地行政主管部门

33. 根据《房产测绘管理办法》，下列成果中，不属于房产测绘成果的是（　　）。

A. 不动产登记簿　　B. 房产簿册

C. 房产数据　　D. 房产图集

34. 根据地图管理条例，在地图上绘制中华人民共和国国界，应当按照中国国界线(　　)绘制。

A. 有关参考样图　　B. 画法参考样图

C. 有关标准样图　　D. 画法标准样图

35. 地图管理条例规定，国家对向社会公开的地图实行(　　)制度。

A. 审查　　B. 审核

C. 核准　　D. 备案

36. 根据地图管理条例，下列地图中，需要向国务院测绘地理信息行政主管部门送审的是(　　)。

A. 广东省地图　　B. 江苏省政区图

C. 河北省全图　　D. 澳门特别行政区地图

37. 根据地图管理和资质管理相关规定，下列关于互联网地图服务单位从事相应活动的说法中，错误的是(　　)。

A. 应当使用经依法批准的地图

B. 加强对互联网地图新增内容的核查校对

C. 可以从事导航电子地图制作等相关业务

D. 新增内容按照有关规定向省级以上测绘行政主管部门备案

38. 根据《测绘资质管理规定》，测绘资质单位的部分专业范围不符合相应资质标准条件的，应当依法给予以(　　)。

A. 降低资质等级　　B. 核减相应业务范围

C. 责令限期改正　　D. 吊销测绘资质证书

39. 根据《测绘资质分级标准》，下列专业技术人员中，计入测绘专业技术人员数量的是(　　)。

A. 年龄超过65周岁的人员　　B. 兼职人员

C. 财务管理专业的会计人员　　D. 大地测量工程师

40. 根据测量标志保护条例，工程建设单位经批准拆迁永久性测量标志，但拒绝按照国家有关规定支付迁建费用的，由县级以上测绘行政主管部门责令限期改正，给予警告，并可以根据情节处以(　　)万元以下的罚款。

A. 1　　B. 3

C. 5　　D. 10

41. 根据《测绘地理信息质量管理办法》，下列测绘成果的验收方式中，适用于基础测绘项目、测绘地理信息专项和重大建设工程测绘地理信息项目的是(　　)。

A. 材料验收　　B. 会议验收

C. 质量检验　　D. 用户试用检查

42. 下列关于测绘资质证书的说法中，错误的是(　　)。

A. 测绘资质证书分为正本和副本　　B. 正本、副本具有同等法律效力

C. 由国家人社部统一印制　　D. 由国家测绘地理信息局统一印制

43. 根据《质量管理体系基础和术语》，下列原则中，不属于质量管理原则的是(　　)。

A. 领导作用原则　　B. 全员参与原则

C. 经验管理原则　　D. 持续改进原则

44. 根据《测绘生产成本费用定额》，下列地籍测绘工作中，经费没纳入成本费用的是(　　)。

A. 地籍调查、界址点标定　　B. 图根控制测量

C. 界址点测量　　D. 宗地图绘制

45. 根据《国家测绘应急保障预案》，不属于测绘应急保障措施内容的是(　　)。

A. 做好测绘应急保障成果资料储备工作

B. 完善测绘应急保障基础设施

C. 及时对国家测绘应急保障工作宣传报道

D. 加快测绘应急高技术攻关

46. 根据《测绘生产成本费用定额》，全野外地形数据采集编辑项目中，要求基础数字线划图满足地籍图、房产图精度需要时的费用定额增加幅度是(　　)。

A. 10%　　B. 20%

C. 30%　　D. 40%

47. 根据《测绘工程产品价格》，测绘工程产品合同价格可在测绘工程产品价格基础上上下浮动(　　)。

A. 10%　　B. 15%

C. 20%　　D. 30%

48. 根据《测绘技术设计规定》，技术设计文件中采用新技术、新方法、新工艺的应进行验证。下列验证方法中，不宜采用的是(　　)。

A. 试验　　B. 模拟

C. 试用　　D. 对照类似的测绘成果

49. 根据《测绘技术设计规定》，设计评审的依据是(　　)。

A. 设计输入内容　　B. 技术设计文件

C. 测绘项目价格　　D. 设计验证报告

50. 根据《测绘技术设计规定》，测绘技术设计文件的审批主体是(　　)。

A. 承担测绘任务的单位技术负责人

B. 测绘任务的委托单位

C. 测绘任务的监理单位

D. 承担测绘任务的法人单位

51. 根据《测绘技术设计规定》，下列有关单位中，负责编写测绘专业技术设计的是(　　)。

A. 承担项目的法人单位　　B. 承担相应测绘专业任务的法人单位

C. 项目的监理单位　　D. 项目立项报批单位

52. 根据《测绘生产质量管理规定》，下列测绘质量管理活动中，不属于质量主管负责人职责的是(　　)。

A. 建立本单位的质量体系并保证有效运行

B. 负责质量方针、质量目标的贯彻实施

C. 组织编制测绘项目的技术设计书

D. 处理生产过程中的重大技术问题

53. 下列因素中，不属于测绘项目人力资源配置主要决定因素的是(　　)。

A. 工作内容　　B. 项目工期

C. 合同价款　　D. 技术要求

54. 根据《测绘地理信息质量管理办法》，下列关于监理单位依法开展监理工作的说法中，错误的是(　　)。

A. 监理单位资质符合相关规定

B. 监理工作实施符合相关规定

C. 监理单位对出具的监理报告负责

D. 监理单位对项目成果质量负责

55. 根据《测绘生产质量管理规定》，下列质量管理工作内容中，不属于单位法定代表人职责的是(　　)。

A. 签发质量手册　　B. 确定本单位的质量方针

C. 确定本单位的质量目标　　D. 签发有关质量文件

56. 根据《测绘地理信息质量管理办法》，充任测绘地理信息项目的技术和质量检验等关键岗位负责人的必须条件是(　　)。

A. 注册测绘师　　B. 测绘工程师

C. 测绘高级工程师　　D. 经单位培训考核通过的技术人员

57. 根据国家测绘地理信息局《关于进一步做好应急测绘保障服务工作的通知》，下列关于自然灾害发生后测绘应急保障工作内容的说法，错误的是(　　)。

A. 有关单位和部门及时启动应急保障预案

B. 及时调整受灾区域的基础测绘规划

C. 立即开通测绘成果资料提供绿色通道

D. 根据响应级别实际需要，及时开展资料收集、实地测绘、数据处理和加工工作

58. 根据《测绘作业人员安全规范》，在戈壁、沙漠和高原等人员稀少、条件恶劣的地区行作业时，下列规定中，错误的是(　　)。

A. 作业车辆载重不得超重

B. 单车行进需加固

C. 作业车辆应配备适宜的轮胎，且每车有双备胎

D. 作业车辆油压、气压低时应低档行驶

59. 根据《测绘作业人员安全规范》，下列外业出测前的准备工作中，错误的是(　　)。

A. 对进入测区的所有作业人员进行安全意识教育和安全技能培训

B. 对所有作业人员熟练使用通信、导航定位等安全保障设备进行培训

C. 进行专项防疫培训后进入高致病疫区作业

D. 制订行车计划，对车辆进行安全检查

60. 根据《测绘仪器防霉、防雾、防锈》，下列测绘仪器“三防”要求中，错误的是(　　)。

A. 带有电器装置的仪器在保管期内应一年通电干燥一次

B. 保管室不能保证恒温、恒湿时，须做到通风、干燥、防尘

C. 仪器室相对湿度控制在70%以下

D. 新购仪器进行一次全面的三防性能检查，并建立三防保养档案

61. 根据《测绘技术总结编写规定》，下列关于测绘专业技术总结的编写说法中，正确的是(　　)。

A. 测绘专业技术总结由测绘单位技术人员编写

B. 测绘专业技术总结由测绘单位技术负责人编写

C. 测绘专业技术总结由测绘单位负责人审核

D. 测绘专业技术总结由项目委托单位审核

62. 根据《测绘成果质量检查与验收》，下列质量检查项中，属于平面控制测量成果数学精度质量子元素检查项的是(　　)。

A. 归心元素、天线高测定方法的正确性

B. 起算点的兼容性及分布合理性

C. 点位满足观测条件的符合情况

D. 边长相对中误差与设计书的符合情况

63. 根据《测绘成果质量检查与验收》，单位成果质量要求中的全部检查项检查指的是(　　)。

A. 全数检查　　B. 详查

C. 概查　　D. 抽查

64. 根据《测绘成果质量检查与验收》，过程检查采用的方法是(　　)。

A. 简单随机抽样　　B. 分层随机抽样

C. 全数检查　　D. 概查

65. 根据《测绘成果质量检查与验收》，下列关于批成果质量核定的要求中，正确的是(　　)。

A. 验收单位根据批成果质量等级，核定样本质量等级

B. 测绘单位未评定批成果质量等级的，以验收单位评定的样本质量等级作批成果质量等级

C. 验收单位评定的样本质量等级与测绘单位评定的批成果质量等级不一致时，以测绘单位评定的批成果质量等级作为批成果质量等级

D. 批成果质量等级根据测绘单位的样本质量等级和批成果质量等级共同核定

66. 根据《测绘成果质量检查与验收》，高精度检测时，中误差计算公式是(　　)。

A. $M = \pm\sqrt{\dfrac{\sum\limits_{i=1}^{n}\Delta_i^2}{n-1}}$　　B. $M = \pm\sqrt{\dfrac{\sum\limits_{i=1}^{n}\Delta_i^2}{n}}$

C. $M = \pm\sqrt{\dfrac{\sum\limits_{i=1}^{n}\Delta_i^2}{2n}}$　　D. $M = \pm\sqrt{\dfrac{\sum\limits_{i=1}^{n}\Delta_i^2}{2n-1}}$

67. 根据《测绘成果质量监督抽查管理办法》，受检单位对监督检验结论有异议，提出书面异议报告，检验单位应自收到受检单位书面异议报告之日起(　　)工作日作出复检结论。

A. 5　　B. 10

C. 15　　D. 20

68. 根据《测绘管理工作国家秘密范围的规定》，下面所列的国家基本比例尺地形图及其数字化成果中，定为秘密级的是(　　)。

A. 1：5千　　B. 1：2.5万

C. 1：5万　　D. 1：10万

69. 下列关于涉密测绘成果管理的要求中，正确的是(　　)。

A. 涉密测绘成果实行统一保管和提供

B. 造成测绘成果泄密的，必须依法追究相关人员的刑事责任

C. 涉密测绘成果的多级衍生品可以公开使用

D. 测绘成果保管单位使用涉密测绘成果不需要审批

70. 根据《测绘管理工作国家秘密范围的规定》，下列测绘成果中，定位绝密级的是(　　)。

A. 国家大地坐标系、地心坐标系之间的相互转换参数

B. 重力加密点成果

C. 线路长度超过1 000千米的国家等级水准网成果资料

D. 山东省青岛市 GPS C 级网控制点坐标成果

71. 根据《测绘地理信息业务档案管理规定》，下列关于保管期满的测绘地理信息业务档案处理的说法中，错误的是(　　)。

A. 档案保管机构对保管期满的测绘地理信息业务档案提出鉴定意见

B. 鉴定意见需报同级测绘地理信息行政主管部门批准

C. 对不具有保存价值的档案登记、造册、销毁

D. 禁止擅自销毁测绘地理信息业务档案

72. 根据《测绘地理信息业务档案保管期限表》，项目工作总结与技术总结的保存期限为(　　)。

A. 5 年　　B. 10 年

C. 20 年　　D. 永久

73. 根据《基础地理信息数据档案管理与保护规范》，下列关于数据档案归档管理的说法中，正确的是(　　)。

A. 基础地理信息数据归档资料的完整性和准确性由单位总工程师总负责

B. 档案形成单位应在项目完成后两个月内完成归档

C. 数据说明文件与基础地理信息数据成果分载体存放

D. 归档后的数据成果不得替换

74. 根据《基本地理信息数据档案管理与保护规范》，下列关于数据档案销毁的要求中，错误的是(　　)。

A. 数据档案销毁前应履行审批程序

B. 销毁数据档案时，异地储存的数据档案同时销毁

C. 数据档案逻辑或物理销毁后，应从计算机系统中将其彻底清除

D. 数据档案销毁时应有数据档案管理单位派员监销，防止泄密

75. 签订合同的测绘项目完成后，工程费结算的依据是(　　)。

A. 测绘生产成本费用定额　　B. 测绘工程产品价格

C. 测绘技术要求　　D. 测绘项目合同

76. 测绘合同签订后，由于甲方工程停止而终止，并且乙方未进入现场工作，双方没有约定定金。根据测绘合同示范文本，甲方应偿付乙方预算工程费的(　　)。

A. 5%　　B. 10%

C. 20%　　D. 30%

77. 根据 2008 版《质量管理体系 要求》，下列关于文件控制的说法中，错误的是(　　)。

A. 文件经过修订更新，使用前需再次批准

B. 组织应对外来文件进行识别，并控制其分发

C. 文件经修订更新后，在任何情况下都不能使用修订更新前的文件

D. 保留作废的文件，需对其适当标识

78. 根据 2008 版《质量管理体系 要求》，下列关于质量方针的说法中，错误的是(　　)。

A. 管理者代表负责制定质量方针

B. 质量方针应与组织的宗旨相适应

C. 质量方针是制定和评审质量目标的框架

D. 管理评审时应对质量方针持续的适宜性进行评审

79. 根据《测绘资质分级标准》，下列专业范围中，设立丙级测绘资质的是（　　）。

A. 摄影测量与遥感　　B. 地图编制

C. 测绘航空摄影　　D. 互联网地图服务

80. 根据 2008 版《质量管理体系 要求》，不属于顾客财产的是（　　）。

A. 顾客提供的软件　　B. 顾客认可的供方样品

C. 顾客提供的产品图样　　D. 顾客的个人信息

二、多项选择题（每题 2 分。每题的备选选项中，有 2 项或 2 项以上符合题意，至少有 1 项是错项。错选，本题不得分；少选，所选的每个选项得 0.5 分。）

81. 从事基础测绘活动应当使用全国统一的测绘基准，包括（　　）。

A. 深度基准　　B. 长度基准

C. 高程基准　　D. 大地基准

E. 极坐标基准

82. 某公司经申请获得了丙级工程测绘资质。按照测绘地理信息质量管理的有关规定，该公司在质量管理方面应当设立（　　）。

A. 质量管理机构　　B. 专职质量管理人员

C. 专职质量检查人员　　D. 质量检查机构

E. 计量检查人员

83. 下列关于测绘活动的说法中，正确的有（　　）。

A. 测绘单位可以超越资质等级许可范围从事测绘活动

B. 测绘单位不得将承包的测绘项目转包

C. 测绘单位不得以其他测绘单位名义从事测绘活动

D. 任何单位和个人不得妨碍、阻挠测绘人员依法进行测绘活动

E. 领取新的测绘资质证书的同时，应将原测绘资质证书交回测绘资质审批机关

84. 基础测绘项目承担单位应当具备的条件包括（　　）。

A. 具有与所承担的基础测绘项目相应等级的测绘资质

B. 国家企、事业单位

C. 具备健全的保密制度和完善的保密设施

D. 能严格执行有关保守国家秘密法律、法规的规定

E. 专业技术人员超过单位人员的 60%

85. 根据地图管理条例，编制地图应当遵守国家有关地图内容表示的规定。根据规定，下列内容中，地图上不得表示的有（　　）。

A. 危害国家统一、主权和领土完整的

B. 危害国家安全，损害国家荣誉和利益的

C. 属于国家秘密的

D. 影响民族团结、侵害民族风俗习惯的

E. 政府驻地及名称

86. 根据测绘成果管理条例，测绘成果保管单位需要采取的测绘成果资料管理措施有(　　)。

A. 配备必要的设施

B. 建立健全测绘成果资料的保管制度

C. 对外提供涉密测绘成果，需要经单位领导审批

D. 对基础测绘成果资料实行异地备份存放制度

E. 对涉密人员实行分类管理

87. 根据涉密测绘成果管理相关规定，测绘行政主管部门对申请使用涉密测绘成果的审核内容包括(　　)。

A. 使用目的与申请范围　　B. 使用理由与时间

C. 保密制度建设情况　　D. 涉密测绘成果保管使用环境设施条件

E. 核心涉密人员持证上岗情况

88. 根据《基础测绘成果提供使用管理暂行办法》，申请使用基础测绘成果应当符合的条件有(　　)。

A. 有明确的合法的使用目的　　B. 申请的范围与使用目的相一致

C. 申请的种类与使用范围相对应　D. 申请的精度与使用目的相一致

E. 符合国家的保密法律法规及政策

89. 根据测绘成果管理条例，下列地理信息数据中，属于重要地理信息数据的有(　　)。

A. 国界、国家海岸线长度

B. 国家版图的重要特征点，地势、地貌分区位置

C. 经济特区、开发区面积

D. 领土、领海、毗连区、专属经济区面积

E. 经某省级人民政府组织相关部门勘定的省级界线长度

90. 根据地图管理条例，下列地图中，不需要送审的有(　　)。

A. 时事宣传图　　B. 北京市全图

C. 景区图　　D. 街区图

E. 地铁线路图

91. 根据《城市地理信息系统设计规范》，城市地理信息系统设计应遵循的基本原则包括(　　)。

A. 实用性原则　　B. 标准化、规范化原则

C. 可行性原则　　D. 通用性原则

E. 先进性原则

92. 按照《测绘生产困难类别细则》，划分测绘项目困难类别的主要依据包括(　　)。

A. 产品形式　　B. 测绘工作内容

C. 技术工艺条件　　D. 测区自然环境条件

E. 设备装备水平

93. 根据《城市地理信息系统设计规范》，城市地理信息系统应当具备的基本功能包括(　　)。

A. 数据输入　　B. 数据编辑

C. 数据处理　　D. 数据查询、检索和统计

E. 系统的自我完善

94. 根据《测绘技术设计规定》，项目设计书中质量保证措施和要求的内容包括(　　)。

A. 组织管理　　B. 资源保证

C. 质量控制　　D. 测绘作业安全

E. 数据安全

95. 根据《测绘技术设计规定》，项目设计书对项目进度安排的内容包括(　　)。

A. 划分作业区的困难类别

B. 项目工程价格

C. 根据设计方案分别计算统计各工序的工作量

D. 说明计划投入的生产实力

E. 参照有关生产定额，分别列出年度进度计划和各工序衔接计划

96. 根据《测绘技术总结编写规定》，测绘技术总结的主要内容应包括(　　)。

A. 项目概述　　B. 技术设计评审情况

C. 技术设计执行情况　　D. 测绘成果质量说明和评价

E. 上交和归档的成果及其资料清单

97. 根据《数字测绘成果质量检查与验收》，数字测绘成果质量检查的方法有(　　)。

A. 首幅图检查　　B. 参考数据比对

C. 野外实测　　D. 内部检查

E. 过程检查

98. 下列关于涉密测绘成果管理的要求中，正确的是(　　)。

A. 航空摄影成果须先送审后提供使用

B. 涉密测绘成果须先归档入库再提供使用

C. 使用单位按规定获得涉密成果，项目完成后可以按涉密成果在本单位保存

D. 使用单位按规定获得涉密成果后，如需用于其他目的，应另行办理审批手续

E. 涉密测绘成果使用中造成泄密事件的都要依法追究其刑事责任

99. 根据《基础地理信息数据档案管理与保护规范》，归档的基础地理信息数据成果应包含(　　)。

A. 最终的数据成果　　B. 重要的原始数据成果
C. 文档材料　　D. 相关软件
E. 数据说明文件

100. 根据 2008 版《质量管理体系要求》，对不合格品处置适当的有(　　)。

A. 采取措施、消除发现的不合格
B. 不合格品纠正后即可交付使用
C. 标注说明，让步使用、放行不合格
D. 对不合格品进行标识和隔离，并报废处理
E. 投入使用后发现的不合格品，可采用维修的方式处置

参考答案及解析

一、单项选择题

1. 【B】获得与执业责任相应的劳动报酬是注册测绘师享有的权利。
2. 【C】初次申请测绘资质不得超过乙级，而导航电子地图制作专业只设甲级测绘资质。
3. 【C】1 : 5 万比例尺地形图为国家机密级测绘成果资料，测绘单位在从事测绘活动中，因泄露国家秘密被国家安全机关查处的，测绘资质审批机关应当注销其测绘资质证书。
4. 【B】测绘资质单位受到测绘地理信息行政主管部门及相关部门行政处罚的，计入该单位的严重失信信息，自该信息生效之日起两年内不得申请晋升测绘资质等级或者新增专业范围。
5. 【A】国家测绘地理信息局为注册测绘师资格的注册审批机构。各省、自治区、直辖市人民政府测绘行政主管部门负责注册测绘师资格的注册审查工作。
6. 【B】限制民事行为能力人订立的纯获利益的合同属于有效合同。
7. 【C】招标人对已发出的招标文件进行必要的澄清或者修改的，应当在招标文件要求提交投标文件截止时间至少十五日前，以书面形式通知所有招标文件收受人。
8. 【B】测绘地理信息项目依照国家有关规定实行项目分包的，分包出的任务由总承包方向发包方负完全责任。
9. 【C】测绘成果质量不合格的，责令测绘单位补测或者重测；情节严重的，责令停业整顿，降低资质等级直至吊销测绘资质证书；给用户造成损失的，依法承担赔偿责任。
10. 【C】继续教育是注册测绘师延续注册、重新申请注册和逾期初始注册的必备

条件。

11.【B】国务院发展改革主管部门会同国务院测绘行政主管部门，根据国民经济发展年度计划编制要求和基础测绘中长期规划及当年国家经济建设需要，编制全国基础测绘年度计划。

12.【B】中华人民共和国注册测绘师注册证每一注册有效期为 3 年。

13.【B】有下列情形之一的，不属于不正当行为：①销售鲜活商品；②处理有效期限即将到期的商品或者其他积压的商品；③季节性降价；④因清偿债务、转产、歇业降价销售商品。

14.【C】“CH/T”为测绘地理信息行业推荐性标准。

15.【A】测绘地理信息项目实施，应坚持先设计后生产，不允许边设计边生产。

16.【B】本法规定的降低资质等级、暂扣测绘资质证书、吊销测绘资质证书的行政处罚，由颁发资质证书的部门决定；其他行政处罚由县级以上人民政府测绘行政主管部门决定。

17.【B】测绘作业证每次注册核准有效期为三年。

18.【B】测绘资质分为甲、乙、丙、丁四级。

19.【C】同一单位申请两个以上专业范围的，对人员数量的要求不累加计算。

20.【B】外国的组织或者个人在中华人民共和国领域测绘，必须与中华人民共和国的有关部门或者单位依法采取合资、合作的形式。

21.【A】使用其他资金完成的测绘项目，由测绘项目出资人向测绘项目所在地的省级人民政府测绘行政主管部门汇交测绘成果资料。

22.【C】正式印刷的教学地图不是基础测绘成果。

23.【B】测绘行政主管部门自收到汇交的测绘成果副本或者目录之日起 10 个工作日内，应当将其移交给测绘成果保管单位。

24.【C】对外提供属于国家秘密的测绘成果，测绘行政主管部门在审批前，应当征求军队有关部门的意见。

25.【D】督促使用单位在使用目的或项目完成后六个月内销毁申请使用的涉密测绘成果。

26.【A】经审批获得的涉密测绘成果，被许可使用人只能用于被许可的使用目的和范围。

27.【B】提供、使用不涉及国家秘密的基础测绘成果，由测绘成果资料保管单位按照便民、高效的原则，制定相应的提供、使用办法，报同级测绘行政主管部门批准后实施。

28.【D】国家对重要地理信息数据实行统一审核与公布制度。

29.【B】违法使用重要地理信息数据，由测绘行政主管部门或者其他有关部门依据职责责令改正，给予警告，可以处 10 万元以下的罚款。

30.【D】省、自治区、直辖市和自治州、县、自治县、市行政区域界线的标准画法图，由国务院民政部门和国务院测绘行政主管部门拟订，报国务院批准后公布。

31. 【C】国务院民政部门负责编制省、自治区、直辖市行政区域界线详图；省、自治区、直辖市人民政府民政部门负责编制本行政区域内的行政区域界线详图。
32. 【C】县级以上人民政府测绘行政主管部门按照地籍测绘规划，组织管理地籍测绘。
33. 【A】房产测绘成果包括：房产簿册、房产数据和房产图集等。
34. 【D】中华人民共和国国界，按照中国国界线画法标准样图绘制。
35. 【B】国家实行地图审核制度。
36. 【D】国务院测绘地理信息行政主管部门负责香港特别行政区地图、澳门特别行政区地图以及台湾地区地图地图的审核。
37. 【C】从事导航电子地图制作业务需取得导航电子地图制作专业范围资质许可。
38. 【B】测绘资质单位的部分专业范围不符合相应资质标准条件的，测绘资质审批机关应当核减相应业务范围。
39. 【D】大地测量工程师可以计入专业技术人员数量。
40. 【C】工程建设单位擅自拆迁永久性测量标志的可处以5万元以下的罚款。
41. 【C】基础测绘项目、测绘地理信息专项和重大建设工程测绘地理信息项目的成果未经测绘质检机构实施质量检验，不得采取材料验收、会议验收等方式验收，以确保成果质量。
42. 【C】测绘资质证书分为正本和副本，由国家测绘地理信息局统一印制，正、副本具有同等法律效力。
43. 【C】质量管理八大原则：①以顾客为关注焦点；②领导作用；③全员参与；④过程方法；⑤管理的系统方法；⑥持续改进；⑦基于事实的决策方法；⑧互利的供方关系原则等。
44. 【A】专业界线测绘的主要工作内容：图根控制测量、界址点测量、地籍要素数据采集编辑、面积量算、地籍图（含宗地）绘制、检查修改、成果资料整理。
45. 【C】及时对国家测绘应急保障工作宣传报道不属于测绘应急保障措施。
46. 【B】地形数据采集与编辑：①当基础数字线划图满足地籍图、房产图精度需要时的费用定额增加20%；②DLG定额为建筑与工业区定额，若为一般地区定额减少28%。
47. 【A】为保护测绘单位和用户的合法权益，防止不正当竞争，确保测绘工程产品质量，测绘工程产品合格价格可在本价格基础上上下浮动10%。
48. 【D】设计方案采用新技术、新方法和新工艺时，应对技术设计文件进行验证。验证宜采用试验、模拟或试用等方法，根据其结果验证技术设计文件是否符合规定要求。
49. 【A】评审依据是设计输入内容。
50. 【B】技术设计文件经审核签字后，一式二至四份报测绘任务的委托单位审批。
51. 【B】项目设计由承担项目的法人单位负责；专业技术设计由具体承担相应测绘专业任务的法人单位负责。

52.【A】建立本单位的质量体系并保证有效运行不属于测绘单位的质量主管负责人职责。
53.【C】测绘项目人力资源配置方案，主要决定因素的是工作内容、项目工期、技术要求，与项目合同价款无关。
54.【D】国家法律法规或委托方有明确要求实施监理的测绘地理信息项目，应依法开展监理工作，监理单位资质及监理工作实施应符合相关规定。监理单位对其出具的监理报告负责。
55.【D】测绘单位的法定代表人确定本单位的质量方针和质量目标，签发质量手册；建立本单位的质量体系并保证其有效运行；对提供的测绘产品承担产品质量责任。
56.【A】测绘地理信息项目的技术和质检负责人等关键岗位须由注册测绘师充任。
57.【B】及时调整受灾区域的基础测绘规划不属于自然灾害发生后测绘应急保障工作内容。
58.【B】在戈壁、沙漠和高原等人员稀少、条件恶劣的地区应采用双车作业，作业车辆应加固，配备适宜的轮胎，每车应有双备胎。
59.【C】对于发生高致病的疫区，应禁止作业人员进入。
60.【A】带有电器装置的仪器在保管期内应1~3个月通电干燥一次。
61.【A】具体的编写工作通常由单位的技术人员承担。
62.【D】平面控制测量成果数学精度子元素检查项有点位中误差、边长相对中误差与规范及设计书的符合情况。
63.【B】详查：对单位成果质量要求的全部检查项进行的检查。
64.【C】测绘单位实施成果质量的过程检查和最终检查。过程检查采用全数检查。
65.【B】当测绘单位未评定批成果质量等级，或验收单位评定的样本质量等级与测绘单位评定的批成果质量等级不一致时，以验收单位评定的样本质量等级作为批成果质量等级。
66.【B】根据高精度检测时，中误差公式的定义。
67.【B】检验单位应当自收到受检单位书面异议报告之日起十个工作日内作出复验结论，并报组织实施质量监督抽查的测绘行政主管部门。
68.【A】非军事禁区1 : 5 000国家基本比例尺地形图；或多张连续的、覆盖范围超过6平方千米的大于1 : 5 000的国家基本比例尺地形图及其数字化成果。
69.【A】依法对涉密测绘成果实行统一保管和提供。
70.【A】国家大地坐标系、地心坐标系之间的相互转换参数是定位绝密级的测绘成果。
71.【C】档案保管机构应当对保管期满的测绘地理信息业务档案提出鉴定意见。对不再具有保存价值的档案应当登记、造册，经批准后按规定销毁。
72.【D】工作与技术总结（项目总结、阶段总结、各工序小结、数据处理报告等）保存期限为永久。

73. 【B】档案形成单位应在项目完成后两个月内完成归档。
74. 【A】数据档案销毁前应进行鉴定。
75. 【D】签订合同的测绘项目完成后，工程费结算的依据是测绘项目合同。
76. 【D】合同签订后，乙方未进入现场工作前，由于甲方工程停止而终止合同的，甲方无权请求返还定金。双方没有约定定金的，偿付乙方预算工程费的30%。
77. 【C】确保在使用处可获得适用文件的有关版本。
78. 【A】最高管理者应确保质量方针。
79. 【A】摄影测量与遥感分别设置了甲级、乙级、丙级。
80. 【B】顾客认可的供方样品不属于顾客财产。顾客财产可包括知识产权和个人信息。

二、多项选择题

81. 【ACD】国家设立和采用全国统一的大地基准、高程基准、深度基准和重力基准。
82. 【BC】丙、丁级测绘资质单位应设立专职质量管理和质量检查人员。
83. 【BCD】超越资质等级许可的范围从事测绘活动是违法行为。领取新的测绘资质证书的同时，应将原测绘资质证书交回测绘资质审批机关，说法不正确。
84. 【ACD】国家企、事业单位；专业技术人员超过单位人员的60%；不是基础测绘项目承担单位应具备的条件。
85. 【ABCD】政府驻地及名称可以在地图上表示。
86. 【ABD】测绘成果保管单位应当建立健全测绘成果资料的保管制度，配备必要的设施，确保测绘成果资料的安全，并对基础测绘成果资料实行异地备份存放制度。
87. 【ACD】申请使用涉密测绘成果，应当具有明确、合法的使用目的和范围，具备成果保管、保密的基本设施与条件，按管理权限报测绘成果所在地的县级以上测绘主管部门审批。
88. 【ABDE】应当符合下列条件：①有明确、合法的使用目的；②申请的基础测绘成果范围、种类、精度与使用目的相一致；③符合国家的保密法律法规及政策。
89. 【ABD】经济特区、开发区面积；经某省级人民政府组织相关部门勘定的省级界线长度；不属于重要地理信息数据。
90. 【CDE】景区图、街区图、地铁线路图等内容简单的地图不需要地图审核。
91. 【ABCE】设计原则：①实用性原则；②标准化、规范化原则；③可行性原则；④可扩充性原则；⑤成本效益优化原则；⑥先进性原则。
92. 【BCD】本细则所列项目的困难类别是依据测绘工作内容、技术工艺条件和测区自然环境条件划分成三类的，使用中可根据需要内插或外推。
93. 【ABCD】系统基本功能：①数据输入；②数据编辑；③数据处理；④数据查询、

检索和统计；⑤空间分析；⑥数据输出等。

94.【ABCE】质量保证措施和要求的内容：①组织管理措施；②资源保证措施；③质量控制措施；④数据安全措施。

95.【ACE】进度安排：①划分作业区的困难类别；②分别计算和统计各工序的工作量；③参照有关生产定额，分别列出年度进度计划和各工序的衔接计划。

96.【ACDE】测绘技术总结通常由概述、技术设计执行情况、成果（或产品）质量说明和评价、上交和归档的成果（或产品）及其资料清单四部分组成。

97.【BCD】质量检查的主要方法是：①参考数据对比；②野外实测；③内部检查。

98.【ABD】使用目的或项目完成后，使用单位必须按照有关规定及时销毁涉密测绘成果。对造成泄密事件的要依法追究其相关行政或刑事责任。

99.【ABE】基础地理信息数据成果应包括最终数据成果、重要的阶段性数据成果、重要的原始数据成果和数据说明文件。如数据成果包括元数据，应随同数据成果一同归档。

100.【ADE】当在交付或开始使用后发现产品不合格时，组织应采取与不合格的影响或潜在影响的程度相适应的措施。在不合格品得到纠正之后应对其再次进行验证。

（七）2017年注册测绘师资格考试测绘管理与法律法规试卷与参考答案及解析

一、单项选择题（每题1分，每题的备选选项中，只有1项最符合题意。）

1. 测绘事业是经济建设、国防建设、社会发展的(　　)事业。各级人民政府应当加强对测绘工作的领导。

A. 公益性　　B. 政府性

C. 保障性　　D. 基础性

2. 根据测绘法，某测绘单位未取得测绘资质证书擅自从事测绘活动的受到的处罚是(　　)。

A. 没收测绘工具并处五万元以下的罚款

B. 没收违法所得可处十万元以上的罚款

C. 对该公司负责人依法给予警告，并没收测绘工具

D. 责令停止违法行为，没收违法所得和测绘成果，并处约定报酬一倍以上二倍以下的罚款

3. 根据《测绘资质管理规定》，申请单位符合法定条件的，测绘资质审批机关作出拟准予行政许可的决定，通过本机关网站向社会公示(　　)个工作日。

A. 1　　B. 5

C. 10　　D. 15

4. 下列技术人员中属于测绘专业技术人员的是(　　)。

A. 计算机专业技术人员　　B. 工民建专业技术人员

C. 土地管理专业技术人员　　D. 水利专业技术人员

5. 根据《测绘资质管理规定》，测绘资质单位申请晋升甲级测绘资质的，应当取得乙级测绘资质满(　　)年。

A. 1　　B. 2

C. 5　　D. 8

6. 根据《测绘资质分级标准》规定，下列人员不计入测绘中级专业技术人员的是(　　)。

A. 获得测绘专业博士学位并在测绘专业技术岗位工作1年以上的人员

B. 获得测绘地理信息行业技师职业资格的人员

C. 获得测绘及相关专业硕士学位并在测绘专业技术岗位工作 2 年的人员

D. 测绘专科毕业并在测绘专业技术岗位工作 8 年的人员

7. 下列选项中不属于工程测量专业子项的有(　　)。

A. 地下管线测量　　B. 地面移动测量

C. 规划测量　　D. 矿山测量

8. 根据《测绘资质分级标准》规定，注册测绘师可以计入(　　)。

A. 高级专业技术人员　　B. 高级相关专业技术人员

C. 中级专业技术人员　　D. 中级相关专业技术人员

9. 注册有效期届满需继续执业，且符合注册条件的，应在届满前(　　)个工作日内申请延续注册。

A. 30　　B. 45

C. 60　　D. 90

10. 根据《注册测绘师制度暂行规定》，注册测绘师资格的注册审批机构是(　　)。

A. 国家测绘地理信息局　　B. 人力资源社会保障部

C. 省级测绘地理信息主管部门　　D. 省级人力资源社会保障主管部门

11. 根据《外国的组织或者个人来华测绘管理暂行办法》，外国的组织或者个人来华开展科技、文化、体育等活动时，需要进行一次性测绘活动的，可以不设立合资、合作企业，但是必须经过(　　)批准。

A. 该省测绘地理信息主管部门　　B. 该省人民政府

C. 军队测绘部门　　D. 国家测绘地理信息局

12. 对以不正当手段取得中华人民共和国注册测绘师资格证书的，由发证机关收回，当事人(　　)年内不得再参加注册测绘师资格考试。

A. 3　　B. 5

C. 8　　D. 10

13. 测绘人员的测绘作业证由(　　)统一制定。

A. 国务院

B. 国务院测绘地理信息主管部门

C. 国务院人力资源和社会保障主管部门

D. 国家测绘地理信息局与国务院人力资源和社会保障主管部门

14. 根据《政府采购货物和服务招投标管理办法（2004）》，采用招标方式采购的，自招标文件发出之日起至提交投标文件截止之日止，不得少于(　　)日。

A. 7　　B. 15

C. 20　　D. 30

15. 包头市作为内蒙古的制造业基地、工业中心及最大城市。因经济发展需要，需建立相对独立的平面坐标系统，由(　　)负责审批。

A. 该省测绘地理信息主管部门

B. 住房和城乡建设部

C. 国家测绘地理信息局

D. 住房和城乡建设部会同国家测绘地理信息局

16. 县级以上地方测绘行政主管部门会同有关部门编制的基础测绘中长期规划，在获同级人民政府批准后，报上一级测绘行政主管部门(　　)后组织实施。

A. 备案　　B. 审核

C. 审批　　D. 备份

17. 测绘行业标准和行业标准化指导性技术文件的编号由行业标准代号、标准发布的顺序号及标准发布的年号构成。下列表示强制性测绘行业标准编号的是(　　)。

A. CH ××××（顺序号）—××××（发布年号）

B. CH/T ××××（顺序号）—××××（发布年号）

C. CH/Z ××××（顺序号）—××××（发布年号）

D. CH/ ××××（顺序号）—××××（发布年号）

18. 根据《中华人民共和国计量法》，下列说法正确的是(　　)。

A. 个体工商户可以制造、修理简易的计量器具

B. 进口的计量器具必须经县级以上人民政府计量行政部门检定合格后方可销售

C. 县级以上人民政府计量行政部门不能对制造计量器具的质量进行监督检查

D. 制造计量器具的企业可以对制造的计量器具进行检定

19. 根据《测绘地理信息质量管理办法》，国家对测绘地理信息质量实行监督检查制度。丙、丁级测绘资质单位每(　　)年监督检查覆盖一次。

A. 1　　B. 2

C. 5　　D. 10

20. 根据《注册测绘师执业管理办法（试行）》，下列选项中，可以由注册测绘师担任的关键岗位是(　　)。

A. 单位负责人岗位　　B. 生产管理负责人岗位

C. 技术和质检负责人岗位　　D. 项目管理负责人岗位

21. 根据测绘成果管理条例，测绘成果保管单位应当建立健全测绘成果资料的保管制度，配备必要的设施，确保测绘成果资料的安全，并对基础测绘成果资料实行(　　)制度。

A. 异地备份存放　　B. 全数字化备份存放

C. 专人保管　　D. 委托保管

22. 根据测绘法，违反本法规定，不汇交测绘成果资料的，责令限期汇交；测绘项目出资人逾期不汇交的，处(　　)的罚款。

A. 测绘约定报酬一倍以上二倍以下

B. 违法所得二倍以下

C. 项目合同金额二倍以下

D. 重测所需费用一倍以上二倍以下

23. 根据测绘成果管理条例，某项产品技术涉及利用国家机密级的测绘成果开发生产，未经国务院测绘行政主管部门或者省、自治区、直辖市人民政府测绘行政主管部门进行保密技术处理的，其产品秘密等级(　　)。

A. 只能定为机密级　　B. 应当定为秘密级

C. 不得低于机密级　　D. 可以定为秘密级或机密级

24. 涉密测绘成果管理人员岗位培训证书有效期为(　　)年。

A. 1　　B. 2

C. 5　　D. 10

25. 下列关于涉密信息系统建设与管理的说法错误的是(　　)。

A. 涉密信息系统配备的保密设施、设备与涉密信息系统同步规划、同步建设、同步运行

B. 涉密信息系统与互联网及其他公共信息网络实行物理隔离或逻辑隔离

C. 不使用非涉密计算机处理国家秘密信息

D. 根据涉密信息系统存储、处理信息的最高密级确定系统的密级

26. 国家秘密的密级、保密期限和知悉范围，应当根据情况变化及时变更。国家秘密的密级、保密期限和知悉范围的变更，由(　　)决定。

A. 密件使用单位　　B. 原定密机关、单位或者其上级机关

C. 国家保密行政管理部门　　D. 国家保密行政管理部门指定的单位

27. 根据《基础测绘成果提供使用管理暂行办法》，被许可使用人主体资格发生变化时，应向(　　)重新提出使用申请。

A. 国家测绘地理信息局　　B. 成果所在地省级测绘地理信息主管部门

C. 涉密基础测绘成果保管部门　　D. 原受理审批的测绘地理信息主管部门

28. 建议人建议审核公布重要地理信息数据，不应当向国务院测绘行政主管部门提交书面资料的有(　　)。

A. 建议人的基本情况

B. 重要地理信息数据的详细数据成果资料科学性及公布的必要性说明

C. 与相关历史数据、已公布数据的对比材料

D. 重要地理信息数据获取的技术方案及对数据验收评估的有关资料

29. 省、自治区、直辖市和自治州、县、自治县、市行政区域界线的标准画法图，由(　　)拟定，报国务院批准后公布。

A. 国务院

B. 外交部

C. 省、自治区、直辖市人民政府

D. 民政部门和国务院测绘地理信息主管部门

30. 行政区域界线详图是反映(　　)的国家专题地图。任何涉及行政区域界线的地图，其行政区域界线画法一律以行政区域界线详图为准绘制。

A. 省级界线标准画法　　B. 县级以上行政区域界线标准画法

C. 国界线标准画法　　　　　　　　D. 省级行政区域边界标准化法

31. 根据《物权法》，下列选项中可以不向登记机构申请登记就具有法律效力的是(　　)。

A. 集体土地所有权　　　　　　　　B. 国家土地所有权

C. 土地承包经营权　　　　　　　　D. 建设用地使用权

32. 下列关于房产测绘内容说法错误的是（　　）。

A. 房产测绘所需费用由房地产行政主管部门支付

B. 当事人对测绘成果有异议的可以委托房产测绘单位鉴定

C. 申请乙级以下房产测绘资质的由省级测绘地理信息主管部门审批发证，不再经过省级房地产行政主管部门初审

D. 房产测绘单位有在房产面积测算中弄虚作假欺骗房屋权利人违法行为的可以由县级以上土地管理部门给予罚款的处罚

33. 根据《地图管理条例》，时事宣传地图、时效性要求较高的图书和报刊等插附地图的，应当自受理地图审核申请之日起(　　)个工作日内，作出审核决定。

A. 3　　　　　　　　B. 7

C. 15　　　　　　　　D. 20

34. 根据《地图管理条例》，世界地图、历史地图、时事宣传地图没有明确审核依据的，由国务院测绘地理信息行政主管部门会商（　　）进行审核。

A. 外交部　　　　　　　　B. 民政部

C. 教育部　　　　　　　　D. 军队测绘部门

35. 关于地图测绘有关的法律规定，下列说法中错误的是(　　)。

A. 国家测绘地理信息局可以委托省级测绘地理信息主管部门审核中国示意性地图

B. 直接使用国家测绘地理信息局或者省级测绘地理信息主管部门网站上提供下载的中国示意性地图，未对地图内容进行任何编辑、改动、删节、遮盖的可以不送审

C. 任何比例尺的中国示意性地图都应表示南海诸岛范围线以及钓鱼岛、赤尾屿等岛屿岛礁

D. 绘制中国示意性地图应完整表示中国领土，不得随意压盖中国地图图形范围

36. 根据《地图管理条例》，县级以上人民政府及其有关部门应当依法加强对(　　)等活动的监督检查。

A. 地图编制、印刷、出版、展示和登载

B. 地图编制、出版、展示、登载和更新

C. 地图编制、出版、展示和更新

D. 地图编制、出版、展示、登载和互联网地图服务

37. 根据《公开地图内容表示补充规定（试行）》，公开地图不得表示下列内容

的是(　　)。

A. 专用铁路、专用公路　　B. 省级人民政府驻地

C. 古代军事工程遗迹　　D. 国务院公布的重要地理信息数据

38. 根据《公开地图内容表示若干规定》，下列说法中正确的是(　　)。

A. 大陆和台湾分别设色，北京和台北名称注记等级相同

B. 在分省设色地图上，香港界内的陆地部分为单独设色

C. 把别国城市标注成我国城市，将我国城市标在国外

D. 用轮廓或色块表示中国疆域范围的中国示意性地图中，南海诸岛等岛屿可不表示

39. 根据测量标志保护条例，下列情况中，有损测量标志安全和使测量标志失去使用效能的行为是(　　)。

A. 干扰或阻挠测量标志建设单位依法使用土地的

B. 在建筑物上建设永久性测量标志的

C. 在测量标志占地范围内烧荒、耕作、取土、挖沙的

D. 在距永久性测量标志 90 米范围外采石、爆破、射击、架设高压电线的

40. 根据测量标志保护条例，负责保管测量标志的单位和人员，应当对其所保管的测量标志经常进行检查；发现测量标志有被移动或者损毁的情况时，应当及时报告(　　)。

A. 当地县级测绘地理信息主管部门

B. 当地县级人民政府

C. 当地乡级人民政府

D. 当地县级以上测绘地理信息主管部门

41. 根据《测绘地理信息质量管理办法》，国家法律法规或委托方有明确要求实施监理的测绘地理信息项目，应依法开展监理工作，监理单位资质及监理工作实施应符合相关规定。监理单位对(　　)负责。

A. 项目成果质量　　B. 其出具的监理报告

C. 项目成本费用支出　　D. 项目完成工期

42. 根据《测绘地理信息质量管理办法》，测绘地理信息项目依照国家有关规定实行项目分包的，分包出的任务由(　　)负完全责任。

A. 总承包方向发包方　　B. 分包方向发包方

C. 监理方　　D. 总承包方和分包方共同向发包

43. 根据《测绘地理信息质量管理办法》，下列内容中，不是国家测绘质检机构承担的职责的是(　　)。

A. 协助管理国家测绘地理信息成果质量检验专家库

B. 对省级测绘质检机构检验业务进行监督管理

C. 协助指导测绘单位建立完善质量管理体系

D. 开展测绘地理信息质检专业技术人员的培训与交流

44. 根据《测绘生产质量管理规定》，测绘单位可以按照测绘项目的实际情况实行(　　)制度。对该测绘项目的产品质量负直接责任。

A. 测绘单位的法定代表人　　B. 项目质量负责人

C. 质监机构负责人　　D. 作业部门负责人

45. 根据《测绘技术设计规定》，下列不属于摄影测量专业技术设计的内容是(　　)。

A. 控制测量　　B. 调绘

C. 空中三角测量　　D. 排版、制版、印刷

46. 根据《测绘生产成本费用定额》，测绘生产月作业期完成内业的任务天数是(　　)天。

A. 10　　B. 19

C. 38　　D. 57

47. 根据《测绘生产成本费用定额》，比例尺为 1：5 000 的地形图按国际分幅对应的实地面积是(　　)平方千米。

A. 4.0　　B. 5.0

C. 6.25　　D. 7.50

48. 根据《测绘作业人员安全规范》，公路、铁路区域外业作业要求中，下列说法错误的是(　　)。

A. 穿着色彩醒目的带有安全警示反光的马甲

B. 设置安全警示标志牌

C. 安排专人担任安全警戒员

D. 封闭街道，禁止车辆、人员通行

49. 根据《测绘作业人员安全规范》，患有下列疾病的作业人员，可以继续参与高空作业的是(　　)。

A. 心脏病　　B. 高血压

C. 糖尿病　　D. 癫痫

50. 根据招标投标法，下列项目中，可以不进行招标的是(　　)。

A. 关系到社会公共利益的大型公共基础设施项目

B. 关系到公共安全的大型公用事业项目

C. 国有资金投资的项目

D. 利用扶贫资金实行以工代赈需要使用农民工的项目

51. 根据测绘合同示范文本，下列内容中，属于发包人义务的是(　　)。

A. 审查工程设计方案　　B. 工程验收

C. 支付价款　　D. 接收建设工程

52. 根据反不正当竞争法，下列情况中，不属于滥用行政权力的是(　　)。

A. 限定他人购买其指定经营者的商品

B. 限制外地商品进入本地市场

C. 限制本地商品流向外地市场

D. 对经营者经营行为进行定期或不定期的监督检查

53. 根据《测绘资质分级标准》，下列内容中，不属于大地测量专业子项的是(　　)。

A. 一、二等点重力测量　　B. 一、二等水准观测

C. 全球卫星定位系统观测 C 级　　D. 高等级工程控制测量

54. 根据《质量管理体系 要求》，下列内容中，影响质量目标的是(　　)。

A. 产品质量　　B. 作业有效性

C. 安全生产　　D. 财务业绩

55. 根据《测绘成果质量监督抽查与数据认定规定》，下列内容中，不属于基础地理信息标准数据认定的内容是(　　)。

A. 生产单位合法性　　B. 数学基础符合性

C. 数据内容符合性　　D. 数据资料管理的规范性

56. 根据基础测绘条例，下列内容中，不属于基础测绘应急保障预案内容的是(　　)。

A. 应急保障组织体系　　B. 应急保障培训和训练

C. 应急保障装备和器材配备　　D. 基础地理信息数据的应急措施

57. 根据《测绘地理信息质量管理办法》，下列测绘项目中，可以未经测绘质检机构实施质量检验而采用其他方式验收的有(　　)。

A. 某省 1∶10 000 比例尺地形图更新项目

B. 某省地理国情普查项目

C. 长江干流某大型水利枢纽工程控制测量项目

D. 规模较大的房产面积测量项目

58. 根据《测绘生产成本费用定额（2009 年）》，1∶2 000 比例尺图幅标准面积分幅方法是(　　)。

A. 经纬度分幅　　B. 50cm×50cm 正方形分幅

C. 40cm×40cm 正方形分幅　　D. 40cm×50cm 矩形分幅

59. 根据《基础地理信息分类与代码》，基础地理信息要素大类分(　　)类。

A. 4　　B. 8

C. 12　　D. 16

60. 根据《基础地理信息数字产品元数据》，下列内容中，不属于元数据文件内容的是(　　)。

A. 数据源　　B. 空间参考系

C. 数据保密管理　　D. 数据更新

61. 根据《测绘技术总结编写规定》，作业小组自查属于(　　)。

A. 概述　　B. 技术设计执行情况

C. 测绘成果质量说明与评价　　D. 上交成果清单

62. 根据《测绘成果质量检查验收》，外业数字测图法完成 1∶500 地形图，当附合导线长度短于规定长度的 1/3 时，导线的全长闭合差不应大于(　　)m。

A. 0.13　　B. 0.16

C. 0.18　　D. 0.19

63. 根据《测绘技术总结编写规定》，产品交付与接收情况在(　　)部分说明。

A. 概述　　B. 技术设计执行情况

C. 测绘成果质量情况　　D. 上交测绘成果和资料清单

64. 根据《测绘成果质量检查与验收》规定，像片控制测量成果验收单位是(　　)。

A. 点　　B. 张

C. 幅　　D. 区域网

65. 根据《测绘成果质量检查与验收》规定，对概查表述不正确的是(　　)。

A. 概查是对单位成果质量要求中的主要检查项进行的检查

B. 概查一般只记录 A 类、B 类、C 类错漏和普遍性问题

C. 概查中出现 1 个 A 类错漏既判成果概查为不合格

D. 概查中出现 3 个 B 类错漏则判成果概查为不合格

66. 根据《数字测绘成果质量要求》，下列说法正确的是(　　)。

A. 所有的质量元素适用于所有的数字测绘成果

B. 质量元素可以根据具体情况进行扩充或调整，并应经过生产方批准

C. 属性精度质量元素包括分类正确性和属性正确性两项质量子元素

D. 空间参考系质量元素包括大地基准、高程基准两项质量子元素

67. 根据《测绘成果质量检查报告编写基本规定》，下列说法正确的是(　　)。

A. 报告应用检验单位公章加盖骑缝章

B. 报告的复印件，未盖“检验单位公章”，同样有效

C. 报告中列出 1 名抽样者即可

D. 若对检验报告有异议应于收到报告起 20 日内向检验单位提出

68. 根据《测绘成果质量检查与验收》，在下列情形中，测绘成果质量可直接判定为批不合格的情形有(　　)。

A. 重要成果不全　　B. 未提交质量检查报告

C. 未进行一级检查　　D. 技术总结内容不全面

69. 根据《关于进一步加强涉密测绘成果管理工作的通知》，下列说法正确的是(　　)。

A. 无人机航摄成果可以及时获取及时发布

B. 对依法获取的涉密测绘成果，测绘单位可根据需要变更使用

C. 涉密测绘成果应先归档后依法提供使用

D. 对依法获取的涉密测绘成果，获取单位可直接向合作方提供

70. 根据测绘地理信息业务档案保管期限表，GNSS 基准站建设与联测中永久保

存的资料是(　　)。

A. 点之记　　　　B. 控制点分布图

C. 外业观测数据　　　　D. 仪器检定资料

71. 根据《测绘地理信息业务档案管理规定》，国家重大测绘项目档案由(　　)组织验收。

A. 国家测绘地理信息局

B. 省级测绘地理信息行政主管部门

C. 项目所在地的测绘地理信息行政主管部门

D. 专门的测绘地理信息业务档案保管机构

72. 根据测绘地理信息业务档案保管期限表，项目管理中是永久保存的是(　　)。

A. 项目合同书　　　　B. 项目设计书

C. 可行性研究报告　　　　D. 项目验收报告

73. 根据《基础地理信息数据档案管理与保护规范》，基础测绘项目论证材料分类到(　　)。

A. 项目立项文件　　　　B. 项目实施文件

C. 项目总结文件　　　　D. 项目成果文件

74. 根据《基础地理信息数据档案管理与保护规范》，下列说法正确的是(　　)。

A. 在工作前放置在存储环境下的光盘必须在工作环境至少 1 个小时

B. 储存库房应远离强磁场，房内应使用紫外线灯具

C. 归档后的数据档案介质不得外借，只能提供数据复制介质

D. 数据档案进行转存新格式拷贝后，原数据档案应于当年集中销毁

75. 根据《中华人民共和国保守国家秘密法》，涉密文件保密等级共分为(　　)级。

A. 2　　　　B. 3

C. 4　　　　D. 5

76. 根据测绘合同示范文本，下列内容中，需要赔偿拖期损失费的是(　　)。

A. 测区天气恶劣　　　　B. 发生山体滑坡道路中断

C. 乙方投入人员不够　　　　D. 因军事演习中断外业测量工作

77. 根据《质量管理体系 要求》，下列说法中，错误的是(　　)。

A. 基于风险的思维是实现质量管理体系有效性的基础

B. 风险一律只具有负面影响

C. 基于风险控制，采取措施消除潜在的不合格

D. 应对风险和机遇，为获得改进结果奠定基础

78. 根据《测绘技术总结编写规定》，项目总结是一个测绘项目在其(　　)，在各专业技术总结的基础上，对整个项目所做的技术总结。

A. 外业生产完成后　　　　B. 成果检查合格后
C. 项目验收通过后　　　　D. 成果上交归档后

79. 根据《质量管理体系 要求》，产品和服务的要求顾客沟通与顾客沟通的内容应不包括(　　)。

A. 顾客投诉　　　　B. 处置顾客财产
C. 处理订单　　　　D. 人力资源配置

80. 根据《质量管理体系 要求》，下列说法中错误的是(　　)。

A. 根据监督审核部门确定的时间进行内部审核
B. 内部审核时，应关注质量管理体系是否得到有效的实施和保持
C. 组织应保留内部审核的成文信息
D. 内部审核结果应报告给相关管理者

二、多项选择题（每题2分。每题的备选项中，有2项或2项以上符合题意，至少有1项是错项。错选，本题不得分；少选，所选的每个选项得0.5分。）

81. 国家实行测绘资质年度报告公示制度，根据《测绘资质管理规定》，测绘资质单位应当对测绘资质年度报告的(　　)负责。

A. 严肃性　　　　B. 真实性
C. 合法性　　　　D. 美观性
E. 科学性

82. 根据《测绘资质分级标准》，下列测绘专业范围中，划分了监理业务子项的有(　　)。

A. 测绘航空摄影　　　　B. 摄影测量与遥感
C. 工程测量　　　　D. 不动产测绘
E. 地理信息系统工程

83. 根据《外国的组织或个人来华测绘管理暂行办法》，外国的组织或个人在中国区内合作开展测绘活动时，不得从事的活动包括(　　)。

A. 海洋测绘　　　　B. 世界政区地图绘制
C. 测绘航空摄影　　　　D. 不动产测绘
E. 大地测量

84. 根据《中华人民共和国招标投标法》，招标的方式包括(　　)。

A. 内部招标　　　　B. 公开招标
C. 限定招标　　　　D. 邀请招标
E. 定向招标

85. 根据《测绘地理信息质量管理办法》，下列关于测绘单位的质量责任，说法中正确的有(　　)。

A. 测绘地理信息项目实施可以边设计边生产

B. 测绘地理信息项目实行三级检查两级验收制度

C. 测绘单位应建立合同评审制度

D. 内部审核结果应报告给相关管理者

E. 作业部门负责过程检查，测绘单位负责最终检查

86. 根据测绘成果管理条例，下列成果中应当向国家测绘地理信息局汇交测绘成果副本的有(　　)。

A. 中央财政投资完成的非基础测绘项目所产生的测绘成果

B. 依法与外国的住址和个人合资、合作测绘所形成的测绘成果

C. 全国 1∶100 万至 1∶25 万国家基本比例尺地形图、影像图和数字化产品

D. 实施国家基础航空摄影所获取的数据、影像资料

E. 获取的国家基础地理信息遥感资料

87. 根据保密法，下列关于涉密人员的管理说法中正确的是(　　)。

A. 涉密人员按照涉密程度分为核心涉密人员、重要涉密人员和一般涉密人员，实行统一管理

B. 涉密人员上岗应当经过保密教育培训，并签订保密承诺书

C. 涉密人员不得出境

D. 涉密人员在脱密期内，不得违反规定就业

E. 机关、单位应当建立健全涉密人员管理制度，对涉密人员履行职责情况进行经常性的检查

88. 根据《基础测绘成果提供使用管理暂行办法》，下列产品中，应向省级测绘地理信息主管部门提出申请的是(　　)。

A. 某市区的 1∶1 万国家基本比例尺地图

B. 某县一、二等平面控制网的数据

C. 某省基础航空摄影影像成果

D. 某县级市 1∶2 000 比例尺地图

E. 某自治州三、四等高程控制网的数据

89. 根据《重要地理信息数据审核公布管理规定》，在(　　)等对社会公众有影响的活动，以及需要使用重要地理信息数据的，应当使用依法公布的数据。

A. 单位内部使用　　B. 新闻传播

C. 对外交流　　D. 行政管理

E. 教学

90. 根据《地图管理条例》，互联网地图服务单位发现其网站传输的地图信息含有不得表示的内容的，应当(　　)。

A. 立即停止传输　　B. 保存有关记录

C. 删除违法信息　　D. 依法向有关主管部门报告

E. 通知互联网地图服务的相关用户进行处理

91. 根据《数字测绘成果质量要求》，下列数字测绘成果质量子元素中，属于“表征质量”元素的有(　　)。

A. 几何表达　　B. 地理表达

C. 注记正确性　　D. 要素完整性

E. 图廓整饰准确性

92. 测绘内业作业场所配置的，下列标志中符合《测绘作业人员安全规范》相关要求的有(　　)。

A. 玻璃隔断提醒　　B. 严禁吸烟标志

C. 配电箱标志　　D. 紧急疏散示意图

E. 保密场所标志

93. 根据《中华人民共和国合同法》，下列内容中可作为合同法定条款的有(　　)。

A. 当事人的名称或者姓名和住址

B. 标的

C. 数量

D. 价款或者报酬

E. 担保人及其责任

94. 根据《国家测绘应急保障预案》，下列工作中作为国家应对突发自然灾害，社会安全事件等突发公共事件，提供测绘应急保障和技术服务的核心任务有(　　)。

A. 启动生产安全事故应急救援预案

B. 高效提供地图

C. 高效提供地理信息数据

D. 提供公共地理信息服务平台

E. 根据需要开展遥感监测、导航定位、地图制作

95. 下列文件中作为制定《国家测绘应急保障预案》，依据的有(　　)。

A. 《中华人民共和国突发事件应对法》

B. 《中华人民共和国测绘法》

C. 《中华人民共和国测绘成果管理条例》

D. 《地图管理条例》

E. 《国家突发公共事件总体应急预案》

96. 根据《测绘成果质量检查与验收》，下列质量元素中，属于GNSS测量成果质量子元素的有(　　)。

A. 数据质量　　B. 埋石质量

C. 观测质量　　D. 资料质量

E. 整饰质量

97. 根据《测绘成果质量检查与验收》，下列导线测量成果质量错漏中，属于A类错漏的有(　　)。

A. 点位中误差超限　　　　B. 成果取舍重测不合理
C. 验算项目缺项　　　　　D. 漏绘点之记
E. 缺主要成果资料

98. 根据《归档测绘文件质量要求》，下列关于归档文件内容的说法中，正确的是(　　)。

A. 文档类文件应有题名　　B. 文件应有责任者
C. 文件应有归档者　　　　D. 文件应有归档时间
E. 文件应有形成时间

99. 根据测绘合同示范文本，下列关于甲乙双方义务和责任的说法正确的有(　　)。

A. 甲方接到乙方编制的技术设计书后应在约定的时间内完成技术设计书的审定工作
B. 为保证乙方的测绘队伍顺利进入现场工作，甲方应为其提供必要的工作生产条件
C. 乙方应当根据技术设计书要求确保测绘项目如期完工
D. 乙方可以自行将合同标的的非重点部位分包给第三方
E. 甲方提供的图纸和技术资料乙方有保密义务不得向第三方转让

100. 根据《基础地理信息数据档案管理与保护规范》，数据成果检验项目包括(　　)。

A. 成果目录和数据的完整性　　B. 成果符合性
C. 数据有效性　　　　　　　　D. 数据一致性
E. 病毒检验

参考答案及解析

一、单项选择题

1. 【D】测绘事业是经济建设、国防建设、社会发展的基础性事业。各级人民政府应当加强对测绘工作的领导。而基础测绘是公益性事业。国家对基础测绘实行分级管理。
2. 【D】未取得测绘资质证书，擅自从事测绘活动的，责令停止违法行为，没收违法所得和测绘成果，并处测绘约定报酬一倍以上二倍以下的罚款。
3. 【B】申请单位符合法定条件的，测绘资质审批机关作出拟准予行政许可的决定，通过本机关网站向社会公示5个工作日。
4. 【C】测绘专业技术人员：测绘工程、地理信息、地图制图、摄影测量、遥感、大地测量、工程测量、地籍测绘、土地管理、矿山测量、导航工程、地理国情监测

等专业技术人员。

5. 【B】初次申请测绘资质不得超过乙级。测绘资质单位申请晋升甲级测绘资质的，应当取得乙级测绘资质满 2 年。申请的专业范围只设甲级的，不受前款规定限制。
6. 【C】中级专业技术人员：获得测绘及相关专业硕士学位并在测绘及相关专业技术岗位工作 3 年以上。
7. 【B】地面移动测量属于地理信息系统工程专业子项。
8. 【C】注册测绘师可以计入中级专业技术人员数量。
9. 【A】注册有效期届满需继续执业的，应在届满前 30 个工作日内，按照本规定第十四条规定的程序申请延续注册。
10. 【A】国家测绘地理信息局为注册测绘师资格的注册审批机构。各省、自治区、直辖市人民政府测绘行政主管部门负责注册测绘师资格的注册审查工作。
11. 【D】外国的组织或者个人来华进行一次性测绘活动的，必须经国务院测绘主管部门会同军队测绘主管部门批准。
12. 【A】注册申请人以不正当手段取得注册的，应当予以撤销，并由国家测绘地理信息局依法给予行政处罚；当事人在 3 年内不得再次申请注册；构成犯罪的，依法追究刑事责任。
13. 【B】测绘单位的测绘资质证书、测绘专业技术人员的执业证书和测绘人员的测绘作业证件的式样，由国务院测绘地理信息主管部门统一规定。
14. 【C】采用招标方式采购的，自招标文件发出之日起至提交投标文件截止之日止，不得少于 20 日。
15. 【C】50 万人口以上的城市需建立相对独立的平面坐标系统，由国家测绘地理信息局负责审批。
16. 【A】县级以上地方测绘行政主管部门会同有关部门编制的基础测绘中长期规划，在获同级人民政府批准后 30 个工作日内，报上一级测绘行政主管部门备案后组织实施。
17. 【A】强制性测绘行业标准编号：CH ××××（顺序号）—××××（发布年号）。
18. 【A】个体工商户可以制造、修理简易的计量器具。必须经县级人民政府计量行政部门考核合格，方可向工商行政管理部门申请营业执照。
19. 【C】国家对测绘地理信息质量实行监督检查制度。甲、乙级测绘资质单位每 3 年监督检查覆盖一次，丙、丁级测绘资质单位每 5 年监督检查覆盖一次。
20. 【B】测绘地理信息项目的技术和质检负责人等关键岗位须由注册测绘师充任。
21. 【A】测绘成果保管单位应当建立健全测绘成果资料的保管制度，配备必要的设施，确保测绘成果资料的安全，并对基础测绘成果资料实行异地备份存放制度。
22. 【D】测绘项目出资人逾期不汇交的，处重测所需费用一倍以上二倍以下的罚款。
23. 【C】利用涉及国家秘密的测绘成果开发生产的产品，未进行保密技术处理的，其秘密等级不得低于所用测绘成果的秘密等级。

24.【C】各省市测绘成果管理人员岗位培训证书有效期五年。有效期满的人员须重新参加岗位培训，并经考核成绩合格取得测绘成果管理人员岗位培训证书后，持证上岗。
25.【B】涉密信息系统与互联网及其他公共信息网络必须实行物理隔离。
26.【B】国家秘密的密级、保密期限和知悉范围，应当根据情况变化及时变更。国家秘密的密级、保密期限和知悉范围的变更，由原定密机关、单位决定，也可以由其上级机关决定。
27.【D】被许可使用人主体资格发生变化时，应向原受理审批的测绘行政主管部门重新提出使用申请。
28.【C】与相关历史数据、已公布数据的对比材料不属于建议人建议审核公布重要地理信息数据向国务院测绘行政主管部门提交的书面资料。
29.【D】省、自治区、直辖市和自治州、县、自治县、市行政区域界线的标准画法图，由国务院民政部门和国务院测绘地理信息主管部门拟定，报国务院批准后公布。
30.【B】行政区域界线详图是反映县级以上行政区域界线标准画法的国家专题地图。任何涉及行政区域界线的地图，其行政区域界线画法一律以行政区域界线详图为准绘制。
31.【B】依法属于国家所有的自然资源，所有权可以不登记。
32.【C】申请乙级以下房产测绘资格的，由省级测绘行政主管部门审批发证。
33.【B】时事宣传地图、时效性要求较高的图书和报刊等插附地图的，应当自受理地图审核申请之日起7个工作日内，作出审核决定。
34.【A】世界地图、历史地图、时事宣传地图没有明确审核依据的，由国务院测绘地理信息行政主管部门商外交部进行审核。
35.【C】比例尺等于或小于1：1亿的，可不表示南海诸岛范围线以及钓鱼岛、赤尾屿等岛屿岛礁。
36.【D】县级以上人民政府及其有关部门应当依法加强对地图编制、出版、展示、登载、生产、销售、进口、出口等活动的监督检查，对互联网地图服务行业的政策扶持和监督管理。
37.【A】公开地图不得表示专用铁路及站内火车线路、铁路编组站，专用公路。
38.【B】在分省设色的地图上，香港界内的陆地部分要单独设色。
39.【C】在测量标志占地范围内烧荒、耕作、取土、挖沙或者侵占永久性测量标志用地的行为有损测量标志安全和使测量标志失去使用效能。
40.【C】发现测量标志有被移动或者损毁的情况时，应当及时报告当地乡级人民政府，并由乡级人民政府报告县级以上地方人民政府管理测绘工作的部门。
41.【B】国家法律法规或委托方有明确要求实施监理的测绘地理信息项目，应依法开展监理工作，监理单位资质及监理工作实施应符合相关规定。监理单位对其出具的监理报告负责。

42. 【A】测绘地理信息项目依照国家有关规定实行项目分包的，分包出的任务由总承包方向发包方负完全责任。
43. 【B】对省级测绘质检机构检验业务进行监督管理不属于国家测绘质检机构的职责。
44. 【B】测绘单位可以按照测绘项目的实际情况实行项目质量负责人制度。项目质量负责人对该测绘项目的产品质量负直接责任。
45. 【D】排版、制版、印刷属于地图印刷专业设计内容。
46. 【B】测绘生产年作业期：外业 180 天，内业 220 天。则月作业期，内业约 19 天。
47. 【C】1∶5 000 的地形图按国际分幅对应的实地面积是 6. 25 平方千米。
48. 【D】必要时安排专人担任安全指挥。而不是直接封闭街道，禁止车辆、人员通行。
49. 【C】患有心脏病、高血压、癫痫、眩晕、高度近视等高空禁忌证人员禁止从事高空作业。
50. 【D】涉及国家安全、国家秘密、抢险救灾或者属于利用扶贫资金实行以工代赈、需要使用农民工等特殊情况，不适宜进行招标的项目，按照国家有关规定可以不进行招标。
51. 【C】甲方保证工程款按时到位，以保证工程的顺利进行。
52. 【D】政府及其所属部门不得滥用行政权力，限定他人购买其指定的经营者的商品，限制其他经营者正当的经营活动，限制外地商品进入本地市场，或者本地商品流向外地市场。
53. 【D】《测绘资质分级标准》中高等级工程控制测量属于工程测量专业子项。
54. 【A】质量目标包括满足产品要求所需的内容即产品的质量和要求。
55. 【D】认定内容：生产单位合法性、数学基础符合性、数据内容符合性、生产过程符合性。
56. 【B】基础测绘应急保障预案的内容：应急保障组织体系，应急装备和器材配备，应急响应，基础地理信息数据的应急测制和更新等应急保障措施。
57. 【D】规模较大的房产面积测量项目不属于基础测绘项目、测绘地理信息专项和重大建设工程测绘地理信息项目。
58. 【B】1∶2 000 比例尺图幅标准面积分幅为 50cm×50cm 正方形分幅。
59. 【B】要素分为定位基础、水系、居民地及设施、交通、管线、境界与政区、地貌、土质与植被等八大类。
60. 【C】元数据文件，包括矢量和栅格数据文件的元数据内容，存放有关数据源，数据分层，产品归属，空间参考系，数据质量（数据精度、数据评价），数据更新，图幅接边等。
61. 【B】作业小组自查属于技术设计执行情况中说明项目实施中质量保障措施的执行情况。

62.【A】当附合导线长度短于规定长度的 1/3 时，导线的全长闭合差不应大于 0.13m。

63.【A】产品交付与接收情况在“概述”部分说明。

64.【D】像片控制测量成果以“区域网”、“景”为单位。

65.【B】概查是指对影响成果质量的主要项目和带倾向性的问题进行一般性检查，一般只记录 A 类、B 类错漏和普遍性问题。

66.【C】属性精度质量元素包括分类正确性和属性正确性两项质量子元素。

67.【A】规定的加盖检验单位公章处，加盖检验单位公章，并用检验单位公章加盖骑缝章。

68.【C】未进行一级检查，说明检查过程中技术路线存在重大偏差，可直接判批不合格。

69.【C】必须严格按照先归档入库再提供使用的规定管理涉密测绘成果。

70.【A】点之记，委托保管书 30 年。仪器检定报告 10 年。

71.【A】组织国家重大测绘地理信息项目业务档案验收工作属于国家测绘地理信息局测绘地理信息业务档案管理职责。

72.【D】项目验收报告保管期限为永久，其余为 30 年。

73.【B】项目实施文件包括项目论证材料。

74.【C】归档后的数据档案介质不得外借，只能提供数据复制介质。

75.【B】国家秘密的密级分为“绝密”、“机密”、“秘密”三级。

76.【C】因天气、交通、政府行为、甲方提供的资料不准确等客观原因造成的工程拖期，乙方不承担赔偿责任。

77.【B】风险是不确定性的影响，不确定性可能有正面的影响也可能有负面的影响。风险的正面影响可能提供机遇但并非所有的正面影响均可提供机遇。

78.【B】专业技术总结是指项目中各主要测绘专业所完成的测绘成果，在最终检查合格后，分别撰写的技术总结，由生产单位负责编写。

79.【D】人力资源配置不属于产品和服务的要求顾客沟通与顾客沟通的内容。

80.【A】组织应按策划的时间间隔进行内部审核，以确定质量管理体系是否得到有效的实施和保持。

二、多项选择题

81.【BC】测绘资质单位应当对测绘资质年度报告的真实性、合法性负责。

82.【BCDE】在摄影测量与遥感、地理信息系统工程、工程测量、不动产测绘、海洋测绘这 5 个市场化程度较高的专业范围下设置相应的甲、乙级测绘监理专业子项。

83.【ABCE】合资、合作测绘可以从事不动产测绘。

84.【BD】招标分为公开招标和邀请招标。

85. 【CDE】测绘地理信息项目实施，应坚持先设计后生产，不允许边设计边生产，禁止没有设计进行生产。测绘地理信息项目实行“两级检查、一级验收”制度。
86. 【BCDE】中央财政投资完成的非基础测绘项目所产生的测绘成果不属于基础测绘成果。
87. 【BDE】按照涉密程度分为核心涉密人员、重要涉密人员和一般涉密人员，实行分类管理。涉密人员出境应当经有关部门批准。
88. 【ABCE】申请利用某县级市 1：2 000 比例尺地图不由省测绘行政主管部门负责审批。
89. 【BCDE】在行政管理、新闻传播、对外交流等对社会公众有影响的活动、公开出版的教材以及需要使用重要地理信息数据的，应当使用依法公布的数据。
90. 【ABD】互联网地图服务单位发现其网站传输的地图信息含有不得表示的内容的，应立即停止传输，保存有关记录，并向县级以上人民政府测绘地理信息主管部门等有关部门报告。
91. 【ABCE】表征质量的子元素：几何表达、地理表达、符号正确性、注记正确性、图廓整饰准确性。
92. 【ABCD】作业场所应配置必要的安全警告标志，如配电箱柜标志，资料重地、严禁烟火标志，严禁吸烟标志，紧急疏散示意图，上下楼梯警告线，以及玻璃隔断提醒标志等。
93. 【ABCD】担保人及其责任不属于合同内容。
94. 【BCDE】启动生产安全事故应急救援预案不属于测绘应急保障的核心任务。
95. 【ABCE】《地图管理条例》不是制定《国家测绘应急保障预案》的依据。
96. 【BCE】GNSS 测量成果质量子元素包括：选点质量、埋石质量、整饰质量，资料完整度。
97. 【ACE】成果取舍重测不合理、漏绘点之记属于 B 类错漏。
98. 【ABE】文档类文件应有题名；文件应有责任者。文档类文件的责任者一般应出现在封面上。文件应有形成时间，文档类文件的形成时间一般应出现在封面上。
99. 【ABCE】未经甲方允许，乙方不得将本合同标的全部或部分转包给第三方。
100. 【ACDE】数据成果检验项目：载体外观及标识检验、成果内容完整性检验、数据有效性检验、数据内容一致性检验、数据逻辑立卷检验、病毒检验。

参 考 文 献

［1］李维森，谢经荣，等．中华人民共和国测绘成果管理条例释义［M］．北京：中国法制出版社，2006.
［2］张万峰，测绘法实施实用参考［M］．北京：法制出版社，2004.
［3］曹康泰，陈邦柱．中华人民共和国测绘法释义［M］．北京：法制出版社，2004.
［4］国家测绘地理信息局职业技能鉴定指导中心．测绘管理与法律法规［M］．北京：测绘出版社，2015.
［5］张万峰．中国测绘法律制度概论［M］．北京：人民交通出版社，2007.
［6］姚承宽．测绘行政管理基础［M］．西安：西安地图出版社，2006.
［7］卞耀武．中华人民共和国招标投标法释义［M］．北京：法律出版社，2001.
［8］张万峰．测绘法律知识读本［M］．北京：法律出版社，2006.
［9］郑文先．以成本管理为中心加强测绘项目管理［J］．地矿测绘，2003，19（1）：35-37.
［10］国家测绘地理信息局．测绘与地理信息标准化指导与实践［M］．北京：测绘出版社，2008.
［11］周萌萌，黄鑫雄．谈测绘项目管理［J］．现代测绘，2008，31（4）：46-48.
［12］宗蕴璋．质量管理［M］．第二版．北京：高等教育出版社，2008.
［13］姚承宽．测绘管理探索与实践［M］．福州：福建省地图出版社，2005.
［14］胡康生．中华人民共和国合同法释义［M］．北京：法律出版社，1999.
［15］龚益鸣．现代质量管理学［M］．北京：清华大学出版社，2008.
［16］马兴安．测绘仪器的防护［J］．湖南水利水电，2003，3：14-15.

参考文献

[illegible]